RESEARCH ON THE BIODIVERSITY OF
ANHUI QINGLIANGFENG NATIONAL NATURE RESERVE

安徽清凉峰国家级自然保护区生物多样性研究

胡一民 顾长明◎主编

安徽师范大学出版社
·芜湖·

责任编辑：童　睿
装帧设计：丁奕奕　韩文妍

图书在版编目(CIP)数据

安徽清凉峰国家级自然保护区生物多样性研究 / 胡一民，顾长明主编.—芜湖：安徽师范大学出版社，2016.6

ISBN 978-7-5676-1708-7

Ⅰ.①安… Ⅱ.①胡… Ⅲ.①自然保护区—生物多样性—研究—安徽省 Ⅳ.①S759.992.42 ②Q16

中国版本图书馆CIP数据核字(2014)第290975号

安徽清凉峰国家级自然保护区生物多样性研究
胡一民　顾长明　主编

出版发行：安徽师范大学出版社
芜湖市九华南路189号安徽师范大学花津校区　邮政编码：241002
网　　址：http://www.ahnupress.com/
发 行 部：0553-3883578　5910327　5910310(传真) E-mail：asdcbsfxb@126.com
印　　刷：虎彩印艺股份有限公司
版　　次：2016年6月第1版
印　　次：2016年6月第1次印刷
规　　格：787×1092　1/16　插页：20
印　　张：23.5
字　　数：548千
书　　号：ISBN 978-7-5676-1708-7
定　　价：80.00元

珍稀植物——国家Ⅰ级

银缕梅(章恒全　摄)

天目铁木(杨淑贞　摄)

野生银杏(王山青　摄)

南方红豆杉(张建基　摄)

红豆杉(方国富　摄)

珍稀动物——两栖类、爬行类、鸟类

小天鹅(国家Ⅱ级)(顾长明　摄)

白鹇(国家Ⅱ级)(顾长明　摄)

白颈长尾雉(国家Ⅰ级)(吴海龙　摄)

蕲蛇(严厚康　摄)

勺鸡(国家Ⅱ级)(王山青　摄)

安吉小鲵(极危)(方国富　摄)

棘胸蛙(吴海龙　摄)

珍稀动物——兽类

梅花鹿(国家Ⅰ级)(张建基　摄)

黑麂(国家Ⅰ级)(顾长明　摄)

黄麂(张建基　摄)

鬣羚(国家Ⅱ级)(吴海龙　摄)

黑熊(国家Ⅱ级)(顾长明　摄)

短尾猴(国家Ⅱ级)(顾长明　摄)

群　落

山核桃群落(方国富　摄)

台楠群落(方国富　摄)

领春木群落(方国富　摄)

长序榆群落(极小种群)(王山青　摄)

鄂西玉山竹群落(方国富　摄)

茖葱群落(方国富　摄)

鹿蹄橐吾群落(方国富　摄)

植　被

核心区植被（方国富　摄）

南坡植被（方国富　摄）

常绿-落叶阔叶林（章恒全　摄）

野猪塘湿地植被（方国富　摄）

顶峰植被（方国富　摄）

科学考察

歙县清凉峰自然保护区管理站(王山青　摄)

绩溪清凉峰自然保护区管理站(方国富　摄)

复旦大学自然保护区专家陈加宽教授
带队在清凉峰实地考察(胡一民　摄)

栈岭湾野外考察(方国富　摄)

考察十八龙潭华东黄杉(胡一民　摄)

总体规划调研座谈会(方国富　摄)

科考队员在清凉峰主峰(徐六一　摄)

珍稀植物——国家Ⅱ级

华东黄杉(王山青　摄)

金钱松(胡一民　摄)

榧树(胡一民　摄)

凹叶厚朴(胡一民　摄)

鹅掌楸(方国富　摄)

长序榆(周业勇　摄)

珍稀植物——国家Ⅱ级

黄山梅(吴俊　摄)

天竺桂(胡一民　摄)

香果树(张建基　摄)

浙江楠果实(胡一民　摄)

连香树(桂先群　摄)

花榈木(胡一民　摄)

七子花(何云核　摄)

珍稀植物——省级保护

银鹊树(方国富　摄)

天女花(吴俊　摄)

南方铁杉(吴俊　摄)

领春木(方国富　摄)

天目木姜子(邵小平　摄)

黄山花楸(吴俊　摄)

安徽杜鹃(叶要清　摄)

珍稀植物——特色类

山核桃(胡一民　摄)

毛柄小勾儿茶(极小种群)(方国富　摄)

象鼻兰(极小种群)(胡一民　摄)

青钱柳(胡一民　摄)

豹皮樟(张建基　摄)

清凉峰卷耳(张宏伟　摄)

珍稀植物——观赏类

青皮木(叶要清　摄)

虾脊兰(孙永新　摄)

夏蜡梅(胡一民　摄)

安徽羽叶报春(吴俊　摄)

独花兰(胡一民　摄)

四照花(胡一民　摄)

景观资源

徽杭古道蓝天凹(章恒全　摄)

云抱雾拥清凉峰(章恒全　摄)

江南第一关(胡一民　摄)

绿染清凉峰(方国富　摄)

万夫莫开昱岭关(胡一民　摄)

清凉之水(章恒全　摄)

内容简介

本书以综合科学考察和专项调查相结合的方法，从全面搜集、分析安徽清凉峰自然保护区的地质、水文、气候、土壤等自然环境因素和社会经济因素第一手资料入手，应用现代植物学、动物学、生态学、群落学的研究方法，对安徽清凉峰自然保护区的森林生态系统和植被类型，特别是野生植物、脊椎动物、昆虫、大型真菌等生物多样性方面的内容进行了定性、定量的深入分析研究，并对区内国家重点保护野生动植物及珍稀濒危物种的种群数量、结构、分布、生存状况、濒危机理、保护复壮措施等，进行了全面、深入、细致和前瞻性的探索研究，提出了具有可操作性、切实可行的保护、管理办法，为晋升国家级自然保护区和今后实施保护区规划、建设、管理提供了重要依据。

Introduction

This book shows the results of comprehensive and specific surveys on Anhui Qingliangfeng Nature Reserve. First-hand information on the natural environmental factors such as geology, hydrology, climate, soil, social and economic factors in the reserve were collected and analyzed. Modern research methods in botany, zoology, ecology, community science, forest ecosystems and vegetation types were applied, especially biodiversity of wild plants, vertebrates, insects and macrofungi were analyzed and studied qualitatively and quantitatively. And the population, structure, distribution, living conditions, endangerment mechanism, protection and rejuvenation measures of the national protected wildlife and endangered species within the area were explored and studied comprehensively and prospectively. Operational and practical conservation and management approaches are proposed in the book, which provide the main scientific bases for the nature reserve to be promoted to national level and for the future planning, construction and management of the reserve.

《安徽清凉峰国家级自然保护区生物多样性研究》编辑委员会

（排名不分先后）

主持单位　安徽省林业厅

主　编

胡一民　顾长明

编　委

丁增发　于一苏　王翠莲　王山青　方国富　方建民　方德年　刘　嵩
李永民　李成元　吕林松　吴中能　吴孝兵　汪国胜　汪益平　张　方
罗　宁　周小春　郑　涛　胡一民　施葵初　姜守国　姜春武　骆绪美
顾长明　徐六一　黄成林　董广平　虞沐奎　潘新建　宋金春　陈　维
韩文妍　邵小平

制　图: 卢　萍

校　对: 张　颖

翻　译: 宰步龙

科学考察成员名单

（排名不分先后）

安徽省林业厅

施葵初　顾长明　汪国胜　周小春　刘　嵩

安徽省林业科学研究院

胡一民　李成元　虞沐奎　徐六一　吴中能　于一苏　王翠莲

董广平　姜春武　陈　维　骆绪美　丁增发　方德年

安徽师范大学

吴孝兵　张　方　郑　涛　李永民

黄山市林科所

潘新建

歙县林业局

王国干　姚志庭　吕林松　王山青　姚呈根　洪道全　汪益平

绩溪县林业局

洪国斌　汪五星　胡孝敏　汪飞忠　方国富　邵小平　胡广华　邵秀李

《安徽清凉峰国家级自然保护区生物多样性研究》编写分工

（排名不分先后）

第一章　总　论

姜守国

第二章　自然环境

胡一民　虞沐奎　姜春武　骆绪美　宋金春

第三章　植被与植物资源

胡一民　黄成林　潘新建　周小春　骆绪美　方国富　汪益平　陈　维
丁增发　邵小平　韩文妍　程明伟　王山青　吕林松　方德年

第四章　脊椎动物

吴孝兵　张　方　李永民　郑　涛

第五章　昆　虫

王翠莲　董广平　李晓娟

第六章　大型真菌

董广平　方建民

第七章　旅游资源

李成元　徐六一　姜守国

第八章　社区及社区经济

于一苏　吴中能

第九章　清凉峰保护区管理

施葵初　刘　嵩　罗　宁　方国富

第十章　清凉峰保护区评价

顾长明　汪国胜　姜守国

第十一章　清凉峰保护区总体规划建议

顾长明

统　稿

顾长明　胡一民　姜守国　张　颖

序

自然保护区是我国自然遗产最珍贵、自然景观最优美、自然资源最丰富、生态地位最重要的区域，是保护生物多样性和维护生态平衡的重要载体，是科学探索生态系统、生物多样性、人与自然和谐相处模式的重要平台。当今世界各国都把加强自然保护区建设作为推进生态文明建设的重要举措，自然保护区的发展规模和建设质量也是衡量区域生态文明程度的重要指标。截至2013年底，安徽省已建设市级以上不同级别、不同类型的自然保护区38处，面积432 018.40hm²，占全省国土面积的3.08%。其中，林业部门建设和管理的自然保护区34处，面积375 128.20hm²，分别占全省自然保护区数量和面积的89.47%和86.83%。在38处自然保护区中，国家级自然保护区7处，面积139 220.90hm²；省级自然保护区29处，面积280 743.50hm²；市级自然保护区2处，面积12 054hm²。至此，安徽已初步建立起分布于江淮两岸、大别山区、皖南山区较为合理的自然保护区网络体系，有效地保护了全省70%～80%的野生生物物种，以及许多重要的有代表性、典型性的森林生态和湿地生态系统，为保护我国生物多样性、维护区域生态安全、促进社会全面进步作出了积极的贡献。

安徽清凉峰国家级自然保护区地跨绩溪、歙县两县，由安徽清凉峰省级自然保护区于2011年晋升而成。安徽清凉峰省级自然保护区由1982年建立的歙县清凉峰省级自然保护区和1986年建立的绩溪清凉峰省级自然保护区于2009年合并而成，前者为安徽省首批建立的自然保护区之一。该自然保护区属典型的中亚热带湿润地区森林生态系统。区内地质历史古老，生态环境良好，自然景观优美，生物多样性极其丰富，保存有黄山与天目山系过渡地带的一些特有物种，是研究安徽乃至华东植物区系和地质变迁历史的最佳场所。近年来，该区域的建设与发展备受国内外关注。2003年开始，在国家林业局和安徽省委、省政府的高度重视及大力支持下，安徽省林业厅精心部署，组织安徽师范大学、安徽省林业科学研究院、黄山市林科所等单位的专家对安徽清凉峰省级自然保护区进行了历时两年多的综合科学考察，其后又进行了多年的补充调查与监测，并在此基础上编著了《安徽清凉峰国家级自然保护区生物多样性研究》。该书充分利用安徽清凉峰地区的自然环境、生物多样性、景观资源、社会经济状况等第一手资料，对其资源特色、生物多样性构成、区位优势、保护管理现状等进行了客观的分析和深入的研究，是一部具有较高水平、多层面、跨学科的综合性学术专著。

该书图文并茂，内容丰富，资料翔实，分析透彻，对全面提升清凉峰国家级自然保护区的保护和科研水平，推动自然保护区走向科学建设和管理，具有十分重要的意义；对促进安徽省自然保护区建设发展向着规模与内涵并重方向转变，具有较强的指导意义。值此该书出版问世之际，为之作序，以示祝贺。

中国工程院院士
东北林业大学教授

Preface

Nature reserves in China are the areas with the most valuable natural heritage, the most beautiful natural landscapes, the most abundant natural resources and the most important ecological status. They are also important carriers to conserve biodiversity and maintain ecological balance, and are an important platform for studying ecosystem, biodiversity and ways to harmony between human and nature scientifically. All the countries over the world regard the establishment of nature reserves as an important measure to promote ecological civilization. The development scale and the construction quality of nature reserves are also important indicators for evaluating regional ecological civilization level. Up to the end of 2013, 38 nature reserves had been established in Anhui Province with different levels and different types, covering an area of 432,018.40hm^2 and accounting for 3.08% of the province's area. 34 of these nature reserves were established and managed by forestry sector with an area of 375,128.20hm^2, accounting for 89.47% and 86.83% of the number and area of the province's reserves respectively. Of these 38 reserves, 7 are national nature reserves with an area of 139,220.90hm^2; 29 are provincial nature reserves with an area of 280,743.50hm^2; and 2 are municipal reserves with an area of 12,054.00hm^2. So far, Anhui has initially established a reasonable reserve network which covers the banks of Changjiang and Huaihe Rivers in the middle province, the Dabie Mountains in west Anhui, and mountainous areas in south Anhui. It effectively protects 70% to 80% of the wildlife species in the province, as well as many typical forest ecosystems and wetland ecosystems, which has made contributions to conserving biodiversity, maintaining local ecological security and promoting social progress.

Anhui Qingliangfeng National Nature Reserve is located in the bordering area of Jixi and Shexian Counties. It was promoted from Anhui Qingliangfeng Provincial Nature Reserve, which was combined in 2009 by Shexian Qingliangfeng Provincial Nature Reserve established in 1982 and Jixi Qingliangfeng Provincial Nature Reserve set up in 1986. Shexian reserve was one of the first nature reserves established in Anhui Province. In April 2011, the Qingliangfeng Nature Reserve was promoted to national level. With a typical subtropical humid forest ecosystem, this reserve possesses long geological history, good ecological environment, beautiful natural landscape, extremely rich biodiversity and abundant rare and endemic species. There are also some species that are unique to the transition zone of Huangshan and Tianmu Mountains, so it is the best place for studying the history of the flora and geological changes in Anhui Province, even in east China.

In recent years, the construction and development of the reserve has drawn much domestic and international attention. In 2003, with the attention and support from the State Forestry Administration, CPC Anhui Committee and Anhui Provincial Government, Anhui Provincial Forestry Department organized experts from Anhui Normal University, Anhui Academy of Forestry, Huangshan Forestry Research Institute and other institutions to conduct a comprehensive scientific survey over the nature reserve, which lasted over 2 years, and some additional surveys and monitorings were conducted later; based on the survey results, the book *Research on the Biodiversity in Anhui Qingliangfeng National Nature Reserve* was compiled to publish. The book showed for the first time the results of the comprehensive and in–depth surveys on Anhui Qingliangfeng area, including natural environment, biodiversity, landscape resources, socio–economic situations with a lot of first–hand data, and analyzed objectively the characteristics of resources, biodiversity, regional advantages, and protection and management situations. It proposes some counter–measures for strengthening protection and management further. This book is an interdisciplinary and comprehensive academic monograph with high quality and multiple facets.

This book includes excellent pictures, rich and detailed contents and thorough analysis. It is very meaningful for upgrading the conservation and research level of the reserve as well as promoting its construction and management. It is also instructive to the construction and development of the nature reserves in the province with a focus on both scale and content. This preface is here to celebrate the publication of this book.

Ma Jianzhang
Academician of Chinese Academy of Engineering
Professor of Northeast Forestry University

前　言

安徽清凉峰国家级自然保护区位于安徽省东南部绩溪县和歙县交界处，2009年由歙县清凉峰省级自然保护区和绩溪清凉峰省级自然保护区合并为省级自然保护区实行统一管理，2011年4月经国务院批准晋升为国家级自然保护区。该自然保护区东与浙江清凉峰国家级自然保护区接壤。境内层峦叠嶂，沟壑纵横，气候温暖，雨水丰沛，立地条件优越，生物资源丰富，属我国皖南—浙西丘陵山地生物多样性优先保护区域。

对安徽清凉峰自然保护区植被及野生动植物资源的调查研究始于20世纪70年代初。1973年～1974年开展的安徽省野生动植物资源普查，对歙县与绩溪县交界的清凉峰保护区动植物资源有了一个初步的认识；1978年，安徽省林科所黄山树木园黄映泉等人与歙县林科所科技人员首次前往清凉峰南坡调查，采集植物标本3 000多份，初步撩开了蒙罩在该区域珍稀濒危植物种群上的面纱，发表了相关的论文，并编写了《歙县清凉峰乔灌木树种名录》；1979年，经歙县革命委员会批准，成立“歙县清凉峰自然保护区”；同年，安徽省林学会向安徽省科委、农委提出了包括清凉峰在内的10余处建立自然保护区的建议；1982年，安徽省人民政府批准成立歙县清凉峰自然保护区，为安徽省第一批建立的省级自然保护区之一。1983年，安徽师范大学生物系张小平等在清凉峰南坡率先开展植物区系的初步研究；同年，绩溪县人民政府组织林业、农业、水利、土地、医药等方面的科技人员13人，对清凉峰北坡进行综合考察，对北坡的动植物资源有了新的发现；1985年5月，安徽省林业厅与绩溪县人民政府、徽州行署林业局，联合成立绩溪县清凉峰综合考察组，聘请省内专家，分设植物、野生动物、地质土壤、中药材等专业组，历时20天，对清凉峰北坡的自然资源进行全面综合考察，并编写了《绩溪县清凉峰自然资源考察报告》；1986年，经安徽省人民政府批准，成立绩溪清凉峰自然保护区；1987年～1990年，安徽农学院林学系黄成林等7次前往清凉峰，对其植被、植物区系和珍稀濒危植物开展了更为全面的调查，采集植物标本2 100多份，进行了深入的分类与区系研究；1990年6月至12月，安徽大学生物系何家庆等对清凉峰的野生植物资源作了全面调查，采集标本3 000余份；1992年，罗贤星、顾长明等对歙县清凉峰自然保护区内的野生动物及经济动物繁殖生态进行观察研究；1992年～1993年，徐州师范学院生物系郑维发等对歙县清凉峰自然保护区苔藓植物区系进行研究；1994年，刘仲苓等对歙县清凉峰的苔藓类植物进行标本采集和分类研究，并编写了《安徽歙县清凉峰苔藓类植物名录》；1999年～2000年，黄山高等师范专科学校生物系方德安等对清凉峰保护区的黑麂、云豹资源作了专项调查；2001年，安徽大学生物系李进华等对清凉峰保护区的灵长类动物进行了专项调查。此后，中国林业科学研究院、复旦大学生物系、中国科技大学生物系、安徽大学生物系、华东师范大学生物系、安徽师范大学生物系等科研、教学单位，先后对安徽清凉峰自然保护区进行了多次不同学科和专业的科学考察，取得了一大批有关植被、动植物区系和其他方面的成果。

本研究是为晋升安徽清凉峰国家级自然保护区提供基础资料和科学依据而开展的工作。2003年，由安徽省林业厅组织，安徽省林业科学研究院牵头，与安徽省自然保护管理站、安徽师范大学生命科学学院、黄山市林科所、歙县和绩溪县林业局等单位合作，对安徽清凉峰自然保护区植被和植物资源、脊椎动物、昆虫和大型真菌、自然环境、动植物区系及生态旅游、社区经济、保护管理等内容，由南坡到北坡进行了全方位、多学科的综合科学考察，前后历时2年多的时间，并多次进行专项调查。在调查工作开展之前，先举办培训班，统一调查方法、步骤和标本采集保存、填写样地调查表等，采用了包括踏查、样地、样方、样带、走访、座谈等多种多样的方法，收集大量安徽清凉峰自然保护区的气候、土壤、地质、水文等资料，综合分析20多年来有关安徽清凉峰自然保护区的专项调查资料、综合科考报告、动植物名录、科研论文等，于2006年10月完成评审稿。2007年3月1日，在合肥市通过安徽省林业厅主持召开的专家评审(附录1)。2011年保护区晋升为国家级自然保护区后，相关科研人员对该区域又进行了补充调查与监测，并对本著作进行了补充完善和统稿。

安徽清凉峰自然保护区生物多样性研究成果，彰显该区域晋升为国家级自然保护区意义重大。

首先，安徽清凉峰自然保护区具有特殊的综合生态价值。该区域位于皖南—浙西丘陵山地生物多样性优先保护区。区内的四条河流，是新安江水系的重要源头，对涵养水源、净化水质、维护中下游生态安全意义重大；清凉峰山脉作为天目山系的主要区段，是浙皖两省农、林业的重要生态屏障；安徽清凉峰自然保护区晋升为国家级自然保护区后，与浙江清凉峰国家级自然保护区可形成一个完整的保护体系，必将对保护区内的森林生态系统、野生动植物资源有效保护，产生巨大的促进作用。

其次，清凉峰地区具有完整典型的森林植被类型。计有6个植被类型、9个植被亚型、29个植被群系，分别是：甜槠林，青冈、甜槠林，天竺桂、细叶香桂林，青冈林，小叶青冈林，木荷、小叶青冈林；小叶青冈、檫木林，小叶青冈、鹅掌楸、青钱柳林，褐叶青冈、短柄枹、茅栗林，交让木、香果树、青钱柳林，小叶青冈、缺萼枫香林；青钱柳林，华东椴林，缺萼枫香林，米心水青冈林，短柄枹、茅栗林；毛竹林；马尾松林，杉木林，黄山松林；杉木、枫香林，马尾松、枫香林；安徽杜鹃矮林，湖北海棠矮林，小叶黄杨灌丛，水马桑矮林，鄂西玉山竹丛；沼原草、野古草群落；泥炭藓沼泽。

第三，清凉峰地区具有丰富的野生动植物种群，特别是保存有一大批国家重点保护的野生动植物。区内有各类野生植物1 570种，隶属246科、746属，其中地衣类植物3科、32种，苔藓类植物62科、310种，维管束植物181科、1 228种。脊椎动物34目、100科、377种，其中两栖类8科、28种，爬行类9科、50种，鸟类51科、201种，兽类20科、56种，鱼类12科、42种。此外，还有昆虫类169科、1 011种，大型真菌58科、148种。区内有国家重点保护野生植物26种，其中国家Ⅰ级重点保护野生植物有银杏、红豆杉、南方红豆杉、天目铁木、银缕梅；国家Ⅱ级重点保护野生植物有华东黄杉、金钱松、香榧、台湾水青冈、长序榆、榉树、金荞麦、鹅掌楸、凹叶厚朴、香樟、天竺桂、浙江楠、连香树、蛛网萼、黄山梅、花榈木、野大豆、羊角槭、喜树、香果树、七子花。区内有国家重点保护野生动物46种，其中国家Ⅰ级重点保护野生动物有梅花鹿、黑麂、云豹、金钱豹、白颈长尾雉；国家Ⅱ级重点保护野生动物有大鲵、虎纹蛙、小天鹅、鸳鸯、黑鸢、苍鹰、白头鹞、赤腹鹰、日本松雀鹰、雀鹰、普通鵟、鹰雕、红隼、燕隼、白鹇、勺鸡、小鸦鹃、草鸮、领角鸮、红角鸮、领鸺鹠、斑头鸺鹠、短耳鸮、长耳鸮、鹰鸮、褐林鸮、仙八色鸫、中国穿山甲、黑熊、豺、大灵猫、小灵猫、金猫、鬣羚、斑羚、猕猴、短尾猴、尖板曦箭蜓、拉步甲、阳彩臂金龟、中华虎凤蝶。

第四，清凉峰地区具有生态及景观多样性。区内有复杂的地质、古老的地层，丰富的气候、土壤类型，独特的中山"台地"和峰顶"小平原"，拥有奇松怪石、云海佛光、天池瀑布等生态景观，外围还有龙川胡氏宗祠、昌溪古村落、小九华、昱岭关等一些极具地域特色的徽州文化人文景观。

在野外调查和编写本书的过程中，得到了安徽省林业厅、安徽省自然保护管理站、安徽农业大学林业与园林学院、安徽师范大学生命科学学院、安徽大学生命科学学院、黄山学院生物系、安徽省地质矿产局、安徽省林业调查规划院、黄山市林科所、歙县林业局、绩溪县林业局等单位的大力支持；来自相关大专院校、科研院所的韩也良、王岐山、黄映泉、何家庆、张小平等专家提出了许多宝贵的修改意见；原国家林业局副局长，中国野生动物保护协会会长赵学敏为本书题写书名，中国工程院院士、东北林业大学马建章教授为本书作序，在此一并表示衷心的感谢。同时，对本书中引用的有关安徽清凉峰自然保护区专项调查报告、学位论文、科研论文的作者，未能一一注明，在此亦致谢忱。

由于编者水平有限，本书虽经反复修改，其中遗漏和不足之处在所难免，恳盼各位专家不吝指正。

《安徽清凉峰国家级自然保护区生物多样性研究》编委会

2016年3月

Foreword

Anhui Qingliangfeng National Nature Reserve is located in the bordering area of Jixi and Shexian Counties, Anhui Province, and it is adjacent to Zhejiang Qingliangfeng National Nature Reserve. It was established when Jixi Qingliangfeng Nature Reserve and Shexian Qingliangfeng Nature Reserve were merged in 2009 and was promoted to national level in April, 2011 with an approval from the State Council. There are peaks and ravines in the reserve. With warm climate and abundant rainfall, its site conditions are superior, and biological resources are abundant. It is a priority area for conserving biodiversity in the hilly and mountainous areas in south Anhui and west Zhejiang.

The survey on the fauna and flora resources in Qingliangfeng area began in the early 1970s. The general survey on wildlife resource carried out in Anhui Province in 1973 ~ 1974 showed its flora and fauna resources preliminarily.

In 1978, Huang Yingquan from the Huangshan Arboretum under Anhui Academy of Forestry, and technicians from Shexian County Forestry Institute explored the southern slopes of the Qingliangfeng for the first time, collected over 3,000 plant specimens, initially unveiled rare and endangered plant populations in the area, and published relevant papers and a book *List of Tree and Shrub Species in Qingliangfeng, Shexian* based on the survey results.

In 1979, the Shexian Qingliangfeng Nature Reserve was established with an approval from Shexian County Revolutionary Committee.

In 1979, Anhui Forestry Society proposed to Anhui Provincial Science Committee and Anhui Agriculture Committee that over 10 nature reserves should be established including the Qingliangfeng Reserve.

In 1982, Anhui Province People' s Government approved the establishment of Shexian County Qingliangfeng Nature Reserve, which became one of the first provincial nature reserves in Anhui province.

In 1983, Zhang Xiaoping from the Department of Biology of Anhui Normal University and other scholars studied the flora on the southern slopes of the Qingliangfeng preliminarily.

In 1983, Jixi County People' s Government organized 13 experts from various disciplines including forestry, agriculture, water conservancy, land and medicine to conduct a comprehensive survey on the flora and fauna at the north slopes of the Qingliangfeng, and had some discoveries there.

In May 1985, Anhui Provincial Forestry Department, Jixi County Government and Huizhou Prefecture Forestry Bureau set up a joint survey team, and divided their hired experts into several professional groups for plants, wild animals, geology and soil, and herbal medicine respectively. This team explored the natural resources on the north slopes of the Jixi Qingliangfeng comprehensively with 20 days, and compiled a book called the *Survey Report on the Natural Resources of Jixi Qingliangfeng.*

In 1986, Anhui Provincial Government approved the establishment of Jixi County Qingliangfeng Nature Reserve.

From 1987 to 1990, Huang Chenglin from the Department of Forestry of Anhui Agricultural College, together with other experts, made seven trips to the Qingliangfeng for a more thorough survey on vegetation, flora, rare and endangered plants, and they collected over 2,100 plant specimens, and conducted an in-depth study on species classification and flora.

From June to December in 1990, He Jiaqing from the Department of Biology of Anhui University and other scholars implemented a comprehensive survey on wild plant resources in the Qingliangfeng area, and collected over 3,000 specimens.

In 1992, Lu Xianxing, Gu Changming and other experts observed and studied the reproductive ecology of local wild animals and economically utilized animals in Shexian Qingliangfeng Nature Reserve .

In 1992 and 1993, Zheng Weifa and other experts from the Department of Bilology of Xuzhou Normal College studied lichen flora in the reserve.

In 1994, Liu Zhongling and other researchers collected byophyte specimens in the Qingliangfeng and classified them, and compiled *List of Byophytes in Shexian Qingliangfeng.*

In 1999 and 2000, Fang De' an from the Department of Biology of Huangshan Normal College and other teachers made a special survey on Black Muntjak (*Muntiacus crinifrons*) and Clouded Leopard (*Neofelis nebulosa*) in the Qingliangfeng area.

In 2001, Li Jinhua from the Department of Biology of Anhui University and his fellows conducted a special survey and observation on primates in the Qingliangfeng area.

Since then, the Chinese Academy of Forestry, the Departments of Biology of Fudan University, University of Science and Technology of China, Anhui University, East China Normal University, Anhui Normal University and other research and education institutions have conducted a number of survey programs covering various disciplines in the Qingliangfeng area, and obtained a large number of results relevant to vegetation, flora and fauna and other resources.

This book provides basic information and scientific evidence for the promotion of the

Anhui Qingliangfeng Nature Reserve to national level. In 2003, organized by Anhui Provincial Forestry Department, Anhui Academy of Forestry instructed Anhui Provincial Natural Conservation and Management Station, the College of Life Science of Anhui Normal University, Huangshan Forestry Research Institute, the Forestry Bureaus of Shexian and Jixi Counties and other units to conduct a comprehensive and multi-disciplinary survey, which lasted over 2 years and covered vegetation and plant resources, invertebrates, insects, macrofungi, physical geography, flora and fauna, eco-tourism, community economy, conservation and management and other aspects in the whole nature reserve, and some special surveys were also conducted. Before this survey started, trainings was launched, and survey methods and procedures were unified for specimen collection and preservation and survey table filling. The survey methods included preliminary reconnaissance, sample plot, sample square, sample belt, visiting, seminars and others, a great amount of information were collected about the Qingliangfeng area, including climate, soils, geology and hydrology. The specialized survey results, comprehensive survey reports, lists of animals and plants and research papers in the past two decades were also analyzed. In October 2006, the draft for evaluation was finished; and on March 1, 2007, the draft was reviewed by experts organized by Anhui Provincial Forestry Department. In 2011, the Reserve was promoted to national level, and then relevant researchers conducted some additional surveys and monitoring work, which replenished and polished the draft of this book.

The biodiversity study results for Anhui Qingliangfeng Nature Reserve indicate that it is significant for the reserve to be promoted to a national one.

Firstly, the nature reserve has a special and comprehensive ecological value. The Qingliangfeng area is located in the priority area for biodiversity conservation in south Anhui and west Zhejiang, and there are 4 rivers flowing in the area which are important sources of Xin'an river system, so the reserve is very significant for conserving water, purifying water and maintaining ecological safety downstream. The Qingliangfeng Mountains are the main sections of the Tianmu Mountains, and they are important ecological barriers for agriculture and forestry in Zhejiang and Anhui Provinces. After this reserve was promoted to national level, it can form a complete conservation system together with Zhejiang Qingliangfeng National Nature Reserve, and will play a greater role in conserving effectively the forest ecosystems and wildlife resources in the whole reserve.

Secondly, the Qingliangfeng area has typical and comprehensive forest vegetation types, which include 6 vegetation types, 9 vegetation subtypes, and 29 vegetation formations, that is, Sweet Oachestnut; *Cyclobalanopsis glauca* and Sweet Oachestnut; *Cinnamomum pedunculatum* and *Cinnamomum subavenium*; *Cyclobalanopsis glauca*; *Cyclobalanopsis myrsinaefolia*; *Schima superba* and *Cyclobalanopsis myrsinaefolia*; *Cyclobalanopsis myrsinaefolia* and *Sassafras tzumu*; *Cyclobalanopsis myrsinaefolia*, *Liriodendron chinensis* and *Cyclocarya paliurus;* *Cyclobalanopsis stewardiana*, *Quercus serrata* and *Castanea seguinii*; *Macropodous Tigernanmu*, *Emmenopterys henryi* and *Cyclocarya paliurus*; *Cyclobalanopsis myrsinaefolia* and *Liquidambar acalycina*; *Cyclocarya paliurus*; *Tilia japonica*; *Liquidambar acalycina*; *Fagus englerian*; *Quercus serrata* and *Castanea seguini*; bamboos; Masson Pine; China Fir; *Pinus hwangshanensis*; China Fir and *Liquidambar formosana*; Masson Pine and *Liquidambar formosana*; *Rhododendron anhweiense* coppice, *Malus hupehensis* coppice; *Buxus sinica* shrub; Coriaria coppice; *Yushania confusa* bamboo; communities of *Moliniopsis* and *Arundinella Arundinellahirta*; and bog of *Sphagnum*.

Thirdly, the Qingliangfeng area has abundant wildlife populations, especially a large number of national protected animal and plant species. There are 1,570 plant species in the reserve, classified into 246 families and 746 genera; of which, 3 families and 32 species of lichens; 62 families and 310 species of bryophytes; and 81 families and 1,228 species of vascular plants. There are 34 orders, 100 families and 377 species of vertebrates, including 8 families and 28 species of amphibians, 9 families and 50 species of reptiles, 51 families and 201 species of birds, 20 families and 56 species of beasts, and 12 families and 42 species of fish. There are also 169 families and 1,011 species of insects, and 58 families and 148 species of macrofungi.

There are 26 wild plant species that are listed as national protected species in the reserve, including 5 Class Ⅰ protected plant species: *Ginkgo biloba*, *Taxus chinensis*, *Taxus mairei*, *Ostrya rehderiana*, and *Parrotia subaequalis*; and 21 Class Ⅱ protected plant species: *Pseudotsuga gaussenii*, *Pseudolarix kaempferi*, *Torreya grandis*, *Fagus hayatae*, *Ulmus elongata*, *Zelkova schneideriana*, *Fagopyrum dibotrys*, *Liriodendron chinense*, *Magnolia officinalis*, *Cinnamomum camphora*, *Cinnamomum japonicum*, *Phoebe chekiangensis*, *Cercidiphyllum japonicum*, *Platycrater arguta*, *Kirengeshoma palmata*, *Ormosia henryi*, *Glycine soja*, *Acer yangjuechi*, *Camptotheca acuminata*, *Emmenopterys henryi*, and *Heptacodium miconioider.*

There are 46 wild animal species that are listed as national protected in the reserve, including 5 Class Ⅰ protected animal species: *Cervus nippon*, *Muntiacus crinifrons*, *Neofelis nebulosa*, *Panthera pardus*, *Syrmaticus ellioti*; and 41 Class Ⅱ protected animals species: *Andrias davidianus*, *Rana tigrina*, *Cygnus columbianus*, *Aix galericulata*, *Milvus migrans*, *Accipiter gentilis*, *Circus aeruginosus*, *Accipiter soloensis*, *Accipiter galaris*, *Accipiter nisus*, *Buteo buteo*, *Spizaetus nipalensis*, *Falco tinnunculus*, *Falco subbuteo*, *Lophura nycthemera*, *Pucrasia macrolopha*, *Centropus bengalensis*, *Tyto capensis*, *Otus bakkamoena*, *Otus scops*, *Glaucidium brodiei*, *Glaucidium cuculoides*, *Asio flammeus*, *Asio otus*, *Ninox scutulata*, *Strix leptogrammica*, *Pitta nympha*, *Manis pentadactyla*, *Selenarctos thibetanus*, *Cuon alpinus*, *Viverra zibetha*, *Viverricula indica*, *Felis temmincki*, *Capricornis sumatraensis*, *Naemorhedus goral*, *Macaca mulatta*, *Macaca thibetana*, *Heliogomphus retroflexus*, *Carabus lafossei*, *Cheirotonus jansoni*, and *Luehdorfia chinensis*.

Fourthly, the Qingliangfeng area possesses ecological and landscape diversity. There are complicated geology, ancient strata, diversified climate and soil types, unique "Zhongshan Terrace" and "Little Peak Plain". There are ecological landscapes, such as strange pines, peculiar rocks, sea of clouds, Buddha light , waterfalls and heaven lakes. And there are humanistic landscapes nearby representing Hui Culture, such as Hu Family' s Ancestral Temple, Changxi Ancient Village, Little Jiuhua (Buddhist Mountain) and Yulingguan.

During the field survey and the compilation of this book, we were assisted by Anhui Provincial Forestry Department, Anhui Provincial Station for Natural Conservation and Management, the College of Forestry and Landscape Architecture of Anhui Agricultural University, the College of Life Sciences of Anhui Normal University, the Department of Biology of Huangshan University, Anhui Provincial Bureau of Geology and Mineral Resources, Forest Inventory and Planning Institute of Anhui Province, Huangshan Forestry Research Institute, Shexian County Forestry Bureau, Jixi County Forestry Bureau and other institutions. Wang Qishan, Huang Yingquan, He Jiaqing, Zhang Xiaoping and other experts from higher education institutions and research institutes provided many valuable comments; Zhao Xuemin, former vice-director of the State Forestry Administration and chief secretary of China Wildlife Conservation Association inscribed the title, and Ma Jianzhang, an academician of Chinese Academy of Engineering and a professor of Northeast Forestry University, wrote the preface for the book, hence we express our heartfelt thanks to them. Not all the special survey reports, dissertations and research papers quoted in this book about Qingliangfeng Reserve are noted, here we would like to give our thanks to their authors.

This book has been revised repeatedly, but it may still contain errors and improprieties, corrections and suggestions are welcomed.

Editorial Board of *Research on the Biodiversity of Anhui Qingliangfeng National Nature Reserve*

February 2016

目　录

第一章 总 论

安徽清凉峰国家级自然保护区(以下简称"清凉峰保护区")位于安徽省东南部的歙县与绩溪县交界处。区内地层古老,地形复杂,自然条件优越,天然植被保存较好,生物资源丰富,环境质量良好,尤其是森林茂密、遍布峰壑,构成以乔木为主体,与无机环境、动物、微生物相结合的森林生态系统。该系统组成复杂,结构完整,能量流和物质循环活跃,生物量大,生产力高,系统内生物与生物之间、生物与环境之间关系协调、和谐有序,处于动态平衡和良性循环之中。这样一个庞大而又相对稳定的生态系统,对于维系生物多样性、群落多样性、生态平衡、生态安全等起到了重要的作用。特别是组成森林生态系统的各种植被覆盖率高达90%左右,不仅是皖浙两省农业、林业生产的生态屏障,而且能够有效地涵养水源、保持水土、净化大气和水体,保障了新安江水系的部分河流水源和水利工程的安全,为清凉峰保护区周边和新安江流域东北部的广大居民创造了一个良好的生活环境。

清凉峰保护区处于皖南—浙西丘陵山地生物多样性优先保护区域。目前,已知有各类生物3 106种,占全省生物物种总数11 687种(不包括藻类)的26.58%。这些生物中野生珍稀濒危物种多,已列入国家Ⅰ级重点保护的野生植物有5种、动物有5种;国家Ⅱ级重点保护的野生植物有21种、动物有41种(含昆虫4种);安徽省重点保护的珍稀树种有25种、重点保护的动物有59种。

清凉峰,旧称鄣峰、鄣山、大鄣山,1954年改为今名。清凉峰保护区素以"奇松、怪石、云海、天池"四胜著称,享有"鄣山叠翠"之美誉。今日之清凉峰更加靓丽,既有碧水黛山、风光旖旎的自然景观,又有多处历史古迹、文化底蕴深厚的人文景观,在其外围发展生态旅游产业,潜力巨大。

1.1 自然地理概况

1.1.1 地理位置

清凉峰保护区地处安徽省东南部,地理坐标为东经118°45′49″～118°53′38″,北纬30°03′34″～30°09′40″。南面以石耳尖为起点,往西经白云庙至大圣堂一线为界;东面以栈岭为起点,往南经东岙头、茶园里、横坞、王岭后至石耳尖一线为界,与浙江清凉峰国家级自然保护区(以下简称"浙江清凉峰保护区")接壤;北面以江南第一关为起点,往东经逍遥村南端、长坪尖下、阴山、银垄坞至栈岭一线为界；西面以江南第一关为起点，往南经黎明尖、半坞、炮坑至石耳尖一线为界。其总面积7 811.20hm^2，其中核心区2 543hm^2，占保护区总面积的32.56%；缓冲区2 085 hm^2，占保护区总面积的26.69%；实验区3 183.20 hm^2，占保护区总面积的40.75%。

清凉峰保护区地处我国华东腹地、中亚热带北缘，属于皖南—浙西丘陵山地生物多样性优先保护区域，是新安江水系主要源头之一，生态区位极为重要。皖赣铁路和徽杭高速公路经过保护区外侧，交通便捷，又邻近黄山风景区，与长三角经济区关系密切，区位优势明显。

1.1.2 地质地貌

清凉峰保护区的大地构造单元隶属扬子准地台的江南台隆与下扬子台坳之间转折部位。区内层峦叠嶂，海拔1 000m以上的山峰达40余座，奇峰突兀，怪石嶙峋，涧溪网布，峡谷幽深。其地势大体上呈现东南向西北倾斜，东南至西南坡地势险峻，多悬崖峭壁，沟谷深幽，地形极其复杂；东北至西北坡地势较为平缓，并出现像野猪塘等处的山中“小平原”，这在华东地区实属罕见。

清凉峰保护区今日的山地丘陵地貌是在漫长的地质历史长河中逐渐形成的。距今10亿年的中元古代，该地区为海洋环境，地壳处于活动阶段即地槽发展阶段。距今10亿年~8亿年发生的皖南运动，使地槽褶皱回返，原先洋壳转化为陆壳，结束了地槽演化历史，形成了扬子准地台褶皱基底，转入相对稳定的准地台发展阶段。自震旦纪到三叠纪（距今8亿年~1.95亿年），先后发生澄江运动、江南运动、东吴运动和印支运动（距今1.8亿年），在这些构造运动的影响下，清凉峰保护区经历了数次海水进退和江南岛、江南陆、江南山地的演变过程。尤其是印支运动，导致扬子准地台盖层全面褶皱，清凉峰保护区由陆地抬升为山地，从此结束了海相沉积历史和准地台演化历史，开始进入大陆边缘活动阶段。晚侏罗纪至白垩纪发生的燕山运动（距今0.7亿年）是印支运动的继续和发展，以强烈的差异性断块作用为特征，致使清凉峰山地又一次得到抬升。早第三纪发生的喜马拉雅运动序幕之后，清凉峰山地产生间歇性抬升和振荡，第四纪以来直至现在仍处于缓慢上升态势。

清凉峰保护区地层古老，属扬子地层区江南地层分区。区内出露的地层有中元古界、青白口系、震旦系、寒武系、侏罗系、第四系等。

1. 中元古界

该地层的西村组分布于黄茅培、黎明尖、岭脚、百丈岩、天子墓南和三阳坑以北一带，呈北东向展布，为一套海相细碎屑沉积夹细碧质的火山岩和海相中酸性火山岩，主要岩石有细碧岩、绿帘石钙硅角岩、玄武岩、片理化安山岩、片理化流纹斑岩、砂质板岩等。

2. 青白口系

该地层的井潭组分布于清凉峰南西方位的半降、叶村、老竹铺、孙家坞等地，为一套浅变质火山岩及砂砾岩，主要岩石有变质流纹质熔结凝灰岩、晶屑凝灰岩、变质英安质晶屑凝灰岩，局部夹有火山角砾岩。

3. 震旦系

该地层分布于清凉峰保护区的有休宁组、雷公坞组、兰田组、皮园村组，与前震旦系呈不整合或低角度不整合接触。休宁组分布于逍遥、水阳坑、班肩坞、蛇基坑、天子墓、黄连坑、老竹铺等地，为海相含火山物质的碎屑岩沉积，主要岩石除底部砾岩外，有岩屑细砂岩、鲕状凝灰岩、沉凝灰岩、粉砂质泥岩等。雷公坞组分布于长坪尖—下雪堂一带，为陆地冰川向海洋运移过程中的冰碛沉积，主要岩石有含砾粉砂质泥岩、含砾晶玻屑凝灰岩、含砾泥质粉砂岩、含锰白云岩等。兰田组分布于栈岭—茗坑及栈岭等地，为浅海相炭泥质—白云质碳酸岩建造，主要岩石有含锰白云岩夹含锰板岩、炭质板岩夹钙质板岩、肋骨状灰岩等。皮园村组分布于茗坑东、栈岭西一带，为大陆斜坡相硅质页岩建造，主要岩石为条带状硅质岩、硅质板岩夹薄层状或透镜状白云岩，岩性稳定，常形成陡峻的峭壁、石门、一线天和连绵的石墙等地貌景观，气势磅礴壮观。

4. 寒武系

该地层分布于大坦—银垄坞和查坑—老竹铺等地，为一套半深海相硅质页岩建造和局限海碳酸盐建造，与下伏震旦纪呈整合接触。该地层的荷塘组分布于大坦、岭脚、恩溪、永来、阴山等地，主要岩石有硅碳质板岩、含炭泥灰岩、重晶石结核、磷结核，产石煤和海绵骨针化石，硅碳质板岩坚硬、层理平直；大陈岭组分布于大坦东北处，主要岩石有白云质灰岩、灰质白云岩、含泥质灰岩等；杨柳岗组分布于银垄坞等地，主要岩石有炭质板岩、钙质板岩和泥质灰岩，炭质板岩、灰岩层面平整，板理清楚；华严寺组分布于银垄坞等地，主要岩石为泥质条带灰岩，岩性稳定。

5. 侏罗系

该地层分布于野猪塘、横岩下、东岙头、大降一带的山体上部。该地层的劳村组分布于大溪源北向狭长地带，主要岩石有层状砾岩、砂砾岩、粉砂质泥岩等；黄尖组分布于栈岭—野猪塘—白石岩一带，出露较好，主要岩石有流纹质凝灰熔岩、流纹岩、球(石)泡流纹岩、流纹英安质凝灰熔岩等。

6. 第四系

该地层分布于逍遥河、大障河、沧浪河、昌源等河流及部分涧溪，为一套冲积沉积物。这些冲积物主要由砾石和砂泥物组成，构造河溪阶地和河漫滩。

清凉峰保护区在皖南运动和燕山运动期间岩浆活动强烈，形成一些侵入岩。皖南运动期有黎明尖、半坞、水竹坑、小岫、三阳等几个侵入体，主要岩性为片麻状黑云母花岗(石英石)闪长岩，其次为少量的闪长岩、辉长辉绿岩和辉橄岩等。燕山运动期有后山庵、金石、石耳尖、慈坑、伏岭、逍遥、靠背尖等几个侵入体，主要岩性为似斑状花岗岩、细粒花岗岩、中粒花岗岩、粗粒花岗岩、花岗闪长岩等。

清凉峰保护区褶皱构造由西村单斜、逍遥复背斜、查坑复向斜、晚侏罗世清凉峰火山岩盆地组成。西村单斜属皖南期褶皱，分布于西村、水竹坑、半坞地区，褶皱构造线呈北东走向，一致倾向南东。逍遥复背斜属印支期褶皱，分布于银垄坞、逍遥和荆州等地，往东延出省外，轴向呈北东东。其核部由逍遥背斜组成，轴迹位于逍遥村、浪广岭，轴向北东，长10km；北冀由荆州向斜和下坞山背斜组成。荆州向斜轴迹位于靠背尖、荆州老屋下及桥板岭、石灰岭一线，长12km，西段金家段为倒转向斜；下坞山背斜轴迹近东西向；南翼为银垄坞向斜，位于银垄坞、浙基田，枢纽呈"S"型弯曲，北冀地层产状倾向南东，南冀地层发生倒转。查坑复向斜属印支—燕山期牵引褶皱，位于三阳、老竹铺地区，核心部由查坑倒转向斜组成，由于三阳断裂右旋牵引作用使原来的北东向构造线转变成近南北和北西向的构造线。晚侏罗世清凉峰火山岩盆地位于北起银垄坞、西至大溪源、南至孙家坞的范围内，盆底为劳村组红色砾岩，其上为黄尖组火山岩，喷发韵律明显，熔岩呈环状分布，产状从四周向中心倾斜、角度平缓。

清凉峰保护区断裂构造发育，共有3条。其中，三阳断裂带位于清凉峰南侧，西起歙县三阳，呈北东向延伸至浙江顺溪；千丈岭断裂位于清凉峰西南侧，呈北东走向；伏岭隐伏断裂位于清凉峰西侧，是广德虎岭到休宁月潭（虎—月）深断裂东清凉峰保护区通过的地段，呈北东走向。这些断裂带发育较早，具有多期次、多性质活动特点，对区内地层形成环境、岩浆活动规律、构造变形特征和矿产的分布均具有明显的控制作用。

清凉峰逍遥构造区发育逍遥—后山庵断层、西村断层、黄茅培断层、金石—梅家坞断层、叶村—孙家坞断层、查坑断层、郑家溪断层等。

清凉峰保护区内的褶皱、断裂、侵入岩体甚至山势和矿产地的分布，都有规律地呈环形排列，构成大约五六个环带，围绕着清凉峰展现出一幅完美的环状构造图景。由褶皱或压扭性断层构成的环带外旋层相对呈逆时针向扭动，但张扭性断裂则方向相反。

清凉峰保护区内的地貌类型由中山、低山、丘陵、山间盆地组成。其中，以中、低山地貌类型为主，约占清凉峰保护区面积的70%以上；其次，是丘陵地貌，约占清凉峰保护区总面积的25%左右；最后，是山间盆地地貌，约占清凉峰保护区总面积的5%左右。

1.1.3 气　候

清凉峰保护区位于北纬30°附近，距东海160km，属亚热带湿润季风气候区，境内崇山峻岭，地形复杂，森林茂密，受这些自然地理因子的影响，气候资源丰富。

从歙县和绩溪县气象局提供的气象资料来看，清凉峰南北坡气温差异明显。歙县历年平均气温为16.4℃，绩溪县为15.8℃，海拔1 480m的野猪塘1980年的平均气温为9.7℃；极端最高气温歙县为40.8℃，绩溪县为41.5℃；极端最低气温歙县为-10.4℃，绩溪县为-12.4℃；无霜期歙县为235.3d，绩溪县为249.2d。受季风气候影响，气温以夏季最高，冬季最低，但酷热日子不多，6、7、8月平均气温为27.4℃，日最高气温≥35℃日数历年平均为25.2d；严寒日子少，日平均气温≤0℃日数为16d，≥10℃的年有效积温均在5 000℃以上。

清凉峰山地气温、积温的垂直分布是随着海拔高度的升高而减少，海拔200m地带与海拔1 480m相比，年平均气温由15.8℃降低到9.7℃，降低6.1℃，即海拔每升高100m，气温递减0.477℃；≥10℃的积温由4 980℃降低到3 620℃，减少1 360℃。处于海拔1 400m～1 787m山峰的气温更低、积温更少，递减率更高，故有夏天不热之感，这也是1954年障山易名为清凉峰之来由。

清凉峰保护区受季风和地形的影响，雨水丰沛，多年平均年降雨量达1 500mm～1 700mm，海拔1 480m的野猪塘以上山地，年降雨量达2 400mm以上，是安徽省较大的降雨中心之一。且降水具有明显的季节性，以春夏季降水最为集中。春雨（3月～5月）约占35%，梅雨（6月～7月中旬）约占30%，伏秋雨（7月下旬～9月中旬）约占17%，秋雨（9月下旬～11月）约占7%，冬雨（包括雪、霜）约占11%。

清凉峰保护区降水以锋面雨、锋面气旋雨为主。锋面雨历时长、范围广、雨量多、强度大，尤其是锋面气旋雨，来势凶猛，雷电交加。惊蛰前后的雷暴雨，梅雨天的大暴雨，伏天的西风暴以及其他历时较长的大雨、暴雨，其雨量占全年总降水量的85%以上。

清凉峰保护区山高坡陡。从山麓到山顶相对高差达1 400m，随着海拔增高降水量呈递增现象，雨量垂直分布明显。据测定，海拔300m～700m的年平均降水量为1 500mm～1 700mm，海拔700m～1 200m的年平均降水量为1 700mm～2 000mm，海拔1 200m～1 784m的年降雨量为2 000mm～2 400 mm。其中，海拔1 480m的野猪塘，1980年降水量达2 637mm，比海拔200 m的绩溪县城年降雨量多920 mm。

1.1.4　河流与水文

清凉峰保护区属新安江流域。境内水系发达，溪涧众多，呈树枝状分布，主要水系有逍遥河、大障河、沧浪水、昌源。逍遥河，发源于长坪尖，西经黄茅培于虹溪桥接登源河汇入练江，流入新安江—钱塘江，流经清凉峰保护区12km；大障河，源出清凉峰下的雪堂岭，流经班肩坞、蛇墓坑、黄泥口塔、岭脚，于百丈岩接昌溪水至深渡流入新安江—钱塘江，流经清凉峰保护区8km；沧浪水，源自清凉峰北野猪塘，北流至永来（岭脚下）折向东流，经阴山至银垄坞纳南来的清凉溪水（源出清凉峰顶），至栈岭纳南来的栈岭水注天目溪，流入新安江—钱塘江，流经清凉峰保护区11km。这三条水系的主要支流有雪堂溪、下凹溪、石板湾溪、恩溪河、大南坑溪、炮坑溪、平坑河、永来河、大坦河、栈岭河等，同时还有很多流程短的小溪山涧。昌源，发源于清凉峰与搁船尖之间的山峰，流经老竹铺、三阳、杞梓里、苏村、唐里等乡，至石潭汇入华源，后入新安江，从清凉峰到石潭全长50km；大的支流有小溪、大溪源、大源河和芝源河，流经清凉峰保护区10.20km。

清凉峰保护区水资源丰富，既有地表水，又有地下水。地表水季节变化大，丰水期于3月下旬开始，7月达到高峰；枯水期于11月中旬开始，次年2月结束。非暴雨洪水期间，河水清澈，含沙量几乎为零。枯水期，山溪有时断流或干涸。地下水主要为基岩裂隙水，主要分布于清凉峰旋转构造部位的侏罗系劳村组、黄尖组和中元古界、青白口系、震旦系等地层中，含水岩有流纹岩、层凝灰岩、底砾岩、粉砂岩、硅质岩、千枚岩、变质安山岩、石英砂岩等组成，水量丰富。地貌上组成构造侵蚀中山，表现为沟谷深切、植被密布，地下水常沿沟谷源头和两侧出露地表。其次，分布于野猪塘等地的青白口系、震旦系等地层中，含水岩层由硅质岩、变质凝灰岩、千枚岩等组成，水量中等。地貌上组成侵蚀中低山，沟谷深切，"V"型谷发育，地下水多沿节理裂隙、地层不整合而出露于沟谷源头或谷缘。此外，清凉峰顶北东向海拔1 600m处的山顶平台有一块沼泽地，周围山体出露红色流纹岩，其产状向四周外倾，常年积水，时有泉水潺潺流出，古人称此为天池，列为清凉峰保护区四大胜景之一。东、西龙池山地也有类似小型沼泽地。

1.1.5 土　壤

1. 红　壤

红壤是清凉峰垂直带谱中基带土壤，为中亚热带湿润地区的地带性土壤，属于铁铝土土纲，分布于清凉峰北坡海拔500m以下地带，植被为常绿阔叶林和栽培植物。土壤由泥质类的砂岩、千枚岩的坡积物发育而成，土厚40cm~80cm，呈酸性，有黄红壤和红壤性土两个亚类。

2. 黄　壤

黄壤广泛分布于清凉峰北坡海拔600m~1 000m地段，植被主要为常绿阔叶林和常绿、落叶阔叶混交林及针阔混交林，自然植被保存较好，其成土母质为酸性结晶岩类坡积残积物。土壤厚度大于60cm，受侵蚀较小，有机质含量在1%左右，呈酸性反应，pH值为4.5~5.5，有山地黄壤和黄壤性土两个亚类。

3. 黄棕壤

黄棕壤为北亚热带湿润地区的地带性土壤，属于淋溶土土纲，分布于清凉峰海拔900m以上的山地，自然植被为落叶阔叶林和常绿、落叶阔叶混交林及针阔混交林。成土母质为流纹岩、砂岩、页岩的坡积残积物，土层深厚、有机质含量高，pH值为5.0~6.4，有山地黄棕壤和黄棕壤性土两个亚类。

4. 山地草甸土

山地草甸土分布于清凉峰海拔1 300m以上山顶平缓坡地上，属于隐域性土壤的半水成土土纲。山地草甸土所处地带的地势较高，气候温凉，冬季多积雪，夏季多云雾，风力强劲，自然植被为喜湿类草本植物和低矮灌丛，覆盖率达95%以上。山地草甸土土层较浅，土质疏松，有机质和氮、磷、钾及速效肥成分高。土壤pH值为4.7~5.3，属酸性轻中壤，仅有山地草甸土一个亚类。

5. 沼泽土

沼泽土分布于清凉峰海拔1 480m的野猪塘，属于隐域性土壤的水成土土纲，自然植被为湿生草本植物和泥炭藓等。沼泽土有机质层厚，质地较黏重，全氮含量高，pH值为6.0左右，呈微酸性反应。

6. **石灰土**

石灰土分布于清凉峰北坡外围阴门里至永来村一线海拔700m~800m处，属于隐域性土壤的初育土土纲，植被为次生植被和农作物。成土母质为石灰质页岩、石灰岩的坡积残积物。土层薄，在50cm以下，有机质含量一般，pH值为7.0左右，为中性土壤。

1.2 自然资源

1.2.1 植 被

清凉峰保护区内的山地表面覆盖着森林、灌丛、草甸、沼泽等多种类型的自然植被和栽培（人工）植被。这些植被及构成植被的各种植物是在漫长的地史和人类发展史长河中连续不断地演化繁衍的结果。借助古地质学、古生物学和植物地理学等科学研究成果，特别是现代植物区系和植物群落学的研究成果，已知清凉峰保护区于古生代末期抬升为陆地后即滋生有原始的陆生植物。此后经数次地壳运动和气候的变迁，每一次自然环境的变化，尤以气候的变化对古植物生存的影响最大。一部分原先生长茂盛的古植物在严酷的自然条件下衰退或消失；一部分较为进化的古植物经历自然选择，继续演化繁衍为种类繁多、组成复杂的原始植物群落。这时，古植物发生了质的变化，进入了一个新的发展阶段。所以，在地史时期，清凉峰保护区古植物的发展是循着由低级向高级、从简单到复杂的方向演化的，在演化过程中经历着新生和灭亡、盛衰相互消长的变化。其演化顺序为裸蕨植物→蕨类植物→裸子植物，进而演化繁衍为植物界最高等、最繁盛、最丰富多彩的被子植物。

生物发展史上被称为高等植物始祖的裸蕨植物是一类原始的陆生植物，它肇始于晚志留纪。到早、中泥盆纪时，裸蕨植物极其茂盛，至晚泥盆纪时，逐渐衰退灭绝，被同时发生的较为进化的蕨类植物所取代。自石炭纪至早二叠纪时期，蕨类植物发展迅速、繁荣昌盛，其中的芦木、鳞木等蕨类植物生长发育成为乔木状植物。清凉峰保护区尚保存蕨类植物102种，这些蕨类植物经过3亿多年的演化，已经不具有石炭纪时期那样高大和茂盛的外貌特征，只是一种矮小植物，仅散生于林下和温暖湿润的沟谷边缘处。但是，这些蕨类植物发展的历史悠久，地理成分以热带—亚热带分布的属为主，计有32属，占蕨类植物属总数的71%，是研究清凉峰植物演化和植物区系的重要科学依据。

早二叠纪时，新生且较为进化的裸子植物取代了业已衰退的蕨类植物，在三叠纪、侏罗纪的自然环境条件下得到充分的发展，逐渐形成以裸子植物种类为主组成的各种植被。到早白垩纪时，裸子植物呈现衰退现象，其种类和数量明显减少。经过1亿多年的演变，今日的清凉峰保护区依然保存17种裸子植物。

自距今约1亿年的晚白垩纪起，更为高等的被子植物取代了裸子植物，并且迅速发展成为自然界最繁盛、种类最丰富的一类植物，时至今日依然是植物界的优势种群。清凉峰保护区现保存被子植物1 109种，占区内野生植物种类总数的70.60%，占维管束植物种类总数的90.30%。

据龟山遗址出土的新石器时代文物的分析研究，在距今七八千年，清凉峰山麓地带即有古人定居生活。嗣后，随着社会发展，人口增长，伐木取材，樵采燃料，毁林种粮等破坏植被事件时有发生。由于清凉峰山高坡陡，居民不多，植被破坏程度并不严重。但是，到了近代，清凉峰山体中部以下的森林砍伐殆尽，生态环境恶化。1979年后，歙县和绩溪县人民政府宣传动员清凉峰保护区群众保护、发展森林资源。经安徽省人民政府批准，分别于1982年和1986年建立省级歙县清凉峰自然保护区和绩溪清凉峰自然保护区。经过30多年的保护、培育、发展，其山麓地带的部分采伐迹地，采取兴茶或点桐插杉，或整地造林，或辟为耕地种粮等方式，形成人工栽培植被；部分迹地上的次生植被长势较好，经过培育业已形成次生常绿阔叶林植被；山的中上部分布的多种植被也恢复到茂盛且相对稳定状态。

在中国植被区划中，清凉峰植被属于我国东部中亚热带常绿阔叶林北部亚地带，按照植被分类原则、单位和系统对考察资料进行分析统计，清凉峰保护区内的自然植被有常绿阔叶林、常绿—落叶阔叶混交林、落叶阔叶林、竹林、针叶林、针阔混交林、灌丛、山地草甸、沼泽等植被，栽培植被有杉木林、果林、竹林、茶园等植被。按照《中国植被》和《安徽植被》的划分标准，计有6个植被类型，9个植被亚型，29个群系。

清凉峰保护区基带植被类型的外貌、结构和组成植被的植物区系具有中亚热带典型的常绿阔叶林和标志性树种的特征。其常绿阔叶林树木种类和数量与中亚热带南部地区相比明显地要少些，同时见到伴生一些北亚热带常绿树种，从而反映出该地区处于中亚热带常绿阔叶林的北部地带。

清凉峰保护区植被中，以森林为主体的植被类型最多，占地面积最大，覆盖率最高，林木蓄积量最多。据考察资料统计，共有林地面积6 538hm^2，覆盖率83.70%，林木蓄积量358 000m^3。

清凉峰多种类型植被组成了以森林为主体的陆地生态系统，在涵养水源、保持水土、调节气候、净化大气和水体、改善环境、促进生态良性循环、保障周边地区农业稳产增收，以及提高人民生活水平等方面起到了不可替代的作用。

1.2.2 野生动植物

1. 野生植物

清凉峰保护区内野生植物资源丰富，既有被子植物、裸子植物和蕨类植物，又有苔藓类植物和地衣类植物。据考察资料统计，区内共有各类植物1 570种，隶属246科、746属，是安徽省植物资源种类分布较为集中的地区之一，被誉为“天然植物园”。

在1 570种野生植物中，维管束植物即有1 228种，隶属181科、601属，分别占全省维管束植物科的80.44%、属的48.78%和种的39.12%。1 126种的种子植物中，裸子植物有

6科、13属、17种，分别占全国裸子植物科总数的54.55%、属总数的31.71%和种总数的7.20%，占全省裸子植物53种的32.08%；被子植物有145科、534属、1 109种，分别占全国被子植物科总数的64.16%、属总数的18.13%和种总数的4.55%，占全省被子植物2 854种（不含种以下单位）的38.86%。清凉峰保护区保存有如此丰富多样的物种资源，在安徽其他地区罕见，是华东地区物种资源的重要宝库之一，在安徽省乃至在全国均占有重要地位。

清凉峰保护区植物区系古老、成分多。已知该地区尚保存着许多起源于新生代第四纪以前的孑遗植物。其中，蕨类有石杉科（Huperziaceae）、卷柏科（Selaginellaceae）、木贼科（Equisetaceae）、蕨科（Pteridiaceae）等，裸子植物有银杏（*Ginkgo biloba*）、金钱松（*Pseudolarix kaempferi*）、华东黄杉（*Pseudotsuga gaussenii*）、杉木（*Cunninghamia lanceolata*）、香榧（*Torreya grandis*）等，被子植物有木兰科（Magnoliaceae）、金缕梅科（Hamamelidaceae）、八角科（Illiciaceae）、五味子科（Schisandraceae）、樟科（Lauraceae）、山矾科（Symplocaceae）、楝科（Meliaceae）、五加科（Araliaceae）、棕榈科（Palmae）、芸香科（Rutaceae）、无患子科（Sapindaceae）、壳斗科（Fagaceae）、蝶形花科（Fabaceae）、胡桃科（Juglandaceae）、榆科（Ulmaceae）、杨柳科（Salicaceae）、桦木科（Betulaceae）、山茶科（Theaceae）、冬青科（Aquifoliaceae）、椴树科（Tiliaceae）等。在上述古老而丰富的孑遗植物中，世界性单型属（1种）有31属，世界性少型属（2～6种）有76属，两者合计占清凉峰保护区种子植物属的19.56%，具有突出的稀有罕见性。

清凉峰保护区地处中亚热带北部，在我国气候区划中属于亚热带向暖温带过渡气候带，其植物区系呈现亚热带和暖温带植物互相渗透、过渡、交汇的特征。清凉峰保护区植物区系还有地理成分复杂性和联系广泛性的特征。

清凉峰保护区保存有26种国家重点保护野生植物，其中属于国家Ⅰ级重点保护的野生植物有银杏、红豆杉（*Taxus chinensis*）、南方红豆杉（*Taxus mairei*）、银缕梅（*Parrotia subaequale*）、天目铁木（林科院标本。1985年5月24日采集于绩溪清凉峰沟谷，蔡辉采集，吴诚和鉴定，*Ostrya rehderiana*）5种；属于国家Ⅱ级重点保护的野生植物有金钱松、华东黄杉、香榧、羊角槭（*Acer yangjuechi*）、七子花（*Heptacodium miconioider*）、连香树（*Cercidiphyllum japonicum*）、台湾水青冈（*Fagus hayatae*）、香樟（*Cinnamomum camphora*）、花榈木（*Ormosia henryi*）、天竺桂（*Cinnamomum japonicum*）、野大豆（*Glycine soja*）、香果树（*Emmenopterys henryi*）、黄山梅（*Kirengeshoma palmata*）、长序榆（*Ulmus elongata*）、榉树（*Zelkova schneideriana*）、鹅掌楸（*Liriodendron chinense*）、凹叶厚朴（*Magnolia officinalis* subsp. *biloba*）、浙江楠（*Phoebe chekiangensis*）、金荞麦（*Fagopyrum dibotrys*）、蛛网萼（*Platycrater arguta*）、喜树（*Camptotheca acuminata*）21种。此外，还有省级重点保护树种25种。

清凉峰保护区的1 570种植物资源中，具有药用价值的植物达122科、424种，占保护区植物科总数的50.20%、种总数的27.83%。珍稀名贵的药用植物有短萼黄连（*Coptis chinensis* var. *brevisepala*）、细茎石斛（*Dendrobium moniliforme*）、浙贝母（*Fritillaria thunbergii*）、白术（*Atractylodes macrocephala*）、山茱萸（*Cornus officinalis*）、华东唐松草

(*Thalictrum fortunei*)、七叶一枝花(*Paris polyphylla*)、茯苓(*Poria cocos*)、灵芝(*Ganoderma lucidum*)、阔叶十大功劳(*Mahonia bealei*)、大血藤(*Sargentodoxa cuneata*)、三尖杉(*Cephalotaxus fortunei*)、辛夷(*Magnolia liliflora*)、木通(*Akebia quinata*)、木防己(*Cocculus orbiculatus*)、鱼腥草(*Houttuynia cordata*)、槲寄生(*Viscum coloratum*)、笔龙胆(*Gentiana zollingeri*)、益母草(*Leonurus artemisia*)、苦参(*Sophora flavescens*)、白芨(*Bletilla striata*)、百部(*Stemona japonica*)、何首乌(*Polygonum multiflorum*)、商陆(*Phytolacca acinosa*)、牛膝(*Achyranthes bidentata*)、一把伞天南星(*Arisaema erubescens*)、黄山乌头(*Aconitum carmichaeli* var. *huangshanicum*)、金樱子(*Rosa laevigata*)、杜仲(*Eucommia ulmoides*)、凹叶厚朴、天目木姜子(*Litsea auriculata*)、八角莲(*Dysosma versipellis*)、延龄草(*Trillium tschonoskii*)、竹节人参(*Panax japonicus*)等。

清凉峰保护区有地衣植物3科、4属、32种。地衣属于低等植物范畴,是植物界中一类特殊的植物,是藻类和菌类的复合体,多生长在岩石、树皮、树叶和土壤表面。地衣含有地衣酸,可腐蚀和溶解岩石,在土壤形成过程中起着重要的作用,有的地衣类植物如石耳可供食用。

清凉峰保护区有苔藓类植物62科、141属、310种。苔藓植物是高等植物中最原始的陆生类群,多生长在阴湿的土壤或林中的树皮、树枝及朽木上。在阴湿的森林中,形成森林苔层。苔藓含水量较多,对水土保持具有极大的重要性。同时,对促进岩石分解和土壤形成起先锋作用。

2. 野生动物

清凉峰保护区地处中亚热带北部,气候温和湿润,且山高林密,河溪众多,人烟稀少,蕴藏有丰富的野生动物资源。据考察资料统计,目前已知在清凉峰保护区内栖息繁衍的野生脊椎动物有377种,占全省742种脊椎动物的50.81%,隶属34目、100科,其中兽类56种,鸟类201种,爬行类50种,两栖类28种,鱼类42种。清凉峰保护区是安徽省内野生动物资源较丰富的区域之一。

在动物地理区划上,清凉峰保护区处于古北界和东洋界的过渡地带,东洋界和古北界野生动物物种在此交汇分布,其中以东洋界物种为主。据考察资料统计,在335种陆生脊椎动物中,有东洋界物种221种,占66%,古北界物种114种,占34%。

清凉峰的海拔落差较大,随着海拔的升高,山地植被垂直变化明显,受植被、气候、地貌、食物、隐蔽物、水等生态因子的影响,脊椎动物垂直分布的变化规律十分明显。据考察资料分析,脊椎动物的垂直分布有以下特点:

海拔700m以下的常绿阔叶林带,植物种类多、食物丰富,且隐蔽条件较好,脊椎动物种类和数量均较丰富。鸟类代表种有红嘴蓝鹊(*Urocissa erythrorhyncha*)、棕背伯劳(*Lanius schach*)、黑枕黄鹂(*Oriolus chinensis*)、喜鹊(*Pica pica*)等;兽类有大灵猫(*Viverra zibetha*)、小灵猫(*Viverricula indica*)、华南兔(*Lepus sinensis*)、黄麂(*Muntiacus reevesi*)、野猪(*Sus scrofa*)等;两栖类有黑斑侧褶蛙(*Rana nigromaculata*)等;爬行类有北草蜥

(*Takydromus septentrionalis*)、乌梢蛇(*Zaocys dhumnades*)、红点锦蛇(*Elaphe rufodorsata*)等。在常绿阔叶林带下限之处为居民点,池塘、水库、小河等处分布以鱼类为主的水生脊椎动物。

海拔700m～1 200m的常绿、落叶阔叶混交林带内分布的鸟类有红嘴相思鸟(*Leiothrix lutea*)、白颈长尾雉(*Syrmaticus ellioti*)、勺鸡(*Pucrasia macrolopha*)等;兽类有猕猴(*Macaca mulatta*)、鬣羚(*Capricornis sumatraensis*)、黑麂(*Muntiacus crinifrons*)、黄麂等;两栖动物较少,以东方蝾螈(*Cynops orientalis*)为主;爬行类常见有王锦蛇(*Elaphe carinata*)、黑眉锦蛇(*Elaphe taeniura*)、烙铁头(*Trimeresurus mucrosquamatus*)等。

海拔1 200m～1 500m的落叶阔叶林带内分布的动物代表种有红嘴相思鸟、灰翅噪鹛(*Garrulax cineraceus*)、红翅凤头鹃(*Clamator coromandus*)、鬣羚、斑羚(*Naemorhedus goral*)等。该垂直带内分布的两栖和爬行动物较少,珍稀动物大鲵(*Andrias davidianus*)主要分布在该区域。

海拔1 500m～1 600m的山地矮林、山地灌丛带内分布的野生动物代表种有煤山雀(*Parus ater*)、黄腹山雀(*Parus venustulus*)、棕头鸦雀(*Paradoxornis webbianus*)等,山溪中有棘胸蛙(*Rana spinosa*)分布。山地草甸区内分布有安吉小鲵(*Hynobius amjensis*)(附录2)、白腰雨燕(*Apus pacificus*)、烟腹毛脚燕(*Delichon dasypus*)、煤山雀、冠纹柳莺(*Phylloscopus reguloides*)、鬣羚等。

清凉峰保护区保存有许多珍稀濒危的野生动物。据统计,分布有国家重点保护野生动物46种,安徽省重点保护野生动物59种。其中,列为国家Ⅰ级重点保护野生动物有云豹(*Neofelis nebulosa*)、金钱豹(*Panthera pardus*)、黑麂、梅花鹿(*Cervus nippon*)、白颈长尾雉5种;国家Ⅱ级重点保护野生动物有穿山甲(*Manis pentadactyla*)、豺(*Cuon alpinus*)、大灵猫、小灵猫、金猫(*Felis temmincki*)、黑熊(*Selenarctos thibetanus*)、鬣羚、斑羚、猕猴、短尾猴(*Macaca thibetana*)、小天鹅(*Cygnus columbianus*)、鸳鸯(*Aix galericulata*)、黑鸢(*Milvus migrans*)、苍鹰(*Accipiter gentilis*)、白头鹞(*Circus aeruginosus*)、赤腹鹰(*Accipiter soloensis*)、雀鹰(*Accipiter nisus*)、日本松雀鹰(*Accipiter galaris*)、普通鵟(*Buteo buteo*)、鹰雕(*Spizaetus nipalensis*)、红隼(*Falco tinnunculus*)、燕隼(*Falco subbuteo*)、白鹇(*Lophura nythemera*)、勺鸡、草鸮(*Tyto capensis*)、领鸺鹠(*Glaucidium brodiei*)、红角鸮(*Otus scops*)、斑头鸺鹠(*Glaucidium cuculoides*)、短耳鸮(*Asio flammeus*)、长耳鸮(*Asio otus*)、鹰鸮(*Ninox scutulata*)、褐林鸮(*Strix leptogrammica*)、领角鸮(*Otus bakkamoena*)、小鸦鹃(*Centropus bengalensis*)、仙八色鸫(*Pitta nympha*)、大鲵、虎纹蛙(*Rana tigrina*)等41种;列为安徽省重点保护的野生动物有狐(*Vulpes vulpes*)、貉(*Nyctereutes procyonoides*)、黄鼬(*Mustela sibirica*)、鼬獾(*Melogale moschata*)、狗獾(*Meles meles*)、猪獾(*Arctonyx collaris*)、花面狸(*Paguma larvata*)、豹猫(*Felis bengalensis*)、黄麂、毛冠鹿(*Elaphodus cephalophus*)、红嘴相思鸟、画眉(*Garrulax canorus*)、王锦蛇、黑眉锦蛇、滑鼠蛇(*Ptyas mucosus*)、乌梢蛇、中国水蛇(*Enhydris chinensis*)、眼镜蛇(*Naja naja*)、尖吻蝮(*Agkistrodon acutus*)、棘胸

蛙、金线蛙(*Rana plancyi*)、黑斑蛙、中华蟾蜍(*Bufo gargarizans*)、平胸龟(*Platysternon megacephalum*)、乌龟(*Chinemys reevesii*)、黄缘闭壳龟(*Cuora flavomarginata*)等59种。

清凉峰保护区已知有兽类8目、20科、56种,常见的种类有华南兔、赤腹松鼠(*Callosciurus erythraeus*)、黄腹鼬(*Mustela kathiah*)、黄麂、北方刺猬(*Erinaceus amurensis*)、褐家鼠(*Rattus norvegicus*)、野猪、狗獾等。

清凉峰保护区分布有鸟类201种,其中留鸟96种、夏候鸟46种、候鸟28种、旅鸟31种,分别占保护区鸟类总数的47.76%、22.89%、13.93%和15.42%。从比例上看,这里留鸟种类最多,体现了我国江南鸟类组成特点。同时,由于区内山多缺少大型水面,故雁形目(*Anseriformes*)和鸻形目(*Charadriiformes*)鸟类在春秋季迁徙时只在这里作短暂停留,很少在此越冬。在国家重点保护鸟类中,白颈长尾雉、白鹇等为著名的珍贵观赏鸟类,红嘴相思鸟、鸳鸯、画眉、寿带(*Terpsiphone paradisi*)、黑枕黄鹂、八哥(*Acridotheres cristatellus*)、丝光椋鸟(*Sturnus sericeus*)等也是名贵的观赏鸟类。

清凉峰保护区的50种爬行动物中,蛇的种类和数量最多,计有40种,占爬行动物总数的80%。较常见的无毒蛇有王锦蛇、黑眉锦蛇、颈棱蛇(*Macropisthodon rudis*)、虎斑游蛇(*Rhobdophis tigrina*)、翠青蛇(*Opheodrys major*)、乌梢蛇、赤链蛇(*Dinodon rufozonatum*)、钝尾两头蛇(*Calamaris septentrionalis*)等,毒蛇有尖吻蝮(五步龙)、眼镜蛇、银环蛇(*Bungarus multicinctus*)、竹叶青(*Trimeresurus stejnegeri*)等。

清凉峰保护区已知有两栖动物2目、8科、28种,常见的种类有东方蝾螈、无斑肥螈(*Pachytriton labiatus*)、大鲵、淡肩角蟾(*Megophrys boettgeri*)、中国雨蛙(*Hyla chinensis*)、虎纹蛙、大绿臭蛙(*Rana livida*)、棘胸蛙、武夷湍蛙(*Staurois wuyiensis*)、斑腿树蛙(*Polypedates leucomystax*)、饰纹姬蛙(*Microhyla ornata*)、中华蟾蜍、黑斑侧褶蛙、金线侧褶蛙等。

清凉峰保护区的山谷溪流和河塘中分布的42种鱼类,除鳗鲡(*Anguilla japonica*)属于降河洄游性鱼类外,其余均属淡水性鱼类,常见种类有黄鳝(*Monopterus albus*)、泥鳅(*Misgurnus anguillicanudatus*)、鲫鱼(*Carassius cuvieri*)、侧条光唇鱼(*Acrossocheilus parallens*)、麦穗鱼(*Pseudorasbora parva*)、棒花鱼(*Abbottina rivularis*)、中华鳑鲏(*Rhodeus sinensis*)、黄颡鱼(*Pseudobagrus fulvidraco*)、刺鳅(*Mastacembelus aculeatus*)等。

1.2.3 昆虫资源

清凉峰保护区内栖息、繁衍着丰富的昆虫资源。据考察资料统计,区内共有1 011种昆虫,隶属16目、169科,占全省昆虫6 000种的16.85%。这些昆虫中以鳞翅目(Lepidoptera)种类最多,计有41科、424种,占区内昆虫科总数的24.26%、种总数的41.94%;其次为鞘翅目(Coleoptera)昆虫,计有28科、186种,占区内科总数的16.57%、种总数的18.40%;再次为半翅目(Hemiptera)昆虫,计有40科、173种,双翅目(Diptera)昆虫13科、83种,分别占区内昆虫种总数的17.11%、8.21%;50种以下、10种以上的昆虫有直翅目(Orthoptera)、膜翅目(Hymenoptera)、等翅目(Isoptera)、蜻蜓目(Odonata)4目,共计33科、124种;其余8目昆虫种类数量均在10种以下,其中缨翅目(Thysanoptera)、蛇蛉目(Raphidioptera)昆虫只有1科1种。

清凉峰保护区地处中亚热带北部,属亚热带与暖温带过渡地带,昆虫区系成分既有亚热带种类,又有北方性和南北方皆有分布的广布型种类。按昆虫区系地理分布统计,属东洋区种类489种,占昆虫总数的48.37%;古北区种类52种,占昆虫总数的5.14%;广布型436种,占昆虫总数的43.13%;特有种34种,占昆虫总数的3.36%。统计数字表明了清凉峰保护区昆虫区系组成的特点,即东洋区种类最多,优势明显;广布型种类次之;古北区昆虫较少,特有种虽然数量不多,但一些特有种却是珍贵稀有昆虫,其中尖板曦春蜓(*Heliogomphus retroflexus*)、拉步甲(*Carabus lafossei*)、阳彩臂金龟(*Cheirotonus jansoni*)、中华虎凤蝶(*Luehdorfia chinensis*)等列入国家重点保护的珍稀昆虫名录。

清凉峰主峰海拔1 787.40m,栖息在这里的昆虫具有明显的垂直分布规律。绝大多数昆虫分布在低海拔地带,随着海拔的升高,东洋区的昆虫种类逐渐减少,而广布型和古北区的昆虫呈现逐渐增多的趋势。清凉峰自然保护区内崇山峻岭,具有不同的微地貌和不同气候条件,直接影响昆虫分布。在缓坡、沟谷和小溪两旁等地带,特别是在树木低矮、灌丛以及蜜源植物茂密的地方,昆虫分布较多;在陡坡、林密阴湿的地方,栖息的昆虫种类和数量相对较少;海拔1 500m以上的山地矮林、山地灌丛和山地草甸地带,生境条件较差,昆虫种类稀少。

清凉峰保护区内有各种蝶类、大蚕蛾和独角仙(*Allomyrina dichotoma*)、蝈蝈(*Phaneroptera falcata*)、花生大蟋(*Tarbinskiellus portentosus*)、红蜻(*Crocothemis servilia*)等观赏昆虫80种。这些昆虫或通体色泽靓丽,或翅脉纹交织如画、图案精美,或形态奇异、鸣声动听,或好斗成性,或会发出荧光等。如此丰富多彩的昆虫,深受大众喜爱,令人赏心悦目、乐趣无穷。

清凉峰保护区拥有11目、29科、164种天敌昆虫,占区内昆虫总数的16.22%。这些天敌昆虫的存在,有效地抑制了害虫的滋生、繁衍,保障了区内和周边地区林业、农业生产的可持续发展。

1.2.4 大型真菌

清凉峰保护区自然条件优越,气候温暖,雨量充沛,森林茂盛,植物种类繁多,林分郁闭度大,林内阴暗潮湿,林下遍布枯枝落叶,部分林分还有朽木,是真菌繁衍的良好环境条件。所以,每当春季来临之后,区内滋生繁殖有极为丰富的大型真菌。

据考察资料统计,区内有大型真菌148种,隶属22目、58科、93属。其中,木生真菌最多,计有100种,占大型真菌种类总数的67.56%;寄生真菌38种,占25.68%;土生真菌10种,占6.76%。

清凉峰保护区大型真菌中的大多数种类具有食用、药用等重要经济价值。我国人民早在2000年前就知道可以食用的真菌达350多种，他们采集野生真菌以自食为主，多余部分拿到集市交易。现代科学研究揭示一些真菌含有丰富的蛋白质、脂肪、糖、维生素和矿物质等营养成分，味道鲜美，是古今社会家庭宴席上的美味佳肴。清凉峰保护区内可以食用的真菌有木耳（*Auricularia auricula*）、茶银耳（*Tremella foliacea*）、猴头菌（*Hericium erinaceus*）、香菇（*Lentinus edodes*）、大头菇（*Lentinus javanicus*）、洁丽香菇（*Lentinus lepideus*）、密环菌（*Armillaria mellea*）、赭环菌（*Clitocybe sinopica*）、金针菇（*Flammulina velutipes*）、硬柄小皮伞（*Marasmius oreades*）、长根菇（*Oudemansiella radicata*）、紫盖口蘑（*Tricholoma ionides*）、美味牛肝菌（*Boletus edulis*）、点柄乳牛肚菌（*Suillus granulatus*）、松乳菇（*Lactarius deliciosus*）、暗褐乳菇（*Lactarius fuliginosus*）、草质红菇（*Russula alutacea*）、壳状红菇（*Russula crustlsa*）、美味红菇（*Russula delica*）、短裙竹荪（*Dictyophora duplicata*）、长裙竹荪（*Dictyophora indusiata*）等，其中香菇、木耳、银耳（*Tremella fuciformis*）等食用菌驰名中外，供不应求。

清凉峰保护区拥有许多药用真菌，有的是药食兼用真菌。被誉为"仙草"的灵芝，是我国传统的名贵中药材，具有补中、固肾、益脾、补肺、止血等作用，主治耳聋、利关节、安神、延年、疗虚痨等。近年来，医学研究发现灵芝还具有免疫、抗过敏、降血压和抗癌的功效。食用的银耳，不仅营养丰富，味道可口，而且具有强精补肾、生津止咳、降火、润肠益胃、补气和血等效果；近代研究表明它还具有抗肿瘤、抗肝炎、降血糖、补脑提神、美容嫩肤、延年益寿的疗效。药食兼用的茯苓是我国传统名贵中药材和出口商品，它具有利水渗湿、健脾和胃、宁心安神等功效，临床证实茯苓还具有抗肿瘤、减轻放射和化疗的副作用以及保肝降酶、延缓衰老、美容养颜等作用。此外，药用真菌尚有木蹄层孔菌（*Fomes fomentarius*）、云芝（*Coriolus versicolor*）、紫芝（*Ganoderma sinense*）、树舌灵芝（*Ganoderma applanatum*）、硬皮树舌（*Ganoderma tornotum*）、银扁蕈（*Ganoderma applanatum*）、裂褶菌（*Schizophyllum commune*）、头状马勃（*Calvatia gigantea*）等。

据统计，清凉峰保护区拥有食用真菌30种，药用真菌11种，药食兼用真菌28种，共69种。这些经济价值很高的大型真菌是十分珍贵的自然资源，应当在积极保护的同时，有计划地合理利用。但是，大型真菌中的毒伞（*Amanita phalloides*）、灰毒伞（*Amanita vaginata*）、黄盖伞（*Amanita jumguillea*）、白毒伞（*Amanita verna*）、白托柄菇（*Amanita nivalis*）、红托鹅膏（*Amanita rubrovolvata*）、灰托柄菇（*Amanita vaginata*）、网孢牛肝菌（*Boletellus retisporus*）、密褶黑菇（*Russula densifolia*）等，含有毒蝇碱、毒肽、鹅膏毒素等毒性物质，一旦人畜误食后就会中毒，轻则致病、重则致死。所以，在开发利用野生真菌时必须掌握识别毒菌的知识，才能防患于未然。然而，这些毒菌也有多种用途，如鹅膏类的部分毒菌有α-鹅膏素，它具有抑制癌细胞能力，在肿瘤临床治疗中有明显的疗效。

大型真菌还具有重要生态意义。近代已知一些真菌与细菌协作将植物有机体分解还原至无机态，促进碳、氮、硫等元素的循环，帮助植物建立起自体施肥体系。同时，一些真菌同植物根系在共同生活环境中形成菌根联合体，从而增加了植物根系的吸收矿物质和有机物的能力，增加植物抗逆性，提高造林成活率和林分生产力。此外，还有些真菌寄生在有害虫体上，引起害虫疫病的流行，从而保护了林木和农作物。

1.2.5 其他自然资源

1. 旅游资源

清凉峰，古称障山、障峰，素以“奇松、怪石、云海、天池”四胜著称，享有“障山叠翠”美誉，列为“华阳(绩溪)十景”之一，载入县志。嗣后，虽经多次人为破坏，但自20世纪70年代末建立自然保护区以来，保护管理工作成就卓著。今日之清凉峰更加绚丽多彩，像一颗璀璨的绿色明珠镶嵌在皖南大地上。

清凉峰主峰海拔1 787.40m，巍峨壮丽，40余座奇峰拱立，秀出天外，形如柱状、笔状、花萼状、锯齿状、刀刃状、格子状、石门状等峻峭山峰，错落有致，构成了清凉峰雄伟壮丽的峰林地貌景观，其雄、其险、其秀、其奇，令人叹为观止。

清凉峰巧石如林，千姿百态，有的似人似物、似鸟似兽，情态各异，形象逼真。有名的如金龟石、百鸟朝阳、仙人锯石、天椎柄、仙女下凡、玉蛙跳海、狮象守坞口、老鼠钻蜡烛、十门九不锁等肖形石景，惟妙惟肖。最奇者乃是百丈岩的巨石，高约460m，宽约180m，宛如硕大的钟鼎耸天立地，在安徽境内罕见，堪称一大奇观。

清凉峰峰峦之间峡谷无数，峡谷幽深，距离较长的有大障山峡谷和逍遥峡谷。大障山峡谷位于清凉峰百丈岩生态景观区内，峡谷两侧奇峰屏立，怪石嶙峋，森林蓊郁，溪流淙淙，百丈瀑垂挂悬崖，葫芦潭水清澈透底。这里人迹罕至，生态原始，山清水秀，风光如画：春日万紫千红，鸟语花香；夏日枝叶浓绿，气候凉爽；秋日野果累累，霜叶红艳；冬日银装素裹，玉树琼花。

清凉峰保护区海拔800m以上的地带，分布很多黄山松(*Pinus taiwanensis*)，有的是散生，有的是纯林，有的是与阔叶树组成针阔混交林。这些黄山松生长于危崖峭壁、峰顶山脊、土壤瘠薄、气温较低、风力强劲的地方，不但生机勃勃，而且形态发生变异，千姿百态，各领风骚：或耸立挺拔，如擎天巨人；或侧枝舒展，状如伸臂迎客；或匍匐偃卧巨石之上，形如游龙，出没云间；或凌空倒挂，似雄鹰展翅；或曲身向谷，如雄鹰探海；或柔情似水，如恋人相依。

清凉峰森林景观优美。生长于山麓的常绿阔叶林群落，四季常青，绿荫如盖，是典型的亚热带森林景观；当进入隆冬季节，落叶阔叶树木落叶时，常绿阔叶林依然浓绿，让人赏心悦目；分布山地中上部的落叶阔叶林及其相邻的常绿、落叶阔叶混交林，春夏季节，树叶青翠，郁郁葱葱，生机勃勃，繁多植物孕育蓓蕾，应时绽放，呈现百花争妍，一片花海景象，给游人带来一份惊喜；当入秋霜降之时，枫香(*Liquidambar formosana*)、鸡爪槭(*Acer palmatum*)、灯笼树(*Enkianthus chinensis*)、黄山花楸(*Sorbus amabilis*)等树木的树叶和果实由绿变红，一簇簇点缀在万绿丛中，层林尽染，有“霜叶红于二月花”之境界，景色迷人。海拔1 500m的坡地上分布有千亩以上的鄂西玉山竹(*Yushania confusa*)群落，山风吹拂时，竹浪翻滚,气势恢弘,极为壮观。海拔1 500m至山顶,分布有黄山松矮林群落、安徽杜鹃(*Rhododendron maculiferum* subsp. *anhweiense*)矮林群落、湖北海棠矮林群落、小叶黄杨(*Buxus sinica* var. *parvifolia*)灌丛群落。这些植物群落具有不同姿态,黄山松矮林奇形异态,杜鹃花和海棠花姹紫嫣红,小叶黄杨枝繁叶茂、五彩缤纷。海拔1 350m以上的山顶或山脊开阔地带,分布有科学爱好者乐见的山地草甸和泥炭藓沼泽群落景观。

清凉峰茂密森林中,古木参天。枝叶扶疏、形态儒雅的古银杏树,扎根班肩坞,昂首蓝天,果实累累,一派搏击冰川后胜利者的雄姿。挺拔的华东黄杉,是第三纪以前的古老孑遗植物,屹立在十八龙潭悬崖上,威武挺拔,露出劫后余生的笑容。铁骨铮铮的古黄山松,呼啸于危崖峭壁之上,倾诉着如何在千百年风雨里永葆青春和优美姿态。古朴清逸的安徽杜鹃,树龄300余年,绽放在仙人洞崖上,花色艳丽,香气袭人。

清凉峰保护区野生动物资源丰富,珍贵的白颈长尾雉、白鹇、红嘴相思鸟等201种鸟类飞翔蓝天,或嘤嘤细吟,或啾啾欢唱。稀有的大灵猫、毛冠鹿兽类动物出没林间,猕猴、短尾猴跳跃于悬崖和树冠之上,大鲵嬉游于溪水之中,其景其情,予人以刺激、新奇之感觉。

清凉峰保护区虽然以绚丽的自然景观见长,但是人文景观也甚丰富。清凉峰,古称大障山、障峰,三天子鄣山、三王山,今仍存有天子墓、丞相坟等遗迹。传说远古时代,黄帝和容成子、浮丘公曾到此山采药炼丹,现山谷中仍存有丹锅、丹灶、丹井、药研、丹勺、葫芦潭等遗迹。具有深厚人文色彩的"徽杭古道"穿过山区,是绩溪县徽商通往杭州、上海的要道,现存的"江南第一关"即是"徽杭古道"的关口,如今关址依旧,栈道石级犹存。明清以来,一些著名徽商、文人、学者、游客等都曾走过这条古道。

位于伏岭镇逍遥村绿景村民组(班肩坞)与永来村交界处,尚存有1934年11月红军挖掘的战壕遗址,长约2.50km,深宽各1m。它是爱国主义教育基地,也是红色旅游的景点。

位于清凉峰脚下的龙川胡氏宗祠,初建于宋朝,明嘉靖年间,兵部尚书胡宗宪对祠堂进行一次大修缮,以后又经多次修缮,但都保持着明代徽派建筑的特色。胡氏宗祠坐北朝南,建筑总面积1 564 m^2,三进七开间,主体建筑分门厅、回廊、正厅、后进,设计精巧,布局匀称,主次分明。前进是座宽22m、高9m的门楼,原悬明代文徽明手书"龙川胡氏宗祠"匾额,门楼为重檐歇山式,屋顶上筑有八大戗角,雄伟壮观;门楣上大小额枋全部精镂细刻;门楼后是天井,两边为回廊。中进为祠堂正厅,是举行祭典的地方;厅高10m,由14根围粗166cm圆柱和21根"冬瓜梁"组成,厅两边有高4m、宽60cm落地槅扇32扇。后进是寝室,分上下两层,重檐建筑。所有梁面、梁托、落地窗、额枋等均雕刻有人物、麒麟、龙、凤、狮、虎、荷花等多种精美图案,这些精细雕刻的人物、动物、植物,栩栩如生、姿态逼真、妙趣横生、巧夺天工。这是徽派建筑艺术集砖木石雕于一体的珍贵遗产。1986年,龙川胡氏宗祠被安徽省人民政府列为省级重点文物保护单位;1988年,被国务院列为全国重点文物保护单位。

2. **矿产资源**

清凉峰保护区不仅拥有丰富的地表自然资源，而且蕴藏着一些地下矿产资源。目前，已知银垄坞向斜核部的寒武纪、侏罗纪岩层，蕴藏有锆石、磷灰矿、磁铁矿、石榴石、汞、锑等矿石；逍遥背斜近轴部的震旦纪岩层，藏有锆石、磷灰矿、独居石、铜、钨、钼等矿石；栈岭、大坦有石煤；老竹铺、三阳坑、大障有钨矿；逍遥、长湾有氟石；水竹坑、逍遥木沟塔有铜矿等。但由于矿产品位低、交通闭塞，短期内不具备开发的条件。

1.3 社会经济

1.3.1 社区人口

清凉峰保护区与伏岭镇、荆州乡、三阳乡毗邻，区内辖集体山场涉及11个行政村、421户、1 424人，全为汉族，人口密度为18人/ km^2。

清凉峰保护区内崇山峻岭，人迹罕至，但在周边地区，古时即有先民居住，到了明清，随着徽商事业的发展，移居此地居民增多，但与平原地区比较，人口密度还是较低。新中国成立60多年来，人口增长1倍多。歙县三阳乡人口密度为142人/km^2，低于歙县人口平均密度240人/km^2；伏岭镇人口密度124人/km^2，低于绩溪县人口密度159.30人/km^2，是我省人口密度（459.90人/km^2）较稀的区域。人口结构为户均3.30人（三阳乡）和3.40人（伏岭镇）；成年人男女性别比1.05∶1（伏岭镇）和1.07∶1（三阳乡），少年儿童男女性别比1.08∶1。调查结果表明，这里社区人口密度不大，男女性别比尚算合理，但是家庭规模有逐渐缩小的趋势，出现家庭养老功能弱化现象，应引起社会关注。

1.3.2 经济状况

清凉峰保护区毗连的乡镇地处低山丘陵地带，土地总面积26 266.67hm^2，其中林业用地22 600 hm^2，约占总面积的86.04%；绩溪伏岭镇农业用地1 400 hm^2，约占总面积的5.33%；歙县三阳乡耕地仅有66.67 hm^2，约占土地总面积0.25%，是山多耕地少的地区。这里农民的生产是以林业为主，在搞好林业生产的同时，坚持常年发展农业生产和养殖业。由于耕地少，农民生产的粮食自给率只有30%，其余70%的居民口粮和牲畜饲料仰赖市场供应。

靠近清凉峰保护区的农民主要经济收入来源：歙县三阳乡和绩溪伏岭镇的林业收入分别占60%和75%，外出务工收入占20%和15%，农业收入占15%和5%，养殖业和其他收入均占5%左右。据三阳、伏岭两乡镇分别随机抽样调查50户农民经济收入资料统计分析：人均年收入1 000元～2 000元的占2%和14%，人均2 000元～3 000元的占82%和60%，人均年收入3 000元以上的16%和24%；以户统计，年收入1万元以下的农户占96%和38%，年收入1万元～2万元的农户占4%和54%，年收入2万元以上的农户占比为

0和8%。由此可见,绩溪县伏岭镇比歙县三阳乡经济状况好,家庭年收入万元以上比例高,部分农户已基本上达到小康水平。

1.3.3 文化教育

清凉峰保护区毗连乡村有小学、中学教育体系。据三阳乡和伏岭镇调查统计,总人口中,小学文化程度人口占25.20%和24.65%,中学和中专文化程度人口占59.70%和56.96%,大学文化程度人口占5.90%和7.54%,文盲占9.20%和10.85%。与全省文化教育水平相比:中学和中专文化程度比全省(43.50%)高出16.20%和13.46%,大学文化程度高出3.43%和5.07%,属于中等偏上水平,但是文盲人数比例约占10%,接近全省平均10.94%的水平,扫盲工作任重道远。

第二章　自然环境

清凉峰是横亘于皖浙省界天目山系的主峰，是皖南著名高峰之一，除东边属浙江省临安市(已经列为国家级自然保护区)外，其余南、北、西三面均归属安徽省。区内层峦叠嶂，峰高入云，沟谷纵横，瀑飞泉涌，云雾迷漫，峰石隐现，林木茂密，人迹罕至，生态关系协调，野生动植物资源丰富，是华东地区一处保存完好、结构稳定、功能完善的森林生态系统，具有重大保护和研究价值。

2.1　地质概况

清凉峰，奇伟幻险，风姿卓绝，是一座由地质作用的内外营力造化而成的奇山。清凉峰保护区内的山、石、水、土和峰、崖、谷、溪就是一部宏大的地质史书，记载了亿万年间清凉峰地质历史的发展过程，刻录了清凉峰神奇自然景观的形成和演化历史。翻开清凉峰这部内容极为丰富的地质史书，可以看到它经历的沉沦复崛起、湖海化峰壑、艰难曲折的历程和沧桑变迁。日月经天，江河行地，在清凉峰地壳的亿万年历史演化过程中，谱写出了内涵复杂、深蕴奥秘的地质构造演化史册。

清凉峰保护区处于江南古陆岛的东北端，印支期的绩溪复背斜南翼，地表覆盖着中生代上侏罗统黄尖组和劳村组的火山喷出岩，组成了形态单调、产状平缓的山地向斜构造，称作清凉峰向斜。这个上侏罗统地层构造向斜，其岩性主要由流纹斑岩、凝灰质流纹岩、流纹质和英安质凝灰岩等火山喷出岩韵律层组成，岩性复杂多变，厚度亦不稳定，岩石中二氧化硅的含量在65%～74%，属酸性和中酸性的陆相喷出岩类，与下伏的古老地层呈明显不整合接触。

2.1.1　地　层

清凉峰保护区出露的主要为前震旦纪、震旦纪、寒武纪、侏罗纪和第四纪地层。清凉峰的主体以侏罗纪上统的黄尖组为主，及少量的劳村组岩层。此外，在清凉峰西和西南侧尚有一组更为古老的中元古界西村组地层出露，位于千丈岭南、西村、天子墓山及三阳坑北一带，呈北东向展布，它为一套浅变质的碎屑岩系及浅变质的火山岩系，属海相碎屑沉积夹细碧质的火山岩和海相中酸性火山岩，厚4 600m左右，自老至新分为3段。第一段，自水竹坑至半坞一带；第二段，自郑家溪至茬头；第三段，自杞梓里至小岫。第一段岩石种类为浅灰至灰绿色薄至中层千枚岩，粉砂质千枚岩，千枚状粉砂岩和同色千枚状板岩、硅质板岩，厚度1 029.12m；第二段的主要岩石种类为灰至灰褐色、薄至中层条纹条带状板岩，千枚状粉砂岩与灰绿色块层状英安质流纹斑岩，流纹质凝灰岩，厚2 014.20m；第三段为灰色、灰褐色薄至中层条纹状板岩、千枚状板岩、千枚状粉岩、千枚岩夹灰绿色层状片理化安山岩，厚1 675.21m。此外，在清凉峰西侧的大圣堂还可见到碱性正长斑岩、水竹坑岩体可见到中酸性片麻状花岗闪长岩。

在清凉峰保护区中，还蕴藏有少量的矿产，如在银垄坞向斜核部的寒武纪、侏罗纪岩层，蕴藏有锆石、磷灰矿、磁铁矿、石榴石、汞、锑等；逍遥背斜近轴部的震旦纪岩层，藏有锆石、磷灰矿、独居石、铜、钨、钼等；栈岭、大坦村，有石煤；老竹铺、三阳、大障有钨矿；逍遥、长湾有沸石，水竹坑、逍遥木沟塔有铜矿。尽管这些资源由于交通闭塞、矿产本身品位较低，在今后的相当长一段时间内不具备开发的可能，但也应切实加以保护。

2.1.2 地质构造

1. 褶皱构造

（1）绩溪复背斜。由前震旦纪、震旦纪、寒武纪地层组成。主轴为前震旦系和震旦系，轴线明显，形态复杂。其次级背斜与向斜在主轴东南一侧，有逍遥背斜、荆州向斜、郑家溪背斜、银垄坞背斜等。

（2）清凉峰向斜。呈东北向伸入浙江省临安市。在燕山期地壳运动激烈抬升过程中，受南北两个古隆起的边界限制，处于东西向与北东向推复动力的交接部位，构成5个参差不齐的环带形褶皱与弧形断裂。

（3）郑家溪扇形背斜。由前震旦纪、震旦纪及寒武纪地层组成，轴部位于与歙县交接地带，西翼伸展至伏岭、半坞一带。

2. 断裂构造

（1）印支期大断裂。在印支期强烈褶皱中，形成北东向两大断裂带，即宁国—绩溪—歙县断裂带和伏岭—周坑断裂带。这两大断层横贯清凉峰境内。

（2）燕山期小断层。多呈北西向，以正断层为主，长1km ~ 4km；另有近东西向多处断裂，分布于清凉峰东南部边境，组成“帚状断层束”。

3. 环状构造

在清凉峰周围约750km^{2}范围内，褶皱、断裂、侵入岩体甚至山势和矿产地的分布，都有规律地呈环形排列，构成大约五六个环带，围绕着清凉峰展现出一幅完美的环状构造图景，如图2-1所示。由褶皱或压扭性断层构成的环带外旋层相对呈逆时针向扭动，张扭性断裂则方向相反。峰顶有泉，今成圆形泽地，是晚侏罗纪火山岩向中心倾斜，即环状构造的砥柱（或旋涡）。

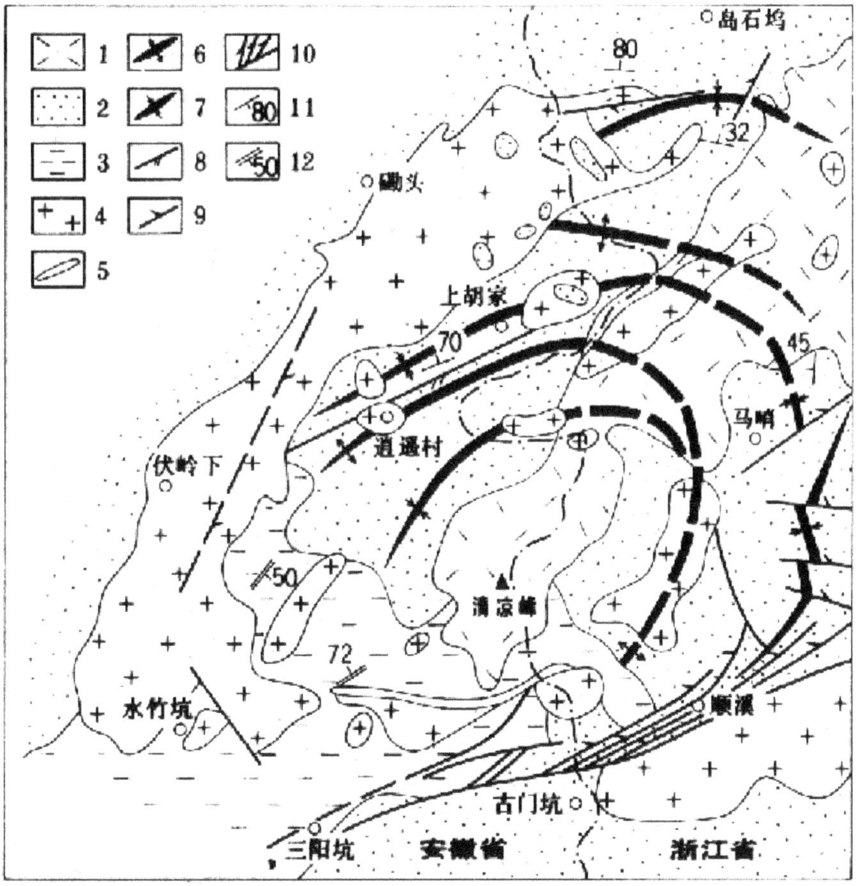

图2-1　清凉峰环状构造

1.上侏罗统酸性火山岩；2.震旦系—奥陶系；3.中元古界上溪群；4.中酸性侵入岩；5.岩脉；6.背斜轴；7.向斜轴；8.压扭性断层；9.张扭性断层；10.帚状断裂；11.岩层产状；12.片理产状。

2.2　地貌的形成及特征

2.2.1　地貌形成

清凉峰地处安徽省歙县、绩溪县和浙江省临安市的接壤地带，是天目山脉的最高峰，也是著名"江南古陆"的一部分。在地貌构造上，大体上是东南向西北倾斜，东南至西南坡地势险峻，多危崖峭壁，深沟幽谷，地形极其复杂。东北至西北坡地势较为平缓，山体上部多为起伏的开阔坡地，并有像野猪塘等处的一些开阔的中山"小平原"。

距今19亿年的早元古代，包括清凉峰在内的整个皖南地区，可能还处于大洋环境之中，没有或很少有沉积物形成，使得地质学家无法对这一时期清凉峰保护区的地质历史进行深入研究。到了距今10亿年的中元古代末期，这里的地壳开始剧烈活动，使地层发生强烈褶皱、变质和变形，并开始固结形成陆壳。到距今8亿年的震旦纪该地区又沦为海相环境，并伴有海相火山喷发，经皖南运动，海水退出隆为陆地，形成东西向基底。震旦纪早期(距今6亿年)，复海进为一片汪洋，沉积物形成海相碎屑岩、碳酸岩系。古生代志留纪末(距今4亿年)，受加里东运动影响，整体上升，海水退出，从此一直处于陆海相交替环境中。中生代中期，经侏罗纪印支运动强烈褶皱，形成北东向构造体系；中生代晚期燕山运动，区内基底褶皱破裂，发生火山岩流及花岗岩的侵入，使清凉峰得到抬升，地势高峻、断层突兀、奇峰怪石林立、深沟峡谷众多，形成清凉峰山体基本轮廓。新生代第三纪，受喜马拉雅运动影响，产生间歇性抬升和振荡，第四纪冰川虽有发生但对区内影响微弱，至今仍缓慢上升。

2.2.2 地貌类型

1. 峰　林

峰林地貌，多分布在清凉峰强烈侵蚀的地区。白垩纪以来，由于天目山岩体内的不同向节理，经融冰、流水等作用，沿裂隙强烈风化侵蚀，逐渐形成了柱状、笔状、花萼状山峰，锯齿状、刀刃状山脊，格子状悬崖，石门状峭壁，从而构成了清凉峰奇特的峰林地貌。

2. 峡　谷

清凉峰保护区山谷幽深、蛇曲，大的峡谷在绩溪县境内有大障山峡谷、逍遥峡谷等，在歙县境内有小岫峡谷和大溪源峡谷。由沉积岩、浅变质岩系组成的中山，高差起伏变化大，山脊较厚，河床下切，溯源侵蚀强烈，呈“V”形峡谷，一般深400m ~ 600m，最深1 100m，谷中多陡坎、跌水。小的峡谷有十八龙潭峡谷、荒坑峡谷、石板湾峡谷、栈岭峡谷、中南坑峡谷、大南坑峡谷等处。

3. 悬　崖

悬崖由岩浆岩系组成的中山，钳形及树枝状水系发育。有东岙头—清凉峰、七姑山尖—龙须山和笔架尖—饭甄尖—黎明尖，山脊尖棱坡度陡，基岩多有裸露，参天奇峰雄伟，悬崖陡壁壮丽，如百丈岩、逍遥岩、门前岩等。特别是清凉峰主体南侧的佛掌峰、南门城、玉柱峰，均是陡峭悬岩，高差达数百米之多，为华东地区所罕见。

4. 盆　地

盆地主要分布于沿河地带，经地壳运动而有所保留或下降，成为流水汇集、流经之地；流水期冲刷、侵蚀，地势变低、拓宽，夹带泥沙大量沉积而形成河漫滩，逐渐演变成阶地或洪积扇，并不断扩大彼此连接，最后形成山间盆谷。盆地外缘与低山、中山交接，较大的盆地保护区内有伏岭盆地和荆州盆地，最具特点的是逍遥盆地。它处于燕山早期花岗闪长岩岩干(株)上，岩石颗粒较粗，抗风化能力较四周震旦系砂岩为弱，在外力作用下形成区内唯一的侵蚀小盆地，其面积不足3km^2。

5. 山　脉

清凉峰保护区山脉整体呈北东—南西走向，山体多为流纹岩以及花岗岩、灰绿色千枚岩。区内山脉有7条，它们分别是：

(1)栈岭—清凉峰顶。主要山峰为东岙头海拔1 577.10m,清凉峰顶海拔1 787.40m,栏马石顶海拔1 309m。

(2)野猪塘—清凉峰顶。主要山峰为猪头尖海拔1 645m,野猪塘海拔1 480m,荒坑崖顶海拔1 404m。

(3)江南第一关—黎明尖。主要山峰为黎明尖海拔1 324.10m。

(4)阴山—上仁降。主要山峰为黑风头海拔1 278m。

(5)白石岩—清凉峰。主要山峰为天子峰海拔1 625m,南门城海拔1 380m,白石岩海拔1 332.80m。

(6)石耳尖—清凉峰。主要山峰为横路上峰海拔1 427m,横路下峰海拔1 052m,石耳尖海拔1 172.60m。

(7)双会峰—清凉峰。主要山峰为双会峰海拔1 292m,天子墓山海拔1 319m。

2.3 气 候

清凉峰保护区位于北纬30°附近,距东海直线距离160km,属亚热带湿润季风气候区。区内多山,地势较高。受地形影响,与同纬度平原地区相比,气温较低,降水较多,日照较少,且表现出垂直差异。春季气温回升快,雨日多;秋季气温下降快,雨日少;春、秋两季短,实为冬、夏之过渡性季节。

2.3.1 气 温

清凉峰保护区位于歙县与绩溪的交界处,由于海拔高度、坡度、坡向等的不同,其与歙县、绩溪两县县城的气象要素观测值有着较大的区别,具体差异如表2–1所示。

表2–1 清凉峰保护区与绩溪、歙县县城气象要素观测值对比表

站 名	绩溪县城(1971年～1980年)	歙县县城(1971年～1980年)	清凉峰野猪塘(1980年)
海拔(m)	192.10	169	1480
年平均气温(℃)	15.8	16.4	9.7
一月平均气温(℃)	3.7	4.1	–2.1
七月平均气温(℃)	27.4	27.9	20.1
极端最低气温(℃)	–12.4	–10.4	–17.6
极端最高气温(℃)	41.5	40.8	27.6
≥10℃的有效积温(℃)	5 000.4	5 000以上	3 600以下
无霜期(d)	249.2	235.3	170
年降雨量(mm)	1 567.90	1 555.30	2 637.70
相对湿度(%)	75.60	76	78

注:为了便于比较,采用了1980年以前同期的气象资料。

由表2-1不难看出，海拔1 480m的野猪塘与海拔200m左右的县城年平均气温相差6℃～7℃，一月份平均气温相差6℃左右，七月份平均气温相差7℃～8℃，≥10℃的有效积温相差1 400℃以上，年均降雨量相差1 100mm左右，无霜期相差65d以上。

2.3.2 光 照

一般情况下，随着海拔高度的抬升，光照强度发生改变；就坡向而言，南坡接受的太阳辐射明显超过平地，更大于北坡。造成不同海拔、不同坡向的气温、降雨、植被、动物种群等发生变化的根本原因，是不同部位光照时间、光照强度、光质的差异，导致单位面积接受太阳辐射总量的不同，从而引起年平均气温、大于10℃的有效积温的变化。清凉峰不同海拔高度太阳辐射和热量的差异如表2-2所示。

表2-2 清凉峰保护区不同海拔区间太阳辐射和热量变化一览表

海拔(m)	太阳辐射总量(kcal/cm^2)	年平均气温(℃)	≥10℃积温(℃)
300～700	108.10～111.90	14～16	4 200～5 000
700～1 200	104.40～108.10	11～14	3 200～4 200
1 200～1 787.40	101.40～104.40	7.6～11	2 000～3 200

应当指出：南坡日照时数随海拔高度分布表现为抛物线形变化趋势，在海拔600～900m，出现日照最少层，年日照时数小于1 500h。在该层以下，日照时数随海拔上升而减少；在该层以上，则随高度上升而增加。即山体下层为递减层，中层为缓变层，上层为递增层。

2.3.3 生理辐射

清凉峰保护区从海拔300m～1 787.40m，高差达1 487m以上，由于高程的巨大差别，再加上坡度、坡向、坡位的不同，空气湿度的差异，不同的高程和坡向的生理辐射有着较大的区别。一般情况下，随着海拔的升高，短波光增加，光照强度加大，不仅造成了南坡以阳性树种为主、北坡以阴性树种为主的植物分布格局，而且由此还带来了温度的变化。例如，在北纬30°地区，南坡接受的太阳辐射明显超过平地，更大于北坡；随着山体的抬升，每上升100m，气温将下降0.6℃，同时使日较差拉大。由此可见，同一时间在清凉峰山脚与山顶的温度相差8℃以上，因此山顶上分布着大量相当耐寒的植物种类，如黄山松、鄂西玉山竹、安徽杜鹃、安徽小檗(*Berberis anhweiensis*)、小叶黄杨、黄山花楸、黄山栎(*Quercus stewardii*)等。

光质不同对植物形态建成、向光性及对色素形成的影响大不相同。叶绿素吸收最强的光谱部分是位于640nm～660 nm波长的红光和430nm～450nm波长的蓝紫光，吸收最少的是绿光。红光对糖的合成有利，蓝紫光对蛋白质的合成最为有效；蓝紫光和青光，能抑制植物的伸长生长，使植株呈矮小状态，青紫光能促成植物色素的形成。由于中山阳光中紫外线较强，植物茎叶中含花青素也相对较多，可避免紫外线对植物体的损伤，是一种保护适应性。正因为如此，在清凉峰的顶部生长的植物，表现为高度降低、体量矮小、茎干粗壮、叶片缩小、绒毛发达的特殊外形，这是对高山短波辐射的适应性生长，也使秋末冬初的高山植物叶色显得特别丰富，形成一种“万紫千红皆秋叶，观叶胜看三月花”的梦幻般视觉效果。也正因为如此，高山矮林群落，特别是山顶的黄山松，由于紫外线抑制顶端生长、促进侧芽萌生，再加上高山大风的吹拂作用、植物的向光性，从而塑造出冠片平整、针叶短簇、臂枝向一侧伸展的旗形树冠。此外，紫外线又是昆虫新陈代谢所依赖的，不同海拔高度、坡向的生理辐射变化，也促成了清凉峰保护区昆虫种类的丰富性。

光照强度的生态作用，主要表现在促成植物细胞的增长和分化，并对植物组织和器官的生长发育产生重要影响。例如，山顶部的安徽杜鹃群落，比海拔1 000m左右处于阴坡的相同群落，树冠显得更为丰满圆润、植株低矮紧凑、花朵繁密、花期整齐、花色鲜艳；山顶和山脊上的湖北海棠（*Malus hupehensis*）、四照花（*Dendrobenthamia japonica* var. *chinensis*）、黄山花楸、天目琼花（*Viburnum opulus* var. *calvescens*）、钝叶蔷薇（*Rosa sertata*）等的果实，由于光照时间长、光照强度大，致使果实含糖量高、花青素多，显现更加光彩夺目的颜色。

2.3.4 降　水

清凉峰保护区的降水表现有以下特点：

1. 降水以锋面雨、锋面气旋雨为主

锋面雨历时长，范围广，雨量多，强度大，尤其是锋面气旋雨，来势凶猛，雷电交加。惊蛰前后的雷暴雨，梅雨季节的大暴雨，伏天的西风暴以及其他历时较长的大雨、暴雨，雨量占全年总降水量的85%以上。

2. 降水量集中于春夏

按季节分配，春雨（3月～5月）约占35%，梅雨（6月～7月中旬）约占30%，伏秋雨（7月下旬～9月中旬）约占17%，秋雨（9月下旬～11月）约占7%，冬雨（包括雪、霜）约占11%。降水量≥0.10mm日数，每年有151d。

3. 降水变率大

因冬、夏季风的冷暖势力对比及其活动状况每年有别，降水的月变化及年变化大，表现为降水的强度大小、数量及雨日多少不同。例如，1954年降水量为1978年的2.9倍；1969年、1983年梅雨过多，1950年、1958年、1978年为空梅；1959年、1977年春雨过多；1963年1月、1979年10月、1986年12月无雨，而1957年1月、1972年10月、1968年12月雨量特多；1956年～1957年、1976年～1977年冬季雪量大、降雪日多。

4. 降水量随海拔高度的抬升呈梯度变化

随着海拔高度的抬升，降水量呈递增之势，如海拔300m～700m的年降雨量为1 500mm～1 700mm，海拔700m～1 200m的年降雨量为1 700mm～2 000mm，海拔1 200m～1 787.40m的年降雨量为2 000mm～2 400mm，1 480m处的野猪塘与海拔200m的县城降雨量相差达1 000mm以上。

应当指出：南坡降水量随海拔高度呈抛物线形变化，上、下层降水量较少，中层降水量最丰，最大降水高度出现在海拔900m～1 100m，年降水量达1 900mm以上。最大降水高度以下，随海拔高度升高而增加；最大降水高度以上，降水量随海拔高度升高而减少。

2.3.5 风

1. 风　向

全年频率最多为东北风。夏季高空多偏南风。低空受北东向山地制约和空气强烈对流影响，风向不定，午后常见偏南风，夜晚多东北风。

2. 风　力

山的中上部多年平均风速为5m/s左右，冬季风速较大，12月和次年1月、2月分别平均为4.90 m/s、5.50 m/s、5.40m/s，秋季风速较小，9月、10月和11月的风速分别为3.80 m/s、4 m/s、4.40m/s，暴风雨时极端最大风速可达30m/s。

2.3.6 气温、降水垂直差异

清凉峰保护区从山谷到山顶的相对高差一般为300m～1 100m，多数超过500m。气温随海拔增高而递减，导致热量与水分条件呈明显垂直差异。天子墓山、清凉峰、黎明尖、东岙头等中山区同邻近盆谷相比，海拔600m地带，年平均气温低4℃～5℃，≥10℃积温少1 700℃～1 800℃，稳定通过≥10℃初终间隔期日数少约50d，无霜期短45d～50d，年降雨量多150mm～200mm；海拔1 200m地带，年平均气温低7℃～8℃，≥10℃的积温少2 800℃～3 000℃，稳定通过≥10℃初终间隔日数少约98d，无霜期短75d～80d，年降水量多450mm～500mm(如表2-1、表2-2所示)。由于光、热、水等随着海拔高度的再分配，形成了山上春夏短而温湿多雾、秋冬长而寒冷多霜雪，山下四季分明而温暖湿润的中亚热带北部中山山地气候，从而导致土壤生态系统与生物基因组合的系列变化，孕育了由山脚至山顶的常绿阔叶林、常绿-落叶阔叶林、落叶阔叶林、山顶灌丛矮林的完整生态系统梯度系列。

从山地立地气候成因与分类原则出发，依据相关的气象资料，以≥10℃的积温为主导指标，参照日均温≥10℃间隔期，最冷月的平均气温和极端低温，以植被类型和指示植物作为辅助指标，如表2-3所示，将清凉峰保护区自下而上，划分为三个立体气候带类型，为合理规划、科学建设清凉峰保护区提供可靠的气象依据。

1. 山地中温带

本带海拔1 200m～1 787.40m，气候主要特征值为：年平均气温7.6℃～11℃，≥10℃积温2 000℃～3 200℃，≥10℃的间隔日数130d～170d，最冷月平均气温-3.9℃～-1℃，极端最低气温-22.5℃～-18.6℃，太阳辐射总量为101.4kcal/cm^2～104.40kcal/cm^2，年均降水量2 000mm～2 400mm，水热系数3～3.60，无霜期155d～191d。垂直植被带为落叶阔叶林带，有山地(苔藓)灌丛矮林、竹林(主要是鄂西玉山竹)、山地草甸、黄山松林及多树种的落叶阔叶混交林等多种植被类型。

表2-3　清凉峰保护区气温、降水垂直分异状况表

海拔(m)		200	400	600	800	1 200
年平均气温(℃)		15.8	14.5	11.7	10.3	8.9
10℃起讫	积温(℃)	4 980	4 640	4 300	3 960	3 620
	初终日(月/日)	3/30～11/11	4/5～11/10	4/16～11/5	4/27～10/31	5/8～10/26
	天数(d)	231	220	209	198	187
20℃起讫	积温(℃)	3 180	2 840	2 500	2 160	1 820
	初终日(月/日)	5/23～9/24	5/29～9/19	6/4～9/14	6/10～9/9	6/16～9/4
	天数(d)	125	114	103	92	81
年降水量(mm)		1 520	1 620	1 740	1 860	1 980
分 布 地 区		大河流的中下游盆谷和丘陵地带	东部、北部低山山地及其盆谷地带		清凉峰山地的中、上部	

2. 山地暖温带

本带海拔700m～1 200m，主要气候特征值为：年平均气温11℃～14℃，≥10℃年积温3 200℃～4 200℃，≥10℃间隔日期170d～205d，最冷月平均气温-1℃～1.5℃，历年极端低温-18.6℃～-15℃，年太阳辐射总量为104.40kcal/cm^2～108.10kcal/cm^2，年降雨量1 700mm～2 000mm，水热系数2.60～3，无霜期191d～215d。本带处于常绿—落叶阔叶林带内，有多树种组成的阔叶混交林，黄山松分布到本带下限，鄂西玉山竹林被多种刚竹属(*Phyllostachys*)竹林所取代，局部有林相很好的马尾松(*Pinus massoniana*)林分布。

3. 山地北亚热带

本带海拔300m～700m，主要气候特征值为：年平均气温14℃～16℃，≥10℃积温4 200℃～5 000℃，≥10间隔日数205d～230d，最冷月平均气温1.5℃～3.5℃，极端低温-15℃～-13.5℃，年太阳辐射总量108.10kcal/cm^2～111.90kcal/cm^2，年均降水量1 500mm～1 700mm，水热系数2～2.60，无霜期215d～235d。本带植被为常绿阔叶林，主要有多种阔叶次生林、马尾松林、杉木林、竹林及桑、茶、果木林等。

2.3.7　灾害性天气

1. 雷　暴

雨水、惊蛰前后，天气变化剧烈，雷暴特多，初有雷无雨，称“到春雷”，数次后常伴降大雨或暴雨，有的年份，局部谷地有龙卷风。雷暴最早出现在1月27日(1967年、1979年)，历年平均在2月27日前后。

2. 清明寒

春季气温回升后，南方的暖气团因受北方的冷气团驱阻，锋面来回摆动，时晴时雨，时暖时寒。冷锋凌厉之年，出现短期低温天气，甚至有霜、雪(1968年4月12日有霜，1980年4月14日有雪)，俗称“清明寒”，即倒春寒，发生几率为20%，所以民谣有云：“清明断雪，谷雨断霜。”

3. 种田寒

立夏前后，极地大陆气团未完全消退，有的年份表现顽强，影响显著，称之为种田寒。发生几率为30%。

4. 梅　雨

6月上旬至7月中旬，东南暖湿气流临境，天气恶化，雨带在清凉峰保护区上空滞留，雨日多、雨量大，相对湿度达80%，空气中水分含量多至25g/m^3～28g/m^3。每年有3次～5次特大降水，每次历时3d～5d，多发生在6月下旬～7月上旬，有"五月（农历）南风涨大水"之谚。

5. 冰　雹

清凉峰保护区内冰雹天气地域狭小，历时短暂，一般不超过15min，多见于春夏午后或傍晚天气闷热之时，常伴有风暴，雹粒一般如蚕豆，大如鸡蛋者少见，常造成灾害。300多年来有记载的有30余次，大致10年发生1次。

6. 伏　旱

梅雨期结束，偏南风劲吹，雨带北移，伏旱即至。午后或傍晚偶有短暂雷阵雨及江淮温带气旋过境，1个多月内天气晴燥、炎热，蒸发旺盛，常出现干旱，故有"六月（农历）南风井底干"之谚。

7. 桂花霉

桂花霉又称"冻桂花"，9月中下旬，蒙古冷高压输送的极地大陆气团前锋到达境内，受其影响，天气恶化，出现为时5d～10d的低温细雨过程，俗称"八月（农历）濛雾洒"，发生几率为54%。

8. 暮秋风雨

11月上旬前后，极地大陆气团势力增强，与境内较暖空气相遇，产生锋面活动，形成间断性冷锋雨，直至较暖空气完全消退为止。期间东北风劲吹，大致有3次～4次降水过程，每次降水1d～2d，强度中等或偏小，气温随降水逐次递减，俗称"秋烂煞"，民谣有"一番秋雨一番凉""十月（农历）无霜地也寒"之说。

9. 暴　雪

2007年底至2008年元月的一场持续低温暴雪，积雪总深度达50cm以上，蓝天凹风口处的黄山松有30%～40%断梢；上雪堂灌木大量压折，黄茅培、班肩坞园竹几乎全部折断；仅绩溪一侧部分区域统计，因缺食受冻死亡黄麂达34只、黑麂11只、勺鸡10只、苏门羚2只、野猪1只。

10. 泥石流

清凉峰保护区由于其山体中下部的成土母岩为千枚岩、砂岩、砂砾岩等，形成的成土母质比较粗糙、疏松，在梅雨期及遇到长时间持续降雨、特大暴雨等灾害性天气，易引发地质灾害——泥石流，在清凉峰周边地区历史上就有多次发生。泥石流是介于流水与滑坡之间的一种地质作用，典型的泥石流由悬浮着粗大固体碎屑物并富含粉砂及黏土的黏稠泥浆组成。在适当的地形条件下,大量的水体浸透山坡或沟床中的固体堆积物质,使其稳定性降低,饱含水分的固体堆积物质在自身重力作用下发生运动,就形成了泥石流。泥石流是一种灾害性的地质现象。泥石流经常突然爆发,来势凶猛,可携带巨大的石块,并以高速推进,具有强大的能量,因而破坏性极大。泥石流所到之处,一切尽被摧毁,应切实做好防范工作。

2.3.8 气象气候资源评价与利用

1. 气象资源评价

本研究引用的气象资料,为歙县、绩溪县气象局提供,持续观察时间长,仪器设备稳定可靠,观测方法科学,记载数据真实,特别是有关清凉峰野猪塘的气象资料,虽然只有1980年一年的实测数据,但在这样的海拔高度和恶劣环境下,坚持一年时间的实测更是难能可贵。由上述气象资料不难看出,清凉峰保护区内,由于群山环抱,高峰林立,高差巨大,泉眼众多,河流蜿蜒其间,植被覆盖率高,蕴藏着特别丰富的气象资源。上述气象资料对清凉峰保护区有效地保护了区内的动植物资源,开展科学管理和相关的试验,都将发挥不可取代的作用。

2. 气象气候资源利用

(1)海拔1 200m以上山地。清凉峰海拔1 200m以上山地,处于降水云层的凝结高度,降雨量大,常云雾遮掩,日照少,风大,热量资源不足,有机质分解缓慢,但水热系数较大,喜凉润植物生长良好。在保护好原生珍稀植物群落的同时,在实验区外围海拔1 200m以上的区段,可引入一些耐寒喜凉润动植物;开发风力资源潜力很大;要保护好现存的天然植被,今后有望成为开展生态旅游和夏季避暑的好场所。

(2)海拔700m ~ 1 200m山地。清凉峰海拔700m ~ 1 200m的山地,坡度一般较大,降水资源比较丰富,水土流失严重,热量资源已达喜温植物的上限。在缓冲区和实验区,今后应在保护好现存天然植被的同时,在实验区外围适度发展林、果、药种植,因地制宜地营造一些厚朴、笋材两用竹、山核桃(*Carya cathayensis*)、山茱萸、柿等经济林,并引种一些高档药材如竹节人参、当归(*Angelica sinensis*)、短萼黄连等。利用清凉峰外围800m以上中山夏季特别凉爽的"天然空调"资源,建立高档花卉越夏基地,把一些难过夏天的高档年宵花,如大花蕙兰(*Cymbidium hybridum.*)、石斛兰(*Dendrobium nobile.*)、文心兰(*Oncidium ampliatum.*)、一品红(*Euphorbia pulcherrima*)、西洋杜鹃(*Rhododendron indica*)等,于春季花谢后集中运送到基地进行复壮和越夏,不仅可增添保护区的观赏景点,还可增加当地农民的收入。

(3)700m以下山地。清凉峰海拔700m以下山地,交通和经济条件良好,气候资源丰富,水热条件基本能满足喜温植物生长,立地条件较好的保护区外围山地可发展茶叶等生产。本气候带内尚有一定面积的宜林地,今后应结合封山育林,合理布局经济林和速生丰产林生产。

此外，利用其降水量集中的气候特点，在清凉峰保护区实验区以外，建坝蓄水建立小型水电站进行发电，并入统一的电网，可对山区洪水实现有效调控和无公害利用。再则，还可以利用清凉峰较高海拔地区不可多得的凉爽湿润环境，实现对华东地区一些珍稀保护植物的迁地保护和人工扩繁，使其种群数量不断扩大。利用清凉峰保护区内不同海拔高度的特殊气象条件，对一些珍稀濒危植物的种群进行就地监测保护，如银缕梅、华东黄杉、香果树、银雀树（又名瘿椒树，*Tapiscia sinensis*）、领春木（*Euptelea pleiospermum* f. *francheti*）、毛柄小勾儿茶（*Berchemiella wilsonii* var. *pubipetiolata*）、连香树等，特别是对正处于萎缩状态的稀有华东黄杉群落、银缕梅群落等进行人工干预群落复壮，使其能继续在该区域长期繁衍生息。

2.4 水系与水文

2.4.1 水 系

清凉峰保护区内的河流，均为钱塘江水系。其河流特征主要表现为：水量季节变化大，水清、流急、落差大；丰水期3月下旬开始，6月达到高峰，期内常有暴雨引起山洪暴发，流量可猛增数十倍，甚至数百倍；枯水期11月中旬开始，次年2月结束，期内河水主要靠地下水补给，流量小，山溪有时断流或干涸。河水清澈，遇暴雨即变混浊，雨后复清。河床比降一般为7‰～20‰，河源比降多超50‰，多急流、跌水。例如，登源河“江南第一关”河段，1km陡降百余米；永来河河源，5km陡降千余米。

2.4.2 主要河流

清凉峰保护区内，主要有四条河流，它们分别是绩溪县境内的逍遥河、大障河、沧浪水和歙县境内的昌源。

1. 逍遥河

逍遥河为绩溪县境内第一大河——登源河的上游，源出逍遥乡长坪尖南麓，流经保护区12km，西经黄茅培于虹溪桥接登源河汇入练江，进入新安江—钱塘水系。其主要支流雪堂溪，长3.50km；下凹溪，长2.50km；石板湾溪，长3km。由于其处于逍遥峡谷中，水流湍急，河床下切强烈，基岩出露，多跌水，比降达38.6‰。

2. 大障河

大障河原称小昌溪，流经保护区8km，源出清凉峰下雪堂岭，西南流经班肩坞、蛇墓坑、黄泥口塔、岭脚，于百丈崖接昌溪汇入（深渡）新安江—钱塘水系。大障河的主要支流有三条：恩溪河，长3km；大南坑溪，长2.50km；炮坑溪，长4km。

3. 沧浪水

沧浪水为昌化河的源头，源出清凉峰北野猪塘，北流至永来（岭脚下）折向东流，经阴山至银坌坞纳南来的清凉溪(出自清凉峰顶峰),至栈岭纳南来的栈岭水入浙,注天目溪,流经保护区11km,于栈岭接浙溪经天目溪汇入新安江—钱塘水系。沧浪水的主要支流有四条:平坑河,长6km;永来河,长5.50km;大坦河,长3.50km;栈岭河,长4.50km。

4. 昌　源

在歙县境内,出清凉峰至搁船尖一带山峰西麓,流经老竹铺、三阳、杞梓里、苏村、唐里等乡,至石潭汇入华源,后入新安江。从清凉峰到石潭全长50km,流经保护区各支流的总长度为10.20km,全长河降4.19‰,河宽12m ~ 75m。中村以上河段岩石裸露,大量堆积沙砾、块石、卵石等,水流湍急;中村以下河段稍缓,河床堆积有砂砾和卵石。昌源大的支流有4条,分别为:

(1)小溪。源出天子墓山南麓,流经苏家坑、郑家溪、新庄、石岭、半坑、黄村,到杞梓里,汇入昌源,全长13km,其中流经清凉峰保护区为3km,有3条小支流。

(2)大溪源河。源出清凉峰顶西侧,流经大溪、半源、茬头、金石,至白石路口汇入昌源,全长7.50km,其中流经清凉峰保护区3km。

(3)大源河。源出清凉峰东侧,流经大源、小岫、木岭到岭脚汇入昌源,全长6.7km,其中流经清凉峰保护区2.70km。

(4)芝河源。源出石耳尖西北侧,流经孙家坞、庄屋前,到岭脚汇入昌溪,全长4.50km,其中流经清凉峰保护区1.50km。

2.4.3　地下水

清凉峰保护区内的地下水,主要是基岩裂隙水中的一般构造裂隙水(分丰富、中等、贫乏三个等级)和风化带网状裂隙水(分丰富、中等、贫乏三个等级)。

1. 一般构造裂隙水

(1)水量丰富裂隙水。指地下径流模数0.003m³/s·km² ~ 0.006m³/s·km²、泉流量0.001m³/s ~ 0.003m³/s的一般构造裂隙水,主要分布于清凉峰旋转构造,赋水地层由侏罗系劳村组、黄尖组流纹斑岩、层凝灰岩及底砾岩、粉砂岩组成;地貌上属于构造侵蚀中、低山,表现为沟谷深切,植被密布,地下水常沿沟谷源头和两侧出露地表,如绩溪十八龙潭上下、歙县朱家舍上。特别是一些背斜伏端和核部,节理裂隙发育,泉眼相对密集,泉流量相对较大,如在郑家溪扇形背斜核部,泉眼密度达0.09个/km²。地层不整合时往往有利于泉水出露。在清凉峰山系主体水量丰富区域,泉水常见流量达0.000 51m³/s ~ 0.001 21m³/s,地下径流模数0.004 28m³/s·km² ~ 0.005 21m³/s·km²,地下水矿化度为70g/m³ ~ 150g/m³,以HCO_3— Ca型水为主,局部HCO_3—Ca·Na型,是清凉峰保护区非常重要的地下水资源,应切实加以保护。此外,在峰顶北东部海拔1 600m的地方,有一处山顶平台沼泽,直径约30m,地面绿草如茵,鲜花点点,周围山体露出红色流纹岩,其产状向四周外倾,常年有泉水潺潺流出,地质学家推测可能是一个淤塞的古火山口,可将其稍加整饰,建成山顶火山湖。再则,还有东、西龙池。

(2)水量中等裂隙水。指地下径流模数 $0.001m^3/s \cdot km^2 \sim 0.003m^3/s \cdot km^2$、泉流量 $0.000\ 1m^3/s \sim 0.001m^3/s$ 的裂隙水。主要分布于野猪塘向斜等地，赋水地层为震旦纪硅质岩和变质岩等，地貌上属于构造侵蚀中低山，沟谷深切，"V"型谷发育；泉水多沿节理裂隙，地层不整合面出露于沟谷源头，其流量一般在 $0.000\ 5m^3/s$ 左右。

2. 风化带网状裂隙水

在清凉峰保护区，主要为水量中等级别的风化带网状裂隙水，见之于伏岭下岩体，属于构造剥蚀低山，植被一般不发育，风化带厚1m～4m，泉水层多出露于坡脚，径流模数为 $0.002\ 34m^3/s \cdot km^2$、泉流量 $0.000\ 1m^3/s \sim 0.000\ 11m^3/s$，地下水矿化度为 $60g/m^3 \sim 80g/m^3$，属 HCO_3— Ca型和 HCO_3—Ca·Na型，在保护好水源的同时，可加以开发利用。

2.5 土 壤

2.5.1 土壤概况与土壤母质

清凉峰土壤种类较多，地带性土壤垂直分异，依海拔高度自下而上分别为红壤、黄壤、黄棕壤、山地草甸土和山地沼泽土，以及少量非地带性的棕色石灰土等，如表2–4所示。共5个土纲、6个土类、10个亚类。山体中下部人为活动频繁，水土流失现象较为严重，很多地方为裸露的基岩，山体中、上部水土保持较好，野生植被茂盛。

表2–4 清凉峰保护区主要土壤分类表

土类	亚类	分布	理化性质
红壤	黄红壤、红壤性土	海拔500m以下	酸性，pH值4.0～5.6，有机质含量3.53%左右，全氮、全钾含量较高，全磷含量偏低
黄壤	山地黄壤、黄壤性土	海拔600m～1 100m	酸性，pH值小于5.5，有机质含量5%左右，腐殖质以胡敏酸为主，胡富比1.30，碳氮比14，风化淋溶及富铝化明显，游离铁的活化度为39.39%，络合度为0.49%
黄棕壤	山地黄棕壤、黄棕壤性土	海拔900m以上	中壤至重壤，疏松潮润，养分含量较高，酸性至微酸性，pH值在5.5～6.5，有机质含量4.04%，风化淋溶度0.498 6，游离铁活化度65.41%，全氮0.290%～0.339%，速效磷0.000 3%～0.000 5%，速效钾0.004 8%～0.015 2%
山地草甸土	山地草甸土	海拔1 300m以上	灰黑色中壤，团粒构造，疏松潮湿，强酸性，各种养分含量很高，有机质10.37%，全氮0.628%，全磷0.075%，全钾2.13%，碳氮比14～17，腐殖质以胡敏酸为主，胡富比2.14
沼泽土	沼泽土、泥炭沼泽土	北坡海拔1 480m的野猪塘	灰黑色，中重壤，小块状，潮湿，有机质17.65%，全氮含量极高，严重缺磷
石灰土	石灰岩土	阴门里至永来一线，海拔700m～800m	重壤或轻黏土，中性至微酸性，养分含量较高，缺速效磷，pH值在6.5～7.0，含钙量1%～2%，有机质含量为1.02%，全氮0.416%，全磷0.076%，速效磷0.000 3%，全钾1.37%，速效钾0.009 6%

母岩母质是形成土壤的基础。清凉峰地质历史古老，成山年代久远，在它的外围西部和西南部有花岗岩体等侵入。山体下部主要为震旦系灰绿、黄绿色千枚岩、千枚状砂岩和

砂岩、灰紫色砂砾岩等，山体中下部为紫色斑状流纹岩，山体中、上部主要为燕山运动产生的中生代侏罗纪凝灰岩、凝灰质砂岩、流纹岩等火山岩岩系。由上述母岩发育而成的土壤含钾量丰富，质地粗而疏松。由于清凉峰地质古老，岩性复杂，成土母质多为坡积物或坡积残积物。

2.5.2 土壤类型及其分布

1. 红　壤

红壤是亚热带湿润气候条件下形成的土壤，成土母质为第四纪红色黏土，属于铁铝土土纲。分布于清凉峰北坡海拔500m以下，如大障河谷；南坡650m以下，如朱家舍、大源、大坦等处。由于人类的生产活动，地带性植被——常绿阔叶林遭受严重破坏，主要为次生林、次生灌丛和栽培植物，总盖度为65%左右。土壤由泥质类的砂岩、千枚岩的坡积物发育而成，土深为40cm～80cm，表层略显灰暗，一层以下为棕红色的黏质土层，底层多为菱块状结构，褐色胶膜淀积明显。土壤呈酸性，pH值为5.0～6.0。红壤在清凉峰保护区有黄红壤和红壤性土两个亚类，主要特点是酸、薄、瘦。

2. 黄　壤

黄壤广泛分布于清凉峰北坡海拔600m～1 000m，南坡650m～1 100m，在垂直地带上分布于红壤和黄棕壤之间。植被主要为常绿阔叶、针叶林和落叶阔叶混交林，盖度为95%左右。其成土母质为酸性结晶岩类坡积残积物，在保存较好的植被下，土层大于60cm，土壤受侵蚀较小，有机质含量较高；在森林植被遭受一定程度破坏的场所，土深为30cm～60cm，石砾含量大于30%，有机质含量在1%左右。该地区相对湿度较高，水湿较红壤高，热量较红壤略低。土壤质地较红壤轻，以黏壤土为主，土壤的富铝化程度高，盐基高度不饱和，呈酸性反应，pH值为4.5～5.5。黄壤在清凉峰保护区有山地黄壤和黄壤性土两个亚类。

3. 黄棕壤

黄棕壤为北亚热带湿润地区的地带性土壤，属于淋溶土土纲，在清凉峰分布面积最广，分布于北坡900m以上，南坡为1 000m以上。黄棕壤既具有棕壤形成的特点，又具有弱富铝化过程，B层呈棱块状结构，黏粒部分的硅铝铁分离不明显。植被为常绿阔叶、针叶林和落叶阔叶混交林，土壤母质为流纹岩、砂岩、页岩的坡积残积物。该土壤有机质含量高，理化性质良好，土层深厚，是发展经济林的重要土壤，但土壤易遭受破坏，应加强植被保护和水土保持工作。土壤pH值为5.0～6.4。黄棕壤在清凉峰保护区可分山地黄棕壤和黄棕壤性土两个亚类。

4. 山地草甸土

山地草甸土主要分布于清凉峰山顶平缓坡地上，北坡在海拔1 400m以上，南坡在1 600m以上，属于隐域性土壤的半水成土土纲。由于地势较高，四季风力均甚强劲，覆盖植被主要是喜湿类草本植物和低矮灌丛，覆盖率为98%。土层较浅，一部分土壤出现轻度潜育化现象，上有枯枝落叶层，下有草根盘结层，有机质和氮、磷、钾含量及速效肥成分高。山地草甸土呈团粒结构，疏松湿润，呈灰黑色，属酸性轻中壤，土壤pH值为4.7～5.3，人迹罕至，生长期短，尚未开发利用。本土类在清凉峰保护区仅有山地草甸土一个亚类。

5. 沼泽土

沼泽土主要分布于清凉峰北坡的野猪塘，海拔1 480m左右，属于隐域性土壤的水成土土纲，覆盖植被为湿生草本植物和泥炭藓等。土体中草根盘结，地下水位超过或接近地面，该土类土壤水分由于长期处于饱和状态，有机质得不到充分有效分解，在进行腐殖化或泥炭化过程的同时也进行着还原状况下的离铁潜育过程。沼泽土有机质层厚、质地较黏重，全氮含量极高，小块状结构，呈黑灰色，严重缺磷；土壤剖面上部为黑褐色的腐殖质层和泥炭层，下部为潜育化土层，中部有锈色斑纹过渡层，pH值6.0左右，呈微酸性反应。

6. 石灰土

石灰土分布于清凉峰北坡外围阴门里至永来村一线海拔700m～800m处，属于隐域性土壤的初育土纲。因为人为活动，有一大部分是农业区，覆盖植被为次生植被和农作物。成土母质为石灰质页岩、石灰岩的坡积残积物。表层受侵蚀严重，为扁石石灰土。石砾含量超过30%，土层薄，在50cm以下，有机质含量一般。与亚类黄红壤土种相互嵌合呈鸡窝状分布，pH值7.0左右，为中性土壤。该土分布地区天然植被多受破坏，原生植被难以恢复，应以保护植被为主，适当合理利用。

第三章　植被与植物资源

地处皖、浙边界的清凉峰，由于有着悠久的地质历史、复杂的地形地貌条件、独具特色的气候要素、错综复杂的综合自然环境，因而孕育、发展和保存着极其丰富的植物资源。

它作为安徽省最重要的森林生态类型自然保护区，不仅保存有一定区域完好的原始天然林植被，而且孕育着一大批藏在深山人未识的珍稀濒危植物种群，是华东地区一颗熠熠生辉的"绿色明珠"。

对清凉峰保护区植被及植物资源的调查研究始于20世纪70年代初期。40多年来，国内不少科研院所和大专院校的学者专家，先后对清凉峰保护区进行了多次不同专业学科的科学考察，取得了一大批有关植被、植物区系、植物资源方面的成果。2004年，由安徽省林业科学研究院牵头，联合安徽省自然保护管理站、安徽师范大学生命科学学院、黄山市林科所、绩溪县林业局、歙县林业局等单位，对清凉峰保护区的植物区系、植被、植物资源和分布现状等，进行了一次全方位、多学科的综合科学考察；此后，又相继开展了一系列有关清凉峰生物多样性的研究。

3.1　植物区系

清凉峰保护区的植物区系是在长期的地质历史过程中形成的，是植物群体及其周围的自然地理环境，特别是在自然历史条件的综合作用下，长期演化的结果。通过植物区系成分的统计分析，可掌握该区域植物区系的组成和占优势科、属植物的组成，并通过与全世界、全国及周边区域植物区系成分的比较，明确该区域植物区系在全国和华东地区植物区系中的特定地位。

3.1.1　植物区系的基本组成

1. 植物种类

根据清凉峰保护区综合科考的结果，综合国内有关文献记载，经初步统计：清凉峰保护区现有植物1 570种，隶属于246科、746属（如表3-1所示）（附录3）。其中，维管束植物1 228种，隶属于181科、601属，分别占安徽省维管束植物科的80.44%、属的48.78%、种的39.12%；木本植物91科、242属、578种，为安徽木本植物科、属、种的83.50%、70.80%、46.80%（如表3-2所示）。由表可见，它在安徽省植物区系中占有非常显赫的地位。清凉峰保护区有裸子植物6科、13属、17种，占全国裸子植物总科数的54.55%、总属数的31.71%、总种数的7.20%；被子植物145科、534属、1 109种，占全国被子植物总科数的64.16%、总属数的18.13%、总种数的4.55%(如表3-3所示)，由表可见，它在全国种子植物中也占有非常重要的地位。

表3-1　清凉峰保护区植物种类统计表

类别	科数	属数	种数
地衣类植物	3	4	32
苔类植物	22	29	58
藓类植物	40	112	252
蕨类植物	30	54	102
裸子植物	6	13	17
被子植物	145	534	1 109
合 计	246	746	1 570

表3-2　清凉峰保护区维管束植物统计表

项目	蕨类植物			裸子植物			被子植物						种子植物合计			维管束植物合计		
							双子叶植物			单子叶植物								
	科	属	种	科	属	种	科	属	种	科	属	种	科	属	种	科	属	种
清凉峰保护区	30	54	102	6	13	17	127	441	940	18	93	169	151	547	1 126	181	601	1228
安徽	41	88	232	9	27	53	145	855	2 180	30	262	674	184	1 144	2 907	225	1 232	3 139
清凉峰保护区占安徽(%)	73.17	61.36	43.97	66.67	48.15	32.08	87.59	51.58	43.12	60	35.50	25.07	82.07	47.81	38.71	80.44	48.78	39.12

注：安徽省植物种类数据引自《安徽植物志》第1～5册。

表3-3　清凉峰保护区种子植物占全国种子植物科、属、种比重统计表

项目	裸子植物			被子植物			种子植物合计		
	科	属	种	科	属	种	科	属	种
清凉峰保护区	6	13	17	145	534	1 109	151	547	1 126
全国	11	41	236	226	2 946	24 357	237	2 987	24 593
清凉峰保护区占全国(%)	54.55	31.71	7.20	64.16	18.13	4.55	63.71	18.31	4.58

注：全国种子植物科、属、种资料引自《甘肃连城自然保护区科学考察报告》，2003年。

2. **植物分类统计分析**

(1)科内种的统计分析。清凉峰保护区有维管束植物181科,根据各科所包含种的多少,可分成不同的级别,如表3-4所示。其中,含有20种以上的大型科有12科、220属、473种,分别占该区维管束植物科总数的6.63%、属总数的36.60%、种总数的38.52%,在区内植物区系中占有相当大的比重。它们分别是:菊科(Compositae)42属、76种,蔷薇科(Rosaceae)26属、67种,禾本科(Gramineae)38属、57种,豆科(Leguminosae)27属、46种,百合科(Liliaceae)22属、44种,唇形科(Labiatae)15属、33种,毛茛科(Ranunculaceae)11属、32种,忍冬科(Caprifoliaceae)5属、26种,虎耳草科(Saxifragaceae)14属、25种,莎草科(Cyperaceae)8属、25种,樟科7属、22种,鳞毛蕨科(Dryopteridaceae)5属、20种。这些科大多数是世界广布性大科,其分布区多集中于温带至亚热带。区内包含9种或9种以下的小科和单种科140科,占区内科的77.35%,其种总数(395种)仅占区内种总数的32.17%。由此可见,清凉峰保护区内植物区系中科的丰富性。

表3-4 清凉峰保护区维管束植物科级统计表

级别(种数)	科		属		种	
	数目	(%)	数目	(%)	数目	(%)
大型科(≥20)	12	6.63	220	36.60	473	38.52
中等科(10~19)	29	16.02	144	23.96	360	29.32
小科(2~9)	76	41.99	173	28.79	331	26.95
单种科(1种)	64	35.36	64	10.65	64	5.21
合计	181	100	601	100	1228	100

(2)科内属的统计分析。清凉峰保护区有维管束植物601属,现按属内所包含种的多少,分成不同的级别(如表3-5所示)。

表3-5 清凉峰保护区维管束植物属级统计表

级别(种数)	属		种	
	数目	(%)	数目	(%)
大型属(≥10种)	13	2.16	160	13.03
中型属(6~9种)	21	3.49	138	11.24
小型属(2~5种)	209	34.78	572	46.58
单种属(1种)	358	59.57	358	29.15
合 计	601	100	1228	100

从表3-5可以看出,含有10种以上的大属13个,占区内属总数的2.16%,即鳞毛蕨属(*Dryopteris*)11种、冬青属(*Ilex*)10种、铁线莲属(*Clematis*)12种、悬钩子属(*Rubus*)14种、荚蒾属(*Viburnum*)10种、菝葜属(*Smilax*)12种、堇菜属(*Viola*)13种、忍冬属(*Lonicera*)10种、景天属(*Sedum*)10种、薹草属(*Carex*)15种、蓼属(*Polygonum*)14种、刚

竹属(*Phyliostachys*) 11种、槭属(*Acer*) 18种;5种以下的属有567属,占属总数的94.34%;仅有1种的属有358属,超过了区内属总数的一半,且含有全区热带成分的属及大部分古老孑遗属种。如此高比例的单种属和小型属(2~5种)显示了植物区系的多样性。

(3)优势科排序。将清凉峰保护区1 228种维管束植物按科内种的数量多少进行排序,前11个科分别是菊科(76种/42属)、蔷薇科(67种/26属)、禾本科(57种/38属)、豆科(46种/27属),百合科(44种/22属)、唇形科(33种/15属)、毛茛科(32种/11属)、忍冬科(26种/5属)、虎耳草科(25种/14属)、莎草科(25种/8属)、樟科(22种/7属),它们绝大部分是广布世界,主产于温带,少量产于热带(如百合科、樟科)、地中海(如唇形科)地区(如表3-6所示)。

表3-6 清凉峰保护区维管束植物优势科的排列

中名	学名	属数	种数	世界分布区域
菊科	Compositae	42	76	广布全球,主产温带
蔷薇科	Rosaceae	26	67	全世界,主产温带
禾本科	Gramineae	38	57	广布全世界
豆科	Leguminosae	27	46	广布全世界
百合科	Liliaceae	22	44	全世界,主产温带、亚热带
唇形科	Labinatae	15	33	全世界,主产地中海区
毛茛科	Ranunculaceae	11	32	北温带
忍冬科	Caprifoliaceae	5	26	东亚、北美
虎耳草科	Saxifragaceae	14	25	全温带
莎草科	Cyperaceae	8	25	全世界,主产温带及寒带
樟科	Lauraceae	7	22	泛热带至亚热带
鳞毛蕨科	Dryopteridaceae	5	20	全世界,主产亚洲温、亚热带
蓼科	Polygonaceae	4	19	全世界,主产温带
壳斗科	Fagaceae	6	18	全世界,主产温带及热带山区
葡萄科	Vitaceae	4	17	泛热带至亚热带
伞形科	Umbelliferae	14	16	全温带
大戟科	Euphorbiaceae	8	16	泛热带至温带
鼠李科	Rhamnaceae	6	16	泛热带至温带
榆科	Ulmaceae	5	16	分布于热带和温带地区
槭树科	Aceraceae	1	16	北温带
石竹科	Caryophyllaceae	10	15	全世界
玄参科	Scrophulariaceae	8	15	全世界,主产温带
卫矛科	Celastraceae	4	15	全世界

注:原豆科含含羞草科(Mimosaceae)、云实科(Caesalpiniaceae)、蝶形花科;原百合科含延龄草科(Trilliaceae)、菝葜科(Smilacaceae)、百合科;原毛茛科含毛茛科、芍药科(Paeoniaceae);原虎耳草科含山梅花科(Philadalphaceae)、绣球花科(Hydrangeaceae)、茶藨子科(Grossulariaceae)、鼠刺科(Escalloniaceae)、虎耳草科。

3.1.2 植物区系中属的地理成分分析

要了解清凉峰保护区植物区系的起源、发生、发展的历史背景以及植物区系的性质特征，完全依靠古地质、古生物、古孢粉等学科的成果是不够的，因而对植物区系的现代分布加以剖析是非常必要的。

属是分类学上较为自然和稳定的单位，占据着比较稳定的分布区，同时在其进化过程中，随着地理环境的变化发生变异，而有比较明显的地区性差异。进行属的地理成分分析，可以揭示清凉峰保护区内植物区系与世界各大陆植物区系之间千丝万缕联系的历史背景，从区系起源上来认识该区内植物区系的性质。

1. 蕨类植物属的地理成分分析

清凉峰保护区有蕨类植物30科、54属、102种，如表3-7所示。其中，世界性成分计有9属，这些属广泛分布于世界各大陆，如苹属（*Marsilea*）、槐叶苹属（*Salvinia*）等，这类植物因有利的传播机制，可以漂洋过海，在各大陆之间相互交流和渗透，分布区得以扩展而遍布全球。还有蕨属（*Pteridium*）、卷柏属（*Selaginella*）、石杉属（*Huperzia*）、木贼属（*Hippochaete*）等，这类植物是发生上原始的属，它们起源于古生代的联合古陆，随着大陆板块的漂移，在世界各大陆得以保存和繁衍扩展。

表3-7 清凉峰保护区蕨类植物属分布区类型表

分布区类型	属 数	占属总数百分率(%)
1.世界性成分	9	扣除不计
2.热带性成分	4	8.89
3.热带温带性成分	3	6.67
4.热带亚热带性成分	23	51.11
5.亚热带性成分	2	4.44
6.亚热带温带性成分	5	11.11
7.温带性成分	8	17.78
小 计	45(计世界成分为54)	100

注：表中百分比不包括世界性成分。

（1）热带性成分计有4属，即星蕨属（*Microsorium*）、马尾杉属（*Phlegmariurus*）、肋毛蕨属（*Ctenitis*）、凸轴蕨属（*Metathelypteris*），占属总数的8.89%。其中，星蕨属主产亚洲热带，少数种到达非洲；马尾杉属产于世界热带，主产南太平洋诸岛；肋毛蕨属主产热带美洲和热带亚洲；凸轴蕨属产亚洲热带、马来西亚。这些属的分布区局限于热带，仅有少数稍耐寒的种类分布到亚热带地区，说明这类植物对环境条件具有较苛刻的选择要求。

（2）热带温带性成分计有3属，即紫萁属（*Osmunda*）、羽节蕨属（*Gymnocarpium*）、膜蕨属（*Hymenophyllum*），占属总数的6.67%，此分布区类型与前一类型有相似之处，即属的分布跨越了较宽的气候区。其中，羽节蕨属有5种，产北温带、台湾、菲律宾和新几内亚，区内产1种，即东亚热带羽节蕨(*Gymnocarpium oyamense*)；膜蕨主要分布于南半球，北达苏格兰、挪威和日本。这一类型的属从其分布特点上来看，可能起源于热带，分布至亚热带，延续分布至温带地区。

(3)热带亚热带成分，共有23属，占属总数的51.11%，在区内蕨类植物中占显著优势，代表属有海金沙属(*Lygodium*)、骨牌蕨属(*Lepidogrammitis*)、芒萁属(*Dicranopteris*)、凤尾蕨属(*Pteris*)等。其中，包含三个亚类型，即世界热带—亚热带分布亚型，如海金沙属；东半球热带—亚热带分布亚型，如针毛蕨属(*Macrothelypteris*)；亚洲热带—亚热带分布亚型，如石韦属(*Pyrrosia*)。分析结果表明，现代的热带和亚热带地区就是这类植物的分布中心，也可能就是它们的起源中心，区内已接近其分布北界。

(4)亚热带成分仅有2属，占属总数的4.44%。其中，假瘤足蕨属(*Phymatopsis*)，广布于亚洲的亚热带，少数达南洋群岛，石蕨属(*Saxiglossum*)特产我国华中、华东和日本。

(5)亚热带温带成分计有5属，即蛾眉蕨属(*Lunathyrium*)、瓦韦属(*Lepisorus*)、水龙骨属(*Polypodiodes*)、狗脊蕨属(*Woodwardia*)、蹄盖蕨属(*Athyrium*)，占属总数的11.11%。其中，峨眉蕨属属于东亚—北美间断分布亚型；瓦韦属主要分布于亚洲东部和喜马拉雅地区；蹄盖蕨属分布于温带和亚热带高山林下；狗脊蕨属从喜马拉雅东部一直分布到日本。这类成分一定程度上受到热带的影响，具有较强的亚热带特性，对温带气候条件具有一定的适应性，因而在清凉峰的高海拔区间有一定量的分布。

(6)典型温带成分计有8属，占属总数的17.78%，代表属有荚果蕨属(*Matteuccia*)、卵果蕨属(*Phegopteris*)、膀胱蕨属(*Protowoodsia*)等。即使这类成分的分布中心在温带地区，仍可在亚热带地区找到它们的踪迹。

由以上蕨类植物属的地理分布可以看出，各类热带性质的属计有32属，占属总数的71.11%。其中，以热带—亚热带成分为主，计有23属，占属总数的51.11%。各类热带性质的属主要分布在世界热带—亚热带、东半球热带—亚热带、亚洲热带—亚热带地区，在我国集中分布于西南部。各类温带性质的属仅有13属，占属总数的28.89%，它们的分布中心在温带地区，有些种延续分布到亚热带地区。

在距今3.5亿年的古生代石炭纪，裸蕨植物分化为石松植物(*Lycopsida*)、楔叶植物(*Sphenopsida*)、真蕨植物(*Pteropsida*)三大类，蕨类植物得到迅速发展。而早在距今4亿年的古生代下志留纪时区内就已上升为陆地，以后局部地区可能再也没有遭到海浸。漫长的地质历史总是伴随着植物界的长期演化，清凉峰保护区经历了裸蕨植物时代和蕨类植物时代，分布在区内的蕨类植物很可能是就地起源的，而且我国的西南部也许就是它们的起源中心。现代分布区中，区内似乎已达热带性成分属的分布北界，这也许与被子植物时代，蕨类植物分布区大大缩小，以及第四纪冰川到来之前全球性气温普降使其分布区南移所致。

2. 种子植物属的地理成分分析

据初步统计，清凉峰保护区共有种子植物547属(其中木本植物242属)，可归并为14

个分布区类型，如表3-8所示。

表3-8　清凉峰保护区种子植物属分布区类型表

分布区类型	属 数	占属总数百分率(%)
1. 世界分布	53	扣除不计
2. 泛热带分布	84	17
3. 热带美洲和热带亚洲间断分布	9	1.82
4. 旧世界热带分布	18	3.65
5. 热带亚洲至热带大洋洲分布	12	2.43
6. 热带亚洲至热带非洲分布	12	2.43
7. 热带亚洲分布	31	6.28
8. 北温带分布	114	23.08
9. 东亚和北美洲际间断分布	53	10.73
10. 旧世界温带分布	37	7.49
11. 温带亚洲分布	10	2.02
12. 地中海、西亚至中亚分布	1	0.20
13. 东亚分布	96	19.43
14. 中国特有	17	3.44
合 计	494(计世界分布为547)	100

注：表中百分比不包括世界分布属。

(1)世界分布属的分析。世界分布类型是指几乎遍布世界各大洲的属。清凉峰保护区属于这一分布区类型的计有53属。其中，属于中生性草本的代表有堇菜属、蓼属、珍珠菜属(*Lysimachia*)、千里光属(*Senecio*)、银莲花属(*Anemone*)、毛茛属(*Ranunculus*)、鼠曲草属(*Gnaphalium*)等，它们是区内森林植被草本层的建群植物；属于湿生性草本属的代表有薹草属、莎草属(*Cyperus*)、灯心草属(*Juncus*)、藨草属(*Scirpus*)、慈姑属(*Sagittaria*)等，在区内它们集中分布在低海拔的水沟旁以及高海拔的沼泽地里；主产干旱地区或盐化生境中的耐旱属在区内分布极少，仅有藜属(*Chenopodium*)等少数几属。区内木本植物属或含有木本植物的世界分布属比较贫乏，仅有铁线莲属、鼠李属(*Rhamnus*)、悬钩子属、槐属(*Sophora*)、远志属(*Polygala*)。草本属与木本属的比例为9.60∶1，由此可以看出，分布区内的世界性广布属，以温带起源的喜湿或中生性的草本植物为主。

鉴于进行区系地理定向成分的分析时，世界广布属的纳入会模糊人们的视线，尤其是世界广布属植物的起源、迁移、分化等问题的研究因缺乏大量化石资料而至今未能解决，因此本研究在进行种子植物属的地理成分分析时仍将世界广布属排除在外。

(2)热带分布或以热带分布为主属的分析。清凉峰保护区各类热带性质的属计166属，占属总数的33.61%(不包括世界分布属，以下同)。其中，泛热带性质的属居首位，这一分布类型是指大多分布东西两半球热带的属。清凉峰保护区属于这一分布类型的计有

84属，占区内各类热带性质属的50.60%。区内未见典型的泛热带成分(指限于热带地区的成分)，都是热带向亚热带延伸的成分，代表属有粟米草属(*Mollugo*)、秋海棠属(*Begonia*)、苎麻属(*Boehmeria*)、算盘子属(*Glochidion*)、山黄麻属(*Trema*)、香芙木属(*Schoepfia*)、木防己属(*Cocculus*)、紫金牛属(*Ardisia*)、野茉莉属(*Styrax*)、山矾属(*Symplocos*)、树参属(*Dendropanax*)、黄檀属(*Dalbergia*)等。还有一些属向北进一步扩展到温带地区，且以草本植物为主，代表属有狗尾草属(*Setaria*)、白茅属 (*Imperata*)、薯蓣属(*Dioscorea*)、水竹叶属(*Murdannia*)、牛皮消属(*Cynanchum*)、马鞭草属(*Verbena*)、泽兰属(*Eupatorium*)、凤仙花属(*Impatiens*)等；木本种类有冬青属、卫矛属(*Euonymus*)、榕属(*Ficus*)、黄杨属(*Buxus*)、醉鱼草属(*Buddleja*)、南蛇藤属(*Celastrus*)等。这些属的分布中心在热带地区，我国主要集中分布在南部和西南部的热带及亚热带地区。

其次，热带亚洲分布类型，这一类型是旧世界热带的中心部分，其范围包括印度、斯里兰卡、中南半岛、印度尼西亚、加里曼丹、菲律宾以及新几内亚等。清凉峰保护区属于这一类型的计有31属，占各类热带性成分的18.68%。在区内此类型中皆为延伸到亚热带地区的属，代表属有黄瑞木属(*Adinandra*)、葛属(*Pueraria*)、蚊母树属(*Distylium*)、南五味子属(*Kadsura*)、清风藤属(*Sabia*)、石栗属(*Aleurites*)、佛肚苣苔属(*Briggsia*)、臭节草属(*Boenninghausenia*)等，还有许多属是区内亚热带常绿阔叶林的重要组成分子，如栲属(*Castanopsis*)、石栎属(*Lithocarpus*)、木荷属(*Schima*)、交让木属(*Daphniphyllum*)、木莲属(*Manglietia*)、润楠属(*Machilus*)等。这一类型仅有构属(*Broussonetia*)、山胡椒属(*Lindera*)、金粟兰属(*Chloranthus*)等少数几属分布到温带地区。

旧世界热带分布类型是指仅分布于东半球热带(即古热带)地区的属。清凉峰保护区属于这一类型的计有18属，占各类热带成分属的10.84%，代表属有蒲桃属(*Syzygium*)、长蒴苣苔属(*Didymocarpus*)、千金藤属(*Stephania*)、海桐花属(*Pittosporum*)等。其中，海桐花属约160种，分布东半球热带和亚热带地区，我国约有34种，产西南部至台湾，在区内仅有海金子(即崖花海桐*Pittosporum illicioides*)；蒲桃属500余种，主要分布于热带亚洲，少数在大洋洲和非洲，我国约有74种，产长江以南各地，多见于广东、广西和云南，区内也仅有赤楠(*Syzygium buxifolium*)一种。由此可见，清凉峰保护区已接近此分布区类型的北缘。这一分布类型中仅有少数属延伸分布到温带，如八角枫属(*Alangium*)、合欢属(*Albizzia*)、野桐属(*Mallotus*)、吴茱萸属(*Evodia*)、楼梯草属(*Elatostema*)、乌蔹莓属(*Cayratia*)等。说明本分布区类型比前两分布区类型具有更强的热带性、古老性和保守性。区内还有桑科的水蛇麻属(*Fatoua*)分布，该属共有2种，一种产马达加斯加；另一种从爪哇，经我国华南、长江中下游和河北到日本，南到澳大利亚北部，形成了热带亚洲、非洲和大洋洲间断分布变型，此类型暗示这一分布区类型的古南大陆起源。

热带美洲和热带亚洲间断分布类型在区内仅有9属，占各类热带性质属的5.42%，如木姜子属(*Litsea*)、山柳属(*Clethra*)、楠木属(*Phoebe*)、假卫矛属(*Microtropis*)、无患子属(*Sapindus*)、泡花树属(*Meliosma*)、柃属(*Eurya*)等。它们大多数分布于长江以南，往往是我国热带、亚热带常绿阔叶林或灌丛的重要组成成分。延续分布到温带地区的属有木姜子属、苦树属(*Picrasma*)以及雀梅藤属(*Sageretia*)等。南美陆块本来位于古南大陆西部,最早于侏罗纪末期就和非洲开始分裂,至白垩纪末期和非洲完全分离,此时正值被子植物发生发展时期。分离后的南美洲和欧亚大陆开始区系上的平行发展,据统计南美热带的亚马孙河及巴拉那河流域拥有世界上最丰富的植物,共有3 617属,其中1 448属是特有的,而且南美的植物区系缺乏木兰目的成分。张宏达教授(1986)在研究南美大陆植物区系时指出:南美的植物区系虽然很丰富,但比较缺乏原始的代表,它反映南美植物区系起源不是古老的。虽然清凉峰仅有9属属于这一间断分布区类型,但仍可以看出,清凉峰作为华夏植物区系的一部分和南美植物区系曾有过共同的渊源。

热带亚洲至热带大洋洲分布类型的属在清凉峰计有12属,占各类热带性质属的7.23%。区内12属皆延续分布到亚热带地区,如樟属(*Cinnamomum*)、姜属(*Zingiber*)、淡竹叶属(*Lophatherum*)、兰属(*Cymbidium*)、白接骨属(*Asystasiella*)等,有的属甚至分布到温带地区,如臭椿属(*Ailanthus*)、香椿属(*Toona*)、通泉草属(*Mazus*)等。

清凉峰属于热带亚洲至热带非洲分布类型的计有12属,占各类热带性质属的7.23%,代表属有常春藤属(*Hedera*)、莠竹属(*Microstegium*)、铁仔属(*Myrsine*)、豆腐柴属(*Premna*)等,延续分布到温带地区的有荩草属(*Arthraxon*)、芒属(*Miscanthus*)、菅属(*Themeda*)等。

(3)温带分布或以温带分布为主属的分析。清凉峰保护区各类温带分布的属计有310属,占总属数的62.75%,其中以北温带分布类型的属占显著优势。这一类型一般是指那些广泛分布于欧洲、亚洲和北美洲温带地区的属,清凉峰属于此类型的有114属,占各类温带属的36.77%。其中,草本属相当丰富,共有70属(包括单子叶植物19属),代表属有乌头属(*Aconitum*)、菖蒲属(*Acorus*)、龙牙草属(*Agrimonia*)、葱属(*Allium*)、看麦娘属(*Alopecurus*)、点地梅属(*Androsace*)、蚤缀属(*Arenaria*)、蒿属(*Artemisia*)、天南星属(*Arisaema*)、假升麻属(*Aruncus*)、燕麦属(*Avena*)、雀麦属(*Bromus*)、柴胡属(*Bupleurum*)、卷耳属(*Cerastium*)、景天属等。这些属的植物是清凉峰海拔1 350m以上的山地草甸和沼泽地的主要建群植物。木本属也比较丰富,区内共有44属,代表属有杜鹃属(*Rhododendron*)、柳属(*Salix*)、荚蒾属、松属(*Pinus*)、槭属、桦木属(*Betula*)、鹅耳枥属(*Carpinus*)、水青冈属(*Fagus*)、栎属(*Quercus*)、椴属(*Tilia*)、榆属(*Ulmus*)、樱属(*Cerasus*)、山茱萸属(*Cornus*)、蔷薇属(*Rosa*)和绣线菊属(*Spiraea*)等,这些属植物在构成区内落叶阔叶林中起着非常重要的作用。众多的化石资料已经证明了北温带区系起源于古北大陆,但起源中心的讨论分歧很大。自从恩格勒创立的北极第三纪起源的臆说被否定以后,越来越多的人在寻求北温带区系的热带起源证据。根据区内北温带分布属的分析不难发现,这些以北温带为分布中心的属在亚热带地区甚至热带山区都可以找到它们的组成成分。例如,鹅耳枥属在东亚一直分布到中南半岛;槭属常绿的原始类群分布于喜马拉雅至秦岭—长江以南的热带、亚热带地区,落叶类群向南一直延伸到菲律宾、苏门答腊、爪哇等地区的热带山地。

上述事实，有力地支持了北温带区系的热带山地、亚热带起源学说。

清凉峰保护区属于东亚分布类型的计96属，占各类温带性属的30.97%，仅次于北温带分布类型而居于第二位。区内属于这一分布区类型的属中，具有温带至亚热带分布特性的木本属较多，并包含一定量的竹类，显示了东亚植物区系的固有特征，代表属有猕猴桃属（*Actinidia*）、五加属（*Acanthopanax*）、四照花属（*Dendrobenthamia*）、吊钟花属（*Enkianthus*）、蜡瓣花属（*Corylopsis*）、青冈属（*Cyclobalanopsis*）、刚竹属、棕榈属（*Trachycarpus*）等。其中，还含有一定量的东亚特有属，如领春木属（*Euptelea*）、青荚叶属（*Helwingia*）、旌节花属（*Stachyurus*）、粗榧属（*Cephalotaxus*）等，且多为单型属和寡型属。这一分布区类型还包括两个分布区变型，即喜马拉雅分布变型和中国—日本分布变型。喜马拉雅分布变型是指分布中心集中于我国西南至喜马拉雅的属，虽然有的可分布到东北和台湾，但不见于日本，清凉峰属于这一分布变型的属有柏属（*Platycladus*）、猫儿屎属（*Decaisnea*）、刺榆属（*Hemiptelea*）、冠盖藤属（*Pileostegia*）、梧桐属（*Firmiana*）、鹰爪枫属（*Holboellia*）、双蝴蝶属（*Tripterospermum*）、开口箭属（*Tupistra*）等。中国—日本分布变型是指分布中心主要在日本至华东，虽有时分布到华南、滇、黔、桂地区，但不见于喜马拉雅的属。清凉峰约有33属，其中有东亚特有单种科的代表，如银杏属（*Ginkgo*）、连香树属（*Cercidiphyllum*）、南天竹属（*Nandina*）、大血藤属（*Sargentodoxa*）等。此外，还有刺楸属（*Kalopanax*）、山桐子属（*Idesia*）、黄山梅属（*Kirengeshoma*）、汉防己属（*Sinomenium*）、棣棠属（*Kerria*）等，它们都是单种属，绝大多数是残遗植物。少型属有斑种草属（*Bothriospermum*）、兔儿伞属（*Syneilesis*）、化香属（*Platycarya*）、荷青花属（*Hylomecon*）、华箬竹属（*Sasamorpha*）、小勾儿茶属（*Berchemiella*）等。多种属有苦竹属（*Pleioblastus*）、锦带花属（*Weigela*）、石斑木属（*Raphiolepis*）、香茶菜属（*Rabdosia*）、半夏属（*Pinellia*）等。东亚成分和它的两个变型所包含的属大多分布于北纬20°～40°的亚热带地区和暖温带地区，有的属还延伸到中南半岛或爪哇等热带地区，如猕猴桃属广布于东亚和东南亚，向南一直分布到爪哇，开口箭属南达马来半岛，双蝴蝶属（*Tripterospermum*）的个别种出现于爪哇等，这些证明了东亚区系成分的热带亲缘。此外，东亚成分及其两个变型中包含相当丰富的单种属和寡种属，这些大多是发生上原始，形态上孤立的古老残遗植物，进一步证实了东亚分布属的第三纪古热带起源。

清凉峰保护区属于东亚和北美洲际间断分布类型的有53属，占各类温带性成分的17.10%。例如，黄杉属（*Pseudotsuga*）、铁杉属（*Tsuga*）、楤木属（*Aralia*）、皂荚属（*Gleditsia*）、檫木属（*Sassafras*）、香槐属（*Cladrastis*）、石楠属（*Photinia*）、山核桃属（*Carya*）、胡枝子属（*Lespedeza*）、绣球花属（*Hydrangea*）、两型豆属（*Amphicarpaea*）、延龄草属（*Trillium*）等。区内还包括一些东亚—北美特有科的木兰属（*Magnolia*）、八角茴香属（*Illicium*）、五味子属（*Schisandra*）、夏蜡梅属（*Calycanthus*）、蓝果树属（*Nyssa*）、鼠刺属（*Itea*）等。一些古老的残遗植物，如鹅掌楸属（*Liriodendron*）、金缕梅属（*Hamamelis*）、银缕梅属（*Parrotia*）、枫香属（*Liquidambar*）、透骨草属（*Phryma*）等在清凉峰保护区也有分布。东亚和北美洲际间断分布自美国植物学家Asa Gray(1859)提出来以后,并为国内外许多植物学家所强调。历史植物地理学家E. B. 吴鲁夫认为,东亚和北美植物区系是通过白令古陆来沟通的。苏联学者Takhtajan (1969)认为东亚和北美植物区系之间是通过大西洋冰岛和格陵兰陆桥联系的。这些观点是长期受到海陆永恒不变理论束缚所致。随着Wegner大陆漂移学说、Dietz和Holden(1970)的板块构造与海底扩张理论的提出,这些观点逐渐被摒弃。张宏达教授(1986)指出:北美和东亚两块共有成分都是白垩纪时期;甚至是侏罗纪时期的产物,早就存在于欧亚及华夏古陆,何来等待到第三纪以后才通过白令海峡来沟通。陆桥之说更不可靠,因为环绕太平洋东西两岸都是深海沟,是太平洋板块的边缘,任何陆桥都不可能飞越,何况地史上根本不存在什么陆桥。北美是在第三纪才完全与欧亚大陆分离,分离之前,它和欧亚及华夏的植物区系是处在统一的整体里,具有共同的起源。分离后,两地植物区系平行发展,直到第四纪冰川的到来,欧洲植物区系受到了严重破坏,才导致了今天东亚—北美间断分布的格局。由以上分析可知,东亚—北美成分和东亚成分具有共同的起源。

旧世界温带分布是指广泛分布东半球温带和寒温带,或最多有个别种延伸到北非及亚洲—非洲热带山地,或澳大利亚的属。清凉峰属于这一分布类型的计有37属,占各类温带性成分属的11.93%,代表属有沙参属(*Adenophora*)、筋骨草属(*Ajuga*)、狗筋蔓属(*Cucubalus*)、獐耳细辛属(*Hepatica*)、菊属(*Dendranthema*)、鹅肠菜属(*Malachium*)、橐吾属(*Ligularia*)、鹅观草属(*Roegneria*)等。这一分布类型的属,有的近代分布中心在地中海区、西亚或中亚,如筋骨草属、郁金香属(*Tulipa*)等,有的属在热带也有分布,如川续断属(*Dipsacus*)在热带非洲有分布,重楼属(*Paris*)分布至热带亚洲山地。这一分布类型中还包括两个分布变型。地中海区、西亚(或中亚)和东亚间断分布变型:代表属有雪柳属(*Fontanesia*)、连翘属(*Forsythia*)、铜钱树属(*Paliurus*)、女贞属(*Ligustrum*)、榉属(*Zelkova*)、牛至属(*Origanum*)等,几乎包括了区内旧世界温带分布类型的全部木本属。其中,女贞属向南一直分布到马来西亚和澳大利亚。欧亚和南部非洲(有时也在大洋洲)间断分布变型:代表属有莴苣属(*Lactuca*)、苜蓿属(*Medicago*)、蛇床属(*Cnidium*)、前胡属(*Peucedanum*)、绵枣儿属(*scilla*)等,都是草本。这一变型揭示了欧亚温带在历史上与整个古南大陆的联系。综上所述,旧世界温带分布的属大多数与古热带或泛热带植物区系有着共同的起源,而且在种系发生上也具有第三纪古热带起源的背景。这一分布类型是在古地中海逐步消失,气温普降,亚洲广大中心地区逐渐旱化的背景下发生发展起来的。

温带亚洲分布区类型是指分布区局限于亚洲温带地区的属。清凉峰保护区属于这一分布类型的计有10属,占各类温带成分的3.23%。木本属仅有杏属(*Armeniaca*)、杭子梢属(*Campylotropis*)、锦鸡儿属(*Caragana*);草本属有马兰属(*Kalimeris*)、瓦松属(*Orostachys*)、孩儿参属(*Pseudostellaria*)、附地菜属(*Trigonotis*)、大油芒属(*Spodiopogon*)、山牛蒡属(*synurus*)、刺儿菜属(*Cephalanoplos*)。这一类型的属是从北温带或世界广布的大属中衍生出来的年青成分,如马兰属来自于紫菀属(*Aster*)、瓦松属来自于景天属、杭子梢属来自于胡枝子属等。这一分布区类型是古北大陆起源的，是亚洲中部温带气候的逐渐旱化，一些北温带或世界广布大属继续进化和分化的产物，在形态上属于较进化的类群。

(4)古地中海和泛地中海分布属的分析。清凉峰保护区仅有黄连木(*Pistacia chinensis*)属于地中海区、西亚至中亚分布类型，而极为特化的(旱化和盐化)中亚分布类型不见于该区。这是由于两地之间不仅存在着地理上的隔离，而且气候上的差异很大，不利于两地区系植物之间的渗透和交换所致。

(5)我国特有属的分析。清凉峰保护区植物区系中有17个我国特有属，占区内属总数的3.44%，占我国特有属总数(214属)的7.94%，代表属有杜仲属(*Eucommia*)、金钱松属(*Pseudolarix*)、栾树属(*Koelreuteria*)、秦岭藤属(*Biondia*)等。其中，10个为单种特有属，4个为少种特有属(2种～5种)，3个为多种特有属。不难发现，大多数为古特有属，且它们在地理分布上具有共同的特点，即都集中分布在我国亚热带和温带地区，与周围地区有着不同程度的联系。但这并不意味着它们是现代才迁移到区内的，这是因为第三纪以后，区内一直处在温暖湿润的气候条件下，第四纪冰川对区内影响不大，这一方面有利于古特有属的保存，另一方面不利于新特有属的形成和发展(即不具备分化出新特有属的条件)。区内我国特有属的分布与川东—鄂西(有59个我国特有属分布)、滇东南—桂西(88属)、川西—滇西北(42属)三个我国特有属分布中心相比逊色得多，但在华东地区还是相当丰富的，因此我们有理由认为清凉峰保护区是第三纪古热带植物的“避难所”之一。

以上对清凉峰保护区植物区系属的地理成分进行了分析，结果表明：

①清凉峰保护区蕨类植物以热带—亚热带分布的属为主，计有32属，占属总数的71.11%。这些属主产世界热带—亚热带、旧世界热带—亚热带、亚洲热带—亚热带地区，在我国集中分布在西南部。区内蕨类植物温带分布的属仅有13属，占属总数的28.89%。值得注意的是，这并不意味着清凉峰保护区蕨类植物是热带蕨类区系的部分，而只能说明它与热带蕨类植物区系有着密切的联系。这是因为：第一，区内已是大多数热带属的分布北界。第二，这些热带—亚热带分布的属只有较少的种分布到区内，且大多数为亚热带地区广布的成分。清凉峰保护区处在中亚热带北缘，它的蕨类植物区系成分基本上反映了这一地区的气候特点。区内蕨类植物与西南、华中、华东以及日本蕨类植物的组成基本相同，都以鳞毛蕨科、蹄盖蕨科(*Athyriaceae*)、水龙骨科(*Polypodiaceae*)为主，并以耳蕨属(*Polystichum*)、鳞毛蕨属、蹄盖蕨属为最主要的代表。因此，区内蕨类区系应属于耳蕨—鳞毛蕨类植物区系。构成耳蕨—鳞毛蕨类区系的主要科属，如水龙骨科等分布中心都在川滇至东喜马拉雅一带，看来这一地区可能是清凉峰保护区蕨类区系的发源地。

②清凉峰保护区种子植物属以各类温带性成分为主，共有310属，占属总数的62.75%。其中，以北温带成分所占比例最大，计有114属，占各类温带性成分的36.77%；东亚、东亚—北美成分共有149属，占各类温带成分的48.06%，它们包含着较为丰富的第三纪植物区系的残遗属种。古北大陆起源的温带亚洲成分以及古地中海沿岸起源的旧世

界温带成分对区内虽有影响，但影响不大。

③各类热带性成分在清凉峰保护区种子植物属的地理成分中也占有较大的比重，共有166属，占属总数的33.60%。其中，以泛热带分布的属为主，占各类热带性成分的50.60%。其次，是热带亚洲分布的属，占各类热带性成分的20%。究其原因是因为这两种分布类型中可延续分布到亚热带、温带的属占有较大的比例。旧世界热带分布、热带亚洲—热带大洋洲分布类型的属在区内所占比重较小，分别占区内各类热带性属的10.84%、7.23%。这是因为它们与泛热带、亚洲热带成分相比，具有更强的热带性、古老性和保守性。热带亚洲—热带非洲成分对区内影响较小。区内虽仅有9属属于热带亚洲和热带美洲成分，但仍可以看出区内作为华夏植物区系的一部分和南美洲植物区系曾有共同的渊源。清凉峰保护区各类热带性成分的分布中心位于现代的热带地区，古气候、古地质、古生物学研究表明，这些热带性质的属在第三纪以前曾占据着比现代分布范围更广大的地区。直到第四纪冰川到来之前，全球性气温普降，才使其分布区向赤道带南移，分布区范围缩小到现代的热带—亚热带地区。在我国，这些热带性质属的植物集中分布在南部和西南地区，这一地区处于南、北古大陆接触地带，即南、北两古陆植物区系相互渗透交汇的地区。从而表明清凉峰保护区植物区系中热带性属是古南大陆和古北大陆南部起源的，由于大陆的漂移、地质气候的变迁、植物界自身的演变，才有今天这样的格局。

④清凉峰保护区种子植物世界性广布属共有53属，它们遍布世界各大洲。由于在进行区系地理定向成分的分析时，世界广布属的纳入会模糊人们的视线，因此必须将其扣除计算。干旱类型的古地中海和泛地中海成分对区内几乎没有影响，这是与区内亚热带湿润季风气候的特点相一致的。清凉峰保护区共有17个我国特有属，且大多是第三纪古老的残遗成分。

⑤综合②和③可知，清凉峰保护区植物区系兼有热带和温带性质，从而显示了区内植物区系的亚热带特性。区内热带性质的属大多为我国区系成分中的小属，且含有较多的原始常绿类群，与第三纪古热带植物区系有着较为密切的亲缘。而属于温带—亚热带性质的属多为我国植物区系成分中的大、中属，且含有较多的落叶类群和进化的草本，表明温带性分布的属具有较强的次生性，另外各类温带性成分或多或少与热带具有亲缘。从而证明了区内植物区系是第三纪古热带植物区系的直接后裔和残遗。

⑥通过区系属的地理成分分析，不难发现区内植物区系具有地理成分的复杂性、与世界各大陆植物区系的广泛联系性、区系的过渡性和古老性等特征。这些特征不仅与植物界本身发生、发展有关，而且与悠久的地质历史息息相关，区系的古老性和广泛联系性一直可追溯到第三纪以前。

3.1.3 植物区系中种的地理成分分析

清凉峰保护区与周围邻近地区植物区系长期处于共同起源和共同发展的背景下，进行区内植物区系种的地理成分分析，有助于进一步揭示区内植物区系与邻近地区植物区系实质性差异,寻求其特殊性;有助于了解区内近代条件对区系产生分化的作用,进一步认识区内区系的性质。

清凉峰保护区共有维管束植物1 214种(除去9个栽培种和5个尚待发表的新分类群),根据现代地理分布划分为14个分布区类型。如表3-9所示可知,区内共有广布种280种,占全部种的23.06%;各类热带—亚热带性成分共410种,占全部种的33.78%;亚热带成分157种,占全部种的12.93%;各类温带—亚热带性成分367种,占全部种的30.23%。由此可见,区内热带—亚热带性成分和亚热带—温带性成分在该地区比例相近,同时限于分布亚热带地区的成分也占有相当大的比重,进一步证实了清凉峰保护区植物区系的亚热带特征。

表3-9 清凉峰保护区维管束植物种分布区类型表

分布区类型	种数	占种总数百分率(%)
1. 广布种	280	23.06
2. 华南、华东、华中、滇黔桂、云南高原	187	15.40
3. 华南、华东、滇黔桂、云南高原	41	3.38
4. 华南、华东、华中	78	6.43
5. 华南、华东	38	3.13
6. 华东、华中、滇黔桂、云南高原	66	5.44
7. 华东、华中	46	3.79
8. 华东特有	111	9.14
9. 华北、华南、华中、华东	107	8.81
10. 华北(东北)、华南、华东	20	1.65
11. 东北、华北、西北、华东、华中、滇黔桂、云南高原	40	3.29
12. 华北、西北、华东、华中、滇黔桂(青藏高原)	80	6.59
13. 华北(东北)、华东、华中	79	6.51
14. 华北(东北)、华东	41	3.38
合　　计	1214	100

注:种总数剔去了栽培种和尚待发表的新分类群。

1. 广布种

广布种是指几乎广泛分布我国大陆的种(包括部分不见于新疆和西藏特化环境的种)。清凉峰保护区属于这一分布类型的维管束植物约有280种,占全部种的23.06%,代表种有蕨类植物中的蛇足石杉(*Huperzia serrata*)、卷柏(*Selaginella tamariscina*)、节节草(*Hippochaete ramosissimum*)、蕨(*Pteridium aquilinum* var. *latiusculum.*)等,以及种子植物中的龙牙草(*Agrimonia pilosa*)、救荒野豌豆(*Vicia sativa*)、泽漆(*Euphorbia helioscopia*)、地锦草(*Euphorbia humifusa*)、茜草(*Rubia cordifolia*)、透骨草(*Phryma leptostachya*)、毛茛(*Ranunculus japonicus*)、野鸦椿(*Euscaphis japonica*)、臭椿(*Ailanthus altissima*)、葛藤(*Pueraria lobata*)、中华白檀(*Symplocos paniculata*)等。其中,蛇足石杉、卷柏、节节草、毛

莨、透骨草等，是起源第三纪以前的植物，在地球上曾广为繁衍，虽经历了多次大的地质、气候的剧变，但对现代环境具有较强的适应性，仍占据着较为广大的区域。还有一些湿生和水生植物如苹（*Marsilea quadrifolia*）、槐叶苹（*salvinia natans*）、慈姑（*Sagittaria trifolia*）等，在全国范围内的绝大多数地区都可以找到适合它们生存的水域和湿地。有些植物，如龙牙草、金樱子、长柄山蚂蟥（*Podocarpium podocrpum*）、小窃衣（*Torilis japonica*）等，它们的果实上具有特殊的附属物，如钩状皮刺、钩状毛等，可以黏附在动物的皮毛和行人的衣物上进行传播，而成为各地灌丛和杂草中的常见种类。形成这一分布类型的原因很复杂，以上所述可能是形成植物广布的主要因素。属于这一分布类型的种，草本、乔木、灌木、藤本的比例为17.50:3.50:3.40:1，这说明了草本植物往往比木本植物对现代环境条件具有更强的适应性。其中，一些种类不仅我国广布，甚至分布到世界其他大陆，如车前（*Plantago asiatica*）广布世界各大陆，蛇足石杉不仅广布于亚洲，在大洋洲、美洲也有分布，茜草从亚洲北部一直分布到澳大利亚，繁缕（*Stellaria media*）广布欧亚大陆，在北非、大洋洲、南北美洲都可找到它的踪迹。这一分布类型的种在我国没有一个具体的分布中心，很难推测它的起源中心和迁移方向。

2. 热带—亚热带分布种

清凉峰保护区以热带—亚热带为现代分布中心的维管束植物计有410种，占区内全部种的33.78%，包括5个分布区类型：

（1）广布于我国长江以南各省区，即分布于华南、华东、华中、滇黔桂、云南高原的成分。清凉峰保护区属于这一分布类型的约有187种，占区内全部种的15.40%，代表种有异穗卷柏（*Selaginella heterostachys*）、海金沙（*Lygodium japonicum*）、华南铁角蕨（*Asplenium austrochochinense*）、南方铁杉（*Tsuga tchekiangensis*）、香樟、檫木（*Sassafras tsumu*）、刺叶桂樱（*Laurocerasus spinulosa*）、空心泡（*Rubus rosaefolius*）、南方荚蒾（*Viburnum fordiae*）、缺萼枫香（*Lipuidambar acalycina*）、交让木（*Daphniphyllum macropodum*）、甜槠（*Castanopsis eyrei*）、褐叶青冈（*Cyclobalanopsis stewardiana*）、水青冈（*Fagus longipetiolata*）、青钱柳（*Cyclocarya paliurus*）、山拐枣（*Poliothyrsis sinensis*）、地耳草（*Hypericum japonicua*）、节节菜（*Rotala indica*）等。其中，有22种分布到马来西亚、菲律宾、印度尼西亚，甚至到达澳大利亚，如海金沙、地耳草、节节菜、黄花狸藻（*Utricularia aurea*）、糯米团（*Gonostegia hirta*）等。越过东喜马拉雅分布到尼泊尔、缅甸、泰国、不丹、柬埔寨等地的有52种，如华南铁角蕨、友水龙骨（*Polypodiodes amoenum*）、光叶石楠（*Photinia glabra*）、赤杨叶（*Alniphyllum fortunei*）、山矾（*Symplocos sumuntia*）、树参（*Dendropanax dentiger*）等。

（2）分布于我国华南、华东、滇黔桂、云南高原的种。清凉峰保护区属于这一分布类型的约有41种，占全部种的3.38%。这一类型与上一类型相比，具有更强的热带性，对现代环境适应表现出相对保守性，分布中心位于热带北缘和中亚热带以南，向北扩展到北亚热带，天目山一带几乎是这类成分的分布北界，代表种有长柄蕗蕨（*Mecodium osmundoides*）、迷人鳞毛蕨(*Dryopteris decipiens*)、薄叶楠(*Machilus leptophylla*)、云和新木姜子(*Neolitsea aurata*)、石斑木(*Raphiolepis indica*)、芬芳安息香(*Styrax odoratissimus*)、赤楠、黄瑞木(*Adinandra millettii*)、无患子(*Sapindus mukorossi*)、短萼黄连、匍茎通泉草(*Mazus miquelii*)等。这一类型中分布到越南、中南半岛、印度等地的有白背叶(*Mallotus apelta*)、赤楠、无患子、小果菝葜(*Smilax davidiana*)等。

(3)分布限于我国华南、华东、华中地区的种。清凉峰保护区属于这一分布区类型的约有78种,占全部种的6.43%,代表种有林下凸轴蕨(*Metathelypteris hattori*)、庐山石韦(*Pyrrosia sheareri*)、蔓茎堇菜(*Viola diffusa*)、中华栝楼(*Trichosanthes kirilowii*)、铁灯兔儿风(*Ainsliaea macroclinidioides*)、肥皂荚(*Gymnocladus chinensis*)、小齿钻地风(*Schizophragma integrifolium*)、石栎(*Lithocarpus glaber*)、翅柃(*Eurya alata*)、满山红(*Rhododendron mariesii*)、竹叶花椒(*Zanthoxylum armatum*)、蜡子树(*Ligustrum molliculum*)、毛金竹(*Phyllostachys nigra* var. *henonis*)等。其中,21种分布到日本,如石栎、小构树(*Broussonetia kazinoki*)、紫花堇菜(*Viola grypoceras*)等。

(4)分布于我国华南、华东的种。清凉峰保护区属于这一类型的计有38种,占全部种的3.13%,代表种有假普通针毛蕨(*Macrothelypteris viridifrons*)、轴鳞鳞毛蕨(*Dryopteris lepidorachis*)、小赤车(*Pellionia minima*)、大叶唐松草(*Thalictrum acutifolium*)、长梗黄精(*Polygonatum filipes*)、五节芒(*Miscanthus floridulus*)、乳源木莲(*Manglietia yuyuanensis*)、豹皮樟(*Litsea coreana*)、浙江新木姜子(*Neolitsea aurata*)、福建假卫矛(*Microtropis fokienensis*)、马醉木(*Pieris japonica*)、鹿角杜鹃(*Rhododendron latoucheae*)等。其中,5种分布到日本,如小赤车、马醉木等。

(5)分布于我国华东、华中、滇黔桂、云贵高原的种。清凉峰保护区属于这一分布区类型的约有66种,占全部种的5.44%,代表种有坡生蹄盖蕨(*Athyrium clivicola*)、毛枝蕨(*Leptorumohra miqueliana*)、普通鹿蹄草(*Pyrola decorata*)、萱草(*Hemerocallis fulva*)、羽毛地杨梅(*Luzula plumosa*)、大理苔草(*Carex taliensis*)、细梗苔草(*Carex teinogyna*)、龙师草(*Eleocharis tetraquetra*)、鹅掌楸、二色五味子(*Schisandra bicolor*)、米心水青冈(*Fagus engleriana Seem.*)、刺毛越桔(*Vaccinium trichocladum*)、暖木(*Meliosma veitchiorum*)等。其中,有10种分布到越南、印度、锡金、不丹、泰国、马来西亚、大洋洲等地,如细梗苔草、书带苔草(*Carex rochebrunii*)、龙师草等。

综上所述,清凉峰植物区系中各类热带—亚热带分布的种,分布中心在我国南部、西南部,是中国—日本森林植物区系成分的重要组成部分。

3. 亚热带分布种

清凉峰保护区植物区系中以亚热带为现代分布中心的维管束植物约有157种,占全部种的12.93%,包括2个分布区类型:

(1)分布于我国华东、华中的种。清凉峰保护区属于这一分布类型的维管束植物约有46种,占全部种的3.79%,代表种有香榧、南五味子(*Kadsura longiedunculata*)、翅荚香槐

(*Cladrastis platycarpa*)、腺叶荚蒾(*Viburnum lobophyllum*)、毛叶山桐子(*Idesia polycarpa* var. *vestita*)、天目紫茎(*Stewartia gemmata*)、大柄冬青(*Ilex macropoda*)、瓜叶乌头(*Aconitum hemsleyanum*)、华中铁线莲(*Clematis pseudootophpra*)、华中碎米荠(*Cardamine urbaniana*)、扇脉杓兰(*Cypripedium japonicum*)等。其中,香榧、南五味子是古老的残遗植物,这些成分在华东、华中得以保存,揭示了华东、华中植物区系在长期的历史、自然演化中具有共同的起源。主产华中的成分,如华中铁线莲、华中碎米荠向东扩展到华东而不见于其他地区,这是由于华东、华中两地区之间在植物传播上不存在地理上、气候上的障碍,说明现代环境有利于两地植物区系的交流和渗透。

(2)仅分布于我国华东地区的种。清凉峰保护区属于这一分布类型的维管束植物约有111种,占全部种的9.14%,代表种有黄山鳞毛蕨(*Dryopteris hwangshanensis*)、黄山木兰(*Magnolia cylindrica*)、黄山花楸、黄山溲疏(*Deutzia glauca*)、安徽杜鹃、天目木兰(*Magnolia amoena*)、天目木姜子、大别山石楠(*Photinia dabeishanensis*)、大别山冬青(*Ilex dabieshanensis*)、浙皖粗筒苣苔(*Briggsia chienii*)等。这一分布类型除少数种外,如华东黄杉等,绝大多数可能是近代分化的年青成分,华东地区的黄山、天目山、大别山可能就是这类成分的分化中心。在区内具有如此丰富的华东成分,证明清凉峰保护区的植物区系与华东植物区系具有较密的亲缘,这一点在区内与邻近地区植物区系关系讨论中将会得到进一步的证实。

4. 温带—亚热带分布种

清凉峰保护区以温带—亚热带为现代分布中心的维管束植物约有367种,占区内全部种的30.23%,包括6个分布区类型:

(1)分布于我国华北、华南、华中、华东的种。清凉峰保护区属于这一分布区类型的维管束植物约有107种,占全部种的8.81%,代表种有延羽卵果蕨(*Phegopteris decursive—pinnata*)、柳叶剑蕨(*Loxogramme salicifolia*)、凹叶厚朴、紫藤(*Wisteria sinensis*)、水马桑(*Weigela japonica* var. *sinica*)、苦木(*Picrasma quassioides*)、毛花点草(*Nanocnide pilosa*)、箭叶蓼(*Polygonum sieboldii*)、粉条儿菜(*Aletris spicata*)、多花黄精(*Polygonatum cyrtonema*)、白背牛尾菜(*Smilax nipponica*)、黄花菜(*Hemerocallis citrina*)等。其中,约有63种与日本、朝鲜共有,如山胡椒(*Lindera glauca*)、蚀齿荚蒾(*Viburnum erosum*)、垂盆草(*Sedum sarmentosum*)等,还有少数种分布到蒙古、俄罗斯,如瞿麦(*Dianthus superbus*)、大花旋复花(*Inula britanica*)、弹刀子菜(*Mazus stachydifolius*)等。

(2)分布于我国华北(东北)、华南、华东的种。清凉峰保护区属于这一分布类型的维管束植物约有20种,占全部种的1.65%,代表种有多花蔷薇(*Rosa multiflora*)、蓬蘽(*Rubus hirsutus*)、桑草(*Fatoua villosa*)、华东菝葜(*Smilax sieboldii*)等。有些种还延续分布到东北,如蝙蝠葛(*Menispermum dauricum*)、稀花蓼(*Polygonum dissitiflorum*)、条叶百合(*Lilium callosum*)等。

(3)分布于我国东北、华北、西北、华东、华中、滇黔桂、云南高原,少数还延续分布到青藏高原的种。清凉峰保护区属于这一分布类型的维管束植物约有40种，占全部种的3.29%，代表种有华东蹄盖蕨(*Athyrium nipponicum*)、华中铁角蕨(*Asplenium sarelii*)、假升麻(*Aruncus sylvester*)、地榆(*Sanguisorba officinalis*)、太子参(*Pseudostellaria heterophylla*)、蛇床(*Cnidium monnieri*)、北鱼黄草(*Merremia sibirica*)、藜芦(*Veratrum nigrum*)、瓜木(*Alangium platanifolium*)、黑弹朴(*Celtis bungeana*)等。其中，约30种分布到日本、朝鲜，如华东蹄盖蕨、羽叶长柄山蚂蝗(*Podocarpium oldhami*)等。

(4)分布于我国华北、西北、华东、华中、滇黔桂，有的延续分布到青藏高原的种。清凉峰保护区属于这一类型的维管束植物计有80种，占全部种的6.59%，代表种有蕨萁(*Botrypus virginianus*)、针毛蕨(*Macrothelypteris oligophlebia*)、江南星蕨(*Microsorium fortunei*)、荆条(*Vitex negundo*)、延龄草、三桠乌药(*Lindera obtusiloba*)、钝叶蔷薇、多花胡枝子(*Lespedeza floribunda*)、冠盖绣球(*Hydrangea anomala*)、响叶杨(*Populus adenopoda*)、锐齿槲栎(*Quercus aliena*)、兴山榆(*Ulmus bergmanniana*)、华东山柳(*Clethra barbinervis*)等。其中，约有22种分布到日本、朝鲜，如三桠乌药、竹灵消(*Cynanchum inamoenum*)、支柱蓼(*Polygonum suffultum*)等。

(5)分布于我国华东、华中、华北，甚至东北的种。清凉峰保护区属于这一分布类型的维管束植物约有79种，占全部种的6.51%，代表种有华中蛾眉蕨(*Lunathyrium centro—chinense*)、野大豆、长萼鸡眼草(*Kummerowia stipulacea*)、兔儿伞(*Syneilesis aconitifolia*)、黄精(*Polygonatum sibiricum*)、鹿药(*Smilacina japonicum*)、领春木、连香树、苦糖果(*Lonicera fragrantissima*)、山樱桃(*Cerasus serrulata*)、水榆花楸 (*Sorbus alnifolia*)、大果榆(*Ulmus macrocarpa*)等。其中，约40种分布到日本，如绿叶胡枝子(*Lespedeza buergeri*)、鸡爪槭等。

(6)分布于我国华东、华北，甚至东北的种。清凉峰保护区属于这一分布类型的维管束植物约有41种，占全部种的3.38%，代表种有膀胱岩蕨 (*Protowoodsia manchuriensis*)、藓状景天(*Sedum polytrichoides*)、海州香薷 (*Elsholtzia splendens*)、百合(*Lilium brownii* var. *viridulum*)、天女花(*Magnolia sieboldii*)、香椿 (*Toona sinensis*)、红脉钓樟(*Lindera rubronervia*)、玉玲花 (*Styrax obassius*)、华东椴(又名日本椴 *Tilia japonica*)、圆叶鼠李(*Rhamnus globosa*)、雪柳(*Fontanesia fortunei*)等。其中，约22种分布到日本、朝鲜，如禾秆蹄盖蕨(*Athyrium yokoscense*)、膀胱岩蕨、天女花等。

清凉峰保护区各类温带性成分在我国主要分布于暖温带和亚热带地区，典型的温带性成分极少(仅限于分布温带、寒温带地区的成分)。

通过对清凉峰保护区种的地理成分分析，结果表明：

①各类热带—亚热带性成分(33.78%)，以我国南部、西南部成分为主，有些种还分布到印度、印度支那、中南半岛、爪哇、菲律宾和澳大利亚等地，为区内植物区系打下了第三纪古热带植物区系的烙印。

②各类温带—亚热带成分 (30.23%)和各类亚热带成分(12.93%)，以我国东部、中部

成分为主，有些种分布到我国东北及日本、俄罗斯。典型的温带成分极少。华东、华中共有种的分析揭示了华东、华中在植物区系上的共同起源。区内具有丰富的华东特有种，说明区内植物区系是华东地区植物区系不可分割的重要组成部分。

③综合①和②可知，清凉峰保护区的区系成分以我国南部、西南部、东部和中部的成分为主。各类热带—亚热带与各类温带—亚热带成分比例相近。亚热带成分占有相当大的比例，充分显示区内植物区系的亚热带特性。

3.1.4 植物区系特征

清凉峰保护区具有悠久的地质历史，复杂的地形条件，有利的植物生存、繁衍生态环境，以及植物界自身发展演化的结果，形成了清凉峰保护区植物区系的一系列典型特征。

1. 区系成分丰富性

(1)植物种类丰富性。据综合科考采集的标本及此前多年专项调查的结果统计，清凉峰保护区有维管束植物1 228种，隶属于181科、601属，分别占安徽省维管束植物科、属、种的80.44%、48.78%、39.12%；还有苔藓植物310种，隶属于62科、141属；另有地衣类植物32种，隶属于3科、4属；该区共有植物1 570种，是安徽省植物资源种类较为集中的地区之一；它比安徽省另一个国家级自然保护区——牯牛降国家级自然保护区（以下简称“牯牛降保护区”）的维管束植物种类总数多出18种、苔藓类植物多172种（如表3-10所示）。

表3-10 清凉峰保护区与牯牛降保护区植物种类对比一览表

类别	种子植物			蕨类植物			苔藓植物		
	科	属	种	科	属	种	科	属	种
清凉峰保护区	151	547	1126	30	54	102	62	141	310
牯牛降保护区	154	575	1106	26	54	104	50	97	138

注：牯牛降保护区数据引自1988年《牯牛降科学考察集》。

(2)科、属丰富性。清凉峰保护区共计有维管束植物为181科，含有20种以上的大科仅有12个，占科总数的6.63%，而含9种或9种以下的小科和单种科计140个，占科总数的77.35%，可见本植物区系中科的丰富性。

清凉峰保护区有维管束植物601属，其中含有10种以上的大属为13个，占区内系属总数的2.16%；含5种以下的属有567个，占属总数的94.34%，其中仅有一种的属为358个，超过了区内属总数的一半，且含有区内热带成分的属及大部分古老孑遗属，如此高比例的单种属和少种属（2种～5种），也显示了本植物区系成分属的丰富多样性。

2. 植物区系古老性

(1)古老的蕨类植物种类。清凉峰保护区的植物区系中含有大量古老的科属，并保存有许多残遗植物。蕨类植物起源于古生代的志留纪，在石炭纪得到发展。清凉峰保护区有蕨类植物102种，隶属30科、54属。蕨类植物中一些古老的科在区内得以保存和发展(如表3-11所示)。

表3-11 清凉峰保护区蕨类植物古老科一览表

中　名	学　名	出现的地质年代
石杉科	Huperziaceae	古生代
卷柏科	Selaginellaceae	古生代
木贼科	Equisetaceae	古生代
阴地蕨科	Botrychiaceae	古生代
紫萁科	Osmundaceae	中生代
瘤足蕨科	Plagiogyiaceae	中生代
里白科	Gleicheniaceae	中生代
海金沙科	Lygodiaceae	中生代
碗蕨科	Dennstaedtiaceae	中生代
蕨科	Pteridiaceae	新生代第三纪
凤尾蕨科	Pteridaceae	新生代第三纪

(2)古老的裸子植物种类。根据现有的化石资料显示，在种子植物中裸子植物发生发展的历史悠久。最初的裸子植物出现在古生代泥盆纪(距今3.4亿年)，它经过了古生代—中生代—新生代的第三纪、第四纪，在这个漫长的岁月中经历了各种各样地史气候的重大变化，种系也经过了多次演变。清凉峰保护区裸子植物共有17种，隶属6科、13属。它们大约在新生代的第三纪出现，避开了第四纪冰川的淘汰而保留下来。例如，松科(*Pinaceae*)的金钱松、华东黄杉，杉科(*Taxodiaceae*)的杉木和红豆杉科(*Taxaceae*)的香榧等，都是第三纪的孑遗植物。这些古老的裸子植物在区内也有一定数量的存留。

(3)古老的被子植物种类。被子植物一般认为发生于侏罗纪或三叠纪，到白垩纪时已很繁盛。第三纪它们逐渐经过旺盛的系统发育成为地球上占优势的植物群体。现代所有的科，当时即已形成。清凉峰保护区也包含大量中生代白垩纪和早第三纪古新世就已经建立起来的古老科，如木兰科、金缕梅科、八角科、五味子科、樟科、棕榈科、山矾科、楝科、五加科、芸香科、无患子科、壳斗科、蝶形花科、胡桃科、榆科、杨柳科、桦木科、山茶科、冬青科、槭树科等。

(4)古老的单型属和少型属植物。植物区系的古老性还可以通过种子植物中单型属和少型属的数目得到证明。清凉峰保护区种子植物中世界性单型属(1种)计31属(如表3-12所示)，如连香树属、棣棠属、黄山梅属、刺楸属、牛鼻栓属(*Fortunearia*)、青钱柳属(*Cyciocarpa*)、刺榆属、金钱松属、山桐子属、山拐枣属(*Poliothyrsis*)、枳属(*Poncirus*)、香果树属(*Emmenopterys*)、显子草属(*Phaenosperma*)、透骨草属、天葵属(*Semiaquilegia*)、汉防己属、蕺菜属(*Houttuynia*)、荷青花属、狗筋蔓属、鹅肠菜属、桔梗属(*Platycodon*)、独花兰属(*Changnienia*)、短穗竹属(*Brachystachyum*)等；世界性少型属(2种～6种)计76属，如领春木属、檫木属等，两者合计占清凉峰种子植物属的19.56%。它们大多数是发生上原始或古老的残遗属。

表3-12 清凉峰保护区种子植物世界性单型属统计表

中 名	学 名	中 名	学 名
银杏属	*Ginkgo*	透骨草属	*Phryma*
金钱松属	*Pseudolarix*	天葵属	*Semiaquilegia*
侧柏属	*Platycladus*	大血藤属	*Sargentodoxa*
连香树属	*Cercidiphyllum*	汉防己属	*Sinomenium*
棣棠属	*Kerria*	南天竹属	*Nandina*
黄山梅属	*Kirengeshoma*	蕺菜属	*Houttuynia*
刺楸属	*Kalopanax*	荷青花属	*Hylomecon*
牛鼻栓属	*Fortunearia*	狗筋蔓属	*Cucubalus*
青钱柳属	*Cyclocarya*	鹅肠菜属	*Malachium*
刺榆属	*Hemiptelea*	桔梗属	*Platycodon*
杜仲属	*Eucommia*	泥湖菜属	*Hemistepta*
山桐子属	*Idesia*	紫苏属	*Perilla*
山拐枣属	*Poliothyrsis*	白穗花属	*Speirantha*
枳属	*Poncirus*	独花兰属	*Changnienia*
香果树属	*Emmenopterys*	短穗竹属	*Brachystachyum*
显子草属	*Phaenosperma*	合 计	31

(5)丰富的珍稀濒危植物种类。清凉峰保护区保存极其丰富的珍稀濒危植物，如银杏、银缕梅、红豆杉、南方红豆杉、天目铁木5种国家Ⅰ级重点保护野生植物，连香树、华东黄杉、香果树、台湾水青冈、黄山梅、蛛网萼等21种国家Ⅱ级重点保护野生植物。此外，还有领春木、南方铁杉、安徽槭(*Acer anhweiense*)、巨紫荆(*Cercis gigantea*)、青钱柳、三尖杉、粗榧(*Cephalotaxus sinensis*)、安徽杜鹃等25种安徽省级珍稀树种。由此可见，清凉峰保护区为华东地区稀有珍贵植物分布较为集中的地区之一(如表3-13所示)。

表3-13 清凉峰保护区与毗邻地区自然保护区珍稀濒危保护植物比较表

保护区名称	国家保护植物等级			合 计
	Ⅰ级保护	Ⅱ级保护	Ⅲ级保护	
江西庐山自然保护区	0	6	8	14
浙江西天目山自然保护区	0	12	18	30
牯牛降保护区	0	5	11	16
浙江清凉峰保护区	0	10	21	31
清凉峰保护区	0	12	23	35

注：此表为便于比较，采用了1984年国务院批准的珍稀濒危保护植物名录(第一批)的划分等级。

综上所述，充分证明了清凉峰植物区系不仅起源古老，而且孑遗植物较为丰富。主要成分是第三纪植物区系的残遗，建立国家级自然保护区后，应该严格加以保护。

3. 植物区系过渡性

清凉峰保护区地处中亚热带北缘，为我国由亚热带向暖温带的过渡气候带，在植物区系特征上也表现出明显的过渡性。

在区内1 228种维管束植物中，各类热带—亚热带成分占33.78%；各类温带—亚热带成分占30.23%；仅分布于亚热带地区的成分占12.93%。这些充分显示出区内植物区系成分具有亚热带和暖温带的双重性。

有些分布热带北缘和中亚热带以南的成分，向北分布至区内，而且天目山一带几乎是这类成分的分布北界，如长柄蕗蕨、石斑木、芬芳安息香、赤楠、黄瑞木、匍茎通泉草等。产于广东北部、广西、湖南、江西、浙江的云和新木姜子在区内发现，且为安徽分布新纪录。分布于浙江南部、福建北部等地的国家Ⅱ级重点保护野生植物长序榆在区内也有分布。

有些分布暖温带以北，甚至到达寒温带的成分，如膀胱岩蕨、天女花、玉玲花、雪柳等，向南扩散到区内，且天目山一带为其分布的南界。

区内植物区系成分呈现出明显的由亚热带向暖温带过渡的特征，还可以从区内植物区系优势科的排列中得到佐证（如表3-6所示），排在前面的科，如菊科、蔷薇科、毛茛科、百合科等，多为世界广布科，主产温带至亚热带；同时一些泛热带至亚热带分布的科，如樟科、葡萄科（*Vitaceae*）、大戟科（*Euphorbiaceae*）、鼠李科（*Rhamnaceae*）等，也挤入区内优势科行列之中。

4. 植物区系特有性

特有属、种的研究，对于了解一个特定地区植物区系的发展历史和现状，是十分重要的。

清凉峰保护区植物区系中有17属为我国特有属，占种子植物属总数的3.44%（不包括世界广布属），占我国特有属（214属）的7.94%。其中，单种特有属有杜仲属、枳属、金钱松属、短穗竹属等10属；少种特有属（2种～5种）有盾果草属（*Thyrocarpus*）等4属；多种特有属仅有秦岭藤属、八角莲属（*Dysosma*）和半蒴苣苔属（*Hemiboea*）3属。单种特有属和少种特有属占区内我国特有属的82.35%。由此可见，除极少数属如独花兰（*Changnienia amoena*）可能是新特有属外，该区所具有的绝大多数我国特有属为古特有属。

清凉峰保护区包括华东特有种111种，占维管束植物种总数的9.04%，如黄山鳞毛蕨、黄山风毛菊（*Saussurea hwangshanensis*）、黄山木兰、黄山花楸、黄山溲疏、黄山栎、安徽杜鹃、黄山乌头、天目木兰、天目木姜子、大别山石楠、大别山冬青、浙皖粗筒苣苔等。在这些华东特有成分中，除少数种如华东黄杉等外，绝大多数可能是近代分化的较年轻成分，而且华东地区的天目山、黄山、大别山一带就是这类成分可能的分化中心。

清凉峰保护区内分布在海拔1 600m以上的小叶黄杨和分布在海拔1 350m～1 750m的鄂西玉山竹组成林相整齐的大面积天然灌丛群落，在华东植物区系中实属罕见。鄂西玉山竹群落平均总盖度90%，在1m²样方中，有鄂西玉山竹52株，平均高度1.50m，最高达2m。在小叶黄杨群落中，每25m²的样方，有小叶黄杨28株，平均高度1.90m，平均胸径达3.80cm。

近几年浙江省植物学分类专家还在清凉峰保护区发现二个新的物种，分别是石竹科（Caryophyllaceae）的清凉峰卷耳（*Cerastium qingliangfengicum*）和莎草科的清凉峰薹草（*Carex qingliangensis*）。

清凉峰卷耳，为多年生草本。植株具营养茎和花茎，茎上均被短柔毛。营养茎上叶对生，匙形至近卵形，先端急尖，边缘全缘而有睫毛，基部渐狭成柄，两面密被短柔毛；花茎上叶与营养茎上叶相似。聚伞花序顶生，具多花；苞片与叶相似但较小；花梗纤细，被腺毛；花萼5枚，先端渐尖，背面被柔毛和腺毛；花瓣5枚，白色，长约为萼片2倍，2裂至中部；雄蕊10枚，花丝无毛，稍长于萼片；花柱5枚。蒴果圆柱形，中部微弯，长为花萼的2倍，具10齿。种子多数，三角状球形，表面具瘤状凸起。为区内特有，分布于溪沟边。

清凉峰薹草，为多年生草本。根状茎短，木质。秆丛生，三棱形，挺直，基部具暗褐色的宿存叶鞘。叶长于或短于秆，宽4mm～7mm，具小横隔，边缘平滑。苞片刚毛状，短于小穗，具鞘。小穗4个～5个，顶生小穗雄性，线状圆柱形，具小穗柄；侧生小穗雌性，线状圆柱形，直立，小穗柄稍伸出苞鞘。雄花鳞片狭卵形，顶端钝，黄褐色，中部黄绿色，具1脉；雌花鳞片椭圆状卵形，顶端渐尖并延伸成短芒，中部绿色，具3脉；花柱基部膨大。果囊稍长于鳞片，椭圆球形，三棱状，具多条脉，上部疏被微毛，基部渐狭，先端收缩成短喙，喙口具2小齿。小坚果紧包于果囊中，长圆状卵球形，灰褐色，下部棱面凹陷，基部具短柄，顶端缩缢成环盘。为最近调查发现的新种，呈零星分布。

初步研究尚未发表的5个分类群，如三出叶凤丫蕨（*Coniogramme ternata*）、少叶膜荚黄芪（*Astragalus membranaceus* var. *oligophyllus*）、浙江绣球（*Hydrangea chekiangensis*）、歙县绞股蓝（*Gynostemma shexianensis sp. nov*）和清凉峰岐伞香茶菜（*Isodon macrophylla* f. *qinliznfenensis*），是不是清凉峰保护区特有种，还有待于研究工作的进一步开展。

5. 植物区系地理成分复杂性和联系广泛性

（1）地理成分组成的复杂性。按照吴征镒先生对我国种子植物属分布区类型的划分方法，可将清凉峰保护区547属划分为14大分布区类型，如表3–8所示。除中亚分布类型不见于区内外，其他类型在区内均有不同数量的分布。归纳起来，各类温带性质的属为310属，占总属数的62.75%（不包括世界广布属，以下同），由此可见区内植物区系温带的性质较为突出。同时，含有较丰富的热带性质的属，共有166属，占总属数的33.60%。区内具有我国特有属17属，占总属数的3.44%，主要分布在亚热带地区。由此也可看出，区内植物区系地理成分的复杂性。

（2）地理成分联系的广泛性。清凉峰保护区种子植物属分布区类型的划分和统计（如表3-8所）表明，在清凉峰保护区植物区系中，有9属分布于热带亚洲和热带美洲，如山柳属、柃属、无患子属等；有12属分布于热带亚洲至热带大洋洲，如臭椿属、樟属、淡竹叶属等;有12属分布于热带亚洲和热带非洲,如荩草属、常春藤属等;有53属广布世界各大洲,如银莲花属、紫菀属(*Aster*)等;还有84属泛热带分布,18属旧热带分布,114属北温带分布,53属东亚和北美洲际间断分布,37属旧世界温带分布;而分布在热带亚洲、温带亚洲、东亚和中国特有的仅有154属,占属总数的28.20%。由此可见,清凉峰植物区系与世界各大陆之间存在着千丝万缕的广泛联系。

有关清凉峰保护区植物区系特征的几点讨论:

①清凉峰保护区植物区系成分中含有大量古老的科属,并保存有许多残遗植物。区内具有31个世界单型属,76个世界少型属,17个我国特有属,它们大多数是发生上原始、形态上孤立的古老残遗植物。至于安徽南部植物区系是否遭受到第四纪冰川的袭击或影响,单从区内保存大量古老残遗植物来看,若这些植物是就地起源,那么区内植物区系即使遭受到第四纪冰川的影响,但影响也很微弱,清凉峰很可能是第三纪古热带植物的"避难所"之一。

②清凉峰保护区植物区系呈现亚热带向暖温带明显过渡的特征。关于安徽南部是否具有中亚热带性质众说纷纭。从气候带的各项指标中,几乎看不出安徽有中亚热带气候带的存在(气候带划分的主要指标:≥10℃的年积温5 300℃~6 500℃,日数241d~285d)。但是据考查,一方面清凉峰海拔700m以下为红壤分布带,而红壤是中亚热带地带性土壤;另一方面,清凉峰基带植被是常绿阔叶林,这又是中亚热带地带性植被。从区内区系地理成分上来看,大量分布中亚热带的成分,如云和新木姜子、长序榆等在区内也有分布,因而我们认为将清凉峰海拔700m以下地段划归中亚热带较为合适。

③清凉峰保护区植物区系与周围毗邻地区植物区系交换频繁、相互渗透,因而特有现象不甚明显。区内包含大量华东特有种,其中许多种仅分布于黄山、天目山、大别山一带,这说明天目山、大别山、黄山虽然在地域空间位置上呈现三山鼎立之架构,实则联成一体,是华东植物区系成分的分化中心之一。

④植物区系地理成分的复杂性,与世界各大陆的广泛联系性,也是清凉峰保护区植物区系较为显著的特征。

3.1.5 与邻近地区、毗邻山地植物区系之间的关系

1. 与邻近地区植物区系之间的关系

清凉峰保护区植物区系属、种地理成分分析表明,区内植物区系与毗邻地区植物区系之间存在着不同程度的联系。为了确定清凉峰植物区系在我国植物区系分区中的地位,现暂将清凉峰作为一个独立的区系单位,以便与毗邻地区植物区系进行对比分析,如表3-14所示。

表3-14 清凉峰保护区与毗邻地区植物区系的关系

地 区	与清凉峰共有种数	占清凉峰全部种(%)	地 区	与清凉峰共有种数	占清凉峰全部种(%)
华东	1 199	97.64	日本	544	44.29
华中	942	76.71	古热带	328	26.70
华南	750	61.07	东北	234	19.06
滇、黔、桂	695	56.60	青藏高原	68	5.54
华北	647	52.69	西北	36	2.93
西南	562	45.77			

(1)与华东植物区系的关系。华东植物区系的地理范围主要包括江苏南部、安徽南部、河南东南端、湖北东部、湖南东半部以及江西和浙江地区(除两省的最南端外)。清凉峰在地理上位于华东地区的腹地,与华东共有植物1 199种,占清凉峰全部种的97.64%,居于首位。清凉峰不仅与华东地区共有植物多,而且还拥有111种华东特有种,如华东黄杉、黄山花楸、小叶黄杨、黄山栎、天目朴(*Celtis chekiangensis*)、云锦杜鹃(*Rhododendron fortunei*)、天目槭(*Acer sinopurpurascens*)、华东唐松草、华东杏叶沙参(*Adenophora hunanensis* subsp. *huadungensis*)、浙贝母、白穗花(*Speirantha gardenii*)等,而且这些华东特有种同时见于西天目山和黄山。由此可见,清凉峰植物区系与华东植物区系的亲缘关系极为密切,是华东植物区系的重要组成部分,是华东植物区系成分向外辐射的辐射源。

(2)与华中植物区系的关系。华中植物区系的地理范围主要包括湖北西半部、湖南西半部、四川东部、贵州东半部以及陕西南部。清凉峰与华中植物区系共有植物942种,占清凉峰全部种的76.71%,仅次于华东地区居于第二位。仅分布于华东、华中而见于区内的种有腺叶荚蒾、南五味子,苦槠(*Castanopsis sclerophylla*)、糯米椴(*Tilia henryana*)、长柱紫茎(*Stewartia rostrata*)、紫茎(*Stewartia sinensis*)、大柄冬青、华中铁线莲、华中碎米荠、瓜叶乌头、扇脉杓兰、鄂西玉山竹等40余种。而仅分布于华中见于区内的种极少,仅有长芒苔草(*Carex davidii*)、少脉椴(*Tilia paucicostata*)、毛柄小勾儿茶(*berchemiella wilsonii* var. *pubipetiolata*)等几种。由此可知,清凉峰保护区植物区系虽然与华中植物区系关系较为密切,但其密切程度不及区内与华东植物区系的关系。

(3)与华南植物区系的关系。华南植物区系的地理范围包括福建和广东全部、广西东部以及浙江、江西、湖南三省的最南端。清凉峰保护区与华南植物区系共有植物750种,占清凉峰全部种的61.07%,居于第三位。这些共有种大多数是广布于长江以南的种。而仅分布于华东、华南见于区内的种有乳源木莲、浙江新木姜子、红淡比(*Adinandra millettii*)、鹿角杜鹃、福建假卫矛、黄山梣(*Fraxinus odontooalyx*)、大叶唐松草、长梗黄精等30余种。区内未见分布仅限于华南的种。清凉峰与华南共有种是区内低海拔常绿阔叶林的重要组成成分。根据以上分析,区内与华南植物区系的关系还是较为密切的,但这种密切程度不如华中。

(4)与华北、东北植物区系之间的关系。华北植物区系的地理范围主要包括江苏中部和北部、安徽北半部、山东全部、山西全部、河南全部(除东南端)、陕西大部、甘肃东部、河北几乎全部、辽宁全部(除东北角外)。清凉峰保护区与华北共有植物647种,占区内全部种的52.69%。这些共有种大多数是在亚热带和温带地区广布的种。仅分布于华东、华北,见于区内的有玉玲花、鹅耳枥(*Carpinus turczaninowii*)、华东椴、雪柳、朝鲜婆婆纳(*Veronica rotunda* var. *coreana*)等。分布到区内的华北特有种仅有西周赤瓟(*Thladiantha nudiflora* var. *bracteata*)。华东和华北两大植物区系相毗邻,自地形上来看区系之间的渗透是比较容易发生的,但由于气候的显著差异使其比华中、华南植物区系对区内的影响要小得多。东北植物区系的地理范围包括黑龙江东半部、吉林东半部以及辽宁的东北角。清凉峰保护区与东北植物区系共有植物234种,占区内植物全部种的19.06%。东北植物区系是通过华北植物区系与区内取得联系的。见于区内的东北成分几乎全部与华北地区共有,而且都是比较耐寒的种类,是区内海拔1 350m以上的落叶阔叶林和山地草甸的组成成分,如笔龙胆、玉蝉花(*Iris ensata*)、扁杆苔草(*Carex planiculmis*)、阴地蒿(*Artemisia sylvatica*)、天女花、春榆(*Ulmus davidiana* var. *japorica*)等。两地气候上的显著差异是造成植物区系密切程度较低的主要原因。

(5)与滇、黔、桂植物区系的关系。滇、黔、桂植物区系地理范围是指云南、贵州、广西三省交界地区。这一地区是联系华南、华东、华中、西南植物区系的枢纽,具有丰富的植物资源,并以东北角与华东地区相连。由于区内与滇、黔、桂地区无气候和地理上的严重障碍,有利于两地植物的相互渗透和交流,两地共有植物达695种之多,占区内全部种的56.60%。区内与滇、黔、桂共有种往往也见于华中、华东、华南和西南地区,区内未见滇、黔、桂地区特有种。

(6)与西南植物区系的关系。西南植物区系的地理范围包括云南西北、西部,四川西南部,缅甸北部迈立开江以东和毗邻西藏察隅以东地区。清凉峰保护区与西南植物亚区系共有植物562种,占区内全部种的45.77%,仅次于滇、黔、桂和华北地区。西南植物区系主要通过华中与区内植物区系发生联系,如衡山荚蒾(*Viburnum hengshanicum*)、绒毛皂柳(*Salix wallichiana* var. *pachyclata*)、刺毛越桔、昆明山海棠(*Tripterygium hypoglaucum*)、绵穗苏(*Comanthosphace ningpoensis*)、羽毛地杨梅等。

(7)与日本植物区系的关系。我国与日本相邻,日本诸岛在第三纪上新世尚和东亚大陆相连。日本植物区系虽和我国南部、西南部植物区系联系亲密度不大,但与我国中部和东部的植物区系联系较为密切,尤其是与华东植物区系的联系则更为密切。清凉峰保护区位于华东地区的中心部位,与日本共有植物较多,达544种,占区内植物全部种的44.30%,如在日本有分布的连香树、金刚大(*Croomia japonica*)、玉玲花、白乳木(*Sapium japonicum*)、毛果槭(*Acer nikoense*)、冬青(*Ilex purpurea*)、黄山梅、天女花等,在区内也有分布。两地还存在有大量的地理替代种或对应种,如金星蕨属金星蕨的秆色变种(*Parathelypteris japonica* var. *viridescens*)和日本变种(*Parathelypteris japonica* var. *japonica*)、绣线菊属粉花绣线菊的日本变种(*Spiraea japonica* var. *glabra*)和中国变种(*Spiraea japonica* var. *japonica*)、山矾属中华白檀的两个对应变种(*Symplocos chinensis* var. *chinensis*、*Symplocos chinensis* var. *leucocarpa*)等。由表3-14可知，区内植物区系与日本植物区系的联系略逊色于西南植物区系，这是由于第三纪上新世后日本与我国大陆完全分离，从此后两地植物基本上失去了联系，而向两条不同的路线演化发展。与此同时，我国西南部植物区系仍处在强烈的分化条件下，由于有利的地形条件，促进了西南植物区系成分经华中向东南迁移、扩散和渗透，继续保持着与区内比较密切的联系。

(8)和其他地区植物区系的关系。清凉峰保护区与古热带植物区系共有328种，占区内全部种的26.71%。这些植物分布于我国的台湾、海南，甚至更南的地区，经华南穿过南岭的谷口渗透到区内。分布到区内的古热带共有种大多带有热带植物特性，在区内主要分布在海拔700m以下的常绿阔叶林或灌丛中。青藏高原植物区系是在喜马拉雅造山运动过程中，在古地中海中隆升起来的青藏高原上形成的年轻植物区系。由于历史短暂(第三纪末)而环境条件又十分高寒，植物区系较为贫乏，仅有500余种植物，与区内共有种也很少，只有68种。西北植物区系的地理范围主要包括新疆、内蒙古西部、甘肃河西走廊以及青海祁连山地和柴达木盆地。这一植物区系是在“古地中海”海浸地区，经过第三纪喜马拉雅造山运动隆升成陆，而后由古地中海南岸为主的干热植物区系发展起来，经过旱化形成的。致使在这种特殊自然条件下形成和发展起来的植物区系与清凉峰植物区系联系微弱。据初步统计，两地共有植物仅为36种。

通过清凉峰保护区与邻近地区植物区系共有种的统计分析，结果表明：

①区内植物区系与华东植物区系的关系最为密切，而且是华东植物区系中心的组成部分。

②与区内植物的关系密切的程度依次为华中、华南、滇黔桂、华北、西南、日本。

③区内与古热带、东北、青藏高原、西北植物区系的联系微弱。

2. 与毗邻山地植物区系之间的关系

前面我们已经讨论了清凉峰保护区植物区系与邻近地区植物区系之间的亲缘关系，不难看出区内植物区系与华东植物区系的关系最为密切。为了进一步确定清凉峰保护区植物区系与邻近山地植物区系之间的关系，我们选择了与清凉峰保护区纬度相近且毗邻的山地进行植物区系的对比分析，如表3-15所示。

表3-15　清凉峰保护区与毗邻山地植物区系之间的关系

地　名	地理坐标	海拔(m)	与清凉峰共有种	占清凉峰种子植物(%)
清凉峰保护区	N30° 07′E118° 52′	1 787	1 126	100
浙江西天目山	N30° 20′E119° 25′	1 507	867	77
安徽黄山	N30° 10′E118° 11′	1 860	816	72.47
安徽大别山天堂寨	N31° 13′E115° 43′	1 729	650	57.73
江西庐山	N29° 50′E115° 56′	1 543	634	56.31
湖北神农架	N31° 36′E110° 27′	3 005	524	46.54

（1）由表3-15可知，清凉峰保护区与浙江西天目山植物区系关系最为密切，两地共有种子植物达867种，占区内种子植物全部种的77%。究其原因：第一，两地植物区系具有共同的历史起源，天目山和清凉峰同属于天目山脉，早在距今约4亿多年的加里东运动时就隆升成陆，因而清凉峰和西天目山植物区系的发生发展具有基本一致的地质历史条件。第二，两地同处于北纬30°左右，并且海拔都在1 500m以上；土壤、地形、地貌和气候条件非常近似，说明两地植物区系具有相同或相似的近代发展分化的条件。第三，两地水平距离很近，有利于两地植物区系间频繁的迁移、交换和渗透。

（2）清凉峰保护区内与安徽黄山植物区系关系也十分密切，两地共有种子植物达816种，占区内种子植物全部种的72.47%。黄山属于黄山山脉，直到距今约2亿多年前的印支运动才上升为陆地，比清凉峰和天目山迟2亿多年。区内和黄山植物区系除地质历史起因稍有差异外，两地现代环境条件基本一致，加上两地相距很近，两者植物区系间发生了强烈的趋同演化，这就是两地植物区系关系甚为密切的原因所在。由此可见，清凉峰植物区系和黄山、西天目山植物区系联成一体是华东植物区系不可分割的组成部分。

（3）安徽大别山山区的天堂寨与清凉峰保护区共有的植物为650种，占区内种子植物全部种的57.73%。由于大别山位于华东地区的西北部，直接承受来自华中、华北植物区系的渗透作用，比区内增加了许多温带性成分，如华北绣线菊（*Spiraea fritschiana*）、三蕊柳（*Salix triandra*）等。根据表3–15可以看出，清凉峰与大别山植物区系的联系不如与黄山、西天目山植物区系的联系密切，因而有研究提出将皖西大别山植物区系独立划为华东地区的一个亚区是非常适宜的。

（4）江西庐山位于华东地区的西南部，与清凉峰保护区共有的种子植物为634种，占区内种子植物全部种的56.31%。将庐山与黄山、西天目山植物区系归为一区是毋庸置疑的。但从地理纬度上看，庐山比清凉峰偏南，属于中亚热带特征较为典型的常绿阔叶林地区，受华南、西南植物区系影响较深，比清凉峰植物区系增加了许多热带成分，如东南栲（*Castanopsis jucunda*）、矮冬青（*Ilex lohfauensis*）等。因此，可以将庐山植物区系划为华东地区的一个亚区，以示与华东地区的黄山、清凉峰和天目山植物区系的区别。

（5）湖北神农架位于华中地区，与清凉峰保护区共有种子植物524种，占区内全部种子植物的46.54%，和区内植物区系也有较为密切的联系，但不及区内与庐山、大别山植物区系的联系密切。

分析结果表明：清凉峰保护区内植物区系与浙江西天目山、安徽黄山植物区系关系较为密切；其次为安徽大别山、江西庐山，再次为湖北神农架。这与区内与邻近地区植物区系对比分析结果一致。

应该指出，安徽清凉峰保护区与浙江清凉峰保护区相比，有以下不同之处：

（1）植被群系不同。安徽清凉峰保护区位于清凉峰的西坡、西北坡和南坡，在常绿阔叶林植被类型中有甜槠林，青冈、甜槠林，天竺桂、细叶香桂林，木荷、小叶青冈林4种植被群系，在落叶阔叶林植被类型中，有华东椴、华西枫杨2种植被群系，在高山矮林植被类型中，有湖北海棠、安徽杜鹃2种植被群系，这8种植被群系在浙江清凉峰保护区中未见有报道。

(2)特殊的植物种类。安徽清凉峰保护区有天目铁木、羊角槭、歙县绞股蓝、白脉绞股蓝、华西枫杨、白花杜鹃、清凉峰岐伞香茶菜、婺源凤仙花(*Impatiens wuyuanensis*)、睫毛萼凤仙花(*Impatiens blepharosepala*)、小勾儿茶等种类，在浙江清凉峰保护区中未见有报道。

(3)国家级重点保护野生植物数量不同。安徽清凉峰保护区的国家级重点保护野生植物数量要相对多一些，其中国家Ⅰ级重点保护野生植物比浙江清凉峰保护区多2种，国家Ⅱ级重点保护野生植物多4种。

本书的苔藓植物名录，吸纳了1994年刘仲苓等专家对歙县清凉峰苔藓植物标本采集和分类研究的成果。

关于清凉峰保护区苔藓植物区系，根据郑维发先生的调查研究，清凉峰保护区的苔藓植物共鉴定有417种(包括亚种、变种、变型等)，隶属于62科、169属，并根据种的分布范围划出下列区系成分：①欧亚—北美成分，有97种，占23.26%；②东亚—北美成分，有9种，占2.15%；③欧亚大陆成分，有19种，占4.56%；④东亚成分，有179种，42.9%；⑤北半球广布成分，有6种，占1.43%；⑥中国特有成分，有20种，占4.79%；⑦新热带成分，有9种，占2.15%；⑧旧热带成分，有63种，占15.1%。他得出的结论是：清凉峰保护区苔藓植物区系，以东亚成分为主，区系组成表现为泛热带植物区系向北渗透过渡的复杂性。其区系特点表现为：苔藓植物种类丰富，优势科多，具有温带、热带双重性，但以温带为主。

3.2 植 被

清凉峰地形复杂，为清凉峰保护区植被的发生发展，创造了独特的条件。清凉峰山体为东南—西北走向。山势东南高、西北低，坡势陡峻，沟壑纵横，石峰林立，溪流不断。由猴生石、清凉峰和西凹头诸峰构成西南开口的马蹄形天然屏障，阻挡着寒冷北风的侵袭。由于地形复杂多变，生境多样，既有荫蔽湿润的沟谷，又有水热充足的缓坡。仅有东面与浙江省临安市马啸乡接壤，山顶和山脊较为平坦、开阔。如此复杂的地形条件，为清凉峰植被的发生、发展创造了极为优越的生境。

清凉峰山体古老，受第四纪冰川影响较小，保存有大量古老孑遗植物。清凉峰是一古老山体，地史上属于江南古陆的一部分。早在元古代震旦纪，区内曾有海侵发生，直到距今大约4亿年的古生代下志留纪加里东运动，它才由海底上升为陆地，此后受到切割与侵蚀达准平原状态。到中生代侏罗纪至白垩纪的燕山运动，区内基底褶皱破裂，随之发生了广泛而持久的火山岩流及花岗岩的侵入，使清凉峰得到抬升，形成地势高峻、断层突兀、奇峰怪石林立、深沟峡谷纵横、复杂多变的地形地貌，基本上奠定了今天清凉峰山体的雏形。新生代第三纪喜马拉雅运动，使天目山区进一步抬升。第四纪冰川在我国虽有发生，但对区内影响微弱。如此悠久的地质历史是清凉峰今天保存着众多古老植物类群的重要原因。

清凉峰保护区气候条件优越，孕育了丰富的植被类型。清凉峰保护区受东南季风影响，为亚热带湿润季风气候，水、热条件较好，四季分明。山下年平均气温15.9℃～16.4℃，≥10℃积温在5 000℃左右，年平均降水量达1 500mm～1 700mm，加上山脉的走向，致使南北坡气候有一定差异；因山体高耸，故垂直气候变化尤为明显；加之深沟宽谷，地势复杂，局部气候变化悬殊，这些无疑会对区内植被造成很大的影响。

清凉峰地质历史古老，成山年代久远，母岩种类丰富，形成多种多样的土壤类型，为孕育丰富的植被提供了良好的立地条件。在它的外围、西部和南部，有部分花岗岩侵入。它的下部为前震旦系灰绿、黄绿色千枚岩，砂质千枚岩和震旦系灰紫色砂砾岩、黄绿色砂岩。它的中部和中下部以紫色斑状流纹岩为主，夹有凝灰质砂岩，而上部为紫色、灰绿色流纹岩、流纹斑岩、凝灰岩及灰红色块状角砾岩等。这些岩石在优越的水热条件下风化、发育成今天清凉峰的各类土壤。清凉峰的山地垂直带土壤：海拔700 m以下为红壤分布带，海拔700m～1 000m为黄壤分布带，海拔1 000m以上为山地黄棕壤分布带，山顶部为山地草甸土。除垂直带土壤外，还有山地沼泽土、棕色石灰土等镶嵌其间。

复杂的地形、地质、土壤、气候、水文等条件，形成错综复杂的生境，导致各不相同的植物群落的形成、生长和发育。不同的植物群落又影响和改造各自的环境和生境，如土壤、气候、水文等，甚至整个生态环境和自然景观。此外，植被由于相互作用而处于不同的发育或演替阶段，再加上人类活动的影响和干扰，植物群落类型变得千差万别、复杂多样。

清凉峰的腹地，人迹罕至，人为干扰极少，这对清凉峰保护区一些特殊植被的保存和发育至关重要。

3.2.1 植被演化历史

1. 地史时期的植被变迁

清凉峰保护区在地史时期的植被变迁，主要是自然因素作用所导致。一方面是地质运动和地层变化，如海陆相交替、气候变迁；另一方面是植物为适应自然环境的生物进化，逐渐由低等植物向蕨类植物、裸子植物和被子植物进化。

（1）古生代石炭纪、二叠纪古植物的历史变迁。距今4亿年的加里东运动以后，皖南由大海上升为陆地。在周期性的海侵影响下，一些地方海陆相交替出现，加以湿热的古气候条件，清凉峰保护区古植物由陆相滨海地带得以滋生发育；到了距今3.5亿年的下石炭纪后，形成了由古植物组成的茂密森林，主要种类为石松纲（Lycopodinae）鳞木属（*Lepidodendron*），楔叶纲（Eguisetinas）芦木属（*Calamites*）植物；至中石炭纪海水侵入，导致早期繁盛的古植物消失。距今2.6亿年的二叠纪中期，海水退出，又出现了大量陆相地层，古植物再度繁盛起来，主要为楔叶纲的轮叶属(*Annularia*)及烟叶大羽羊齿(*Gigantopteris*)、脉羊齿属(*Neuropteris*)、带羊齿(*Taeniopteris*)等组成，如在绩溪县伏岭镇永来村出现的夹煤砂页岩层。下二叠纪末，由于东吴造山运动，东南沿海各省褶皱成山，海水再度浸入，真蕨类古植物因之消失。距今2.25亿年的中生代三叠纪中期，经海西运动，皖南全部成为陆地，出现裸子植物苏铁杉(*Podozamites*)；到了距今1.4亿年的侏罗纪晚期，在剧烈的燕山运动作用下，发生强烈的断裂、褶皱和岩浆岩浸入，又在炎热的气候影响下，古植物从此绝迹。

(2)中生代白垩纪至新生代第三纪古森林植物的历史变迁。在第三纪以前，清凉峰基本保持着温暖湿润的亚热带、热带气候，有利于多种森林植物的孕育和繁衍。距今1亿年的中生代白垩纪中期，原始被子植物大量出现，主要为木兰属、山胡椒属、檫木属、桦木属、榛属(*Corylus*)、槭属、荚蒾属、山毛榉属(*Fagus*)为主，至今仍有其后代的大量分布。白垩纪亚热带原始常绿阔叶林乔灌木的代表有棕榈科、壳斗科、樟科、冬青科及桃金娘科(*Myrtaceae*)等古老类型。距今0.67亿年的新生代第三纪，气候变得干热，古老类型的裸子植物和蕨类植物较少，被子植物在组成上占绝对优势，山区原始型落叶乔木有胡桃属(*Juglans*)、枫杨属(*Pterocarya*)、化香属、榆属、柳属、桦木属、紫树属(*Nyssa*)等；古老类型的裸子植物有银杏属、黄杉属、松属、柳杉属(*Cruptomeria*)、金钱松属、铁杉属等。山地针叶林以松科为主。距今0.28亿年的新生代新第三纪，气候略转湿润，古老类型的蕨类、裸子植物和原始类型的被子植物逐渐减少，松柏类有所增加，逐渐出现接近现代的植物种类。

(3)新生代第四纪冰川对森林植物的影响。距今250万年的新生代第四纪，初期气候湿润，植物繁茂；晚更新代以后，全球气温急骤下降，到距今7万年的第四纪庐山冰期，雪线下降至1 100m～1 200m，出现了2次～3次规模较小的山丘消融强烈的海洋冰川，致使喜温树种南移、山地植被低移，后又出现较现代气候尤暖的长冰期；根据天目山南北坡冰坑沉积剖面的孢粉分析材料证明：当时900m以上为冷杉属(*Abies*)、油杉属(*Keteleeria*)、松属、云杉属(*Picea*)、柏科(*Cupressaceae*)、桦木属、杜鹃属、悬钩子属、虎耳草属(*Sexfraga*)等，草本植物有菊科、蒿属、水龙骨属、石松属(*Lycopodium*)、卷柏属等；45m处的孢粉组出现有：冷杉属、云杉属、松属、胡桃科、壳斗科、枫香，以及禾本科、百合科、蓼科(*Polyonaceae*)、藜科(*Chenopodiaceae*)、菊科、紫萁科(*Osmundaceae*)、里白科(*Gleicheniaceae*)、蕨科、水龙骨科、海金沙科(*Lygodiauae*)等植物。其中，有相当一部分植物种类与今天已比较接近。冰期的寒冷对清凉峰森林植物的生存、繁衍和分布影响巨大，但因复杂的地形，特别是巨大山体的阻挡，也成了许多古老植物的避难所。如今在清凉峰保护区尚可见到银杏、金钱松、南方铁杉、柳杉属、黄杉属、鹅掌楸属、连香树属、领春木属、青钱柳属、杜仲属等第三纪遗留下来的特有属和单种的古老残遗植物；再如红豆杉属(*Taxus*)、樟科、木兰科、金缕梅科、椴科(*Tiliaceae*)、榆科等在白垩纪已普遍存在和陆续演化出来，山茶科、冬青科、山矾科、野茉莉科(*Styraceae*)及桃金娘科在第三纪都已建立起来。

2. 人类历史时期的植被变迁

清凉峰保护区在人类历史时期的植被变化，除自然因素（如气候冷暖变化）以外，主要是人为的因素，如先民开垦、战争、火灾等，导致植物种类减少、植被萎缩、常绿阔叶林锐减、飞籽成林的马尾松林和次生混交林增多。

（1）从原始社会到封建社会中期，植被破坏不大。从歙县富遏下冯塘等遗址出土的大量旧石器时代器物可以看出，早在200多万年前，就有先民在这块土地上繁衍生息；从绩溪方家园出土的新石器时代器物可以看到，早在5 000多年前已开始有先民在此聚居。周穆王伐越时（公元前625年～612年），扬越人徙居境内；秦时南方百越族中的一支东瓯越人，溯今新安江徙至歙县山地，史称"山越人"，他们是歙、绩二地早期的"土人"；东汉建安13年（208年），孙权平新安，土人大量被杀或逃亡，中原的强宗大族始来安居，汉末成为第一个流徙高峰；后又经过晋"永嘉之乱"、唐末"黄巢之乱"、宋"靖康之乱"，大量北方仕族南迁定居，在带来北方仕族文化的同时，也对清凉峰外围的森林植被造成了一定程度的破坏。从清凉峰西北坡的绩溪境内几个主要乡镇大姓望族入迁的时间来看：龙须山脚下的龙川胡氏，乃东晋散骑常侍胡焱镇守歙州，爱其山水胜迹，于咸康三年（337年）从山东迁居于此；伏岭镇邵氏乃南宋绍兴年间（1131年～1163年）邵为二从歙州井潭迁入，伏岭下成了绩溪县人口最多的自然村，大障村、永来村的邵氏亦为此一分支；大障村的汪氏，为南朝宋大明年间（457年～464年）汪叔举从始新（今淳安）迁居瀛洲，其后裔再迁至大障村；逍遥村的方氏乃由宋雍熙年间（984年～987年）任绩溪知县的方澄于咸平二年（999年）从歙县东乡迁入。从清凉峰东南坡歙县境内几个主要乡镇大姓望族入迁的时间来看：三阳乡以洪姓为主，由唐德宗朝（780年～804年）时任河北黜陟使的洪经纶，因议罢方镇兵被贬后人迁古徽州；转迁至三阳，应该在宋代以后。杞梓里镇的王姓，乃元末明初，由河南杞县王仲舒的后裔迁徙来此，并由此而得名。由上可见，歙、绩二县的一些大姓望族，都是从晋唐至宋元间迁入，而即便是到了元至元二十七年（1290年），二个县的总人口数量为51 356户、248 834人，且绝大多数都聚居于平坦、富庶的县城一带，只有很少一部分生活于贫瘠闭塞的大山里，因此不会对清凉峰中下部的植被造成太大的破坏。由此也可得出一个基本的结论：在唐宋以前，清凉峰中下部及外围的森林未遭到战争或人为大规模的破坏。

（2）清凉峰中下部植被破坏，主要发生在明清时期。宋代，清凉峰的森林资源受到了一定程度的破坏。发生在昱岭关一带的宋江打方腊战争，破坏了东南坡的一些植被；南宋建都临安，由于建设宫廷，与临安毗邻的清凉峰一带被砍伐了大量的香樟、柏木（*Cupressus funebris*）、松树、杉木及壳斗科的一些优质用材；曾任徽州司户参军（1156年～1162年）的南宋田园诗人范成大，于1173年赴任静州知府途中，目睹过徽杉大量云集新安江严州（今建德）的巨大场面，在《骖鸾录》一书中写道："浮桥之禁甚严，歙浦移排，毕集桥下，要而重征之，商旅大困，有濡止数月不得过者。余掾歙时，颇知其事。严之官吏方曰：'吾州无利孔，微歙杉不为州也'。"可见当时有大量的人工和天然杉木林被砍伐后运往杭州，当然也包括清凉峰及周边地区出产的杉木。明清时歙、绩二县人口急剧增多，因建设和生活毁林加剧。明弘治五年（1492年）歙、绩二县的总人口量为35 056户、217 471人；到了清道光年间，歙、绩二县的总人口量上升为817 111人；咸丰十年（1860年）至同治三年（1864年），清军与太平军在歙、绩等县进行了长达5年的拉锯式战争，太平军据山林之险抵抗清军，清军则放火毁林以驱太平军，不仅造成了该地区人口的大幅度下降，而且也造成了对森林植被的巨大破坏；5年战争使人口减少了1/10，咸丰十一年（1861年）底大雪饥寒致死人口甚多，同治元年（1862年）和同治三年（1864年）两度发生瘟疫人口死亡6/10；当然，人口的下降为清凉峰中下部的植被恢复提供了条件。明清时期由于徽商的崛起，在本地或外地大兴土木，修建豪华的宗祠、学堂、园林、住宅等建筑，大量伐用当地的优良木材，不仅有较多的常绿硬阔良材，而且还有香樟、银杏、楠木类（*Phoebe*）、南方红豆杉、香榧、马尾松、柏木、苦槠等珍贵用材，造成了该时期对清凉峰中下部森林植被的巨大破坏，致使在海拔800m以下留下大面积的次生林。清代大量棚（灾）民进山毁林垦种，使清凉峰的植被再一次受到了较大的破坏。历代避乱南迁之民，进入深山搭棚居住，毁林垦地种苞芦（玉米），至清代尤为普遍。他们陆续进入到崇山峻岭、人迹罕至之地，毁林开垦、刀耕火种，致使大面积的天然次生林遭到破坏，水土流失日益严重，而今定居于海拔800m～1 000m的居家，基本上是此阶段进入，如北坡横岩下（海拔1 100m）的几家住户。抗日战争至解放期间，由于各方面的原因，也对清凉峰的植被造成了不同程度的破坏。抗日战争时期，苏、浙、沪地区大量人员涌入歙、绩等地躲避战火，当地以树木作燃料做饭取暖，毁坏了清凉峰中下部的相当一部分次生林。

（3）近代植被破坏巨大。新中国成立后，随着工农业的发展，使位于更高海拔的原始森林和中下部的次生林再次遭到破坏，主要是壳斗科的常绿阔叶林，科学考察期间尚可见到大量滞留深山难以运出而腐朽的大树，非常可惜。尽管此后有一些人工造林，如松杉林，但短时期内难以恢复原先的植被；“文化大革命”期间，由于“破四旧”，使清凉峰中下部的水口林、风水林、寺庙林遭到毁灭性的破坏；大量砍伐马尾松作茶柴，甚至连杂灌木及树根都被挖来作烧饭的薪柴，使其中下部的森林植被遭到了短时间内难以恢复的毁坏。今天在清凉峰的中上部，还保留有一定区域的原生植被，中部如中南坑和十八龙潭的珍稀落叶阔叶林、老拐碓的珍稀常绿—落叶阔叶林，清凉峰上部的鄂西玉山竹丛、高山灌丛、黄山松林等；但中下部主要为多次砍伐后萌发的次生林和人工营造的杉木林、马尾松林。有鉴于此，开展对其生物多样性的研究，建立国家级自然保护区，对该地区进行重点保护显得尤为重要。

3.2.2 植被垂直分布

清凉峰保护区地处中亚热带北缘，基带植被是亚热带常绿阔叶林。随着海拔的升高，引起了土壤、温度和水分的梯度变化，植被的垂直分布也表现出较有规律的变化。清凉峰的植被从山脚到山顶可划分为四个带，即常绿阔叶林带，常绿—落叶阔叶混交林带，落叶阔叶林带，山地矮林、山地灌丛、山地草甸带，如图3–1所示。

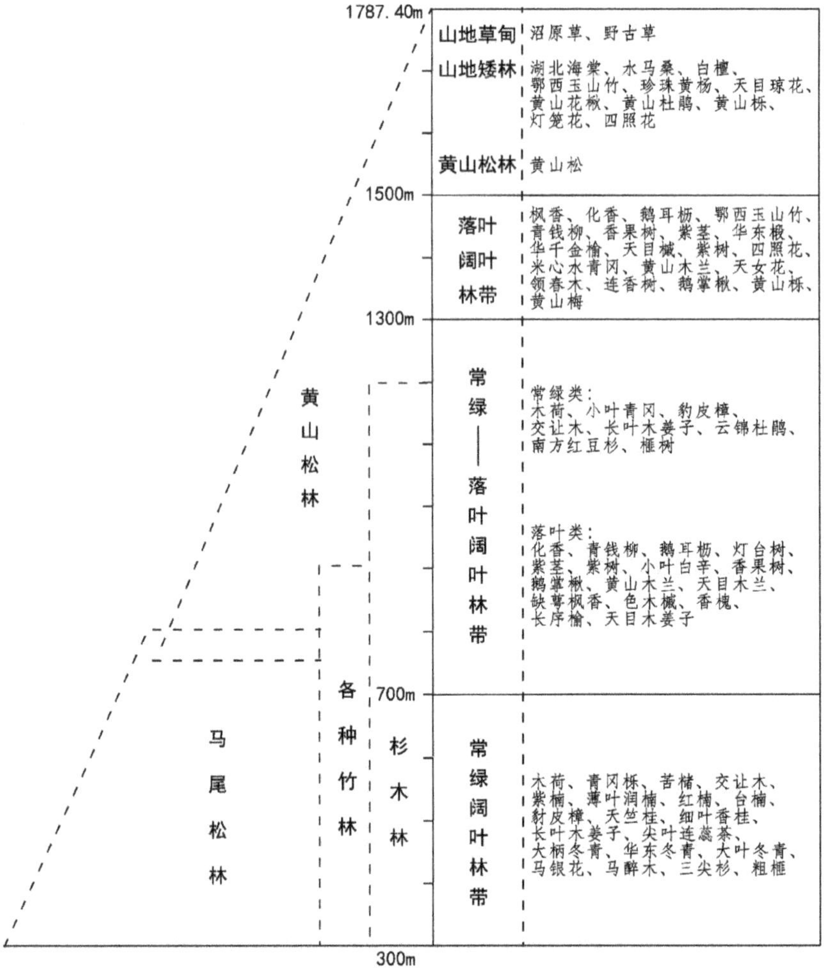

图3-1 清凉峰植被垂直分布带谱

1. 常绿阔叶林带

该植被带分布在海拔300m～700m，局部可达海拔1 100m 。随着人口的增长，人类经济活动的加强，该带的原生植被已被破坏，多被薪炭林、茶园、山核桃林、竹林、杉木林、马尾松林所取代。在南坡，仅见有局部地段通过封山育林恢复起来的以常绿树种占优势的次生林。组成该植被带的主要常绿树种有：壳斗科的青冈栎（*Cyclobalanopsis glauca*）、小叶青冈（*Cyclobalanopsis gracilis*）、褐叶青冈、苦槠、甜槠；樟科的豹皮樟（*Litsea coreana* var. *sinensis*）、紫楠（*Phoebe sheareri*）、红楠、薄叶楠、天竺桂、细叶香桂（*Cinnamomum subavenium*）；山茶科的木荷（*Schima superba*）、翅柃、尖连蕊茶（*Camellia cuspidata*）等；有少数落叶树种伴生其中，如枫香等。在北坡局部地形复杂、人类活动难以到达的区域，如十八龙潭，海拔890m 处仍可见到保存较好的由木荷—小叶青冈组成的常绿阔叶林。乔木层常绿树种占绝对优势，建群种木荷的平均胸径达31.40 cm，次优势种小叶青冈的平均胸径达16.10cm 。乔木层伴生树种常绿种类有大叶冬青（*Ilex latifolia*）、豹皮樟、交让木等，落叶种类有化香（*Platycarya strobilacea*）、缺萼枫香、白乳木等少数几种，且呈散生状态。由于乔木层盖度达90%，灌木层不发达，覆盖率约在25%左右，种类组成主要有鹿角杜鹃、马银花（*Rhododendron ovatum*）、满山红、马醉木、翅柃、茶荚蒾（*Viburnum setigerum*）、山橿（*Lindera reflexa*）等。草本层盖度不到15%，仅有紫萼（*Hosta ventricosa*）、滴水珠（*Pinellia cordata*）、龙师草、多花黄精、狗脊蕨（*Woodwardia japonica*）、麦冬（*Ophiopogon japonicus*）等少数种类。层外植物有菝葜（*Smilax china*）、牯岭勾儿茶（*Berchemia kulingensis*）等。

此带中还含有一些针叶树种，如马尾松、粗榧、三尖杉和杉木等。这些针叶树种未见大面积纯林，多散生在阔叶林中。在生境条件较为优越地段，马尾松常与阔叶树种混交，形成针阔混交林，层次较复杂。乔木层的阔叶树种有化香、枫香、山合欢（又名山槐，*Albizi macrophylla.*）、黄连木等，灌木层主要有杜鹃（即映山红，*Rhododendron simsii.*）、红楠、马银花、羊踯躅（*Rhododendron molle*）、短柄枹（*Quercus glandulifera* var. *brevipetiolata*）等，草本层以酸性指示植物芒萁（*Dicranopteris dichotoma*）、狗脊蕨、蕨等占优势。

2. 常绿—落叶阔叶混交林带

海拔700m～1 200m（北坡局部地区可达1 400m），为常绿—落叶阔叶混交林带。此植被带是常绿阔叶林向落叶阔叶林的过渡带。木荷、小叶青冈、豹皮樟、交让木等，是此带的优势常绿种类；化香、缺萼枫香、青钱柳等，为此带的优势落叶种类；此外，银鹊树（*Tapiscia sinensis*）、鹅掌楸等，则沿沟谷两侧分布，组成此垂直带局部地段的建群树种。

能够真正反映此植被带外貌特征的代表群落应为小叶青冈—缺萼枫香群落。该群落乔木层的常绿种类有小叶青冈、交让木、豹皮樟等；落叶种类有缺萼枫香、色木槭（*Acer mono*）、香槐（*Cladrastis wilsonii*）、紫茎、香果树等，乔木层的盖度达90%。灌木层有香冬青（*Ilex suaveolens*）、伞形绣球（*Hydrangea angustipetala*）、山橿、野珠兰（*Stephanandra chinensis*）、棣棠花（*Kerria japonica*）等，盖度为25%左右。草本层盖度不到5%，主要种类有灯台莲（*Arisaema sikokianum*）、八角莲、白脉绞股蓝（*Gynostemma pallidinerve*）、禾秆蹄盖蕨等。该带中一些在棕色石灰土上发育起来的植被，由于人为破坏，多以次生杂木林面貌出现，主要组成树种有兴山榆、长序榆、大叶榉（*Zelkova schneideriana*）、雷公鹅耳枥（*Carpinus viminea*）等。

该带中还散生有一些针叶树种，如南方红豆杉、香榧、高山柏（*Sabina squamata*）、金钱松、南方铁杉、华东黄杉等。黄山松在海拔700m以上开始有分布，成纯林或散生于阔叶林中，或与阔叶树种形成针阔混交林。

值得注意的是：海拔800m～1 000m，苔藓类物种变化速率最快，物种的更替也最为剧烈。它是苔藓植物分布的分水岭，海拔800m，多分布青藓科（Brachytheciaceae）、平藓科（Neckeraceae）和凤尾藓科（Fissidentaceae）的种类，而海拔1 100m多分布绢藓科、曲尾藓科和薄罗藓科的种类。

3. 落叶阔叶林带

海拔1 200m ~ 1 500m(局部地段可达1 650m)为落叶阔叶林带。这一植被带所处地形复杂、水热较充足,加上人为活动影响小,保存着甚为完整的植被类型。在这一植被带中落叶树种占据着上层林冠,主要种类有缺萼枫香、青钱柳、米心水青冈、水青冈、华东椴、四照花(*Dendrobenthamia japonica* var. *chinensis*)、天目槭、华千金榆(*Carpinus cordata* var. *chinensis*)、黄山木兰等。灌木层中的常绿树种则有安徽杜鹃、云锦杜鹃、马醉木、薄叶山矾(*Symplocos anomala*)等;落叶的种类有绿花细枝茶藨子(*Ribes tenue* var. *viridiflorumy*)、悬钩子、黄山溲疏、山橿、腊莲绣球(*Hydrangea aspera* subsp. *strigosa*)、山鸡椒(*Litsea cubeba*)、羽叶长柄山蚂蝗等。草本层的主要种类有黄山梅、黄山鳞毛蕨、北重楼(*Paris verticillata*)、六角莲(*Dysosma pleiantha*)、乌头(*Aconitum carmichaeli*)、窄头橐吾(*Ligularia stenocephala*)、蕨萁等。

此带植被类型主要有:

(1)以华东椴为主的落叶阔叶林群落。这类群落多分布在湿度较大、土层较厚的沟谷地带。

(2)以缺萼枫香为主的落叶阔叶林群落。建群种为缺萼枫香,乔木层主要伴生树种有香槐;灌木层主要种类有尖连蕊茶、马醉木、小叶青冈等。整个群落草本层不发达。

(3)以青钱柳为主的落叶阔叶林群落。建群种为青钱柳,乔木层主要伴生树种有紫茎、香果树、鹅掌楸、领春木、连香树等,盖度达85%。灌木层有荚蒾(*Viburnum dilatatum*)、拟绿叶胡枝子(*Lespedeza maximowiczii*)、白背叶悬钩子(*Rubus innominatus*)等,盖度约30%左右。草本层主要有小赤车、虎耳草(*Saxifraga stolonifera*)、油点草(*Tricyrtis macropoda*)、黄山梅等,盖度达40%。

(4)以米心水青冈为主的落叶阔叶林群落。该群落主要伴生树种有茅栗(*Castanea seguinii*)、交让木等。灌木层优势种为山鸡椒,伴生种有山橿、水马桑、拟绿叶胡枝子、野珠兰、无毛粉花绣线菊(*Spiraea japonica* var. *glabra*)等。草本层有大蓟(*Cirsium japonicum*)、凤丫蕨(*Coniogramme japonica*)等。

在该带中黄山松常常形成单优势种纯林,其树木高大通直,胸径35cm ~ 50cm,高14m ~ 20m,主要群落类型有黄山松—阔叶箬竹(*Indocalamus latifolius*)群落,黄山松—华箬竹(*Sasamorpha sinica*)群落,黄山松—安徽杜鹃群落。

另外,海拔1 100m ~ 1 200m的落叶阔叶林下,苔藓植物种类最多,丰富度最高,是该山体苔藓植物多样性保护的关键地区,应划入核心保护区。

4. 山地矮林、山地灌丛、山地草甸、泥炭藓沼泽

山地矮林、山地灌丛、山地草甸,自1 500m至山顶(局部地区下限为1 350m)。该带由于海拔较高,强烈的紫外线照射和强劲的风力,抑制了树木的高生长,表现出树木呈矮林和灌丛状。同时,由于热量低,微生物活动能力弱,积累的土壤腐殖层难以分解,加上局部地段排水条件差,形成积水,为此带出现亚热带中山草甸和沼泽地景观创造了条件。

山地矮林植被有黄山松矮林、安徽杜鹃矮林、湖北海棠矮林等群系。黄山松是乔木树种，但分布在清凉峰海拔1 500m的山顶和迎风面地段的黄山松，受高山强烈紫外线照射和强劲风力的影响，呈现矮化偏冠状态。平均胸径17.5cm，树高只有6m左右。

山地灌丛植被有小叶黄杨灌丛、水马桑和拟绿叶胡枝子灌丛、鄂西玉山竹灌丛等植物群落。鄂西玉山竹灌丛分布于海拔1 350m~1 750m的山脊或开阔的山顶处，在海拔1 500m靠近山脊的平缓地面分布有鄂西玉山竹林近百公顷，颇为壮观。

山地草甸植被分布于海拔1 350m以上的山顶或山脊开阔地，主要植物种类有沼原草（*Moliniopsis hui*）、地榆、四叶葎（*Galium bungei*）、鼠曲草（*Gnaphalium affine*）、紫花前胡（*Angelica decursiva*）、雀舌草（*Stellaria alsine*）等，总盖度达95%。

泥炭藓沼泽群落分布于海拔1 350m~1 450m。其中，分布于野猪塘泥炭沼泽群落的主要植物种类有沼原草、萱草、射干（*Belamcanda chinensis*）、黄花菜、玉蝉花、苔草类等。

该植被带的主要类型有：安徽杜鹃矮林，湖北海棠矮林，小叶黄杨灌丛，水马桑、拟绿叶胡枝子灌丛，鄂西玉山竹灌丛，黄山松矮林，山地草甸，泥炭藓沼泽。

3.2.3 植被分类

清凉峰保护区有森林、灌丛及高山草甸等植被类型。它们是具有各自明显特征的地区性典型生态系统。地带性植被是在一定的环境条件下形成与发展的，由于它的存在又对周围环境产生重大的影响。这种相互作用、紧密联系的自然复合体，是自然历史长期演化的产物。任何一个植物群落均有其自身的种类组成、结构及动态的特点。为便于认识和研究其特点，加以归类，按各类型之间的相似和差异的程度排成系统，借以阐明各植被类型的性质和发生发展的规律，据之确定其保护和经营利用的方向及途径。

清凉峰保护区的植被分类采取群落学—生态学原则，即依据植物群落的植物种类组成（植物区系组成）、群落的外貌与结构、生态地理特征和动态演替要素等特征，这些特征之间相互紧密联系并和环境特点密切相关。因此，以植物群落的综合特征为基础，同时注意了群落的生态关系进行合理分类。

根据上述原则，考虑清凉峰保护区的特点，植被分类单位采用二级分类，即植被型（*Vegetation type*）和植被群系（*Formation*）。根据多次专项调查和综合考察的样方记录，整理出下列9种植被亚型和29种植被群系，如表3–16所示。

表3–16 清凉峰保护区植被群系表

植被亚型	植被群系
常绿阔叶林	甜槠林
	青冈、甜槠林
	天竺桂、细叶香桂林
	青冈林
	小叶青冈林
	木荷、小叶青冈林

续 表

植被亚型	植被群系
常绿—落叶阔叶混交林	小叶青冈、檫木林
	小叶青冈、鹅掌楸、青钱柳林
	褐叶青冈、短柄枹、茅栗林
	交让木、香果树、青钱柳林
	小叶青冈、缺萼枫香林
落叶阔叶林	青钱柳林
	华东椴林
	缺萼枫香林
	米心水青冈林
	短柄枹、茅栗林
单轴型竹林	毛竹林
常绿针叶林	马尾松林
	杉木林
	黄山松林
针、阔叶混交林	杉木、枫香林
	马尾松、枫香林
山地矮林、山地灌丛	安徽杜鹃矮林
	湖北海棠矮林
	小叶黄杨灌丛
	水马桑矮林
	鄂西玉山竹丛
山地草甸	沼原草、野古草
沼泽	泥炭藓沼泽

3.2.4 主要植被群系特征

1. 常绿阔叶林

(1) 甜槠林。甜槠被认为是中亚热带的典型常绿阔叶树种，以甜槠为建群种形成的甜槠林，也被认为是中亚热带具有代表性的地带性乔木群落。清凉峰保护区海拔600m～700m，甜槠分布较广。以甜槠为建群种或优势种组成的常绿阔叶林，面积也不小，且常集中于海拔500m上下的地带，这大概是由于下部垦植和人为干扰破坏，常绿阔叶林已不存在；其上则接近甜槠的分布上限。甜槠林在沟谷的坡地上往往成大片分布，但谷底水边和较高的山顶岭脊上仅有较少分布。在清凉峰保护区看到的甜槠林，盖度达80%～90%；种的丰富度较高，达10种～15种。乔木树种中，常绿阔叶乔木树种常占种数的一半或一半以上，也有个别马尾松或杉木零星散生其中。伴生的常绿阔叶树种常有青冈栎、细叶青冈（又名青栲，*Cyclobalanopsis myrsinaefolia*），以及红楠、树参、交让木、红淡比、杨梅叶蚊母树（*Distylium myricoides*）、檵木（*Loropetalum chinense*）、马银花、乌饭树（*Vaccinium*

bracteatum)、格药柃(*Eurya muricata*)等。伴生的落叶阔叶树种有山合欢、赤杨叶、木蜡树(*Toxicodendron sylvestre*)、短柄枹等。乔木层树高10m～20m,胸径往往在10cm以上,少量高不足10m。灌木层盖度不大,约为10%～20%,高低参差不齐,但多数高不足1m。种类以格药柃(*Eurya muricata*)、毛花连蕊茶(*Camellia fraterna*)、马银花、老鼠矢(*Symplocos stellaris*)等为主,少数地区含赤楠。草本层盖度甚小,种类也不多,有苔草、兔儿风(*Ainsliaea fragrans*)、春兰(*Cymbidium goeringii*)、蕙兰等,伴有几种蕨类,如蕨、狗脊蕨、中华鳞毛蕨(*Dryopteris chinensis*)等。层外植物较发达,常有菝葜、络石(*Trachelospermum jasminoides*)、木通、常春藤(*Hedera nepalensis*)、蛇葡萄(*Ampelopsis sinica.*)、粉叶爬山虎(*Parthenocissus thomsonii*)、薯蓣(*Dioscorea opposita*)、羊乳(*Codonopsis lanceolata*)、葛藤、汉防己(*Sinomenium acutum*)、鹰爪枫(*Holboellia coriacea*)、土茯苓(*Smilax glabra*)、蔓胡颓子(*Elaeagnus glabra*)等。林下更新情况良好,以常绿阔叶树种的苗木最多,甜槠幼苗的数量虽不算十分丰富,但与其他任何个别种相比,仍处于竞争优势。其他常绿阔叶树种苗木较多的有青冈、细叶香桂、树参、豹皮樟、红楠等,落叶阔叶树种小苗有玉兰(*Magnolia denudata*)、山樱(*Prunus serrulata*)、泡花树(*Meliosma myriantha*)等。应当指出的是更新苗木中有不少珍稀名贵的种苗,如香果树、红淡比、牛矢果(*Osmanthus matsumuranus*)、玉兰等。林下偶尔可见到杉木、黄檀(*Dalbergia hupeana*)的幼苗,但数量很少,生活力也差。

(2)青冈、甜槠林。在低海拔靠近沟谷两侧较湿润的坡地上,常出现较大片的常绿阔叶林,林内常绿阔叶树种复杂,但与沟边经常出现的红楠、紫楠乔木群落不同,其组成多为青冈及甜槠并伴有较多的树参、细叶香桂或天竺桂等常绿阔叶树种。林木组成中也含有少量的落叶阔叶树,主要有赤杨叶、木蜡树或化香、短柄枹等。乔木层总盖度80%以上,第一亚层高15m～16m,甜槠占优势。第二层高8m～10m,第三亚层约6m,层次分化尚不十分清楚,均以青冈为主,伴生树参、细叶香桂、天竺桂等。林下马银花、格药柃、红果钓樟(*Lindera erythrocarpa*)等灌木,也可长成胸径4cm～8cm,高5m～6m的小乔木进入乔木层。林冠层之上,常常突出个别高大的马尾松或其他落叶阔叶树如赤杨叶、山合欢等树冠,其胸径可达20cm以上,高25m左右,这些显然是该林地先期阶段的残遗树木。灌木层盖度约15%～20%,一般高1m左右,主要为毛花连蕊茶,檵木、老鼠矢、格药柃、海金子、满山红、乌饭树、红果钓樟等。其中,毛花连蕊茶、满山红、乌饭树、老鼠矢、红果钓樟的个别植株高可达3m～4m,与林下的更新苗木形成一个层次。更新苗以青冈、细叶香桂、甜槠数量较多,其他尚有树参、红楠、豹皮樟、紫弹朴(*Celtis biondii*)等。草本层不发达,盖度很小,主要为荩草(*Arthraxon hispidus*),其次为苔草、石韦(*Pyrrosia lingua*)、瓦韦(*Lepisorus thunbergianus*)等,高度多数在10cm～20cm。

(3)天竺桂、细叶香桂林。主要分布于海拔500m～600m的东南坡沟谷边,如十八龙潭、朱家舍下,面积不大,但群落结构稳定,发育整齐,总盖度可达85%以上,其中有少量的苦槠、青冈栎,也有为数不多的赤杨叶、椴椴(*Tilia diveri*)等渗入。

(4)青冈林。青冈在亚热带范围内适应较广，从南亚热带起一直分布到北亚热带的北缘，酸性基岩地区和石灰岩地区均可生长，在常绿阔叶林的建群树种中，它是少有的几种耐寒树种之一，所以在垂直分布中它的分布也较高。在清凉峰海拔1 000m处仍可见到青冈大树，且能正常开花结果。在清凉峰自然保护区内，山的中下部青冈分布十分普遍，数量也较多，常常成为常绿阔叶林或常绿—落叶阔叶混交林的建群树种，或主要伴生树种。在沟谷沿溪边青冈虽然常与紫楠、红楠、薄叶楠等喜水湿的树种同时出现，但青冈又较耐旱，也经常分布到山坡的中部，甚至可分布到山坡的上部。沿溪边分布的林龄较大的青冈林，林相很不整齐，树种复杂，层次结构也较错乱。乔木层高10m~20m，乔木伴生树种除上述的红楠、紫楠或薄叶楠以外，常见到的还有豹皮樟、枫香、赤杨叶、甜槠、多花泡花树(*Meliosma myriantha*)或羽叶泡花树(*Meliosma oldhamii*)等。在这样的类型中往往不难发现黄山木兰、三尖杉、香果树、青钱柳等珍稀树种。林下灌木层较发育，檵木可以长得粗壮高大(胸径有时达10cm ~ 20cm，高8m以上)，其他有乌饭树、马银花、毛花连蕊茶、格药柃(*Eurya muricata*)等常见的灌木。坡地上的青冈林，在海拔500 ~ 800m地带内发育较好，这大概是由于海拔500m以下人为干扰破坏，如砍伐较多，保存不多所致；不过，青冈在30° ~ 40°的陡坡及有大量大块砾石裸露和堆积的地方也可生长，并形成青冈林。坡地上的青冈林中常有少量或个别的枫香大树，其他树种有赤杨叶、泡花树及更多的常绿阔叶乔木树种，如甜槠、细叶青冈等，也经常会出现豹皮樟，天竺桂或黄山木兰。灌木层一般不太发达，在林木稀疏时盖度也可达40% ~ 50%，灌木种类常见的有檵木、马银花、杜鹃、乌饭树、格药柃、毛花连蕊茶、六月雪(*Serissa japonica*)等。有的林下还有雀梅藤(*Sageretia thea*)、棣棠(*Kerria japonica*)、野珠兰、石斑木、海金子、茶荚蒾(又名饭汤子，*Viburnum setigerum*)、红淡比、红果钓樟、绢毛山梅花(*Philadelphus sericanthus*)等。青冈林下的草本层多数不发达，盖度都很小。多数种类也都相近，主要为苔草、蕨、狗脊蕨、兰草、兔儿伞等，有的生长有淡竹叶(*Lophatherum gracile*)、细辛(*Asarum sieboldii*)、丹参(*Salvia miltiorrhiza*)、紫花堇菜、三脉紫菀(*Aster ageratoides*)等。层外植物常有络石、三叶木通(*Akebia trifoliata*)、珍珠莲(*Ficus sarmentosa* var. *henryi*)、菝葜等，此外还常有猕猴桃(*Actinidia chinensis*)、南蛇藤(*Celastrus orbiculatus*)等。目前在海拔700m以下范围内的青冈林，林下青冈的苗木一般在各类苗木中均占优势，更新良好，青冈林的发展仍有一定前途；苗木中落叶阔叶树种不多，数量也很少，个体也小；虽有一些其他常绿阔叶树种的苗木，如豹皮樟、天竺桂、细叶青冈等，但数量和生长情况远不如青冈；接近水边阴湿的地区，红楠的苗木较其他常绿阔叶树多，但也只能作为更新的伴生树种。

(5)小叶青冈林。小叶青冈在清凉峰保护区主要分布于海拔600m ~ 900m，经常在常绿阔叶林带的上部聚生而形成小叶青冈林。小叶青冈林是具有亚热带山地地带性的重要常绿阔叶林类型，通常位于海拔800m的山坡下部，下方为溪谷，较陡，基岩为流纹岩或花岗岩，林内有大块的坡积砾石，气候凉爽、潮湿，较阴暗。土壤属山地黄壤。小叶青冈林林相整齐，郁郁葱葱，总盖度达95%以上，林冠最上部高20m左右，但林冠多已不连续成层，林中多枯朽木，显示出自然林的“原始”景象。高大突出林冠的主要是缺萼枫香，胸径一般25cm左右；其次为檫木（胸径一般20cm左右）。乔木第一亚层高约18m～20m，以小叶青冈和缺萼枫香为主，其他常绿阔叶树有甜槠、天竺桂等，落叶阔叶树种除少量檫木外还有一些较少分布的蓝果树（*Nyssa sinensis*）和青钱柳。组成乔木第一层树木的胸径一般为15cm～18cm，但个别高20m的甜槠和蓝果树胸径可达20cm以上。乔木第二亚层高10m左右，此层的冠层可从7m的高度延续到12m～13m，个体数量大，密集，盖度大，达60%～70%以上。小叶青冈在此层中占绝对优势，其他组成树种较复杂，有甜槠、多花泡花树、缺萼枫香、树参、青冈等。灌木层不很发达，层次分化也不明显，一般高0.70m～1m，最高的可达2m左右，盖度约10%左右。优势种为连蕊茶，其次为薄叶山矾、马银花、老鼠矢、格药柃、长叶木姜子（*Litsea elongata*）、大青（*Clerodendrum cyrtophyllum*）、杜鹃、紫金牛（*Ardisia japonica*）等。

（6）木荷、小叶青冈林。以木荷、小叶青冈为主的常绿阔叶林群落，分布的海拔高度在600m～800m，乔木层主要由常绿树种组成，是中亚热带典型的地带性植被类型。群落总盖度达95%。乔木层主要由木荷、小叶青冈、交让木、短梗冬青（*Ilex buergeri*）等10余种常绿树种组成，此外还有蓝果树、白乳木等极少量的落叶阔叶树。木荷的平均胸径30cm，最大胸径达47cm；小叶青冈平均胸径14cm，最大达33cm。由于乔木层的盖度大，致使灌木层不发达，盖度只有30%，并且大都集中分布在“林窗”之下。灌木层的种类组成主要有豹皮樟、长叶木姜子、天竺桂、尖连蕊茶、五加（*Acanthopanax gracilistylus*）、衡山荚蒾、山橿、大柄冬青等。草本层的盖度约20%，组成种类有麦冬、多花黄精、紫萁（*Osmunda japonica*）等。层外植物有鹰爪枫、菝葜、忍冬（*Lonicera japonica*）、络石、日本薯蓣（*Dioscorea japonica*）等。

2. 常绿—落叶阔叶混交林

（1）小叶青冈、檫木林。小叶青冈在清凉峰保护区海拔700m～1 000m的山坡上分布十分普遍，而檫木的天然分布则较少。在十八龙潭下部有一片常绿—落叶阔叶混交林，树种颇为复杂。常绿阔叶树种中有小叶青冈、青冈、披针叶茴香（*Illicium lanceolatum*）等，而以小叶青冈较占优势。落叶阔叶树种有檫木、紫树、枫香、青榨槭（*Acer davidii*）、暖木、山樱、香果树、青钱柳等，而以檫木较占优势，部分檫木高20m上下，胸径35cm左右，并有部分针叶树，如黄山松穿插其间，夹杂有少数香榧和三尖杉。灌木层不发育，有格药柃、马银花、满山红、杜鹃、六月雪、大青、长叶木姜子等。林下草本植物稀少，除少量苔草外，还有金线草（*Antenoron filiforme*）、酢浆草（*Oxalis corniculata*）等。层外植物有菝葜、薯蓣、络石、猕猴桃等。因离村落较远，受人为活动干扰很少。

（2）小叶青冈、鹅掌楸、青钱柳林。这一类型林木高大茂密，盖度可达90%以上，高20m左右。乔木层盖度约70%，树种除小叶青冈、鹅掌楸、青钱柳外，伴生少量檫木、枫香、赤杨叶、紫树、山桐子（*Idesia polycarpa*）、华桑（*Morus cathayana*）、红楠、紫楠等。值得指出的是鹅掌楸天然分布已属少见，而在这里却能有相当数量成为群落的共建种之一，实为难得。鹅掌楸在这一群落中，高可达20m以上，胸径30cm～55cm。灌木层盖度约40%左右，种类有马醉木、红果钓樟、绿叶甘橿（*Lindera fruticosa*）、伞形绣球及披针叶茴香等。草本植物稀少，主要为春蓼（*Polygonum persicaria*）、楼梯草（*Elatostema involucratum*）、华重楼（*Paris polyphylla* var. *chinensis*）、冷水花（*Pilea notata*）等喜湿耐阴的种类。

（3）褐叶青冈、短柄枹、茅栗林。褐叶青冈、短柄枹、茅栗林分布于小叶青冈与落叶阔叶树种所构成的常绿—落叶阔叶混交林的上部，因为褐叶青冈树种的分布较小叶青冈为高，它可向上分布到海拔1 450m左右，因而褐叶青冈、短柄枹、茅栗林从海拔900m起，向上可分布到1 200m，往往处于山坡的上部甚至山脊上，其生境水湿条件仍较好，但不太潮湿，而近于中生生境。土壤为山地黄棕壤，土层深浅情况很不一致，地面枯枝落叶较多，有一定厚度的腐殖质层。此种混交林群落，树木多不太高大，乔木层第一亚层高8m～10m，由短柄枹、茅栗、山合欢、化香、小叶白辛树（*Pterostyrax corymbosus*）、枫香、黄檀、华桑、黄山木兰、野鸦椿等落叶阔叶树与褐叶青冈、小叶青冈，偶有青冈、树参、豹皮樟、交让木等常绿阔叶树共同组成，而以褐叶青冈、短柄枹、茅栗等为主。乔木第二亚层高5m～6m，种类组成与乔木第一亚层近似，只是在破坏较少，林龄较老的群落中，种类更趋复杂，而且有些灌木也可长成小乔木进入这一亚层，常见到的有鸡爪槭、蜡瓣花（*Corylopsis sinensis*）、红脉钓樟、长叶木姜子、马银花、杜鹃、小果南烛（*Lyonia ovalifolia* var. *elliptica*）、米饭花（*Vaccinium mandarinorum*）、福建假卫矛等。灌木层较之常绿阔叶林发达，盖度高的可达50%。组成种类有六月雪、柃木、绿叶胡枝子、长叶冻绿（*Rhamnus crenatus*）、山胡椒、中华白檀、杜鹃、马银花、米饭花、小果南烛等。草本层极稀疏，有日本求米草（*Oplismenus undulatifolius*）、苔草、堇菜（*Viola verecunda*）及少量蕨类等。此类群落从其生态地理分布和目前群落结构、组成及更新情况来看尚可稳步发展。

（4）交让木、香果树、青钱柳林。交让木、香果树、青钱柳林在清凉峰保护区分布不多，面积也不大。在朱家舍海拔900m～1 300m，发现一片这样的群落，它位于山坡的下部，下方为一溪谷，流水不断，地势较阴湿，坡度较小，地面不平。生境较阴暗潮湿而凉爽，土壤较厚，有机质较丰富。枯枝落叶层盖度为85%，厚5cm～8cm。该群落木本植物层次复杂、林相葱郁，枝叶浓密，总盖度达95%以上。上层林木荫蔽，部分香果树和个别的乳源木莲、枫香、臭椿树高达20m左右，胸径一般近40cm，此为乔木层的第一亚层。第二亚层高达10m～15m，以交让木、青钱柳、香果树为主，其次有褐叶青冈、灯台树（*Cornus controversa*），胸径一般在13cm～18cm。第三亚层6m～7m，仍以交让木、青钱柳及香果树为主，并有一定数量的红脉钓樟、树参、褐叶青冈、细叶青冈、暖木、白乳木、鸡爪槭等，胸径多数5cm～8cm。本群落灌木层发育较好，盖度可达45%～70%，尤其特殊的是黄杨（*Buxus microphylla*）数量较多，干径粗的达10cm以上，高度2m～3m，在灌木丛中占绝对优势。可以认为，正是由于黄杨这种耐阴性的常绿厚叶灌木，能适应林下的阴湿生境，生长繁衍旺盛，而使得整个灌木层得以如此繁茂。此种乔、灌树种的配置，无疑给人以很大的借鉴和启迪。灌木层中有大量乔木树种的苗木，但草本层不发达。层外植物苔藓较多，地面、裸岩、砾石、树干下部都有苔藓类附着生长。藤本植物以络石、菝葜、中华常春藤（*Hedera nepalensis* var. *sinensis*）较多，其他有钻地风（*Schizophragma integrifolium*）、纤细薯蓣（*Dioscorea gracillima*）、鸡矢藤（*Paederia scandens*）、南蛇藤、鹰爪枫、珍珠莲等。

（5）小叶青冈、缺萼枫香林。不论是在南坡还是在北坡，能真正反映该植被带外貌特征的代表群落应该是小叶青冈—缺萼枫香群落。该群落的乔木层常绿种类有小叶青冈、交让木、豹皮樟等；落叶种类为缺萼枫香、色木槭、香槐、紫茎、香果树等。乔木层的整体盖度达90%，灌木层有香冬青、伞形绣球、山橿、野珠兰、棣棠等，盖度25%左右。草本层不到5%，主要种类有灯台莲、八角莲、白脉绞股蓝、禾秆蹄盖蕨等。

3. 落叶阔叶林

（1）青钱柳林。以青钱柳为主的落叶林，主要分布在南北坡海拔1 000m～1 300m。北坡和西北坡主要分布于栈岭、下横路、横岩下、中南坑，有零星分布，也有三五成群，总面积约为20hm^2；南坡和西南坡主要分布于朱家舍上，三河口、老拐对等地，面积约有15 hm^2。该群落的总盖度为95%。乔木层盖度为75%，建群种为青钱柳。除青钱柳外，伴生树种尚有紫茎、天女花、领春木、香果树、香榧、安徽杜鹃、连香树、豹皮樟、小叶青冈、鹅掌楸、暖木、玉玲花等。灌木层盖度为30%，组成种类主要有冰川茶藨子（*Ribes glaciale*）、白背叶悬钩子、长叶冻绿等。草本层盖度40%，以黄山鳞毛蕨和国家重点保护植物黄山梅占优势，还有小赤车、虎耳草、油点草等。层外植物有软枣猕猴桃（*Actinidia arguta*）、常春藤、络石等。

（2）华东椴林。此一群落，主要分布于湿度较大、土层较厚的沟谷地带海拔1 200～1 400m，伴生树种为四照花、水青冈、天目槭等，盖度达80%以上。灌木层有常绿类的安徽杜鹃、云锦杜鹃等，落叶类有绿花细枝茶藨子（*Ribes tenue* var. *viridflorum*）、腊莲绣球（*Hydrangea aspera* subsp. *strigosa*）、羽叶长柄山蚂蝗等，盖度在30%左右；草本主要有黄山梅、黄山鳞毛蕨、乌头等，盖度为25%左右。

（3）缺萼枫香林。此群落主要见于北坡海拔1 300m～1 500m的横岩下，群落组成比较单纯。该群落的总盖度为90%，乔木层组成树种除建群种缺萼枫香外，主要伴生树种有香槐、色木槭等；灌木层主要种类有尖连蕊茶、马醉木、小叶青冈等，盖度为25%左右。整个群落草本层不发达，只有少量的龙芽草（*Agrimonia pilosa*）、珍珠菜（*Lysimachia clethroides*）等，盖度约为10%左右；层外植物有大血藤等。

（3）米心水青冈林。此群落多见于海拔1 200m～1 400m的南坡，以米心水青冈为主的落叶阔叶林群落，总盖度约90%，乔木层组成树种除米心水青冈外，尚有短柄枹、茅栗、交让木等。灌木层盖度为30%左右，组成种类有天目木姜子、山橿、青荚叶（*Helwingia japonica*）、合轴荚蒾（*Viburnum sympodiale*）、杜鹃、薄叶山矾、盐肤木（*Rhus chinensis*）、绿叶胡枝子、云锦杜鹃、四照花等。草本层盖度较小，仅10%左右，只有鹿蹄橐吾（*Ligularia hodgsonii*）、窄头橐吾、大蓟、凤丫蕨等少数几种。

（4）短柄枹、茅栗林。在海拔900m～1 400m的山坡上部、山脊或山顶部，由于垂直气候的变化，以及地形部位的关系，导致气温较低，风力较大，日照较强，表层水土易流失，地表物质组成较粗，土壤为山地黄棕壤，蓄水较差，因而出现一些以中生阳性树种为建群种或优势的群落——短柄枹，茅栗林。短柄枹、茅栗林林相整齐，林冠层高14m左右，种类组成较简单。总盖度80%～90%以上，乔木层盖度70%左右。乔木层层次较简单，第一亚层高14m左右，不十分明显，主要为第二亚层，高7m～9m，枝叶稠密。乔木第一亚层以茅栗、缺萼枫香为主，也夹有短柄枹、化香。乔木第二亚层以短柄袍、茅栗为主，常见的伴生树种有山合欢、黄檀、化香等，土质和水分条件较好处可以生长少量的青冈、天竺桂等常绿阔叶树，以及蜡瓣花、檫木、椴属或槭属的一些种。灌木层高2m～3m，盖度20%～30%。灌木层内亚层的分化不十分明显，因为在灌木层中种类成分较复杂。种类组成中一部分是真正的灌木种类，如六月雪、绿叶胡枝子、算盘子、长叶冻绿、宁波溲疏（*Deutzia ningpoensis*）以及悬钩子属的一些种等；另一部分是一些乔木树种，常见的有短柄枹、茅栗、化香、黄檀、山合欢、白栎（*Quercus fabri*）、华桑、山樱桃、红果钓樟等，其中部分是更新苗木，将不断长成乔木，进入乔木层，但是另有一部分则因自然条件的影响或受其他林木的压抑，将难以进入乔木层而居于林下成为下木。草木层较常绿阔叶林林下发达，盖度可达20%～30%，种类有天目珍珠菜（*Lysimachia tienmushanensis*）、蕨、苔草、兔儿伞、牛蒡（*Arctium lappa*）、紫萁及一些禾草。层外植物苔藓较常绿阔叶林少，藤本植物主要有菝葜、薯蓣、葛藤等。从群落演替看，这样的落叶阔叶林内仍以落叶阔叶树的更新苗木为主，但将来并不一定就是群落目前的建群种，或乔木层的优势种仍占优势地位，所以是否能保持建群树种的稳定不变还难以肯定，原因也是复杂的，但值得研究。另一现象是此一群落中某些树种的个体，生长发育到一定阶段，其树高生长则减慢或停滞，如可以见到胸径12cm～50cm的茅栗，其高度为11m～14m，其中的缺萼枫香胸径达24cm，树高也只有14m。值得注意，这里的生境条件在一定程度上限制了林木的高生长，也就限制了群落高度方面的发展。

4. 单轴型竹林

清凉峰保护区地处散生竹分布中心，竹类资源丰富，经调查，共有竹类植物6属、22种、4变型，主要有毛竹（*Phyllostachys pubescens*）林、刚竹林、淡竹（*Phyllostachys glauca*）和桂竹（*Phyllostachys bambusoides*）林、天目早竹（*Phyllostachys tianmuensis*）林等，以及水竹（*Phyllostachys heteroclada*）、苦竹（*Pleioblastus amarus*）、阔叶箬竹等，常构成小片竹丛。海拔1 000m以上的中山上部，常出现成片的华箬竹丛；海拔1 300m以上出现鄂西玉山竹丛。竹丛则列入灌丛植被类型。

毛竹林。毛竹适生于温暖湿润气候，要求土层深厚、排水良好的条件，多为人工栽培，在安徽南部其分布上限为不超过海拔900m。清凉峰保护区的外围有一定数量的毛竹林，但核心区内不多，只有像班肩坞、横岩下等少数有人烟的地方有小片毛竹林。毛竹林的外貌、结构和组成都较简单，一般都形成单一的纯林，偶尔掺杂几棵粗大的杉木或枫香等树种。群落总盖度90%左右。群落层次分明，上层毛竹占绝对优势，盖度80%左右，高度约

9m～10m；第二层由连蕊茶、格药柃等常见的灌木和少量青冈、甜槠或化香等乔木幼树组成，盖度变化较大，一般在40%以下，高度与上层相差甚远，多在3m以下；第三层为草本层，十分稀疏，一般有苔草、麦冬、兔儿伞等以及一些林下常见的蕨类。

5. 常绿针叶林

清凉峰保护区的常绿针叶林可分两大部分，一为山体下部的人工针叶林；一为山体上部的山地针叶林，也是天然针叶林。

山体下部的人工针叶林主要为杉木林及受到人们一定抚育管理和保护的马尾松林，它们多在海拔900m以下的地段分布，其结构、组成、外貌、动态等受人为影响很大，此次科考未作详细调查。但它们占有相当大的面积，应予以重视，特别是在封山育林之前，应详细调查其现状，并在封山育林以后连续观察其变化和发展趋势，进行认真记载和研究。

清凉峰上部有大面积的黄山松林，它是我国东部亚热带典型的山地针叶林，在区内一般分布于海拔900m以上的山地直到山顶。

(1)马尾松林。马尾松林是我国亚热带东部地区最主要的代表性常绿针叶林之一。马尾松在安徽广泛分布于淮河以南的地区，是瘠薄干燥荒山林地的先锋树种，也往往是植被天然演替形成乔木群落早期阶段的优势树种。清凉峰保护区森林植被发育良好，土壤深厚肥沃，即便是靠近村落的低山区，群众也无人工营造马尾松林的习惯，所以这里马尾松多是飞籽成林，大面积的马尾松林也不多，多出现在海拔700m以下的岭脊或向阳坡地。马尾松个体向上分布可达海拔800m左右。马尾松喜酸性土壤，其群落多分布在黄红壤上，土层瘠薄地区也能很好生长，是一种喜阳耐瘠的先锋乔木群落。马尾松林是一种先锋群落，所以其种类组成并不十分稳定。马尾松林的最初阶段，乔木层中马尾松常占绝对优势，几成纯林，树冠也较稀疏，乔木层盖度50%～60%。后来，常有一些阳性的落叶阔叶树种混生其间，最主要的为山合欢、枫香、黄檀等，有时或者是短柄枹、茅栗、锥栗(*Castanea henryi*)、化香等；清凉峰保护区往往见到有赤杨叶、泡花树等；进一步则有青冈(低海拔处为苦槠)、甜槠、树参等侵入。此时马尾松林已很成熟，一般高20m～25m，胸径达20cm～30cm。在马尾松及侵入的落叶阔叶树衰败以后，便为常绿阔叶树种所替代，形成新的常绿阔叶林。下木层有檵木、连蕊茶、格药柃、山矾、乌饭树、盐肤木、山橿、乌药(*Lindera aggregata*)、杜鹃、山胡椒等，在这里常常还可以见到赤楠、杨梅叶蚊母树、黄瑞木等。草本层早期或林缘多芒(*Miscanthus sinensis*)、芒萁，以及狗脊蕨、蕨、淡竹叶、苔草等。藤本植物主要为菝葜、土茯苓、木通、木防己(*Cocculus orbiculatus*)、海金沙等，有时有华中五味子(*Schisandra sphenanthera*)、鸡矢藤、大血藤等。清凉峰保护区一般土质尚可，且气候温暖，马尾松成材快，20年左右树高可达14m以上，胸径20cm上下。清凉峰保护区马尾松老树较多，均系飞籽成林，天然更新。

(2)杉木林。清凉峰保护区属杉木的适宜生长区，从山下平缓地段向上至海拔1 000m左右，以至1 100m都有杉木的分布。成林的一般在海拔700m～800m，而以海拔600m以下谷坡或缓坡，土层深厚，小气候温暖湿润的地段生长发育最好，主要分布于酸性土壤，即黄红壤和山地黄棕壤。杉木林过去多为人工扦插栽培，近20年始有实生苗造林，茂密整齐，总盖度较大，地下枯枝落叶层也较厚。但也有天然萌发散生的，只有少量马尾松、枫香、山合欢、锥栗或青冈、甜槠、红楠、树参等混生其间。下木层有檵木、马银花、乌药、山胡椒、山橿、红淡比、尖连蕊茶、老鼠矢、矩形叶鼠刺（*Itea chinensis* var. *oblonga*）、柃木等。草本层有狗脊蕨、苔草、天门冬（*Asparagus cochinchinensis*）、阔叶土麦冬（即阔叶麦冬 *Liriope platyphylla*）、荩草、鱼腥草、酢浆草等。藤本植物有菝葜、牛尾菜（*Smilax riparia*）、海金沙、紫藤、蛇葡萄、葛藤等。

（3）黄山松林。黄山松广泛分布于我国东部亚热带中山山地的上部，不畏地处高海拔的严寒，也能适应瘠薄的土壤，生命力极强。在危岩峭壁之上，只要有一缝一隙黄山松也能破土而出、裂石而生。在山顶平台或缓坡上，如土层深厚、风力不大，黄山松又可翳聚成群，浩瀚挺拔，蔚成林海。清凉峰保护区的一些山峰顶部生长有许多形态优美的黄山松，或干如巨柱，侧枝开展，状若伸臂迎客；或匍匐偃卧于巨石之上，形如游龙，出没云间；或虬枝髯叶，探头峭壁之外，仿佛凤凰展翅、苍鹰临空；凡此种种，黄山松和黄山松林在清凉峰的众多山头上部装点出无数奇妙的天然景点，构成了宏伟的自然景观。从一定程度上来说，是黄山松和黄山松林构建出清凉峰保护区千岭万峰秀美而又神奇的独特景色。黄山松向下可分布到海拔800m左右，但黄山松林一般在海拔900m以上才开始出现。黄山松虽然对土壤要求不高，但在缓坡土层深厚处树形高大挺拔，可形成茂盛的森林；而在山顶、岭脊土层瘠薄，岩石大片裸露，风力强劲之处，则黄山松林低矮、稀疏，多呈疏林、矮林状。在高大茂盛的黄山松林内，乔木层很少有其他杂树，几乎成为黄山松纯林，在北坡和东坡均有大面积这样的黄山松林，如野猪塘两侧的半山腰、天子墓山的中上部，高度为10m～18m、10m～12m的黄山松林，胸径为10cm～15cm，15m～18m高的黄山松，胸径一般可达20cm～25cm。乔木层盖度达80%～90%。偶尔有少量落叶阔叶树掺杂其中，如茅栗、短柄枹、雷公鹅耳枥、四照花、华东椴等。越往下部，或靠近沟谷与落叶阔叶林接壤之处，阔叶树种的数量将增多，甚至在林内可以出现常绿阔叶树，如豹皮樟、青冈、褐叶青冈等。林下灌木生长的情况也有很大差异，一般茂密的黄山松林下灌木层稀疏，常见的种类有绿叶胡枝子、杜鹃、满山红、圆锥绣球、湖北山楂（*Crataegus hupehensis*）、中华白檀、野鸦椿、绿叶甘橿、山橿等。接近上部的林下还会出现三桠乌药、豆梨（*Pyrus calleryana*）、湖北海棠、刺毛越桔、水榆花楸等。茂盛的黄山松林下，凋落的松针覆盖地面盖度达90%以上，犹如地毯，草本层不发达，草本植物有蕨、芒（*Miscanthus sinensis*）、苔草、淡竹叶、一枝黄花（*Solidago decurrens*）、泽兰（*Eupatorium japonicum*）、败酱（*Patrinia scabiosaefolia*）、前胡（*Peucedanum decursivum*）、萱草、牛蒡、鹿蹄橐吾、兔儿伞、珍珠菜、鼠曲草、江南马先蒿（*Pedicularis henryi*）等，在野猪塘上方海拔1 500m左右的一片黄山松林下，有数十亩成片的鹿蹄橐吾分布，形成比较单纯的草本群落，7月～8月花开时节，林下一片金黄，极为壮观。层外植物，如苔藓在近顶部的黄山松林中，由于云雾多、空气湿度大，它可以在树干上大量附生，至离地面几米的高处。一般藤本植物有菝葜、蛇葡萄、纤细薯蓣等少数种类，数量也很少。在清凉峰近顶部的海拔1 600m左右，有些黄山松林下，有成片的华箬竹、鄂西玉山竹丛密集生长，盖度达80%~90%，高1m~2m。靠近清凉峰的近顶部因经常云雾缭绕，空气湿度很大，风力强劲，土层浅薄，黄山松稀疏以至十分零散，地面出现大量草丛或草层，形成"草甸型的黄山松疏林"。草本植物有芒、萱草或沼原草、野古草等。

6. 针、阔叶混交林

(1)杉木、枫香林。杉木、枫香林实为杉、阔混交林，由于自然条件、人为影响和演替过程的阶段不同，其类型和情况也是很复杂的，如在海拔400m~500m，坡向东南、坡度35°~40°，处于沟谷两侧。土壤属山地黄壤。檵木、乌饭树、柃木等灌木长得粗大，进入了乔木层，如檵木可以高达8m~10m、胸径6cm~8cm，乌饭树高达6m~8m，胸径6cm~7cm，这种情况在人为影响频繁的地段是极难见到的，说明此处人为影响少，近于自然演替。杉木、枫香树高只16m~17m，而胸径很粗大，远胜于其他树种，说明它们是本群落较早发生的老龄树种。此外，还可看到已有不少常绿阔叶树种如青冈、细叶青冈等在群落中发展。

(2)马尾松、枫香林。清凉峰保护区的低海拔地区，南北坡均可见到马尾松与枫香等落叶阔叶树混生的混交林，上层树木高大，除马尾松、枫香外还有山合欢、赤杨叶等，高20m上下，胸径可达20cm~40cm，树龄仅40年~80年。乔木层第二亚层中，已很难找到上层的针、阔叶树种，可以见到野鸦椿、泡花树、青钱柳、槭类等，以及一些常绿阔叶树，如青冈、树参、天竺桂等；有时还可见到细叶青冈、甜槠、豹皮樟等，高10m~15m。灌木中除檵木、杜鹃外，柃木、马银花、连蕊茶等常绿阔叶灌木也逐渐增多。这种组成和结构不难看出其向落叶阔叶林以及常绿阔叶林方向演替的趋势。

7. 山地矮林、山地灌丛

(1)安徽杜鹃矮林。该群落主要分布在海拔1 200~1 500m的山脊处，第一层优势树种为安徽杜鹃、黄山花楸，伴生有水马桑、灯笼花(*Enkianthus chinensis*)、黄山栎、湖北海棠等，盖度在80%以上，平均高3m；第二层主要为华箬竹、三花悬钩子(*Rubus trianthus*)、伞形绣球、合轴荚蒾、三桠乌药等，盖度为70%左右，平均高度为1.50m。草本层极不发达，只有北重楼、笔龙胆、草绣球(*Cardiandra moellendorffii*)等少数种，盖度不到3%。

(2)湖北海棠矮林。该群落主要分布于山地草甸中，如北坡海拔1 480m的野猪塘；也有一些小块群落分布于海拔1 500m沿山脊湿度较大、土层较厚的北坡一侧，多生长于沟谷两侧缓坡中。伴生树种有水马桑、四照花、光叶粉花绣线菊(*Spiraea japonica* var. *fortunei*)等，总盖度达95%以上。草本层仅有地榆及禾本科的几种杂草，盖度较大，达30%~40%。

(3)小叶黄杨灌丛。小叶黄杨灌丛主要分布在海拔1 600m以上，如仙人锯石下，在25m^{2}的样方中，有小叶黄杨达28株，平均高度1.8m，平均胸径3.8cm，盖度可达80%。与其伴生的灌丛种类有南方六道木(*Abelia dielsii*)、具柄冬青(*Ilex pedunculosa*)、钝叶蔷薇、天目琼花、鄂西玉山竹，上层还有少量的天女花植株。小叶黄杨大多生长于山体缝隙间，也有在沟谷两侧的砾石中，位于沟谷中的小叶黄杨灌丛，因环境湿度较大，在树干、大枝上布满苔藓类植物。

(4)水马桑灌丛。水马桑灌丛主要分布在海拔1 500m~1 600m的北坡土层较厚处，其主要成分除水马桑外，还有拟绿叶胡枝子、光叶粉花绣线菊、盐肤木、三桠乌药等，其中水马桑的平均高度为2m~2.50m，盖度达85%。

(5)鄂西玉山竹丛。鄂西玉山竹在清凉峰保护区的垂直分布范围自海拔1 350m~1 750m的山脊或开阔的山顶。在1 500m以上靠近山顶或岭脊的平缓坡地或凹地中，那里土壤湿度大，甚至地表常有流水经过。鄂西玉山竹丛在这里占有较大的面积，近百公顷的鄂西玉山竹成片分布，形成的竹海景色颇为恢宏壮观。鄂西玉山竹丛一般高约1.50m~2m，平均盖度达90%~95%，每平方米达52株之多，行人很难通过。其他植物，尤其是林木，不易侵入，所以形成几乎全部为鄂西玉山竹单一种类组成的单优群落，或偶有黄山松、安徽杜鹃的单株点缀其间。竹丛中很少有其他灌木，只有少量草本和藤本植物。草本植物有地榆、萱草、四叶葎、堇菜、珍珠菜、鼠曲草等；藤本有菝葜、纤细薯蓣等。

8. 山地草甸

清凉峰保护区在水平地带性方面属于温暖湿润气候的森林地带，在其范围内没有平缓的河流湖泊，所以缺少大面积的河漫滩，也就没有大面积的河漫滩草甸。由于坡地上森林很少受到破坏，几乎不存在荒山草丛，而且森林即使少量被破坏，只要不是持续破坏，让其自然恢复更新，木本植物恢复成长也是很快的。为此，山地下部低海拔地区单纯的草本群落出现很少，即便出现，面积也十分有限，如荒废的茶园经过垦荒后撩荒，可以在短短几年内出现次生的草本群落，但稍加保护，停止破坏，很快便会恢复成木本群落。

撂荒地上最先侵入的是蕨、博落迴(*Macleaya cordata*)等；然后是一年蓬(*Erigeron annuus*)、三脉紫菀、芒、白茅(*Imperata cylindrical* var. *major*)、半边莲(*Lobelia chinensis*)等；再后有菝葜及乔、灌木出现，如悬钩子属的一些种，以及化香、马尾松、盐肤木、山胡椒、野漆(*Toxicodendron succedaneum*)、山合欢等。

山地草甸这一类型在清凉峰保护区出现的地方不多，都在海拔1 350m以上的近山顶或岭脊开阔地带，主要在清凉峰主峰缓坡一侧，最大的一块在野猪塘四周，其次在歙县白云岩一侧，也有一片较大的草甸。

沼原草、野古草群落。清凉峰主峰海拔高1 787.40m，它的南侧或东南侧十分陡峭，西侧或西北侧较平缓，主峰一带的岭脊之上或缓坡上都有黄山松的分布，但在岭脊上或近岭脊的坡地最上部，由于雨水冲刷，土壤流失，土层较浅薄；加之气温低，多风，湿度大等种种原因，黄山松分布稀疏，生长缓慢，树形低矮，侧枝横展，冠幅硕大。但是，在这样的生境中，只要有土壤发育，便有黄山松生长，而且出现较为茂密的草本植物，就是沼原草、野古草群落。该群落类型地面有起伏，基岩为流纹岩，土壤为草甸土。群落总盖度在95%以上。乔木层盖度30%~40%，主要为黄山松，稀疏矮小，平均株距4m~5m或更大，高2m~3m，树龄一般在30年~35年。灌木层盖度5%左右，主要为南方六道木、长叶冻绿、白檀(*Symplocos paniculata*)、圆锥绣球(*Hydrangea paniculata*)、荚蒾、黄山栎、黄山花楸、灯笼花、尖叶白蜡(*Fraxinus chinensis* var. *acuminata*)、绿叶胡枝子、香冬青、鄂西玉山竹等。草本层盖度90%左右，以沼原草、野古草为主，其他草本植物还有紫花前胡、黄花莱、鼠曲草等。

9. **沼　泽**

泥炭藓沼泽，主要分布于海拔1 400m～1 450m的局部地区，如东北坡的野猪塘。沼泽主要藓类为泥炭藓属（*Sphagnum*），高度20cm～40cm不等，基底几乎还未形成泥炭，基质为泥沙质。一般在沼泽附近还长有拟大金发藓、刺叶桧藓、四尾藓、卷叶泽藓等。渗入的灌木主要有湖北海棠、水马桑、白檀等。湿生草本植物则有射干、玉蝉花、黄花菜、苔草等。因为地势低洼，长期淤积蓄水，使植物残体和淤泥不断累积，区域内逐渐沼泽化所致。一旦排水得到改善，地下水位下降，改变了沼生环境，湿生植物可能逐渐被湿中生及中生植物所取代，成为草甸群落。

3.2.5 珍稀植物群落

1. **银缕梅群落**

本群落仅见之于北坡的水井湾、章坞口、永来一带，海拔400m～700m，最大树高7m、干径14cm，常与山核桃、马尾松等混生，下灌为宁波溲疏、小构树、绣线菊、杜鹃等，草本植物有一年蓬、虎耳草、狗尾草（*Setaria viridis*）等。银缕梅因其分布数量较少，应重点加以保护。

2010年7月，在清凉峰保护区外围的绩溪县荆州乡朱显村发现了一处珍贵的银缕梅古树群落，该群落中百年以上的银缕梅大树就有9株。其中，最大的一株银缕梅胸径达94.20cm，树高14m，冠幅达8 m×8 m。根据树干资料，经专家确认树龄达800年以上。该群落保存完好，具有极高的科研价值。

2. **金钱松群落**

在清凉峰保护区，金钱松仅见南坡和东坡有少量的零星分布，而位于歙县大源西坡、海拔950m～1 100m处，有一片面积约为3 hm^2的金钱松天然林，呈比较集中的块状分布，平均树高16m～18m、平均胸径为8cm～27cm，由于受到黄山松的挤压，华箬竹及其他常绿灌木的侵入，藤本植物的缠绕，林中已有枯死株出现，而且林下自然下种成苗的子株较少，需给予人工干预，为其创造一个适宜的生长环境，以维持该群落的稳定性和天然更新。

在清凉峰保护区的北坡，未见有金钱松的天然分布，但在北坡的栈岭海拔890m处，有一片树龄约20年、面积为3 hm^2的人工林，总株数为1 400株左右，平均树高10m～12m、胸径10cm～12cm，林相整齐、生长良好。

3. **华东黄杉群落**

本群落仅见于北坡十八龙潭海拔940m～1 050m和南坡朱家舍的三河口上海拔1 270m～1 300m处，共计有10株，最大胸径55cm、树高20m，多生长于沟谷边的崖坎上。伴生树种为小叶青冈、豹皮樟、天目槭、香榧、石楠（*Photinia serrulata*）等；林下灌木主要有山橿、杜鹃、马醉木、华箬竹、格药柃等；草木层植物有：中华鳞毛蕨、日本求米草等。树木呈明显衰老状态，中下部枝条大量枯死；群落呈萎缩之势，林下未发现小苗，亟待重点加以监测保护和人工调控，以促成该群落的复壮。

4. 南方铁杉群落

本群落主要分布于北坡十八龙潭、中南坑和南坡的仙人踞石下，海拔高度1 200m～1 500m光线充足处，常与米心水青冈、雷公鹅耳枥、马醉木、华毛千金榆等混生。

5. 青钱柳群落

本群落分布海拔1 000m～1 200m，如北坡的中南坑、荒坑、十八龙潭、下横路等地，南坡的朱家舍，有片状分布，高12m～14m，胸径大者可达30cm。伴生树种有天竺桂、披针叶茴香、紫楠、山胡椒等。

6. 华西枫杨群落（*Pterocarya insignis*）

本群落分布于北坡荒坑崖、横岩下、中南坑和南坡的老拐碓等地，海拔1 000m～1 300m，与阔叶槭（*Acer amplum*）、暖木、天女花、黄山木兰、天目木兰、领春木等混生，高10m～20m，胸径10cm～30cm，盖度70%。

7. 华东野胡桃群落（*Juglans cathayensis* var. *formosana*）

本群落主要是北坡鲤鱼背海拔1 200m～1 400m的峡谷中，面积有2 hm²～3 hm²成片。上层主要为华东野胡桃，中层有山矾、山胡椒、南方六道木、中国绣球（*Hydrangea scandens* subsp. *chinensis*）等；下层为华箬竹、荚蒾、野菊（*Dendranthema indicum*）等；层间植物有金银花（*Lonicera japonica*）、南蛇藤等。

8. 榉树群落

本群落分布于南坡朱家舍海拔1 200m～1 300m处，栈岭湾600m～700m处，群落高度达20m，最大胸径达40cm，总盖度85%，面积2hm²，混生树种有色木槭、建始槭（*Acer henryi*）、香果树、青钱柳等。

9. 鹅掌楸群落

本群落分布于北坡的中南坑、十八龙潭、平坑和南坡朱家舍上三河口等地的中山沟谷两侧，海拔950m～1 200m处，树高达16m～25m，最大胸径达80cm，与枫香、青钱柳、色木槭等混生。

10. 天女花群落

本群落主要分布于南坡仙人锯石下和北坡野猪塘一带，多生长在海拔1 500m～1 600m，近峰顶处也有少量天女花群落分布，常与黄山花楸、具柄冬青、南方六道木、天目琼花等混生。由于群落环境比较阴湿，树干上挂满苔藓类植物。

11.台楠群落（*Phoebe formosana*）

本群落分布于北坡栈岭湾，海拔650m～700m山谷溪边，其叶片下面被灰白色短柔毛，与枫香、黄果朴、天目木兰、色木槭、大叶榉、薄叶润楠等混生。台楠处于乔木亚层，高度6m～7m，胸径13cm～16cm，盖度80%。

12. **天目木姜子群落**

本群落主要分布于北坡横崖下、十八龙潭和南坡朱家舍海拔1 150m～1 250m，常与鹅掌楸、灯台树、檫木、交让木等混生。

13. **领春木群落**

本群落分布于北坡的荒坑崖、十八龙潭、中南坑、横岩下和南坡的朱家舍上，位于海拔900m～1 200m山谷坡地，高5m～8m、胸径8cm～10cm，盖度90%，个体多呈丛生状，有相当一部分为砍伐后萌发所形成丛状植株，面积达60 hm^2，常与鹅掌楸、天目木姜子、檫木、灯台树、香槐等混生。

14. **黄山花楸群落**

本群落主要分布于海拔1 400m以上，常与安徽杜鹃、湖北海棠、水榆花楸、黄山栎、水马桑等混生。

15. **安徽槭群落**

本群落主要分布于海拔1 000m～1 500m的落叶阔叶林中，如银孔洞，常与青榨槭、华东椴、黄山花楸、安徽杜鹃、伞房绣球等混生。

16. **银鹊树群落**

本群落分布于南坡朱家舍，北坡中南坑、栈岭、平坑等地，在海拔1 000m～1 200m山谷沟边有小片集生，树高18m～20m，胸径15cm～25cm，与色木槭、青钱柳、巨紫荆、枫香等混生。

17. **小叶黄杨群落**

本群落分布于山顶两侧海拔1 600m以上，如南坡仙人锯石下，群落内多为大块岩石覆盖，岩石表面布满苔藓，群落高度2m～3m，胸径4cm～6cm，盖度60%，树龄50年～100年。

18. **安徽杜鹃群落**

本群落多分布于海拔1 500m以上，高1.50m～3m，胸径5cm～17cm，盖度达80%，群落面积达50hm^2。

以上这些古老珍稀植物群落，得益于这里特殊的气候、小环境、口袋式的地形，为其生存和繁衍提供了一个得天独厚的天然条件，使这些群落得以完整保存，部分群落甚至在西天目山和黄山都少见。这些珍稀植物群落和单体，是国家宝贵的种质基因库，应切实保护好其完整性，为进一步研究这些群落的起源、演变过程提供原始的样本。

3.3 植物资源及分布

3.3.1 植物资源概况

据不完全统计，清凉峰保护区现有已知植物种类1 570种，隶属于246科、746属，其中地衣类植物3科、4属、32种，苔类植物22科、29属、58种，藓类植物40科、112属、252种，蕨类植物30科、54属、102种，裸子植物6科、13属、17种，被子植物145科、534属、1 109种。根据1999年国务院批准，国家林业局、农业部公布的《国家重点保护野生植物名录（第一批）》统计，清凉峰保护区有国家Ⅰ级重点保护野生植物5种、国家Ⅱ级重点保护野生植物21种，以及还有列入《濒危野生动植物种国际贸易公约》附录Ⅱ的兰科植物22种、安徽省省级珍稀树种25种。此外，根据其不同用途分类，尚有药用植物424种，观赏植物400多种。

3.3.2 裸子植物

清凉峰保护区，尽管有裸子植物6科、13属、17种，但主要大面积分布的只有马尾松、黄山松、杉木三种，其余如金钱松、南方铁杉、华东华杉、三尖杉、粗榧、香榧、红豆杉和南方红豆杉、银杏、刺柏（*Juniperus formosana*）、高山柏等所占的比例都很小，数量不多。

1. 马尾松林

清凉峰保护区马尾松主要分布于海拔800m以下，既有自然飞籽成林的林分，也有少量人工造林培育的林分，总面积约1 429.30 hm^2、总蓄积71 630 m^3，如表3-17所示。

表3-17 清凉峰保护区马尾松面积、蓄积统计一览表

县域	面积（hm^2）		蓄积（m^3）	
歙县（南坡）	幼龄林	—		—
	中龄林	105.40		3 907
	近熟林	681.80		31 721
	成熟林	0		0
	过熟林	22.10		1 993
	县总面积	809.30	县总蓄积	37621
绩溪（北坡）	幼龄林	66		1 756
	中龄林	223		8 900
	近熟林	180		11 965
	成熟林	58		5 208
	过熟林	93		6 179
	县总面积	620	县总蓄积	34 009
合计	幼龄林	66		1 756
	中龄林	328.40		12 808
	近熟林	861.80		43 686
	成熟林	58		5 208
	过熟林	115.10		8 172
总计		1429.30		71 630

2. **黄山松林**

黄山松林，主要分布于海拔800m以上，它与马尾松林的分布在垂直海拔上有互相叠加。黄山松又分为两种类型：一是1 500m以下的高大林分，由于土壤深厚肥沃，比较适于黄山松的生长，表现为树干通直，树冠丰满，占绝对优势，组成纯林，如北坡的鲤鱼背中下部、野猪塘两侧，南坡的天子墓等处，是该区域最为重要的用材林资源；二是1 500m以上的高山矮林，由于位于山脊或山顶，土层较薄、比较干燥，再加上高山紫外线强、风力大，形成单一或与其他高山矮丛混生的矮林群落，该区内的黄山松林，几乎全部为天然林，总面积约为489.60hm^2、总蓄积62 970 m^3，如表3-18所示。

表3-18　清凉峰保护区黄山松面积、蓄积一览表

县 域	面 积(hm^2)		蓄 积(m^3)	
歙 县(南坡)	幼龄林	—		—
	中龄林	—		—
	近熟林	—		—
	中熟林	—		—
	成熟林	37.80		2 644
	过熟林	180.80		12 324
	县总面积	218.60	县总蓄积	14 968
绩 溪(北坡)	幼龄林	1		无蓄积
	中龄林	12		1 317
	近熟林	59		6 636
	成熟林	160		30 133
	过熟林	39		9 916
	县总面积	271	县总蓄积	48 002
合 计	幼龄林	1		无蓄积
	中龄林	12		1 317
	近熟林	59		6 636
	成熟林	197.80		32 777
	过熟林	219.80		22 240
总 计		489.60		62 970

3. **杉木林**

清凉峰保护区的杉木林，主要分布于海拔1 000m以下。在400m ~ 700m，由于土层深厚、土质肥沃、环境湿润，特别适于杉木的生长，因而有较多的人工杉木林分，既有植苗造林，又有插条造林，还有一些是人工林采伐后萌芽更新的林分。在海拔700m ~ 1 000m，幸存有一些杉木次生林，主要是天然粗大杉木被砍伐后，由其根部萌蘖形成的萌芽林；在这一区间人为破坏不很严重的地段，如在北坡的横岩下天目早竹林中，就有4株树高达20m、胸径达60cm以上的百年特大杉木，其中最大的一株胸径67cm、树高20m，显得非常伟岸壮观。另外，在区内还有面积不小的天然松杉混交、杉阔混交林。

在整个清凉峰保护区，杉木林的总面积约869.40hm²、总蓄积30 343m³，如表3-19所示。

表3-19　清凉峰保护区杉木林面积、蓄积一览表

县域	面积(hm^2)		蓄积(m^3)	
歙县(南坡)	幼龄林	—		—
	中龄林	—		—
	近熟林	37		2 245
	成熟林	121.80		6 721
	过熟林	19.60		1 556
	县总面积	178.40	县总蓄积	10 522
绩溪(北坡)	幼龄林	283		930
	中龄林	315		12 726
	近熟林	42		2 913
	成熟林	46		2 928
	过熟林	5		324
	县总面积	691	县总蓄积	19 821
合计	幼龄林	283		930
	中龄林	315		12 726
	近熟林	79		5 158
	成熟林	167.80		9 649
	过熟林	24.60		1 880
总计		869.40		30 343

4. 金钱松林

在清凉峰保护区，金钱松成片分布并不多，仅见南坡和东坡有少量的零星分布，而位于南坡大源西坡、海拔950m～1 100m处，有一片面积约为3 hm²的金钱松天然林，呈比较集中的块状分布，树高16m～18m、胸径为8cm～27cm。由于受到黄山松的挤压，华箬竹及其他常绿灌木的侵入，藤本植物的缠绕，林中已有枯死株出现，而且林下自然下种成苗的子株较少，需及早给予人工干预，为其创造一个适宜的生长环境，以维持该群落的稳定性和天然更新。

5. 南方铁杉群落

南方铁杉，主要分布于海拔800m～1 350m的常绿—落叶阔叶林中，如北坡海拔1 080m的十八龙潭、1 200m的荒坑崖、1 350m的中南坑，南坡海拔1 400m的仙人锯石下等处，均有南方铁杉的小群落，株高通常在8m～12m，胸径为8cm～50cm。在绩溪平坑有一株较大的南方铁杉，树高达21.50m、胸径达57cm。其群落林下有少量幼苗，有一定的天然更新能力。

南方铁杉在不同的立地条件下，生长速度悬殊。如在一般的立地条件下，125年生的活立木，株高为12.50m、胸径为24.70cm；在良好的立地条件下，142年生的活立木，树高达24.50m、胸径达57.30cm。通过一株树龄为160年的南方铁杉解析木，分析其生长过程，前期生长较慢，在20年～30年生时树高和胸径生长加快，并分别在40年～50年生时出现高峰，如表3-20、图3-2所示。它在郁闭度为0.6以下时，更新困难；而在0.7～0.8的郁闭度条件下，则最有利于其更新。为了保护现有的南方铁杉群落，应通过人工调节郁闭度来促成南方铁杉群落的天然更新，使其群体不断发展壮大。

表3-20　清凉峰保护区南方铁杉生长过程表

年龄（年）	胸径（cm）			树高（m）			材积（m^3）			形数
	总生长量	连年生长量	平均生长量	总生长量	连年生长量	平均生长量	总生长量	连年生长量	平均生长量	
10	—	—	—	0.40	0.04	0.040	0.0001	0.00001	0.00001	—
20	—	—	—	1.30	0.09	0.065	0.0007	0.00006	0.00004	—
30	2.60	0.26	0.087	3.60	0.23	0.120	0.0157	0.00150	0.00052	0.82
40	7.80	0.52	0.195	6.60	0.30	0.165	0.0221	0.00064	0.00055	0.70
50	14.20	0.64	0.284	9.00	0.24	0.180	0.0969	0.00748	0.00194	0.68
60	17.80	0.36	0.297	11.80	0.28	0.197	0.1586	0.00617	0.00265	0.54
70	22.20	0.44	0.317	13.80	0.20	0.197	0.2778	0.01192	0.00397	0.52
80	26.00	0.48	0.325	15.40	0.16	0.192	0.4089	0.01311	0.00501	0.50
90	29.80	0.38	0.331	16.70	0.13	0.186	0.5825	0.01736	0.00647	0.50
100	33.80	0.40	0.338	17.80	0.11	0.178	0.7987	0.02162	0.00799	0.50
110	36.60	0.28	0.333	19.10	0.13	0.174	0.9446	0.01459	0.00859	0.47
120	39.20	0.22	0.327	20.20	0.11	0.168	1.0728	0.01282	0.00896	0.44
130	41.40	0.22	0.318	21.20	0.10	0.156	1.2558	0.01830	0.00966	0.44
140	43.60	0.16	0.312	22.00	0.08	0.150	1.4126	0.01568	0.01009	0.43
150	45.20	0.14	0.301	22.80	0.06	0.152	1.5368	0.01242	0.01025	0.42
160	46.60	—	0.291	23.40	—	0.139	1.5966	0.00598	0.00998	0.40
（带皮）	48.30	—	0.302	23.40	—	0.146	1.7049	—	0.01066	0.40

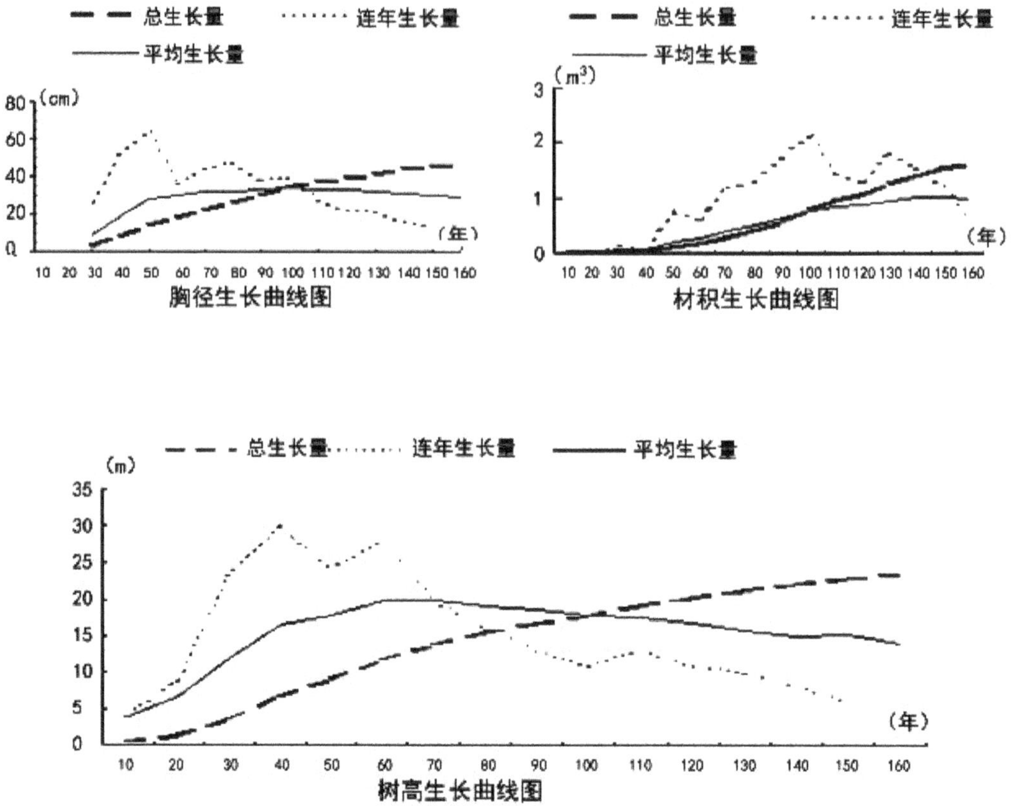

图3-2　清凉峰保护区南方铁杉胸径、材积、树高生长曲线图

6. 华东黄杉群落

在清凉峰保护区，华东黄杉都散生在天然混交林中，这一地带植被类型是以常绿阔叶树为主的常绿—落叶阔叶混交林带，呈孤岛式间断分布，主要伴生树种为小叶青冈、木荷、香果树、枫香、鹅掌楸、南方铁杉、黄山松、柃木、马醉木、马银花等。在南坡境内的三河口上海拔1 270m处的西南侧悬崖上发现2株，北坡十八龙潭海拔950m的东南坡发现8株，坡度多在45°以上，母岩为流纹岩，土壤为山地黄棕壤，土层厚度25cm～30cm，有的植株甚至就扎根在悬崖石缝中。华东黄杉在清凉峰保护区的自然更新显得非常困难，尽管有不少球果掉落，但在大树周围极少见到小苗，可能由于花期低温及华东黄杉种子小蜂(*Megastigmus sp.*)、华东黄杉球果瘿蚊等的寄生，种子空瘪率几近100%，亟待进行保护和人工促成繁育。

从树干解析材料来分析华东黄杉的生长过程，它前期生长较慢，20年后进入迅速生长期，高生长至少有20年加速生长期，胸径生长有50年的加速生长期，而且高生长的连年生长曲线在100年后仍在缓慢上升，胸径生长90年后也有回升趋势，可见其衰老阶段来得很迟(如表3-21，图3-3所示)。

表3-21　清凉峰保护区华东黄杉树干解析总表

树龄（年）	胸径（cm）			树高（m）			材积（m^3）		
	总生长量	连年生长量	平均生长量	总生长量	连年生长量	平均生长量	总生长量	连年生长量	平均生长量
10	—	—	—	0.60	0.060	0.060	—	—	—
20	—	—	—	1.25	0.065	0.063	0.0006	0.00003	0.00003
30	1.45	0.048	0.048	2.25	0.100	0.075	0.0022	0.00016	0.00007
40	3.60	0.215	0.090	3.35	0.110	0.084	0.0027	0.00005	0.00007
50	5.50	0.190	0.110	4.05	0.070	0.081	0.0069	0.00015	0.00014
60	7.38	0.188	0.123	4.58	0.053	0.076	0.0145	0.00075	0.00024
70	9.50	0.212	0.136	5.12	0.054	0.073	0.0234	0.00089	0.00033
80	11.00	0.150	0.138	5.65	0.053	0.071	0.0344	0.00110	0.00040
90	11.90	0.090	0.132	6.15	0.050	0.068	0.0428	0.00080	0.00048
100	13.20	0.130	0.132	6.60	0.045	0.066	0.0544	0.00116	0.00054
106	14.00	0.133	0.132	7.00	0.067	0.066	0.0640	0.00160	0.00060
（带皮）	15.80	—	—	7.00	—	—	0.0727	—	—

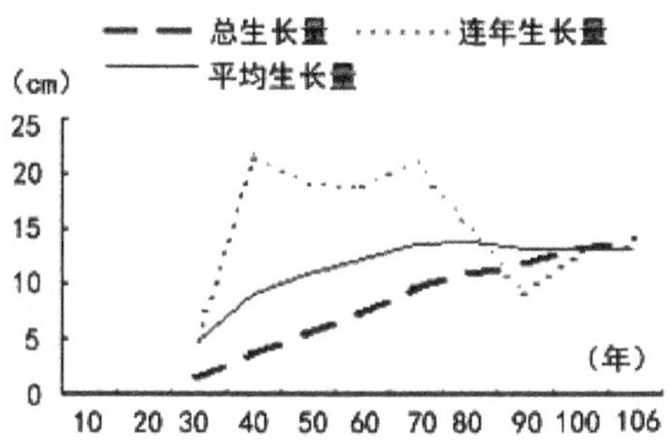

胸径生长曲线图

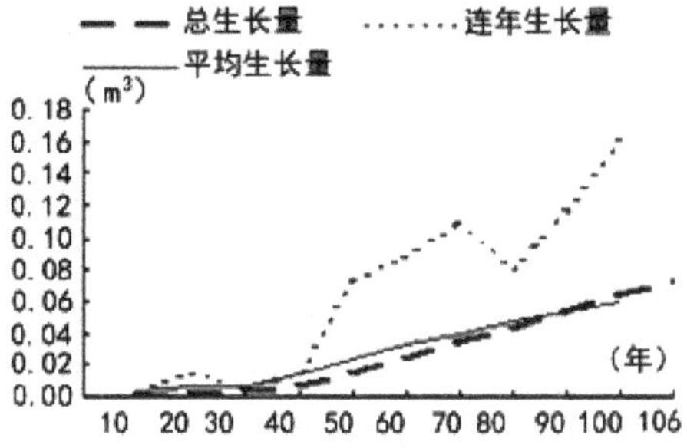

材积生长曲线图

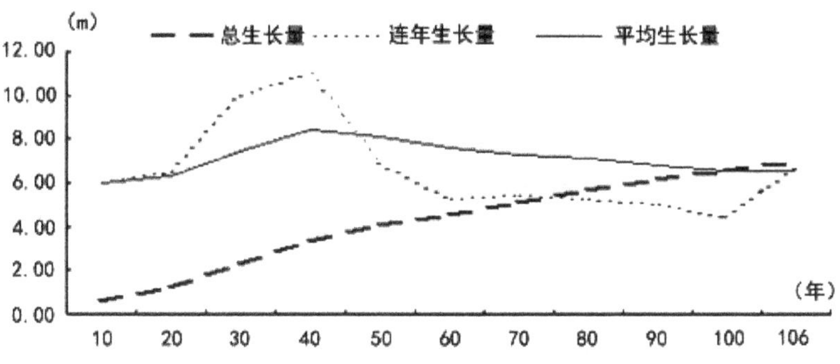

树高生长曲线图

图3-3　清凉峰保护区华东黄杉胸径、材积、树高生长曲线图

在清凉峰保护区，天然分布的裸子植物种类还有：银杏、高山柏、刺柏（*Juniperus formosana*）、红豆杉、南方红豆杉、香榧等，在区内均呈零星分布，除红豆杉偶见3株～5株的群落外，大多为散生，而且分布的海拔区间较大，从400m开始一直可达1 700m的高度。银杏野生植株在南坡的朱家舍上、白云岩后有小的群落及少量植株散生，是不可多得的种质资源，亟待重点加以保护。

3.3.3 被子植物

清凉峰保护区有被子植物1 109种，隶属于145科、534属，其中单子叶植物18科、93属、169种，双子叶植物127科、441属、940种。整个清凉峰保护区，常绿阔叶林1 246.60hm²、蓄积122 290m³，常绿—落叶阔叶林911.90hm²、蓄积49 144m³；落叶阔叶林425.40hm²、蓄积21 897 m³。有竹类植物6属、22种，152.60 hm²、115.30株，其中毛竹60hm²、22万株，天目早竹12.60hm²、6.30万株，早园竹68hm²、78万株，刚竹12hm²、9万株。

1. 常绿阔叶林

清凉峰保护区的常绿阔叶林，主要有甜槠林，青冈林、甜槠，天竺桂、细叶香桂林，青冈林，小叶青冈林，木荷、小叶青冈6种类型，总面积1 246.60hm²，蓄积为122 290m³，如表3–22所示。

表3–22　清凉峰保护区常绿阔叶林面积、蓄积统计表

林种	歙县(南坡)		绩溪(北坡)		合计	
	面积(hm²)	蓄积(m³)	面积(hm²)	蓄积(m³)	面积(hm²)	蓄积(m³)
甜槠	49.10	1 898.40	91.10	14 777	140.20	16 675.40
青冈、甜槠	32.70	986.80	136.70	22 166	169.40	23 152.80
天竺桂、细叶香桂	49	979.40	2	75	51	1 054.40
青冈	98	1 958.80	189	26 165	287	28 123.80
小叶青冈	81.70	1 965.60	126	17 444	207.70	19 409.60
木荷、小叶青冈	163.50	2931	227.80	30 943	391.30	33 874
合计	474	10 720	772.60	111 570	1 246.60	122 290

2. 常绿—落叶阔叶混交林

清凉峰保护区的常绿—落叶阔叶混交林，主要有小叶青冈、檫木林，小叶青冈、鹅掌楸、青钱柳林，褐叶青冈、短柄枹、茅栗林，交让木、香果树、青钱柳林，小叶青冈、缺萼枫香林5种类型，总面积911.90hm²，蓄积49 144m³，如表3–23所示。

表3–23　清凉峰保护区常绿、落叶阔叶林面积、蓄积统计表

林种	歙县(南坡)		绩溪(北坡)		合计	
	面积(hm²)	蓄积(m³)	面积(hm²)	蓄积(m³)	面积(hm²)	蓄积(m³)
小叶青冈、檫木	81.80	4 972	15.90	1 404	97.70	6 376
小叶青冈、鹅掌楸、青钱柳	164	6 931.50	56.70	9 605	220.70	16 536.50
褐叶青冈、短柄枹、茅栗	81.20	2 964.50	72.10	9 515	153.30	12 479.50
交让木、香果对、青钱柳	137.40	2 902	50	6 507	187.40	9 409.50
小叶青冈、缺萼枫香	245	2 889	7.80	1 454	252.80	4 343
合 计	709.40	20 659	202	28 485	911.40	49 144

3. 落叶阔叶林

清凉峰保护区的落叶阔叶林，主要有青钱柳林，华东椴林，缺萼枫香林，米心水青冈林，短柄枹、茅栗林5种类型，共有面积425.40 hm^2，蓄积21 897m^3，如表3-24所示。

表3-24 清凉峰保护区落叶阔叶林面积蓄积统计表

林种	歙县(南坡)		绩溪(北坡)		合计	
	面积(hm^2)	蓄积(m^3)	面积(hm^2)	蓄积(m^3)	面积(hm^2)	蓄积(m^3)
青钱柳	50.50	416	5	575	55.50	991
华东椴	82.50	2 963.50	4.50	650	87	3 613.50
缺萼枫香	32.50	985	3.90	724	36.40	1 709
米心水青冈	32.40	987	14.50	2 110	46.90	3 097
短柄枹、茅栗	145.80	5 501.50	53.80	6 985	199.60	12 486.50
合计	343.70	10 853	81.70	11 044	425.40	21 897

4. 竹　林

清凉峰保护区有竹类22种、2变种、4变型，其中经济价值较高的主要为毛竹、天目早竹和早园竹，总面积为152.60hm^2、立竹115.30万株，如表3-25所示。

表3-24 清凉峰保护区竹林面积、立竹数量统计表

林种	歙县(南坡)		绩溪(北坡)		合计	
	面积(hm^2)	立竹数(万株)	面积(hm^2)	立竹数(万株)	面积(hm^2)	立竹数(万株)
毛竹	—	—	60	22	60	22
天目早竹	7.60	1.30	5	5	12.60	6.30
早园竹	—	—	68	78	68	78
刚竹	—	—	12	9	12	9
合计	7.60	1.30	145	114	152.60	115.30

注：歙县（南坡）境内2 761.20hm^2，扣除裸岩等20.20hm^2，林地为2 741hm^2、蓄积105 343m^3，含竹类7.60hm^2、1.30万株。绩溪县（北坡）境内5 050hm^2，应扣除经济林750hm^2、灌林地366.40hm^2、未成林造林地11hm^2、无林地35hm^2、非林业用地172hm^2、鄂西玉山竹138.30hm^2，进入统计表的林地面积为2 733.30hm^2、蓄积252 931m^3，含竹类145hm^2、114万株。

3.3.4　国家重点保护野生植物

清凉峰保护区，特别是核心区和缓冲区内植物种类丰富，受人为破坏较少，依然保持着它自己的原始特色，具有地理成分复杂性和多样性，包括泛热带成分、北温带成分、东亚成分、热带亚洲成分和东亚—北美成分等。被列为世界性单型属（1种）就有31个，在中国为单种的属近71个（含世界性31种）；世界性少型属（2种～5种）为76个。根据1999年国务院批准，国家林业局、农业部公布的《国家重点保护野生植物名录（第一批）》，共有Ⅰ级重点保护野生植物5种、Ⅱ级重点保护野生植物21种，如表3-26所示。

表3-26　清凉峰保护区国家重点保护野生植物一览表

序号	名称	拉丁名	Ⅰ级	Ⅱ级
1	银杏	*Ginkgo biloba*	1	
2	华东黄杉	*Pseudotsuga gaussenii*		1
3	金钱松	*Pseudolarix kaempferi*		1
4	红豆杉	*Taxus chinensis*	1	
5	南方红豆杉	*Taxus mairei*	1	
6	香榧	*Torreya grandis*		1
7	天目铁木	*Ostrya rehderiana*(1985年吴诚和等采有标本)	1	
8	台湾水青冈	*Fagus hayatae*		1
9	长序榆	*Ulmus elongata*		1
10	榉树	*Zelkova schneideriana*		1
11	金荞麦	*Fagopyrum dibotrys*		1
12	鹅掌楸	*Liriodendron chinensis*		1
13	凹叶厚朴	*Magnolia officinalis* subsp. *biloba*		1
14	樟树	*Cinnamomum camphora*		1
15	天竺桂	*Cinnamomum japonicum*		1
16	浙江楠	*Phoepe chekiangensis*		1
17	连香树	*Cercidiphyllum japonicum*		1
18	银缕梅	*Parrotia subaequalis*	1	
19	蛛网萼	*Platycrater arguta.*		1
20	黄山梅	*Kirengeshoma palmata*		1
21	花榈木	*Ormosia henryi*		1
22	野大豆	*Glycine soja*		1
23	羊角槭	*Acer yangjuechi*(潘新建采有种子标本)		1
24	喜树	*Camptotheca acuminata.*		1
25	香果树	*Emmenopterys henryi*		1
26	七子花	*Heptacodium miconioides*		1
合计			5	21

1. 银　杏

银杏为银杏科单属种树木，现为国家Ⅰ级重点保护野生植物，有“活化石”之称，野生种群极其濒危。目前，安徽省有野生银杏分布的区域有2处：一是黄山风景区的桃花峰，海拔850m左右的天然次生阔叶林中，有一自然群落，其中有8株银杏大树，最大的1株高24m、胸围230cm，林下有一些银杏幼树及小苗。二是清凉峰保护区野生银杏群落，我们在朱家舍、大源、上坦白石崖三处发现有野生银杏小居群分布，最大居群为12株，共有16株，其中中幼龄以上个体14株，根径最大达70cm；幼树2株，根径2～6cm。这些银杏零星分布，主要伴生树种为金钱松、香榧、枫香、天目木姜子、木荷、小叶青冈、黄山松、连香树、香果树、杜鹃等。由于这些野生银杏位于山高坡陡、人迹罕至处，一直是藏在深山人未知，直至近年全面调查和采集标本才露出其真容。

朱家舍居群：在海拔650m山溪边，生长有3株野生银杏，均为老桩萌芽，目前最大一株的根径已达20cm左右。

大源居群:实际仅为单株分布,位于海拔900m悬崖边,为实生苗,根径约30cm,树高12m左右。

上坦白石崖居群:在海拔1 300m~1 400m悬崖山坳处,有12株野生银杏分布。其中,两株为实生苗,根径2cm~6cm;其余10株皆为老桩萌芽,老桩根径70cm~80cm,树龄当在150年以上。目前,一株老桩萌芽幼树6株,根径5cm~10cm;另一棵老桩萌芽幼树4株,根径5cm~12cm。同时,发现萌发死树两株,根径15cm~30cm。

区内现存的野生银杏种群多为20世纪50年代~70年代遭到砍伐后的老桩萌发,有的萌条甚至遭到多次砍伐,大源点银杏是因为群众砍伐搬运费工,才得以幸存。由此可见,人为过度砍伐是造成野生银杏濒临灭绝的主要原因。有鉴于此,对清凉峰保护区的野生银杏居群提出以下保护建议:

(1)加强就地保护。一是实施人工抚育,由于银杏多为散生零星分布,不构成群落的优势种,其幼苗和中幼龄植株生长受到一定程度的影响,应进行人工抚育,以维持野生种群的自然更替,如在上坦白石崖居群中发现的两株死树萌条,极有可能是其自然生长受限所致。二是实施挂牌保护,随着清凉峰生态旅游的发展,参观考察人员逐年增加,人为活动不断加剧,应进行野生银杏挂牌保护,以免生境遭到破坏。

(2)保存种质资源。目前,银杏在安徽已有大面积的人工栽培,但多为经过多代的人工繁殖后代,遗传基础变窄不可避免,保护清凉峰野生银杏遗传多样性和基因原始性十分迫切需要。要在个体、种子、组织、细胞、基因等多层面保存其种质资源的同时,选择长势旺盛、授粉良好、种仁饱满、抗逆性强、无病虫害的个体作母树,并注意母树应尽可能地来源于不同小居群,进行人工辅助授粉,以提高变异水平,扩大居群的异质性。

(3)重返原始生境。本次调查未发现野生银杏幼苗,仅有两株幼树,其余均为成龄树木,居群总体规模极小,种群年龄结构不合理。保护生物学认为:小居群极易灭绝,因为它不但对人类活动干扰极为敏感,而且随机因素对其存活有重要影响,所以该处野生银杏种群呈衰退型发展趋势。同时,由于银杏为雌雄异株、风媒传粉植物,现有三处小居群内自然传粉十分困难或几乎无可能,目前野外调查发现结实较少,足以说明这一点。有鉴于此,这三处野生银杏种群自我复壮已非常困难,必须对其小环境进行人工干预,为其创造一个通风良好、阳光充足、营养富裕的小环境,促成小居群的逐渐复壮;此外,还可将银杏人工栽培种重植于其原始生境,从而达到逐步恢复和扩大野生种群的目的。

(4)开展定期监测。应对野生银杏居群的生长状况、种群结构、地理分布、群落类型、海拔高度、自然生境和威胁因子等作进一步全面翔实的调查,同时进行定期监测,特别是幼苗和幼树的生长情况,掌握种群变化动态,分析导致变化原因,建立资源档案,及时采取相应的保护措施。

2. 红豆杉

红豆杉为红豆杉科、红豆杉属常绿乔木，主要为零星分布于海拔900m～1 100m的常绿—落叶阔叶林中，如下横路、风车口、朱家舍、银垄洞等地，已经非常稀少。

3. 南方红豆杉

南方红豆杉为红豆杉科、红豆杉属的常绿大乔木，大多零星分布于海拔800m～1 000m的常绿—落叶阔叶林中，如北坡的十八龙潭、南坡的大源、竹竿头，目前数量也已比较稀少。

4. 天目铁木

天目铁木为桦木科、铁木属落叶乔木，主要分布于海拔400m～500m的低山坡地，海拔1 000m～1 200m处，偶尔也有少量分布。1985年5月24日，原安徽省林科所吴诚和、蔡辉先生采有标本。天目铁木为区内特产的植物种类，除应重点加以保护外，还可通过人工繁殖的手段，来扩大种群数量。

5. 银缕梅

银缕梅为金缕梅科、银缕梅（或帕罗堤）属落叶乔木，学名*Parrotia subaequalis*，别名单氏木（因纪念单人骅先生而得名），原名小叶金缕梅如《安徽植物志》第2卷第492页，学名*Hamamelis subaequali*。清凉峰当地居民称之为“葫芦树”，因其树干、枝条上经常生长虫瘿而得名；又称“木鱼树”，因树干和大枝上有扁蚜类寄生，导致其被危害的韧皮部因受刺激而形成硕大的虫瘿，且呈木质化，摘下来像个“木鱼”，其上有成虫的羽化孔，仿佛是木鱼的眼睛，干燥后敲起来，有清脆的响声；还有一个别名是“野木瓜”，因其主干树皮呈块状剥落，与光皮木瓜树皮相似而得名。

它为距今6 700万年的最古老被子植物之一，在中国为单种属，现为国家Ⅰ级重点保护野生植物。银缕梅的芽及幼枝被星状毛。其叶互生，薄革质，椭圆形或倒卵形，长5cm～9cm，宽2cm～4.50cm先端尖，基部不等侧圆，两面被星状毛，具不整齐粗齿；叶柄长4mm～6mm，被星状毛，托叶披针形，早落。短穗状花序腋生及顶生，具3花～7花；雄花与两性花同序，外轮1朵～2朵为雄花，内轮4朵～5朵为两性花。花无梗，苞片卵形；萼筒浅杯状，萼具不整齐钝齿，宿存；无花瓣；雄蕊5～15，花丝长，直伸，花后弯曲，花药2室，具4个花粉囊，药隔突出；子房半下位，2室，花柱2，常卷曲。蒴果木质，长圆形，长1.20cm，被毛，萼筒宿存；果及萼筒均密被黄色星状柔毛。种子亮褐色。经测定种粒长约0.70cm、宽约0.30cm、千粒重28g左右。

在清凉峰保护区花期为3月中旬～4月初，有效花期10d左右；果熟期为9月底～10月中旬。该属有2种，我国1种，另1种产伊朗。银缕梅的观赏价值极高，它树态婆娑，枝叶繁茂。3月中旬开花，先花后叶，花淡绿，后转白，花药黄色带红，花朵先朝上，盛花后下垂，远看满树金灿灿，近观银丝缕缕溢淡香。

银缕梅在中国主要分布于江苏南部宜兴、安徽及浙江。根据胡一民等近年的调查结果发现，银缕梅分布范围较广，在安徽主要分布于大别山区的舒城小涧冲、万佛山，岳西天峡、黄尾、青天、主簿、头陀、石关等地，潜山板仓，金寨天堂寨（渔潭）、青山、花石、关庙、沙河、燕子河、长岭等地，霍山漫水河，皖南绩溪清凉峰北坡，旌德云乐。大多分布于海拔400m～700m，少数分布达1 000m。根据实地调查，在清凉峰保护区主要分布于水井湾、岭脚下、章坞口、大沙培、永来村口、四亩丘等处，位于清凉峰保护区阴山水井湾海拔680m处最大的一株银缕梅，株高10m、胸径34.70cm、冠幅6m×6m，伴生植物有山核桃、宁波溲疏、小构树、水竹、绣线菊等，草本植物有一年蓬、虎耳草等。

2010年7月1日，宣城市在开展古树名木调查时，在清凉峰保护区外围的绩溪荆州乡朱显村村口，发现有一个较大的银缕梅群落，有百年以上大树9株，小树25株，其中最大一株胸径91.50cm，树高14m，冠幅8×8m，树龄达800年以上，是国内迄今发现体量最大、树龄最高的银缕梅。

银缕梅是第三纪孑遗植物，由于其分布区域狭小，现存植株数量不多，生长速度极慢，数年开花一次，且雄蕊先于雌蕊成熟，种群呈现衰退之势，已濒于灭绝，亟待抢救保护。

银缕梅的濒危原因：

(1)数年开花一次，自然授粉结实机会少。根据清凉峰保护区的原生银缕梅居群观测，它每隔2年～3年开花一次；再参考南京中山植物园的迁地栽培银缕梅植株观测，约为2年～5年开花1次。因其开花的次数少，能够顺利完成授粉结实的机会也就更少，导致其产生有性后代的可能性大大降低，种群数量的扩展被严重制约。

(2)雌雄花异熟，导致花期不遇，传粉受精受阻。根据中国科学院南京植物研究所的多年观察：银缕梅从花芽分化到花苞展开，约需1年的时间；从花苞展开到雌雄蕊外露20d后，雄蕊才趋于成熟，雌蕊还要迟熟5d～9d，属于典型的雌雄异熟型；从花芽形成到种子成熟约需18个月的时间。经人工辅助授粉，可明显提高座果率和增强种子的活性，使种子的发芽率上升到85%～90%。

(3)病虫害较多，制约生长和开花结果。在清凉峰保护区经常可看到叶斑病、瘿瘤病等；危害叶部的害虫有杭州新胸蚜(*Neothoracaphis hangzhouensis*)、黄胫小车蝗、白眉刺蛾(合肥)、黄刺蛾(*Cnidocampa flavescens*)等，危害枝干的有扁蚜类、蜡蝉类等。

(4)花期天气欠佳，影响雌雄蕊的正常授粉。由于其开花期在3月中旬～4月初，此时山区多雨、气温偏低，也会明显影响到雌雄蕊的正常授粉、受精，从而导致后代的繁衍受到限制。

(5)小居群分散，影响种群间基因交流。小居群分散，影响到不同种群之间的基因交流，从而形成局部小居群内的近亲繁殖，使其后代缺乏应有的竞争能力。

(6)种子传播途径特殊。根据近几年观察，其蒴果成熟后，种子弹射出去，一般在数米的半径范围内，种粒光滑，不利于其他野生动物携带传播。

银缕梅的种群保护和复壮建议：

(1)保护好现有的银缕梅小居群。在清凉峰保护区，调查掌握所有的分布区域、种群数量、结实母株，建立居群档案，设立专门的护林员，确保其现有的个体不被破坏。

(2)扩大人工繁殖，促成种群扩大。采用播种、扦插、压条、嫁接、分株等传统方法，进行人工繁殖，实施人工造林，扩大种群数量，同时尝试进行组培育苗。

(3)不同分布区的银缕梅种群之间进行人工辅助授粉。可在安徽境内的舒城、金寨、霍山、岳西、清凉峰银缕梅种群之间，甚至包括江苏宜兴的银缕梅种群之间进行人工辅助授粉，扩大其遗传基础，促成种群的复壮。

(4)加强银缕梅的病虫害防治，促成群落的健康生长。设立定位观察点，科学观测银缕梅各种病虫害的发生、发展过程，摸索其发生、发展和危害规律，甄选出切实可行的、无环境污染的防治方法。

(5)人工干预小居群，促成现有小居群的复壮。可根据银缕梅的生态习性，为其创造一个光照充足、通风良好、营养丰富的小环境，甚至通过人工施肥、旱季浇水、防治病虫等措施，来促成其小居群的复壮。

6. 华东黄杉

华东黄杉为松科、黄杉属常绿乔木，主要分布于北坡的十八龙潭和南坡的三河口上，海拔高度大多在900m～1 300m，几乎都生长在崖壁上，也有长在沟谷边。仔细观察大树，树冠中上部有较多枯枝，下部枝条自然整枝严重，迫切需要加以复壮。根据黄映泉、周学尚等人的研究发现，其自然授粉比较困难，可能由于花期低温及华东黄杉种子小蜂、华东黄杉球果瘿蚊等的寄生，种子空瘪率近100%，繁殖非常困难，在区内几乎未见有中小植株，群落呈萎缩状态，亟待进行抢救性保护。

华东黄杉的群落复壮措施：

(1)加强华东黄杉居群周边的排水。对十八龙潭的华东黄杉居群，要采取有效得力的排水措施，为其根部创造一个通透良好的土壤环境条件，促成居群内各单株根系的复壮，使整个居群的健康复壮有一个良好的立地条件。

(2)改善华东黄杉居群的通风、光照条件。分批清除或短截十八龙潭华东黄杉居群周围的高大枫香、紫树、木荷、青冈等，为其创造一个通风良好、光照充足的居群地上部分生长空间，使有再生能力的枝干能重新萌发新的枝芽；同时清除各单株基部及附近的杂灌木，为其创造一个根颈部通风良好的局部空间；通过改善华东黄杉居群的通风、光照条件，提高整个小居群的生存能力。

(3)对华东黄杉居群内的生长衰弱单株进行修剪。剪去已枯死的枝条，创面涂抹熟桐油进行防腐处理；甚至通过根部施肥、树冠喷施营养液，来促成其枝梢上隐芽的萌发，提高每一个植株的生存和竞争能力。

(4)重视华东黄杉居群的病虫害防治。应切实加强对华东黄杉根腐病、种子小蜂(*Megastigmus sp.*)、华东黄杉球果瘿蚊、蚧壳虫等的防治，促成华东黄杉居群树势的逐步复壮。

(5)实施人工辅助授粉。尝试人工辅助授粉，进行播种育苗，扩大华东黄杉种群数量。华东黄杉具有很强的生命力，2008年春天，在黄山云谷寺的数百年大树下，还发现有数株3年～5年生的实生苗。为此，在实施人工辅助授粉的同时，应特别重视对华东黄杉种子小蜂、球果瘿蚊的防治，使生长健壮的华东黄杉能够正常开花结果，再通过播种育苗、人工造林来有效扩大华东黄杉的种群数量。

7. 金钱松

金钱松为松科、金钱松属落叶乔木，我国特有种，也是世界五大庭院观赏树种之一。在区内南坡大源，海拔1 200m以上，有一片占地3 hm^2的高大天然林，平均树高15m~20m、胸径20cm~25cm，自然更新状况较差，林下未见有多少小苗；在北坡栈岭有一片人工林，树龄约为20年，生长状况良好，另外见有少量高大的散生单株。对于南坡大片天然林，建议进行人工干预，修剪树干中下部的枯枝，清除层间藤本植物。对影响其群落生长的杂灌木进行疏伐，为其创造一个通风透光良好的生长环境。

8. 香　榧

香木榧为红豆杉科、榧树属常绿大乔木。区内散生有较大的香榧古树，在不同海拔高度的地带性群落中也偶见有小苗及少量树木散生，未见有成片的分布，应重视保护和扩大种群。

9. 台湾水青冈

台湾水青冈为壳斗科、水青冈属落叶乔木。高达20m，胸径达60cm以上；树皮灰色，光滑。冬芽长达1.5cm；当年生枝暗红褐色，老枝灰白色，皮孔窄长圆形。叶卵形至椭圆形，长3.5cm~7cm，宽2cm~3.5cm，先端渐尖，基部圆形或宽楔形，边缘波状，具疏生小锯齿，幼叶两面有长柔毛，沿中脉的毛更密，老叶通常无毛，仅下面脉腋有簇生毛，侧脉6对~10对，直达齿端；叶柄长4mm~7mm，被柔毛。雄花序头状，下垂，具长约2cm~3cm的总花梗；雄花5朵~8朵为一簇，花被4或5裂，外被黄色长毛，雄蕊5~12；雌花花被5或6浅裂，雌蕊长约3mm，无柄。壳斗卵球形，4瓣裂，长0.8cm~1cm，被黄褐色绢状柔毛，苞片呈锥形而反卷的刺，长2mm~3mm；果柄长0.7cm~2cm，被灰白色柔毛；坚果常2枚，伸出总苞外，具3棱，被黄褐色微柔毛。花期4月~5月，果期8月~9月。天然分布于台湾(桃园、宜兰)、浙江(永嘉、清凉峰)、安徽(清凉峰)、湖北西北及四川北部。由于其授粉率低，种子多数不饱满，且受鸟兽啄食，天然更新能力弱，林内幼树极少。

在清凉峰保护区与浙江毗邻的百步岭西南坡，发现有块状分布，海拔1 050m，坡度40°，郁闭度0.75，林相整齐，树干通直，树高15m，胸径在20cm~30cm，上层伴生树种为木荷、雷公鹅耳枥、紫茎、短柄枹、细叶青冈等，下木层伴生植物为阔叶箬竹、马银花、格药柃、冬青等，草本层缺少，周围有较多幼树，天然更新良好，应切实加以保护。

10. 长序榆

长序榆为榆科、榆属落叶乔木，在区内主要分布于海拔510m~750m，如朱家舍(老拐对和柏子山)、栈岭等处，伴生树种有枫香、锥栗、细叶青冈、红楠、润楠等，数量极少。天然生长在山谷、沟边或山坡下部阔叶林中。它为深根性、喜光树种，幼树主、侧根系发达。以散生在向阳山坡、山谷稀疏阔叶林内或林缘生长较好。常呈小群落分布，南北坡均有，为第三纪孑遗植物，为研究东亚与北美植物区系提供了一新的对应珍贵树种。它春季先花后叶，花穗硕长下垂，银光闪闪，也非常漂亮，是为不可多得的园林绿化树种。

长序榆濒危的主要原因是：生境丧失、气候变化和外来物种入侵。由于气候变暖、大环境发生较大改变，使其处于明显不利的生态空间；又因为其呈不连续的点状分布，开花时节处于4月上旬、先叶开花，遇到风雨交加的天气，会导致其不能完成正常的开花授粉过程；其种子也极易丧失生命力，且种子需要的发芽条件较为特殊，在天然条件下很难满足。所有这些因素综合作用的结果导致其种群萎缩、数量锐减，为极小种群物种，亟待对其原生环境实施严格保护，并采用人工扩繁和造林技术，促成其种群的不断扩大。

11. **榉　树**

榉树为榆科、榉属落叶乔木，在清凉峰保护区南坡分布海拔较高，北坡较低，分布于海拔650m上下，如栈岭湾，群落高度达20m，最大植株胸径达40cm，总盖度为85%，常与色木槭、建始槭、青钱柳、香果树等混生。它不仅是重要的用材树种，而且近年被大量用于城市的园林绿化，应对种质资源严加保护。

12. **金荞麦**

金荞麦为蓼科、荞麦属多年生草本，主根块状。在清凉峰保护区的南北坡均可见到，多分布于海拔500m以下的溪边湿地或路边草丛中，其地下块根是重要药材。

13. **鹅掌楸**

鹅掌楸为木兰科、鹅掌楸属的高大落叶乔木，是世界五大庭园观赏树种之一。在清凉峰保护区海拔900m～1 300m的沟谷土层深厚、肥沃湿润处，常有3株～7株成簇分布，有时形成高大的群落，如十八龙潭、三河口上，这种小片状的原生林，是繁育和研究该树种的重要种质资源。

14. **凹叶厚朴**

凹叶厚朴为木兰科、木兰属的高大落叶乔木。在清凉峰保护区海拔800m以下常绿—落叶阔叶混交林中，有零星的散生，其树皮为重要的药材；因其叶大荫浓，花苞硕大、花色洁白、花香浓郁，果实肥壮、果形奇特、果色红艳，更是重要的优良绿化观赏树种。

15. **香　樟**

香樟为樟科、樟属常绿高大乔木，在清凉峰保护区海拔500m以下的低山沟谷湿润处有天然分布，为珍贵用材和园林绿化树种。

16. **天竺桂**

天竺桂为樟科、樟属高大乔木，在清凉峰保护区，海拔650m～1 250m的常绿阔叶林或常绿—落叶阔叶混交林中，均有分布。在十八龙潭，可见到其占优势与香桂（又名细叶香桂）组成的常绿阔叶林群落，其皮为重要的食用香料。

17. **浙江楠**

浙江楠为樟科、楠木属常绿乔木，在清凉峰保护区北坡栈岭湾海拔600m～800m的沟谷中有分布，为珍贵的用材和园林绿化树种。

18. **连香树**

连香树为连香树科、连香树属高大乔木，单属种树木，是古老孑遗植物之一。它分布于海拔680m～1 200m的湿润沟谷两侧，如中南坑上段、十八龙潭、荒坑等处有合抱的连香树粗大乔木，可作为珍稀种源进行保护。它树干挺拔雄伟，新叶泛紫、秋叶由黄转为猩红，非常瑰丽漂亮。

19. **蛛网萼**

蛛网萼为虎耳草科、蛛网萼属落叶灌木，产北坡海拔600m～700m的山地林下、溪边、岩石上等阴湿处，可作观赏栽培。

20. **黄山梅**

黄山梅为绣球花科、黄山梅属多年生宿根草本，在清凉峰保护区中南坑、十八龙潭沟谷潮湿的岩石缝隙间，有较多的野生分布，8月开出成串的金黄色花朵，非常美丽。

黄山梅作为绣球花科单型属——黄山梅属唯一的一个物种，植株数量有限。最早发现于日本，1888年8月9日日本植物分类学家矢天部良吉在伊予国爱媛县石锤山首次采集到开花期的黄山梅标本，1890年在日本的《植物学杂志》上以英文形式正式发表黄山梅这一新属新种，定名为*Kirengeshoma palmata* Yatabe，其种加词"*palmata*"，形容其叶片为"掌状的"。

黄山梅为典型的中国—日本特有种，分布范围狭窄，仅间断分布于中国皖浙交界处的部分山区、黄山风景区以及日本和韩国的中西部地区。由于森林砍伐，生境破坏以及挖根入药等原因，致使野生植株日趋减少，已处于濒危状态。在我国，黄山梅只斑块状分布于华东地区，具体包括：皖南山区的安徽黄山风景区、清凉峰保护区和浙西北地区的天目山自然保护区、昌化龙塘山自然保护区。在清凉峰保护区，主要分布于中南坑、十八龙潭、野猪塘上部、仙人锯石下，植株多呈零星或集群分布，海拔700m～1 500m，多生长于林下阴湿处、路边或花岗岩岩石间。黄山梅大都生长在遮阴度较高的林下石壁或流水的石缝处，与之伴生的灌木或小乔木树种有天女花、圆锥绣球、金缕梅(*Hamamelis mollis*)、白檀、黄山杜鹃、鸡桑及小构树等；草本层主要为小升麻、三脉紫菀、华南落新妇、细辛、及己、唐松草、凹叶景天、车前、油点草以及六叶葎等，另外还有成片的苔藓及蕨类植物；其中天女花、圆锥绣球、小升麻、凹叶景天、苔草以及苔藓植物是其群落组成的主要成分。黄山梅分布区郁闭度较高，达到80%～90%(夏季)，地表潮湿，常有苔藓和景天科等喜湿性植物覆盖，土壤肥沃，腐殖质丰富。黄山梅对生境的严格要求可能是限制其自然分布的一个重要因素。

黄山梅种群的分布格局与大多数珍稀濒危植物自然种群一样，呈现聚集分布式样。其主要原因是：首先，黄山梅为多年生草本植物，可以利用根状茎进行无性繁殖。在无性繁殖中，黄山梅的无性系克隆植株的产生是依靠其根状茎断裂脱离母体而形成，克隆植株集生于母株周围，导致其聚集程度较高。其次，对环境条件的严格要求是导致黄山梅聚集分布的另一原因。

根据李晓红(2005)等人的研究结果,提出了黄山梅濒危的主要原因。

(1)内在因素。其一,从黄山梅的形态解剖特点看,该物种对环境条件的依赖性很强,对生境变化非常敏感,尤其对光照和水分的依赖性和敏感性极强。黄山梅叶型大,叶表皮未发生角质化,表皮细胞壁薄,因此不耐高温和干旱,也畏极端严寒。不过,黄山梅叶片上具特化的硅质表皮毛,根周皮较发达,周皮和维管柱之间具多层薄壁组织,且这些薄壁细胞内含晶体和其他后含物,有利于黄山梅保持水分和抵抗低温,这可能是黄山梅在长期的进化过程中对中高海拔生态环境条件产生的适应性进化。另外,由于黄山梅叶片栅栏组织不发达(仅一层),且排列不紧密,海绵组织细胞间隙大,而且黄山梅根系较浅,不发达,对土壤肥力要求较高,喜生于腐殖质丰富的土壤中。黄山梅形态结构的局限性和其适宜生境的狭窄性,影响了其种群规模的扩大以及对环境条件被动的适应能力。其二,黄山梅种子质量状态较差,饱满种子仅占68.60%,种子具休眠期,饱满种子的潜在萌发力较高,可达87.40%,但由于种皮和土壤微生物的限制,种子的实际萌发力显著下降,仅为28.90%,且幼苗十分脆弱,这导致黄山梅野外实生苗很少;此外由于其无性繁殖受植株年龄和山体运动的制约,因而其自然更新能力十分有限,从而严重影响其种群规模的扩大。

(2)外部因素。其一,大规模适宜生境的片断化甚至消失可能是导致黄山梅濒危的主要外部因素。黄山梅对生境要求特别苛刻,只分布在海拔700m～1 500m的林下,喜生于阴凉潮湿的岩石上或小溪边,对上层植被和地表植被的依赖性较强。由于乱砍滥伐现象的时有发生和旅游景点的不断拓展,导致黄山梅适宜生境片断化程度日益严重,种群分布范围逐渐缩小,居群间的基因交流可能会因为新的人为障碍发生而逐渐降低,这无疑将会增大居群间的分化,这种状况的长期后果是增加不同居群遭受小种群效应(近交和遗传漂变等)的风险,最终导致种群遗传多样性丧失,进而适合度下降。此外,人为采摘黄山梅的花或果,挖取其根状茎入药直接造成黄山梅的自然种群内个体的减少,从而影响其自然种群的更新能力。其二,自然灾害也是影响黄山梅生存的重要因素。黄山梅植株较高、茎秆纤细、叶片硕大,由于土层较浅,根系不发达,因而容易受雨水冲蚀而根系裸露,因大风吹拂而倒伏,甚至连根侧翻,从而增加其自然生存和繁衍的风险。除此之外,食叶虫害等对黄山梅的生长和繁殖也构成一定的威胁。由于遭受虫害的黄山梅叶片受损,必然会影响其正常的光合作用,从而使其正常的生长发育受阻,甚至导致植株因“饥饿”而衰弱死亡。

黄山梅保护措施:

(1)减少人为干扰。在清凉峰保护区,可采取图片、影像、资料等多种形式对游人进行宣传教育,引导他们积极参与植物保护,以尽量减少旅游业对黄山梅生存的影响。

(2)人工培育扩大种群。由于物种与生境的密切关系,就地保护是研究、保护和利用珍稀濒危植物的有效措施。黄山梅现有分布地虽大都位于皖浙交界处的保护区内,但由于各种因素的影响,有些地区没能实现真正的保护,因此需要保护区的管理人员在黄山梅的成熟期采集黄山梅的成熟种子,播种到当地适宜生境中,春季适时对幼苗进行管理,这样可以在人工帮助下扩大其种群规模。利用组织快繁技术摸索适合黄山梅的快繁体系,成功炼苗移栽后使其再回归自然，同时这也可为其迁地保护以及开发利用提供技术保证。

(3)迁地保护研究。由于黄山梅生境破碎化成斑块状，自然群体数量少、植株数量有限且更新能力较差，必须有计划、有目的地对其进行迁地保护。黄山梅性喜阴湿，适生于中高海拔的林下生境，因而受海拔高度和光照强度影响较大，可以先在同一山体的不同沟谷区域进行移栽，再在黄山梅现有的四个分布区之间进行相互移栽，以扩增基因交流。目前，日本已把该植物大批移栽到一些地方植物园内，且成功驯化为园艺植物，其成功移栽的原因可能在于日本地理纬度较中国华东地区高，喜阴凉的黄山梅更易在日本的平原地区移栽成活。因此，我们也可尝试把部分黄山梅移栽到植物园中并营造类似生境摸索适合其生存的最适条件，为黄山梅种质资源的保存和开发利用提供保障。此外，迁地保护要注意取样策略，由于黄山梅居群间虽存在分化，但所占比例明显低于居群内的变异水平，因而为了捕获尽量高的遗传多样性，应该遵循少取群体、群体内多取样的基本原则。迁地途径可通过收集种子、冬季移栽根状茎、春季移栽幼苗等形式。

(4)多学科研究致危过程和致濒机制。应运用多学科手段加强对其地理起源和生物学特性，特别是繁育特性的深入研究，从而揭示其濒危机制并制定相应的科学保护策略以保护黄山梅这一重要的濒危物种。

21. 花榈木

花榈木为豆科、红豆树属高大常绿乔木，在绩溪至浙江的徽杭古道边约海拔420m处，有零星分布，为重要的园林观赏树种。

22. 野大豆

野大豆为豆科一年生草本植物，是野生优良原生种，多分布于区内的林中空地上。

23. 羊角槭

羊角槭为槭树科落叶乔木，区域内特有第三纪残遗种，在清凉峰海拔800m～1 000m的山谷和山坡林中，均可见到其零星散生。其主要特征是小坚果两翅张开近于水平或稍向后反卷，翅果上密被土黄色短绒毛。

24. 喜　树

喜树为蓝果树科、旱莲木属落叶大乔木，由人工栽培逸为野生，具有重要的药用价值。

25. 香果树

香果树为茜草科、香果树属的落叶大乔木。在北坡的中南坑、下横路、三元门凹、栈岭、木沟塔、下坳、野猪塘、荒坑，南坡的老拐对、猴生石、滴水岩、三河口，均可见到3株～5株成群的小片林；树冠丰满、干皮斑驳，大枝轮生、叶片硕大，聚伞花序顶生、萼裂片耀眼、花香浓烈持久，是不可多得的观赏植物资源。

26. 七子花

七子花又名浙江七子花，为忍冬科、七子花属落叶小乔木。它的每个头状花序一般包含7朵花，其中6朵花围绕中间一朵花，因此得名。它的属名——七子花属(*Heptacodium*)起源于希腊语hepta(7)和kodeia(头状花序植物)，暗示了它的植物学特征。七子花主要见于东南坡海拔700m～800m的山坡或山谷溪边灌丛中，一年开花2次，为我国特有种，具有较高的观赏价值。

3.3.5 安徽省级珍稀树种

1. 南方铁杉

南方铁杉为松科、铁杉属常绿大乔木，主要分布于南、北坡海拔800m～1 600m，如野猪塘、十八龙潭、老拐对上、仙人锯石下等处，均有小片群落分布，通常生长在沟边的崖壁上，树下偶尔可见到种子苗，有一定的自然更新能力，但缺少与地带性优势树种的竞争力，应重视保护和人工繁育。

2. 高山柏

高山柏为柏科、圆柏属常绿灌木或小乔木，海拔1 150m的沟谷两侧悬崖陡坡上有零星散生分布，可作绿化栽培。

3. 粗　榧

粗榧为三尖杉科、三尖杉属的常绿小乔木或灌木，分布于海拔500m以下的林下，可用于园林绿化，也是重要的药用植物。

4. 三尖杉

三尖杉为三尖杉科、三尖杉属常绿小乔木，垂直分布于海拔300m～900m，散生于常绿、落叶阔叶混交林中，耐阴性强，多生长于沟谷，具有较高的药用价值，可作为园林绿化树种。

5. 青钱柳

青钱柳为胡桃科、青钱柳属落叶大乔木，分布于南北坡海拔800m～1 500m的林中。它材质优良、树姿优美、果似串串青钱，是优良绿化和造林树种。其叶片具有很高的药用价值，具有降血糖的特殊功效，近年已经引起了人们的高度关注，开始培育苗木实施人工造林。

6. 天目朴

天目朴为榆科、朴属落叶大乔木，分布于海拔700m～1 500m的山谷和溪边林下，如栈岭湾沟谷，现已大量用于园林绿化，也是重要的用材树种。

7. 青　檀（*Pteroceltis tatarinowii*）

青檀为榆科、青檀属落叶乔木，我国特有属种，在荒坑海拔980m～1 000m处，有少量分布，其树皮为制造宣纸的主要原材料。

8. 杜　仲

杜仲为杜仲科、杜仲属落叶乔木，我国特有单种科属珍稀药用植物，树高达20m。小枝光滑，黄褐色或较淡，具片状髓。皮、枝及叶片均含胶质。单叶互生；椭圆形或卵形，长7cm～15cm，宽3.5cm～6.5cm，先端渐尖，基部广楔形，边缘有锯齿，幼叶上面疏被柔毛，下面毛较密，老叶上面光滑，下面叶脉处疏被毛；叶柄长1cm～2cm。花单性，雌雄异株，与叶同时开放，或先叶开放，生于一年生枝基部苞片的腋内，有花柄；无花被；雄花有雄蕊6枚~10枚；雌花有一裸露而延长的子房，子房1室，顶端有2叉状花柱。翅果卵状长椭圆形，扁平，先端下凹，内有种子1粒。花期4月~5月，果期9月。在清凉峰保护区分布于海拔600m以下的林中，如北坡班肩坞、南坡朱家舍有散生分布。

9. **天目木兰**

天目木兰为木兰科、木兰属落叶大乔木。在清凉峰保护区，海拔800m~1 100m的山坡及沟谷两侧常绿—落叶混交林中有较多的散生分布。早春先花后叶，花呈淡红色，满树繁花，香味馥郁，为珍贵观赏树种，近10多年引种到淮河以北地区生长良好，表现出极强的适应性。

10. **黄山木兰**

黄山木兰为木兰科、木兰属落叶乔木。在清凉峰保护区南、北坡海拔750m~1 650m的阔叶林中有较多的散生，有的3株~5株构成小居群。黄山木兰3月开花，洁白中夹杂着紫红，清香四溢，非常亮丽，其花苞可代替名贵中药材辛夷。

11. **天女花**

天女花为木兰科、木兰属落叶灌木或小乔木，常生长于海拔1 000m~1 700m湿润沟谷两侧的坡地中，如北坡的中南坑、南坡的仙人踞石下均有小片比较单纯的群落。它花叶同时，花色洁白美丽、清香四溢，果实奇特、种粒鲜红如玛瑙，为著名的观赏树种。

12. **天目木姜子**

天目木姜子为樟科、木姜子属落叶大乔木，在清凉峰保护区北坡横岩下、十八龙潭等处，南坡仙人锯石下、老拐对上等地段，海拔700m~1 200m湿润山谷两侧的阔叶林中有较多的散生分布，有时3株~5株形成小的居群。其树干上树皮块状脱落后呈斑驳状，明暗相间，很有特色；树干挺拔高耸，花序先叶扬芳，叶片硕大浓绿，具有极高的观赏价值。

13. **领春木**

领春木为领春木科、领春木属的落叶大乔木。在北坡海拔900m~1 200m的荒坑崖、横岩下、十八龙潭、栈岭、大湾顶等处，南坡海拔1 000m~1 300m处的仙人踞石下沟谷中，均有不少比较集中的居群。平均高度在5m~9m，胸径8cm~10cm，盖度90%，个体多呈丛生状，面积达60 hm^2。有不少植株大量结实，可作为重要的采种资源加以保护。此外，其树干上瘤点排序别致，仿佛高质量的刺绣一般，是不可多得的观干兼赏叶树种。

14. **紫　茎**

紫茎为山茶科、紫茎属落叶大乔木。在清凉峰保护区的南、北坡，海拔700m~1 650m的山坡或沟谷两侧阔叶林中均有零星分布。它树干通直、树形端庄、树皮光滑，花色洁白，为重要的后备园林绿化树种。

15. **黄山花楸**

黄山花楸为蔷薇科、花楸属落叶大灌丛或小乔木，常见生长于海拔1 100m~1 700m山顶部的山地矮林中，多与黄山松、湖北海棠、安徽杜鹃等形成矮林群落。它树形优美，春季满树繁花，深秋果实殷红，是为珍贵的观赏树种。

16. **巨紫荆**

巨紫荆为豆科、紫荆属落叶大乔木，花期4月，果期10月～11月，花色紫红、荚果密集，有较高的观赏价值。在清凉峰保护区海拔450m～1 450m的山谷溪边有野生，因其树干通直、枝冠庞大、花色紫红，且先花后叶，是重要的用材和优美庭院观赏树种。

17. **安徽槭**

安徽槭为槭树科、槭属落叶小乔木，生于海拔820m～1 450m的山地落叶阔叶林中，如银孔洞，为稀有的园林绿化树种。

18. **银鹊树**

银鹊树为省沽油科、银鹊树属落叶大乔木。在中南坑、十八龙潭、下横路、栈岭、朱家舍上、三河口下等地，海拔600m～1 100m的山谷坡地疏林中，可见到大小不等的群落，有时甚至可见到树干伟岸的合抱大树。它树形优美、秋叶金黄、花香较浓，是重要的园林观赏树种。

19. **毛柄小勾儿茶**

毛柄小勾儿茶为鼠李科、小勾儿茶属落叶小乔木。在阴山、栈岭湾有分布，因被樵薪，多呈丛生灌木状；但在沟谷和林缘尚可见到高8m、胸径10cm的小乔木。它为第三纪孑遗植物，已临濒危境地，属极小种群物种，应妥善加以保护和繁育。

20. **天目瑞香**（*Daphne grueningiana*）

天目瑞香为瑞香科、瑞香属常绿灌木，分布于海拔500m～950m的沟边、杂木林下，可用作盆栽观赏。

21. **刺楸**（*Kalopanax septemlobus*）

刺楸为五加科、刺楸属落叶大乔木。刺楸高10m～15m，枝干有宽扁粗皮刺。单叶互生，叶片横径7cm～20cm，掌状5～7裂，裂片三角状卵圆形至椭圆状卵形，顶端渐尖或长尖，边缘有细锯齿，无毛或背面基部脉腋有簇生毛；叶柄长6cm～13cm。伞形花序聚生成顶生圆锥状；花瓣5，白色；子房下位，2室。果球形，径4mm～5mm，熟时蓝黑色。花期7月～8月，果熟期10月～11月。其树皮具有较高的药用价值，种子含油量约38%，供制肥皂等用；木材硬度适中，可作建筑用材。

22. **安徽杜鹃**

安徽杜鹃为杜鹃花科、杜鹃花属常绿灌木或小乔木，生长于海拔1 000m～1 700m的沟谷、山脊和山顶。它为安徽特有的珍贵杜鹃种类。安徽杜鹃又称皖杜鹃、黄山杜鹃，由金陵大学农学院的美籍植物学家史德蔚教授，于1923年首先在黄山采集标本，并由植物采集专家威尔逊于1925年以安徽杜鹃为名发表，后经植物分类学家张伯伦先生研究发现，与分布于川、黔、鄂一带的“麻花杜鹃”（*Rhododendron macullferum* Franch.）非常接近，将其归为“麻花杜鹃”的亚种，其学名为*Rhododendron macullferum* Franch. subsp. *anhweiense*（*Wils.*）Chamb.。

安徽杜鹃叶片革质，簇生于枝顶，卵状披针形，叶缘反卷；花6朵～10朵形成顶生的圆锥花序；花冠钟形、5裂，粉红、淡紫至乳白色，略有芳香；花期5月～6月，果熟期9月～10月。它性喜凉爽、湿润和半阴的环境；耐寒性强，不耐干旱、炎热和空气干燥；喜散射光，忌高温下的强光曝晒；喜疏松肥沃，排水良好的高山腐殖土，忌板结、积水和碱性土。

在清凉峰的山顶开阔地带，多呈球形树冠。花色始开为紫红、桃红色，后逐渐变为浅红色至乳白色，形成"万紫千红染山峦"的宏大景观场面。5月盛花时，满山遍野、铺天盖地，集白、红、粉、紫于一树，芬芳绚丽，极为壮观。1986年3月1日安徽省人大6届20次常委会批准为安徽省省花。

23.**猬实**（*Kolkwitzia amabilis*）

猬实为忍冬科、猬实属落叶灌木。在清凉峰保护区海拔350m以下的山谷或山坡灌丛中偶见有散生，为重要的园林绿化花木。

24. **短穗竹**

短穗竹为禾本科、短穗竹属灌木状竹类。在清凉峰保护区的南、北坡海拔550m～750m，有零星分布，是我国单种属竹类，已临濒危状态，应切实加以保护。

25. **天目早竹**

天目早竹为禾本科竹亚科、刚竹属灌木状竹类，分布于海拔450m～550m，该竹笋期早、产量高、笋味美，在区外围有广泛栽培。

3.3.6 药用植物

清凉峰保护区地处北纬30°，距离东海160km，这里的森林植被得到良好的发育和保存，生态系统比较完善，植物资源相当丰富。经初步统计，区内有已知植物1 570种，隶属于246科，其中具有药用价值的约有424种，隶属122科。这些药用植物中有不少种类属于国家级或省级重点保护野生植物，如银杏、金钱松、凹叶厚朴、鹅掌楸、天竺桂、天目木姜子、杜仲、三尖杉、粗榧等。有的具有很高药用价值，如浙贝母、白术、短萼黄连、山茱萸、八角莲、华东唐松草、七叶一枝花、茯苓、灵芝、银耳等。此外，在清凉峰保护区考察中还发现了一些不太常见的药用植物，如白须草（*Parnassia foliosa*）、细茎石斛、扇脉杓兰、竹节人参等。可以说，清凉峰是一个天然的药用植物宝库。

3.3.7 观赏植物

清凉峰保护区有着十分丰富的观赏植物资源，有的种类可抚干摩叶，有的种类可观花赏果，而不少种类则是叶、花、果兼赏，色、香、韵并美。由于这些观赏植物的大量存在和成片分布，构成了一年四季不同、阴晴雨雪变幻的独特山岳植物景观。如春日里，喷粉吐朱、清香浮动的安徽杜鹃花毯，流光溢彩、五色缤纷的小叶黄杨群丛，灿若云霞、蔚为壮观的映山红矮林，可谓美不胜收。盛夏时，气势磅礴的黄山松林，林涛阵阵；一碧万顷的玉山竹海，推波助澜，一个清凉的绿色世界。深秋来临，花楸、荚蒾、海棠脱去绿衣，举起红艳的果实，铺天盖地、鲜艳张扬，更显得分外撩人，让你流连忘返。隆冬时节，满山树木，抖去往常的华丽，一派银装素裹，仿佛冰雕玉砌一般，可谓是澄清玉宇、人间天堂。据多次调查结果的初步统计，在清凉峰保护区约有观叶植物120多种，观花植物100多种，观果植物40多种，是名副其实的观赏植物种质资源宝库。

1. 观叶类植物

井口边草(*Pteris multifida*)、石韦、庐山石韦、毡毛石韦(*Pyrrosia drakeana*)、卷柏、黄山鳞毛蕨；银杏、黄山松、金钱松、高山柏、刺柏、红豆杉、南方红豆杉；鹅掌楸、红茴香(*Illicium henryi*)、天竺桂、细叶香桂、三桠乌药、乌药、天目木姜子、红脉钓樟、山胡椒、香樟、薄叶楠、紫楠、黑壳楠(*Lindera megaphylla*)、台楠、枇杷(*Eriobotrya japonica*)、三白草(*Saururus chinensis*)、石楠、毛叶石楠(*Photinia villosa*)、石斑木、花榈木、老鼠矢、四川山矾(*Symplocos setchuensis*)、红淡比、灯台树、毛梾(*Swida walteri*)、连香树、蓝果树、树参、吴茱萸叶五加(*Acanthopanax evodiaefolius*)、中华常春藤、接骨木(*Sambucus williamsii*)、杨梅叶蚊母树、枫香、尖叶黄杨(*Buxus aemulans*)、小叶黄杨、交让木、虎皮楠(*Daphniphyllum oldhamii*)、甜槠、苦槠、细叶青冈、朴树(*Celtis sinensis*)、青檀、黄山栎、华西枫杨、长序榆、榉树、薜荔(*Ficus pumila*)、珍珠莲、糯米椴、南京椴(*Tilia miqueliana*)、华东椴、梧桐(*Firmiana simplex*)、重阳木(*Bischofia polycarpa*)、乌桕(*Sapium sebiferum*)、白乳木、木荷、格药柃、翅柃、华东山柳、小果南烛、马醉木、乌饭树、米饭花、赤楠、大叶冬青、冬青、香冬青、具柄冬青、枸骨冬青(*Ilex cornuta*)、扶芳藤(*Euonymus fortunei*)、福建假卫矛、毛枳椇(*Hovenia trichocarpa* var. *robusta*)、南枳椇(*Hovenia acerba*)、雀梅藤、柞木(*Xylosma japonicum.*)、爬山虎(*Parthenocissus tricuspidata*)、黄山栾树(*Koelreuteria bipinnata* var. integrifoliola)、黄连木、盐肤木、木蜡、安徽槭、三角枫(*Acer buergerianum*)、苦茶槭(*Acer ginnala* subsp. *theiferum*)、青榨槭、天目槭、鸡爪槭、雪柳、女贞(*Ligustrum lucidum*)、水蜡树(*Ligustrum obtusifolium*)、小蜡(*Ligustrum sinense*)、香果树、玉叶金花(*Mussaenda esquirolii*)、黄荆(*Vitex negundo*)、木通、安徽小檗、蚝猪刺(*Berberis julianae.*)、蘘荷(*Zingiber mioga*)、天门冬、麦冬、白穗花、山麦冬、阔叶土麦冬、菖蒲(*Acorus calamus*)、棕榈(*Trachycarpus fortunei*)、阔叶箬竹、早园竹、刚竹、毛金竹、鄂西玉山竹。

2. 观花类植物

天目木兰、黄山木兰、天女花、玉兰、凹叶厚朴、乳源木莲、棣棠、东亚唐棣(*Amelanchier asiatica.*)、梅(*Prunus mume*)、桃(*Amygdalus persica*)、李(*Prunus salicina*)、杏(*Armeniaca vulgaris*)、郁李(*Cerasus japonica*)、棠梨(*Pyrus betulaeflia.*)、微毛樱(*Cerasus clarofolia*)、山樱、湖北海棠、软条七蔷薇(*Rosa henryi*)、粉花蔷薇(*Rosa multiflora* var. *cathayensis*)、金樱子、钝叶蔷薇、三叶海棠(*Malus sieboldii*)、麻叶绣线菊(*Spiraea cantoniensis*)、云实(*Caesalpinia decapetala*)、紫荆(*Cercis chinensis*)、巨紫荆、华东木蓝(*Indigofera fortunei*)、锦鸡儿(*Caragana sinica*)、美丽胡枝子(*Lespedeza bicolor* subsp. *formosa*)、紫藤、香花崖豆藤(*Millettia dielsiana*)、黄山溲疏、山梅花(*Philadelphus incanus*)、白鹃梅(*Exochorda racemosa*)、

中华绣球、黄山梅、赛山梅(*Styrax confusus*)、垂珠花(*Styrax dasyanthus*)、玉玲花、郁香野茉莉(*Styrax odoratissimus*)、赤杨叶、山矾、金银花、金银木(*Lonicera maackii*)、天目琼花、蝴蝶戏珠花(*Viburnum plicatum* f. *tomentosum*)、水马桑(*Weigela japonica* var. *sinica*)、细叶水团花(*Adina rubella*)、猬实、蜡瓣花、金缕梅、银缕梅、檵木、结香(*Edgeworthia chrysantha*)、紫花地丁(*Viola yedoensis*)、连蕊茶、油茶(*Camellia oleifera*)、灯笼花、云锦杜鹃、安徽杜鹃、杜鹃、白花杜鹃(*Rhododendron mucronatum*)、马银花、满山红、鹿角杜鹃、金丝桃(*Hypericum monogynum*)、南紫薇(*Lagerstroemia subcostata*)、醉鱼草(*Buddleja lindleyana*)、金钟花(*Forsythia viridissima*)、桂花(*Osmanthus fragrans*)、栀子(*Gardenia jasminoides*)、六月雪、独蒜兰(*Pleione bulbocodioides*)、乌头、黄山乌头、秋牡丹(*Anemone hupehensis* var. *japonica*)、大花威灵仙(*Clematis courtoisii*)、粗齿铁线莲(*Clematis argentilucida*)、剪秋罗(*Lychnis senno*)、费菜(*Sedum aizoon*)、落新妇(*Astilbe chinensis*)、桔梗(*Platycodon grandiflorus*)、沙参(*Adenophora stricta*)、黄山风毛菊、白花泡桐(*Paulownia fortunei*)、苦苣苔(*Conandron ramondioides*)、中华秋海棠(*Begonia sinensis*)、婺源凤仙花(*Impatiens wuyuanensis*)、牯岭凤仙花(*Impatiens davidii*)、芫花(*Daphne genkwa*)、黄花远志(*Polygala arillata*)、龙胆(*Gentiana scabra*)、紫花络石(*Trachelospermum axillare*)、四照花、兰香草(*Caryopteris incana*)、海州常山(*Clerodendrum trichotomum*)、七叶一枝花、荞麦叶大百合(*Cardiocrinum cathayanum.*)、萱草、紫萼、药百合(*Lilium speciosum* var. *gloriosoides*)、条叶百合、卷丹(*Lilium lancifolium*)、天南星(*Arisaema heterophyllum*)、石蒜(*Lycoris radiata*)、射干、玉蝉花、蝴蝶花(*Iris japonica*)、春兰、蕙兰、白芨、扇脉杓兰、虾脊兰(*Calanthe discolor*)。

3. 观果类植物

南五味子、木爪(*Chaenomeles sinensis.*)、栀子、平枝栒子(*Cotoneastar horizontalis*)、湖北海棠、野山楂(*Crataegus cuneata*)、水榆花楸、尖嘴林檎(*Malus melliana*)、黄山花楸、山茱萸、青钱柳、栝楼(*Trichosanthes kirilowii*)、油桐(*Vernicia fordii*)、猕猴桃、尾叶冬青(*Ilex wilsonii*)、朱砂根(*Ardisia crenata*)、紫金牛、野柿(*Diospyros kaki*)、君迁子(*Diospyros lotus*)、老鸦柿(*Diospyros rhombifolia*)、肉花卫矛(*Euonymus carnosus*)、垂丝卫矛(*Euonymus oxyphyllus*)、丝绵木(*Euonymus bungeana*)、青皮木(*Schoepfia jasminodora*)、胡颓子(*Elaeagnus pungens*)、茵芋(*Skimmia reevesiana*)、野鸦椿、华紫珠(*Callicarpa cathayana*)、日本紫珠(*Callicarpa japonica*)、南天竹(*Nandina domestica*)、阔叶十大功劳、薏苡(*Coix lacryma－jobi*)、小勾儿茶、楝树、圆叶鼠李、接骨木、枸杞(*Lycium chinense*)、南蛇藤。

第四章　脊椎动物

在清凉峰保护区内，群峰林立，沟壑纵横，地势自东南向西北倾斜，最高峰海拔1 787.40m，为天目山系主峰，也是皖南第二高峰(仅次于黄山)。清凉峰保护区自然生态比较完整，野生植物资源丰富且集中，属典型的中亚热带以常绿阔叶林为主的森林生态类型。区内亚热带湿润季风气候和优越的自然地理条件以及丰富的植物资源，为野生动物的生存繁衍提供了良好的生态环境。以往对清凉峰保护区脊椎动物区系的调查资料较少，仅见于盛和林等(1963)、王岐山等(1966)、黄文几等(1978)和徐亚君(1981，1982)、罗贤星等(1991)有关文献。2004年11月在清凉峰自然资源综合考察期间，对清凉峰保护区的野生动物资源进行了系统调查，基本上掌握了区内的野生动物资源状况。清凉峰保护区已知有野生脊椎动物377种，隶属于34目、100科。

4.1　脊椎动物区系特征

清凉峰保护区的脊椎动物按栖息生境、生态习性等特征可分为两大类，一类是水生脊椎动物，另一类是陆生脊椎动物。

4.1.1　水生脊椎动物区系

经初步调查，在清凉峰保护区发现鱼类2目、12科、42种(附录4)，其中鲤形目(Cypriniformes)3科、30种，非鲤形目9科、12种，以鲤形目为主，其中鲤科(Cyprinidae)共23种，是种类最多的一科。

清凉峰保护区鱼类区系成分较为复杂。从42种鱼类看，鳗鲡属降河洄游性鱼类，其余41种属淡水性鱼类。就已知的41种淡水鱼类区系而言，以鲤科中的鲤亚科(Cyprininae)、鳅鮀亚科(Gobiobotinae)、雅罗鱼亚科(Leuciscinae)和鮈亚科(Gobioninae)的一些特殊种类所构成的江河平原鱼类为主体，代表性种类有鲫鱼、裸胸鳅鮀(*Gobiobotia tungi*)、赤眼鳟(*Spualiobarbus curriculus*)等。另外，既有老第三纪广泛分布的原始鲤科鲃亚科(Barbinae)的后裔种类如刺鲃(*Barbodes fasciatus*)等；又分布有平鳍鳅科(Homalopteridae)、鮡科(Sisoridae)、刺鳅科(Mastacembelidae)、塘鳢科(Eleotridae)、鰕虎鱼科(Gobiidae)等东洋界暖水性鱼类，代表性种类有原缨口鳅(*Vanmanenia stenosoma*)、福建纹胸鮡(*Glyptothorax fukiensis*)、刺鳅、沙塘鳢(*Odontobutis obscura*)、子陵栉鰕虎鱼(*Ctenogobius giurinus*)等。

4.1.2 陆生脊椎动物区系

清凉峰保护区陆生脊椎动物属于东洋界华中区东部丘陵平原亚区江南丘陵省——亚热带林灌农田动物群。区内已知所分布的335种陆生脊椎动物中,东洋界种类221种,古北界种类114种,两者之比为1.90:1。

1. 两栖动物

清凉峰保护区两栖动物已知有2目、8科、28种(附录5)。从地理型分析,东洋界种类24种,占85.70%,常见的代表种类有东方蝾螈、无斑肥螈、淡肩角蟾、中国雨蛙、虎纹蛙、大绿臭蛙、棘胸蛙、武夷湍蛙、斑腿泛树蛙、饰纹姬蛙等;属于古北界的有大鲵、中华蟾蜍、黑斑侧褶蛙、金线侧褶蛙4种,占14.30%。东洋界种和古北界种两者之比为6:1,东洋界种类占明显优势。

2. 爬行动物

清凉峰保护区爬行类已知有3目、9科、50种(附录6)。从地理型分析,东洋界41种,占82%,常见的代表性种类有平胸龟、黄缘盒龟(*Cistoclemmys flavomarginata*)、蓝尾石龙子(*Eumeces elegans*)、蝘蜓(*Lygosoma indicum*)、双斑锦蛇(*Elaphe bimaculata*)、王锦蛇、乌梢蛇、眼镜蛇、尖吻蝮、竹叶青等;古北界9种,占18%,常见种类有北草蜥、赤链蛇等。东洋界种和古北界种两者之比约为4.60:1,以东洋界种类为主。广泛分布于古北界和东洋界的红点锦蛇、虎斑游蛇、中华鳖(*Trionyx sinensis*)等在区内较常见。

3. 鸟　类

清凉峰保护区已知鸟类计16目、51科,共201种,其中,留鸟96种(占47.76%),夏候鸟46种(占22.89%),冬候鸟28种(占13.93%),旅鸟31种(占15.42%)(附录7)。由此可知,清凉峰保护区以留鸟和夏候鸟为主。在201种鸟类中,属于东洋界的有114种(占56.72%),常见的代表性种类有池鹭(*Ardeola bacchus*)、牛背鹭(*Bubulcus ibis*)、白鹭(*Egretta garzetta*)、赤腹鹰、白鹇、勺鸡、白颈长尾雉、红脚苦恶鸟(*Amaurornis akool*)、四声杜鹃(*Cuculus micropterus*)、大杜鹃(*Cuculus canorus*)、斑头鸺鹠、白腰雨燕、斑鱼狗(*Ceryle rudis*)、蓝翡翠(*Halcyon pileata*)、领雀嘴鹎(*Spizixos semitorques*)、白头鹎(*Pycnonotus sinensis*)、丝光椋鸟、红嘴蓝鹊、褐河乌(*Cinclus pallasii*)、画眉、红嘴相思鸟、暗绿绣眼鸟(*Zosterops japonicus*)等;属于古北界的有87种(占43.28%),常见的代表性种类有绿头鸭(*Anas platyrhynchos*)、斑嘴鸭(*Anas poecilorhyncha*)、雀鹰、北红尾鸲(*Phoenicurus auroreus*)、灰背鸫(*Turdus hortulorum*)等。由此可知,清凉峰保护区鸟类以东洋界种为主。

4. 兽　类

清凉峰保护区兽类已知有8目、20科、56种(附录8)。从地理型分析,东洋界种类42种,占75%,常见的代表性种类有华南兔、赤腹松鼠、黄腹鼬、黄麂、黑麂、猕猴等;古北界种类14种，占25%，常见的代表性种类有北方刺猬、褐家鼠、野猪、狗獾等。东洋界种和古北界种两者之比约为3:1，东洋界种占明显优势。从种数看，以食肉目(Carnivora)5科、20种，啮齿目(Rodentia)3科、16种，偶蹄目(Artiodactyla)3科、7种为主，该3个目的物种数占总种类的76.79%，表现出明显的山地森林兽类特征。

以上4类陆生脊椎动物地理型比较，如表4-1所示。

表4-1　清凉峰保护区陆生脊椎动物各纲地理型比较

动物类群 地理型	两栖类	爬行类	鸟类	兽类	总计
东洋界	24	41	114	42	221
古北界	4	9	87	14	114
东洋种:古北种	6:1	4.60:1	1.30:1	3:1	1.90:1

4.2　脊椎动物种类及其分布

4.2.1　鱼　纲

清凉峰保护区山谷溪流以及农耕区河塘中蕴藏着较为丰富的鱼类资源，本次调查，发现42种鱼类，隶属于5目、12科、28属。该地区鱼类可分成两种类型，一种类型是淡水性鱼类，共有41种，占绝大部分，常见种类有侧条光唇鱼、鲫鱼、麦穗鱼、棒花鱼、中华鳑鲏、泥鳅、黄颡鱼、黄鳝、刺鳅等；另一种类型是降河洄游性鱼类，只有鳗鲡一种，鳗鲡同时也是一种名贵的经济鱼类。

4.2.2　两栖纲

清凉峰保护区属亚热带湿润季风气候，区内山势陡峭、沟壑纵横、溪流密布，优越的气候地理条件，孕育出区内丰富的两栖动物资源，经初步调查，该地区已知分布有28种两栖动物，隶属于2目、8科、12属，其中以东洋界种类占明显优势。

两栖类在农田湿地生境中的优势种有泽陆蛙(*Fejervarya limnocharis*)、沼水蛙(*Hylarana guentheri*)、黑斑侧褶蛙、金线侧褶蛙、中华蟾蜍，其次是饰纹姬蛙、虎纹蛙等。在低山丘陵次生林灌中，以镇海林蛙(*Rana zhenhaiensis*)、棘胸蛙、斑腿泛树蛙等为优势种。在山地以棘胸蛙、淡肩角蟾、三港雨蛙(*Hyla sanchiangensis*)、花臭蛙(*Rana schmackeri*)以及有尾类的无斑肥螈等种类较为常见。

4.2.3　爬行纲

清凉峰保护区已知分布有爬行动物50种，隶属于3目、9科、33属。其中，最常见的蛇类是华游蛇(*Natrix percarinata*)、王锦蛇、水赤链游蛇(*Natrix annularis*)、眼镜蛇、尖吻蝮、竹叶青、烙铁头等南方种类，广布于北方的蝮蛇，在该地区亦较常见；蜥蜴类中最常见的是北草蜥、蓝尾石龙子、蝘蜓等；龟鳖类中最普遍的是乌龟、中华鳖、平胸龟等。爬行动物的冬眠现象较为明显，几种蜥蜴、红点锦蛇、银环蛇等在平均气温降至10℃左右即行入蛰，自11月至翌年3、4月份均为冬眠期。

4.2.4 鸟 纲

清凉峰保护区已知分布有鸟类201种，隶属于16目51科。在201种鸟类中，雀形目(Passeriformes)计有116种，占总种数的57.71%；另有非雀形目鸟类85种，如表4-2所示。

表4-2 清凉峰保护区鸟类各目种数比较

目	鸊鷉目	鹳形目	雁形目	隼形目	鸡形目	鹤形目	鸻形目	鸥形目	鸽形目	鹃形目	鸮形目	夜鹰目	雨燕目	佛法僧目	䴕形目	雀形目
种数	1	9	9	10	5	3	10	1	3	7	9	1	2	8	7	116
百分比(%)	0.50	4.48	4.48	4.97	2.49	1.49	4.97	0.50	1.49	3.48	4.48	0.50	1	3.98	3.48	57.71

在201种鸟类中，留鸟96种，占全部种类的47.76%，夏候鸟46种，占全部种类的22.89%，冬候鸟28种，占全部种类的13.93%，旅鸟31种，占全部种类的15.42%(如表4-3所示)。留鸟占到全部种类的将近一半，体现了我国江南鸟类组成的特点。

表4-3 清凉峰保护区鸟类各季节型种数比较

季节型	留鸟	夏候鸟	冬候鸟	旅鸟
种数	96	46	28	31
百分比(%)	47.76	22.89	13.93	15.42

清凉峰保护区的鸟类的生态分布呈现以森林鸟类为主的特点，分布在该生境的鸟类主要由隼形目(Falconiformes)、鸡形目(Galliformes)、鹃形目(Cuculiformes)、鸮形目(Strigiformes)、夜鹰目(Caprimulgiformes)、䴕形目(Piciformes)，以及雀形目部分种类组成；溪流鸟类由鸊鷉目(Podicipediformes)、鹳形目(Ciconiiformes)、雁形目、鹤形目(Gruiformes)、鸻形目、鸥形目(Lariformes)，以及雀形目部分种类组成。由于该地区缺乏大型水面，故而雁形目、鸻形目鸟类在春秋季节迁徙时只在该地区做短暂停留，很少在该地区越冬；农田居民区鸟类以雀形目为主，其中以燕科(Hirundinidae)、椋鸟科(Sturnidae)、鹎科(Pycnonotidae)、鸦科(Corvidae)、文鸟科(Ploceidae)、雀科(Fringillidae)种类较为常见。

4.2.5 兽 纲

清凉峰保护区的兽类已知有8目、20科、45属、56种。从种数看，以食肉目5科、20种，啮齿目3科、16种，偶蹄目3科、7种为主，如表4-4所示，具有明显的山地森林兽类特征。

表4-4 清凉峰保护区兽类各目种数比较

目	食虫目	翼手目	鳞甲目	兔形目	啮齿目	食肉目	偶蹄目	灵长目
种数	3	5	1	2	16	20	7	2
百分比(%)	5.36	8.93	1.79	3.57	28.57	35.71	12.50	3.57

清凉峰保护区的有蹄类相当丰富,其中最常见的是猪科(Suidae)的野猪,鹿科(Cervidae)的黄麂、毛冠鹿等。该地区灵猫科(Viverridae)种类如大灵猫、小灵猫、花面狸、食蟹獴(*Herpestes urva*)等为小型食肉兽。鼬科(Mustelidae)的黄腹鼬、黄鼬和松鼠科(*Sciuridae*)的赤腹松鼠为常见种类。大型食肉兽如云豹、金钱豹在该地区也有分布。

4.3 动物生态类群及其特征

4.3.1 动物生态类群组成

清凉峰保护区的脊椎动物可分成四个有代表性的动物生态类群,即农田居民区动物群、溪流动物群、山坡灌丛动物群、阔叶林动物群。

1. 农田居民区动物群

农田居民区主要是指山区居民住地及附近的稻田、旱地等。农田居民区动物群与人类关系最为密切,代表性动物为中华蟾蜍、王锦蛇、乌梢蛇、树麻雀(*Passer montanus*)、金腰燕(*Hirundo daurica*)、八哥、白腰文鸟(*Lonchura striata*)、乌鸫(*Turdus merula*)、华南兔、野猪、褐家鼠等。

2. 溪流动物群

清凉峰保护区分布着许多山谷溪流,山上水流较急,溪流间有许多大小不等的石块。溪流两岸是茂密的乔木和灌丛,山下水流趋于平缓,岸边出现开阔空地。溪流动物群主要由鱼类、两栖爬行动物、水鸟等构成,代表性动物为光唇鱼(*Acrossocheilus fasciatus*)、鲫鱼、麦穗鱼、泥鳅、黄颡鱼、东方蝾螈、无斑肥螈、大绿臭蛙、花臭蛙、凹耳臭蛙(*Odohana tormotus*)、中华鳖、红点锦蛇、红尾水鸲(*Rhyacornis fuliginosus*)、褐河乌、白冠燕尾(*Enicurus leschenaulti*)等。

3. 山坡灌丛动物群

山坡灌丛主要是指低山及村落附近的山地,灌木和草本植物混生,动物的栖息和觅食条件优越。山坡灌丛动物群主要由鸟类、小型兽类及一部分爬行动物构成,代表性动物为北草蜥、蓝尾石龙子、灰胸竹鸡(*Bambusicola thoracica*)、棕头鸦雀、强脚树莺(*Cettia fortipes*)、黑脸噪鹛(*Garrulax pectoralis*)、白腰文鸟、华南兔、狗獾等。

4. 阔叶林动物群

清凉峰保护区海拔700m以上的广大区域内分布着常绿阔叶林和落叶阔叶林。阔叶林动物群主要由噪鹛类、雉鸡类、较大型兽类构成,代表性动物为棕噪鹛(*Garrulax poecilorhynchus*)、画眉、红嘴相思鸟、灰翅噪鹛、白鹇、勺鸡、白颈长尾雉、云豹、金钱豹、黑麂、鬣羚等。

4.3.2 脊椎动物的垂直分布

清凉峰保护区的植被基本符合亚热带山地植被垂直分布规律。由于南北坡光照、温度等生态因子的差异不同,北坡常绿树种较少,南坡和西南坡植被垂直带较北坡明显。野生动物的分布与植被有着密切的关系,其分布也有较明显的垂直地带性。

清凉峰保护区植被自下而上可分为五个垂直分布带,即常绿阔叶林带,常绿—落叶阔叶混交林带,落叶阔叶林带,山地矮林与灌丛带,高山草甸带,如表4-5所示。各个分布带内均有一些代表性动物种类。

表4–5 清凉峰保护区野生动物的垂直分布

垂直分布带	海 拔	代表性动物
常绿阔叶林带	300m ~ 700m	红嘴蓝鹊、棕背伯劳、黑枕黄鹂、喜鹊、强脚树莺、发冠卷尾(*Dicrurus hottentottus*)、华南兔、黄麂、野猪、黑斑蛙、北草蜥、乌梢蛇、红点锦蛇等
常绿—落叶阔叶混交林带	700m ~ 1 200m	小杜鹃(*Cuculus poliocephalus*)、灰林鵖(*Saxicola ferrea*)、红嘴相思鸟、棕噪鹛、灰树鹊(*Dendrocitta formosae*)、勺鸡、白颈长尾雉、猕猴、鬣羚、黑麂、黄麂、东方蝾螈、王锦蛇、黑眉锦蛇、烙铁头等
落叶阔叶林带	1 200m ~ 1 500m	黑[短脚]鹎(*Hypsipetes leucocephalus*)、灰翅噪鹛、红头[长尾]山雀(*Aegithalos concinnus*)、黄腹山雀、鬣羚、斑羚等
山地矮林与灌丛带	1 500m ~ 1 700m	煤山雀、蓝鹀(*Latoucheornis siemsseni*)、黑领噪鹛(*Garrulax pectoralis*)、棕头鸦雀、棘胸蛙等
高山草甸带	1 600m以上(局部地区野猪塘1 480m)	白腰雨燕、烟腹毛脚燕、煤山雀、冠纹柳莺、鬣羚等

1. 常绿阔叶林带

海拔300m ~ 700m,该地带的原生性植被为常绿阔叶林,由于人类的生产活动,原有的森林被农田和茶园以及竹子、杉木等人工林所取代。建立保护区后,局部地区通过封山育林,逐渐恢复起以常绿树种占优势的次生常绿阔叶林带。该地带地势平坦,环境条件复杂,食物丰富,隐蔽条件优越,野生动物的种类和数量均较丰富。鸟类代表种有红嘴蓝鹊、棕背伯劳、黑枕黄鹂、喜鹊、发冠卷尾等;兽类主要是啮齿类、大灵猫、小灵猫、华南兔、黄麂、野猪等;爬行类主要有北草蜥、乌梢蛇、红点锦蛇、赤链蛇等。

2. 常绿—落叶阔叶混交林带

海拔700m ~ 1 200m,该地带下段以常绿树种为主,常见小叶青冈、木荷、云锦杜鹃、豹皮樟等,随着海拔的升高落叶阔叶树种逐渐增多,优势落叶树种有化香、缺萼枫香、青钱柳等。该地带的动物代表种有锈脸钩嘴鹛(*Pomatorhinus erythrogenys*)、领雀嘴鹎、灰林鵖、红嘴相思鸟、棕噪鹛、灰喜鹊(*Cyanopica cyanus*)、勺鸡、白颈长尾雉、棕脸鹟莺(*Abroscopus albogularis*)、猕猴、鬣羚、黑麂、黄麂等,两栖类较少,以无斑肥螈为主,爬行类常见玉斑锦蛇、王锦蛇、黑眉锦蛇、烙铁头等。

3. 落叶阔叶林带

海拔1 200m～1 500m,该地带主要树种为缺萼枫香、青钱柳、水青冈、华东椴、天目槭等,在山峰和山顶坡地有树体高大的黄山松纯林分布。动物代表种有红嘴相思鸟、黑[短脚]鹎、灰翅噪鹛、红翅凤头鹃、黄腹山雀、鬣羚、斑羚等。该垂直带内两栖和爬行动物较少。

4. 山地矮林与灌丛带

海拔1 500m～1 700m,该地带海拔高,风力大,气温低,故树木低矮,分布大面积黄山松矮林和小叶黄杨灌丛。野生动物以煤山雀、黄腹山雀、蓝鹀、黑领噪鹛、棕头鸦雀等为代表种,山溪中有棘胸蛙分布。

5. 高山草甸

海拔1 600m以上,局部地区为1 480m(野猪塘),该地带植被贫乏,主要为禾本科植物,其中散生着一些萱草、紫萼等,年平均气温较低,终年风大雾多。因此,分布于该地带的野生动物种类、数量均较少,主要有安吉小鲵、白腰雨燕、烟腹毛脚燕、煤山雀、冠纹柳莺、鬣羚等。

4.3.3 重点保护野生动物

清凉峰保护区分布有多种国家级或安徽省重点保护野生动物。在两栖类中大鲵、虎纹蛙等2种被列为国家Ⅱ级重点保护野生动物,棘胸蛙、金线侧褶蛙、黑斑侧褶蛙、中华蟾蜍4种被列为安徽省重点保护野生动物;爬行类中的中华鳖被列为国家Ⅱ级重点保护野生动物,平胸龟、乌龟、黄缘盒龟、王锦蛇、黑眉锦蛇(*Elaphe taeniura*)、滑鼠蛇、乌梢蛇、中国水蛇、眼镜蛇、尖吻蝮10种被列为安徽省重点保护动物;鸟类中的白颈长尾雉被列为国家Ⅰ级重点保护野生动物,小天鹅、鸳鸯、鹰科(Accipitridae)8种、隼科(Falconidae)2种、白鹇、勺鸡、草鸮、鸱鸮科(Stigidae)8种、仙八色鸫等共25种被列为国家Ⅱ级重点保护野生动物,另有36种被列入安徽省重点保护野生动物名录;在兽类中国家Ⅰ级重点保护野生动物有云豹、金钱豹、黑麂、梅花鹿4种,国家Ⅱ级重点保护野生动物有穿山甲、豺、大灵猫、小灵猫、黑熊、鬣羚、斑羚、猕猴、短尾猴9种,安徽省重点保护野生动物有赤狐、貉、黄鼬、鼬獾、狗獾、猪獾、花面狸、豹猫、黄麂、毛冠鹿10种,如见表4–6所示。

表4–6 清凉峰保护区重点保护野生动物的种类及比例

动物类群	种 数	重点保护种数			受保护种类所占比例
		国家Ⅰ级	国家Ⅱ级	省 级	
鱼类	42	–	–	–	–
两栖类	28	–	2	4	21.43%
爬行类	50	–	0	9	18%
鸟 类	201	1	25	36	30.85%
兽 类	56	4	10	10	42.86%
总计	377	5	37	59	26.79%

注:另有昆虫类1 011种,其中4种为国家Ⅱ级重点保护野生动物;参考2003年调整的《国家重点保护野生动物名录》及1992年调整的《安徽省地方重点保护野生动物名录》。

综合上述，清凉峰保护区已知有国家重点保护野生动物46种，其中脊椎动物42种，占区内已知脊椎动物总数(377种)的11.14%，其中国家Ⅰ级重点保护的有5种，国家Ⅱ级重点保护的有41种(含昆虫4种)。此外，列入安徽省重点保护的野生脊椎动物有59种。

现对清凉峰保护区部分国家Ⅰ级和Ⅱ级重点保护野生脊椎动物介绍如下：

1. **梅花鹿**

梅花鹿属偶蹄目、鹿科、华南梅花鹿亚种(*Cervus nippon*)，被国际自然和自然资源保护联盟列为濒危种，属国家Ⅰ级重点保护野生动物。梅花鹿成体长约1.50m，毛色夏季栗红色，背中线自耳基到尾端有一条明显的黑线，从背脊两旁到体侧有显著的白斑点排列成纵行，其余斑点自然散生，冬季烟褐色，白斑不明显。雄鹿有角，雌鹿无角，角生长完全时有四叉。每年的3月底至4月中旬雄鹿老角脱落，长出新角，新角长至同年的8月中旬又称“鹿茸”，此后鹿茸完全钙化。梅花鹿主要在海拔800m~1 200m活动，栖息地植被类型以草甸和灌丛为主；梅花鹿的觅食地通常在海拔500m左右、坡度在10°~30°的东南坡和西南坡，食物主要为青草、树叶、枝头嫩芽、树皮、真菌及苔藓等，喜食葛藤、桔梗、蒲公英(*Taraxacum mongolicum*)等。梅花鹿性情机警、胆小易惊，听嗅觉发达，行动敏捷，奔跑迅速，跳跃能力强；其活动范围约为30km²~80km²。白天一般躲在山腰之上的树林(隐蔽处)里休息，或在较高海拔的空旷地带及灌丛区觅食，早晨、黄昏或晚上到低海拔的空旷地带、山坡灌丛及山脚农业耕作区觅食，是其活动和觅食的高峰期。10月~12月为发情交配期，次年的5月为产仔期，一年产一胎，一次产一只。在清凉峰保护区发现的种群，根据目测和雪地足迹推算，约有50多头，不排除与浙江临安千顷塘及安徽宁国万家的梅花鹿为同一种群或分离种群。

2. 云　豹

云豹属食肉目、猫科(Felidae)，国家Ⅰ级重点保护野生动物。云豹体形较小，四肢短，尾长，被蓬松毛，体重15kg~20kg，雌雄体形差异大；全身灰黄至黄色，体侧有6块云形暗灰色纹，斑纹外缘为黑色，后缘尤为显著，故名“云豹”；颈上有6条黑纹，尾上有10条浅黑或棕色环带；2岁性成熟，发情期从9月至次年2月，以春季为主，怀孕期3个月左右。云豹常在树上活动，善攀援，动作敏捷迅速，多以鸟类及小型兽类为食。近年来由于栖息地的破坏，国内适宜云豹生存的环境已较少，其数量更是日渐稀少。在清凉峰保护区，尽管云豹数量较少，但是区内大面积的原生及次生林提供了适宜云豹栖息的场所，大量的小型兽类及鸟类为云豹提供了丰富的食物，完全适宜云豹的生存需要。因此，对于云豹的保护，清凉峰保护区有着其他地区所没有的生态环境优势。

3. **金钱豹**

金钱豹属食肉目、猫科，属国家Ⅰ级重点保护野生动物。金钱豹肩高约0.90m，体长约1m，体重50kg，仅尾长就60cm。金钱豹的颜色鲜艳，有许多斑点和金黄色的毛皮。豹是大型食肉动物，对环境要求较高。历史上金钱豹在国内分布广泛，数量较多，但近年来，由于栖息地的丧失和人为猎杀，国内金钱豹的数量急剧下降，在许多地区已绝迹。但在清凉峰保护区,大量的野生哺乳动物,尤其是野猪的存在,为金钱豹的生存提供了较丰富的食物,茂密的森林为其提供了适宜的栖息地,使金钱豹得以存活下来。据实地走访调查得知,2003年11月下雪的一天,老猎人洪兆和在横路上茶园发现一只成年金钱豹从山坡冲下追赶一只野猪。

4. 黑　麂

黑麂属偶蹄目、鹿科,国家Ⅰ级重点保护野生动物。黑麂体长100cm~110cm,肩高60cm左右,冬毛上体暗褐色;夏毛棕色成分增加;尾较长,一般超过20cm,背面黑色,尾腹及尾侧毛色纯白,白尾十分醒目。黑麂是中国特产的珍稀濒危动物,分布范围极其狭小,仅见于皖南山区、浙江、江西和福建的部分地区。清凉峰保护区气候条件优越、森林茂盛、生物资源丰富,尤其是核心区人迹罕至,干扰较少,因此在区内仍有较多数量的黑麂。在海拔1 200m以上的陡峭崖壁下或巨石下,可经常见到其卧迹、粪便及其他活动痕迹。黑麂成体长可达1m,体重20kg~25kg,身高90cm左右,体呈黑褐色,腹部白色,雄的有短角。黑麂栖息于乔木、灌木及人工林中,不喜群居,常一雌一雄成对生活觅食,一年产一仔;食草,也吃玉米、竹笋等。清凉峰保护区作为黑麂的主要分布区之一,对保存和繁衍这一珍稀濒危物种具有重要意义。

5. 白颈长尾雉

白颈长尾雉属鸡形目、雉科(Phasianidae),为国家Ⅰ级重点保护野生动物。雄鸟全长约80cm,雌鸟约50cm;头部暗褐色,后颈和侧颈灰白色,颏、喉及前颈黑色;上背和胸栗色,散有黑斑;下背和腰黑而闪蓝,具白色横斑和羽缘;飞羽棕色或浅栗色,杂有细纹;尾羽长,橄榄灰色,具多数栗色宽横斑,腹部为白色;嘴黄褐色,脚暗灰色。雌鸟体羽大部棕褐色;上体满缀以黑斑纹,背部具白色矢状斑。白颈长尾雉随季节变化栖于海拔400m~1 500m的山地灌丛、针阔混交林、高山栎林带,繁殖季节主要以山莓(*Rubus corchorifolius*)、太平莓等植物为食,昆虫等占食物总量1/3左右;3月中下旬发情,多在草丛和灌丛中营巢,并发现其中有6枚和9枚卵,孵化期23d,观察到一窝15枚出雏14只,1个月后随亲鸟栖于树上,至秋季幼鸟体重 600g~800g,离开亲鸟活动,翌春性成熟。

6. 勺　鸡

勺鸡属鸡形目、雉科,为国家Ⅱ级重点保护野生动物。勺鸡体形适中,头部完全被羽,无裸出部,并具有枕冠。第1枚初级飞羽较第2枚短甚,第2枚与第6枚等长;第4枚稍较第3枚为长,同时也是最长的。尾羽16枚,呈楔尾状;中央尾羽较外侧的约长一倍。跗蹠较中趾连爪稍长,雄性具有一长度适中的钝形距。雌雄异色,雄鸟头部呈金属暗绿色,并具棕褐色和黑色的长冠羽;颈部两侧各有一白色斑;体羽呈现灰色和黑色纵纹;下体中央至下腹深栗色。雌鸟体羽以棕褐色为主;头不呈暗绿色,下体也无栗色。勺鸡主要生活于海拔800m~1 700m的针叶林、针阔混交林和阔叶林中。针叶林以黄山松、马尾松为主,针阔混交林以黄山松、化香、栎类、茅栗为主,阔叶林以栎类为主,繁殖期主要食物为蕨叶、苔草、斑叶兰(*Goodyera schlechtendaliana*)、兰花及鳞翅目、鞘翅目、同翅目、半翅目昆虫。非繁殖期食物有绿色植物液、蔷薇科种子、栎类种子、虫蛹、斑叶兰、苔草等。每年繁殖一次，交尾期在3月下旬至4月中旬，通常在有灌丛和箬竹的水沟边，一般在15min~30min完成交尾过程。于4月中旬至月底在海拔800m~1 000m的阔叶林和针阔混交林中营巢，巢成浅盘状，内径21cm~25cm，深10cm~15cm，雌鸟营巢，材料为香果树、青冈栎、山胡椒叶以及杂草、勺鸡羽毛。4月底至5月初产卵，每日一枚，产卵时间为上午8:00~9:00，每窝5枚~7枚，平均单个卵重32.50g。孵卵期为18d~20d，雏鸟平均体重23g左右，勺鸡夜间在树上栖息，雨天在岩石下避雨，白天在林间树下、竹林中活动觅食。觅食以早晨和傍晚为主，傍晚摄食较多，天黑上树过夜。

4.3.4 具重要经济价值的陆生脊椎动物

清凉峰保护区两栖爬行动物资源丰富，主要有棘胸蛙、黑斑侧褶蛙、大鲵、中华鳖、尖吻蝮、乌梢蛇等，其中棘胸蛙被当地人称为石鸡，体大而粗壮，是一种具有重要经济价值的蛙类。近年来，由于人为捕捉，致使其野生种群数量急剧下降，应加强对野生棘胸蛙种群资源的保护，同时扩大棘胸蛙的人工饲养规模，以缓解野生动物资源所面临的压力。

清凉峰保护区鸟类资源非常丰富，其中灰胸竹鸡、白鹇、勺鸡、雉鸡（*Phasianus colchicus*）、白颈长尾雉等雉鸡类有着重要的经济价值。此外，还有一些种类如画眉、红嘴相思鸟等是名贵的观赏鸟类。

清凉峰保护区兽类资源较为丰富，其中以华南兔、黄麂、野猪数量较多，经济价值较大，再加上近年来由于保护区在禁止捕猎野生动物工作中措施得力、成效显著，使得区内兽类数量逐年上升。

应当指出：安徽清凉峰保护区与浙江清凉峰国家级自然保护区相比，有不同之处。

一是动物种类更为丰富。安徽清凉峰保护区比浙江清凉峰保护区脊椎动物已知多16科、94种，其中兽类已知多3科、8种，鸟类已知多11科、81种，爬行类已知多3种，两栖类已知多1科、3种，鱼类已知多1科、少1种（如表4-7所示）。

表4-7 浙江清凉峰保护区与安徽清凉峰保护区脊椎动物、昆虫种类对比表

	浙江清凉峰保护区			安徽清凉峰保护区		
脊椎动物合计	32目	84科	283种	31目	100科	377种
兽类	8目	17科	48种	8目	20科	56种
鸟类	14目	40科	120种	16目	51科	201种
爬行类	3目	9科	47种	3目	9科	50种
两栖类	2目	7科	25种	2目	8科	28种
鱼类	5目	11科	43种	2目	12科	42种
昆虫类	24目	154科	1 800种	16目	169科	1011种

二是国家重点保护的野生动物数量多一些。其中，国家Ⅱ级重点保护野生动物已知比浙江清凉峰保护区多9种（不包括昆虫类）。

第五章　昆　虫

清凉峰保护区位于皖浙两省接壤处，除东边位于浙江省临安市外，其余南、北、西三面均在安徽省境内。主峰海拔1 787.40m，高峭的危崖，险峻的地势，幽谷深深，极其复杂的地形，独特的亚热带气候条件，十分丰富的动植物资源，在如此优越环境里栖息与繁衍着众多昆虫种类。

5.1　昆虫种类及分布

5.1.1　昆虫种类

此次野外考察时间虽较短，但是实地观察到一定数量的昆虫，并采集制作了部分昆虫标本。在此基础上借鉴参考各地学者对清凉峰保护区昆虫研究的成果，经初步整理统计，清凉峰保护区分布的昆虫有16目、169科、1 011种(附录9)。这些昆虫以鳞翅目种类最多，计41科、424种，占总种数41.94%，其中蛾类29科、259种，占总科数的17.16%、总种数的25.62%，仅夜蛾科(Noctuidae)就多达74种，占总种数的7.32%，尺蛾科(Geometridae)30种，占总种数的2.97%，蝶类12科、165种，占总科数的7.10%、总种数的16.32%，仅蛱蝶科(Nymphalidae)41种，占总种数的4.06%，其他依次为眼蝶科(Satyridae)31种，弄蝶科(Hesperiidae)24种，灰蝶科(Lycaenidae)23种，凤蝶科(Papilionidae)22种；其次为鞘翅目28科、186种，占总科数的16.57%、占总种数的18.40%，其中天牛科(Cerambycidae)68种，占总种数的6.73%，叶甲科(Chrysomelidae)23种，居第二；再次为半翅目40科、173种，占总种数的17.11%；双翅目13科、83种，占总种数的8.21%；直翅目14科、49种，约占总种数的4.85%；膜翅目13科、37种，占总种数的3.66%；蜻蜓目4科、25种，占总种数的2.47%；等翅目只有2科、13种，仅占总种数的1.29%；而蜚蠊目(Blattaria)、革翅目(Dermaptera)、螳螂目(Mantodea)、缨翅目、广翅目(Megaloptera)、脉翅目(Neuroptera)、蛇蛉目和毛翅目(Trichoptera)数量均在10种以下，有的甚至只有1种(如表5-1，图5-1所示)。

表 5-1　清凉峰保护区各目昆虫统计表

顺序	目	科	种	占总种数百分率(%)
1	蜻蜓目	4	25	2.47
2	直翅目	14	49	4.85
3	等翅目	2	13	1.29
4	半翅目	40	173	17.11
5	鞘翅目	28	186	18.40
6	鳞翅目	41	424	41.94
7	双翅目	13	83	8.21
8	膜翅目	13	37	3.66
9	蜚蠊目	3	3	0.30
10	革翅目	2	2	0.20
11	螳螂目	1	5	0.50
12	缨翅目	1	1	0.10
13	广翅目	1	2	0.20
14	脉翅目	2	4	0.40
15	蛇蛉目	1	1	0.10
16	毛翅目	3	3	0.30
合计	16	169	1011	100

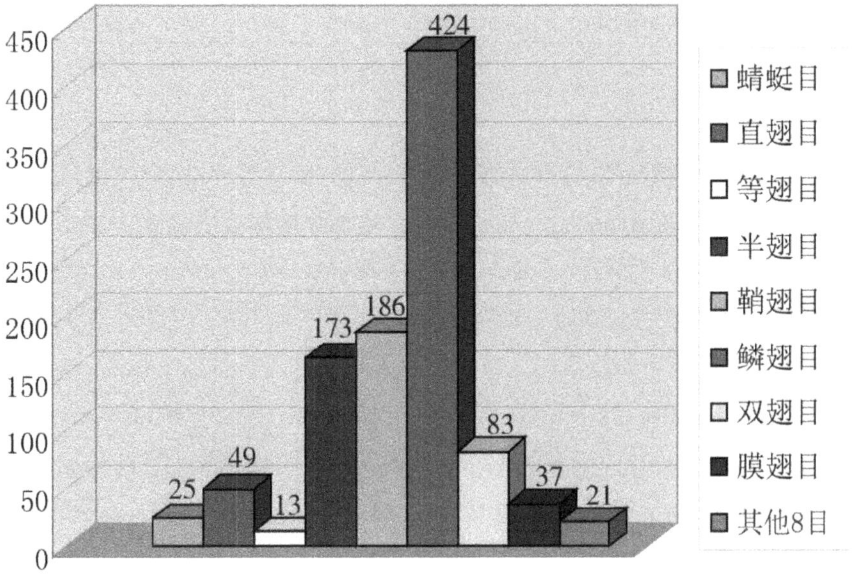

图 5-1　清凉峰保护区各目昆虫种数图

清凉峰保护区位于安徽东南部，牯牛降保护区位于安徽正南方，均属于亚热带湿润季风气候。两地植物区系成分和垂直分布十分接近，然而调查鉴定记录的昆虫种类却相差较多,清凉峰保护区记录的昆虫有1 011种,隶属16目、169科;牯牛降保护区记录的昆虫有552种,隶属9目、92科。两者比较,清凉峰保护区比牯牛降然保护区的昆虫多7目、77科、459种(如表5-2所示)。而两个自然保护区相同之处都以鳞翅目昆虫居多;分别为41科、424种,32科、362种;其次为鞘翅目昆虫,分别为28科、186种,17科、75种。

表5-2 清凉峰保护区与牯牛降保护区昆虫种类比较表

清凉峰保护区(16目)				牯牛降保护区(9目)			
蜻蜓目	Odonata	4科	25种	蜻蜓目	Odonata	5科	9种
蜚蠊目	Blattaria	3科	3种	蜚蠊目	Blattaria	2科	3种
革翅目	Dermaptera	2科	2种	革翅目	Dermaptera	1科	1种
半翅目	Hemiptera	40科	173种	半翅目	Hemiptera	25科	85种
脉翅目	Neuroptera	2科	4种	脉翅目	Neuroptera	1科	2种
鳞翅目	Lepidoptera	41科	424种	鳞翅目	Lepidoptera	32科	362种
鞘翅目	Coleoptera	28科	186种	鞘翅目	Coleoptera	17科	75种
膜翅目	Hymenoptera	13科	37种	膜翅目	Hymenoptera	8科	14种
毛翅目	Trichoptera	3科	3种	毛翅目	Trichoptera	1科	1种
螳螂目	Mantodea	1科	5种				
缨翅目	Thysanoptera	1科	1种				
直翅目	Orthoptera	14科	49种				
等翅目	Isoptera	2科	13种				
双翅目	Diptera	13科	83种				
广翅目	Megaloptera	1科	2种				
蛇蛉目	Raphidioptera	1科	1种				
合 计		169科	1011种			92科	552种

5.1.2 昆虫分布

昆虫的分布与海拔高度、植被垂直分布带呈现一定的规律性,海拔越高昆虫种类分布越少。清凉峰保护区海拔800m以下,植被带由常绿阔叶林和栽培植被、次生植被组成,以禾本科、豆科、壳斗科、樟科、杜鹃科(Cuculidae)和茶树(*Camellia sinensis*)、山核桃等经济植物以及马尾松、杉木、竹类为主;800m~1 000m为常绿、落叶阔叶混交林带。此两个植被带中,昆虫种类最为集中,名录中所收集的大部分昆虫采集于这两个植被的林区、耕作区。常见的昆虫种类有蝗科(Acrididae)的中华蚱蜢(*Acrida chinensis*)、黄脊竹蝗(*Ceracris Kiangsu*)、青脊竹蝗(*Ceracris nigrcornis*),绵蚧科(Monophlebidae)的吹绵蚧(*Icerya purchasi*),瓢虫科(Coccinellidae)的黑缘红瓢虫(*Chilocorus rubidus*),猎蝽科(Reduviidae)的艳红猎蝽(*Cydnocoris russatus*),蓑蛾科(Psychidae)的茶袋蛾(*Clania minuscula*),螟蛾科(Pyralidae)的竹织叶野螟(*Algedonia coclesalis*),尺蛾科的丝棉木金星尺蛾(*Abraxas suspecta*),柿星尺蛾(*Percnia girrafata*),灯蛾科(Arctiidae)的红缘灯蛾(*Amsacta lactinea*),夜蛾科的小地老虎(*Agrotis ypsilon*)、旋目夜蛾(*Speiredonia retorta*)、竹笋夜蛾(*Oligia vulgaris*),凤蝶科的碧凤蝶(*Papilio bianor*),粉蝶科(Pieridae)的宽边黄粉蝶(*Eurema hecabe*),眼蝶科的稻眉眼蝶(*Mycalesis gotama*),蛱蝶科的绿豹蛱蝶(*Argynnis paphia*)等。

海拔1 100m～1 300m,主要是落叶阔叶林带和针叶林群落,树种组成以落叶树种和黄山松为主,分布于此处的昆虫种类比较单纯,数量较少。常见种有红蝽科(Pyrrhocridae)的日本朱蝽(*Parastrachia japonensis*),犀金龟科(Dynastidae)的独角仙,花金龟科(Cetoniidae)的小青花金龟(*Oxycetonia jucunda*),瓢虫科的四斑月瓢虫(*Chilomenes guadriplagiata*),象甲科(Curculionidae)的淡灰瘤象(*Dermatoxenus caesicollis*),凤蝶科的金凤蝶(*Pakilio machaon*),蛱蝶科的绿豹蛱蝶(*Argynnis paphia*)、重环蛱蝶(*Neptis alwina*),粉蝶科的暗色绢粉蝶(*Aporia bieti*)等。

海拔1 300m～1 500m,为落叶阔叶林带,常见树种有青钱柳、鹅耳枥、枫香、栓皮栎(*Quercus variabilis*)等,黄山松、杉木等也有少量分布。该垂直带内蝶类较丰富。

1 500m以上的山地矮林和高山草甸地带,昆虫种类比较贫乏,平常仅能看到象叶甲、飞虱一类的小型昆虫和某些高山种类。

从调查统计结果来看,清凉峰保护区昆虫种类以农林植物为寄主的比较多,有不少种还是害虫,如黄脊竹蝗、马尾松毛虫(*Dendrolimus punctatus*)、竹织叶野螟、中华松梢蚧(*Sonsaucoccus sinensi*)(海拔1 480m)。这些昆虫常常在别的地区泛滥成灾,造成一定经济损失,而在清凉峰保护区却始终未发生过灾难性的危害。究其原因是区内独特的地理、气候条件,良好的生态环境,并栖息和繁育着丰富的天敌昆虫和食虫鸟类,它们维系着自然保护区生物间的动态平衡,抑制了害虫的发生与发展。

5.2 昆虫区系特征

清凉峰保护区自然生态系统完整,属于典型的中亚热带以常绿阔叶林为主的森林生态类型;其昆虫分布属于华中区,即东洋区与古北区交界地带,因此形成了这两个区昆虫种类交错生存的广阔过渡地带。这一地带的昆虫既具有亚热带种类,又具有北方性和南北方皆有的广布型种类。清凉峰保护区的昆虫不仅种类丰富,区系组成复杂,其中许多种类为安徽省其他丘陵和平原地区所罕见,并有一些珍稀和特有保护种,如尖板曦春蜓、拉步甲、阳彩臂金龟、中华虎凤蝶等。

5.2.1 昆虫区系分析

清凉峰自然保护区的1 011种昆虫,分为4种地理区系成分。

1. 东洋区成分

东洋区成分指典型的东洋区分布种,包括我国南部省区分布种,以西南、华中区南部及华南区分布种为主,以及国外向南向西分布于印度半岛、中南半岛、马来半岛、斯里兰卡、菲律宾群岛以及印度尼西亚等亚热带、热带地区的种类。

2. 古北区成分

古北区成分在我国秦岭以北特别是东北、华北北部、西北地区分布，并在国外分布于中亚、西亚、北亚、西伯利亚、欧洲大陆、非洲北部及北美洲等地区的种类。

3. 广布型成分

广布型成分指横跨东洋、古北两大区，甚至多区或全球性分布的种类。

4. 特有种成分

特有种成分指清凉峰保护区和毗邻地区分布的种类。

从清凉峰自然保护区昆虫区系成分统计显示，该地区昆虫区系组成成分复杂，以东洋区种类为主，共有489种，占昆虫总数的48.40%，古北区种类仅有52种，约占5.10%，广布型为436种，占43.10%，而特有种达34种，占总数的3.40%。就昆虫区系地理分布型比例而言，东洋区种类明显占优势。从昆虫纲各目科区系组成来看差异较大，如蜻蜓目、直翅目、等翅目、半翅目的东洋区种类占60%以上；而膜翅目、鳞翅目、鞘翅目、双翅目的东洋区种类只占20%～60%；古北区种类较少（如表5-3，图5-2所示）。这就反映了清凉峰保护区昆虫区系组成的特点，是以东洋区种类为主，广布型昆虫次之，古北区昆虫较少，地区特有种占3.40%。

表5-3　清凉峰保护区昆虫区系地理分布统计表

目名	总种数	东洋区种		古北区种		广布种		特有种	
		种数	百分比%	种数	百分比%	种数	百分比%	种数	百分比%
蜻蜓目	25	16	64	1	4	6	24	2	8
直翅目	49	34	69	—	—	15	31	—	—
等翅目	13	8	62	—	—	3	23	2	15
半翅目	173	104	60	7	4	55	32	7	4
鞘翅目	186	81	44	20	11	82	44	3	1
鳞翅目	424	199	47	10	2	204	48	11	3
双翅目	83	17	20	10	12	52	63	4	5
膜翅目	37	19	51	3	8	11	30	4	11
蜚蠊目	3	1	33	—	—	2	67	—	—
革翅目	2	—	—	1	50	1	50	—	—
螳螂目	5	4	80	—	—	1	20	—	—
缨翅目	1	—	—	—	—	1	100	—	—
广翅目	2	2	100	—	—	—	—	—	—
脉翅目	4	—	—	—	—	3	75	1	25
蛇蛉目	1	1	100	—	—	—	—	—	—
毛翅目	3	3	100	—	—	—	—	—	—
总　计	1 011	489	48.4	52	5.1	436	43.1	34	3.4

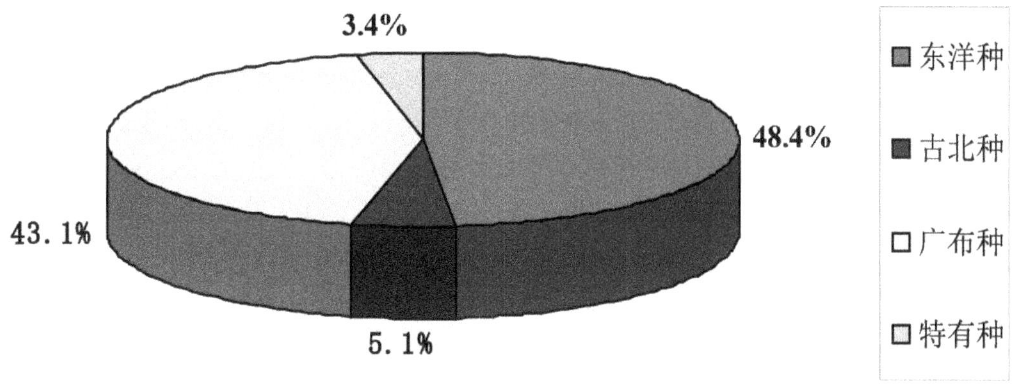

图5-2 清凉峰保护区昆虫区系比例图

5.2.2 昆虫区系与海拔、植物群落的关系

昆虫区系分布与海拔高度、植物群落有着密切关系。随着海拔升高东洋区昆虫种类和数量逐渐减少，广布型种、古北区种增多。

海拔800m以下，以栽培植被、次生植被等为主，植物种类相对较简单，昆虫种类多以草栖、农业、果树，以及部分森林昆虫为主，东洋区种、广布型种占优势，多数为螟蛾科、粉蝶科、黄脊竹蝗、吹绵蚧及夜蛾科的部分种类等。

海拔800m～1 300m，植物种类非常丰富，群落结构复杂，昆虫种类也最为集中，名录中大部分昆虫采集这一区域，但以广布型种和东洋区种为主，特有种占有一定比例。森林昆虫和天敌昆虫种类居多，如鳞翅目的天蛾科（Sphingidae）、夜蛾科、毒蛾科（Lymantriidae），鞘翅目的金龟科（Scarabaeidae）、犀金龟科、步甲科（Carabidae）、瓢虫科、半翅目的蝽科，长蝽科（Lygaeidae）、猎蝽科，双翅目的寄蝇科（Tachinidae），膜翅目的蜜蜂科（Apidae）、茧蜂科（Braconidae）等种类。

海拔1 300m～1 500m，以落叶阔叶林和针叶林为主，采集的昆虫种类较少，东洋区种类明显减少，古北区种类增加。此次科考，只采到少量蝽科、鳃金龟科（Melolonthidae）、瓢虫科、象甲科及蛱蝶科等。

海拔1 500m以上的山地矮林和高山草甸地带，昆虫种类更加稀少，仅采集到极少叶甲科和灰蝶科种类。

5.3 昆虫资源

资源昆虫是指药用、食用、天敌、观赏及特有和重点保护昆虫。清凉峰保护区大部分昆虫都可以称之为资源昆虫，不仅有药用、食用昆虫、观赏昆虫，还有大量是天敌昆虫，这些昆虫具有重要的经济价值和生态效益。

5.3.1 药用昆虫资源

我国药用昆虫资源达300多种。清凉峰保护区的1 011种昆虫中，药用昆虫有11目、29科、52种，如表5-4所示。这些药用昆虫具有增强免疫、抗菌、抗炎、抗过敏、抗病毒、抗惊厥、镇静、镇痛、抗癌等多种药理作用。现代研究表明，临床上常用蜂蜜、蜂乳治疗十二指肠溃疡及胃溃疡，收到了良好的效果；蜂毒具有较强的抗炎、抗过敏作用，用于类风湿性关节炎、支气管哮喘等疾病的治疗，有很好的疗效；蚂蚁用于乙型肝炎的治疗收到了较好的效果；独角仙（幼虫）含有的独角仙素具有一定的抗癌活性，对实体瘤W-256癌瘤有很强的活性，对P-388淋巴白血病也有作用。

表5-4 清凉峰保护区药用昆虫统计表

名称	学名	名称	学名
红蜻	*Crocothemis servilia*	红蝉	*Huechys sanguinea*
黄蜻	*Pantala flavescens*	蟪蛄	*Platypleura kaempferi*
地鳖	*Eupolyphaga sinensis*	斑衣蜡蝉	*Lycorma delicatula*
东方蠊	*Blatta orientalis*	倍蛋蚜	*Schlechtendalia peitan*
德国小蠊	*Blattella germanica*	白蜡蚧	*Ericerus pela*
镰尾露螽	*Phaneroptera falcata*	扁盾蝽	*Eurygaster testudinarius*
中国纺织娘	*Mecopoda elongata*	稻绿蝽	*Nezara viridula*
花生大蟋	*Tarbinskiellus portentosus*	荔蝽	*Tessaratoma papillosa*
东方蝼蛄	*Gryllotalpa orientalis*	九香虫	*Aspongopus chinensis*
非洲蝼蛄	*G. africana*	臭蜣螂	*Copris ochus*
中华蚱蜢	*Acrida chinensis*	粪金龟	*Geotrupes stercorarius*
黄脊竹蝗	*Ceracris kiangsu*	暗黑鳃金龟	*Holotrichia parallela*
小稻蝗	*Oxya intricata*	华北大黑鳃金龟	*H. oblita*
日本黄脊蝗	*Patanga japonica*	棕色鳃金龟	*H. titanis*
家白蚁	*Coptotermes formosanus*	东方绢鳃金龟	*Serica orientalis*
黑翅土白蚁	*Odontotermes formosanus*	铜绿丽金龟	*Anomala corpulenta*
广腹螳螂	*Hierodula patellifera*	独角仙	*Allomyrina dichotoma*
棕污斑螳	*Statilia maculata*	一字竹象	*Otidognathus davidis*
中华大刀螳	*Tenodera sinensis*	大斑芫菁	*Mylabris phalerata*
黑蚱蝉	*Cryptotympana atrata*	锯角豆芫菁	*Epicauta gorhami*
星天牛	*Anoplophora chinensis*	柑桔凤蝶	*Papilio xuthus*
大袋蛾	*Clania variegata*	南方鹬虻	*Rhagio meridionalis*
玉米螟	*Ostrinia nubilalis*	中华虻	*Tabanus mandarinus*
高粱条螟	*Proceras venosatus*	牛虻	*T. amaenus*
柞蚕	*Antheraea pernyi*	逐畜家蝇	*Musca conducens*
黄刺蛾	*Monema flavescens*	中华蜜蜂	*Apis cerana*

蝼蛄(土狗仔),是一种重要的药用昆虫,具有药用、食用、饲用等多种用途。以干燥虫体入药,具有利尿,消肿,解毒的功效,临床用于治疗泌尿系统结石、水肿、肝硬化腹水、慢性肾炎和尿毒症、胞衣不下,手术后尿潴留及肠和膀胱痹引起的二便不通,敷退入肉的铁钉、木竹和异物等。不少药用昆虫在制药及生产化妆品等行业亦有较广泛的用途。例如,白蜡是白蜡雄虫的分泌物,可用作药丸的馐材料,也可作绝缘物;昆虫几丁质可用作医药膜材料以及药物的缓释剂、化妆品的增稠剂;蜂蜡可作为中药丸壳及油膏基质等医药材料。昆虫脂质及油脂除可作为优质营养调和食用油外,还可用于制药工业及其他行业。例如,蚕蛹油可用于制备降低胆固醇的药物、润滑油等;五倍子(倍蛋蚜)含鞣质60%~70%,除药用外,还是制革的重要原料。

在昆虫王国中,那些对人类有用的被称为益虫,反之则称为害虫,但是从医学的角度看,益虫和害虫只是相对而言的,有些毒性十足的害虫却能治病救人,大自然就是如此神秘莫测,科学工作者就是要去探索出那些奥秘。相信在不久的将来,会有更多的昆虫医疗产品相继问世。治愈人类致命疾病的药物,或许就源自于那些微不足道的小昆虫。

5.3.2 食用昆虫资源

在2000多年前,食用昆虫已成为餐桌上的美食,据《尔雅》《周礼·天官》记载,蜩(蝉)、范(蜂)、蝝(蝗虫)等为秦以前帝王的食品。现代研究表明,食用昆虫含有丰富的蛋白质,低胆固醇,营养结构合理,肉质纤维少,又易于消化吸收,优于植物蛋白,已引起营养学家的广泛关注。昆虫不仅含有丰富的有机物质,如蛋白质、脂肪、碳水化合物;无机物质,如各种盐类,钾、钠、磷、铁、钙的含量也很丰富,还有人体所需的游离氨基酸。根据资料分析,每100ml的昆虫血液含有游离氨基酸293.30mg~2 430.10mg,远远高出人血浆的游离氨基酸含量;蚕蛹含蛋白质52.12%,蝉含蛋白质72%,蜜蜂的蛋白质含量则高达81%,可与鱼肉蛋白质相媲美。近年来由昆虫开发出的保健品显示了广阔的前景,如以蚕蛾、蚕蛹为原料开发出了健身饮料、仙蛾酒、仙宫营养酒等产品,其中油炸金蝉罐头、速冻蝗虫还远销日本。最有意义的是江苏一些地方,在大豆地里放养豆天蛾。由于放养了豆天蛾,不能喷农药,最后黄豆的产量略有减产(约10%),但每亩多收了20kg~25kg豆天蛾幼虫,而每千克豆天蛾幼虫的市场价在20元左右,因此每亩可增收几百元。此项不但节省了农药费用,而且生产的大豆又是无农药残留的健康食品。目前,已知可食用昆虫多达600余种,如表5-5所示。

表5-5 清凉峰保护区食用昆虫统计表

名称	学名	食用部分
东方蝼蛄	*Gryllotalpa orientalis*	食用其成虫
非洲蝼蛄	*G. africana*	食用其成虫
蜻科	Libellulidae	成虫、幼虫均可食用

名称	学名	食用部分
花生大蟋	*Tarbinskiellus portentosus*	食用成虫
镰尾露螽	*Phaneroptera falcata*	食用成虫
短角蝗科	Eumastacidae	食用成虫
螳螂科	Mantidae	成虫、幼虫均可食用
蝉科	Cicadidae	食用成虫
负子蝽	*Sphaerodema rustica*	食用成虫
鳃金龟科	Melolonthidae	部分种的幼虫和蛹
大蚕蛾科	Saturniidae	幼虫或蛹
天蛾科	Sphingidae	幼虫或蛹
螟蛾科	Pyralidae	蛹
夜蛾科	Noctuidae	部分种的蛹
天牛科	Cerambycidae	食用幼虫
蝶类	—	蝶类各种蝶的幼虫和蛹，均能食用
白蚁	—	食用成虫和卵

5.3.3 观赏昆虫资源

观赏昆虫是指具有欣赏价值，并给人们休闲观赏提供了无穷乐趣，包括通体色泽靓丽、翅脉纹交织如画，图案精美、形态奇异、鸣声动听、好斗成性，或会发出荧光的昆虫。例如，各种蝴蝶、部分大蚕蛾、枯叶蛾、夜蛾等前翅脉纹图案十分精美，像独角仙、步甲，形态奇特；萤火虫则夜晚会发光、蝈蝈虫能发出悦耳的声音；蟋蟀经常相互发生械斗、蜻蜓则在空中飞舞等。此次科考，采集的具有观赏价值的昆虫据经统计有80种，详见表5-6。

表5-6 清凉峰保护区观赏昆虫统计表

红蜻 *Crocothemis sevilia*	独角仙 *Allomyrina dichotoma*
大蜻蛉 *Macromia amphigena*	扁锹形虫 *Dorcus titanus*
大黄蜻 *Tramea chinensis de*	中华虎甲 *Cicindela chinensis*
花生大蟋 *Tarbinskiellus portentosus*	星天牛 *Anoplophora chinensis*
油葫芦 *Gryllus testaceus*	光肩星天牛 *A. glabripennis*
黄足斜蛉蟋 *Metioche flavipes*	桑脊虎天牛 *Xylotrechus chinensis*
蝈蝈 *Phaneroptera falcata*	中国四眼绿尺蛾 *Chlorodontopera mandarinata*
红脉蚱蝉 *Cryptotympana pustulata*	直脉青尺蛾 *Geometra valida*
黄萤 *Luciola terminalis*	红颜锈腰青尺蛾 *Hemithea aestivaria*
阳彩臂金龟 *Cheirotonus jansoni*	中国虎尺蛾 *Xanthabraxas hemionata*
铜绿丽金龟 *nomala corpulenta*	绿尾大蚕蛾 *Actias selene ningpoana*
黄豹大蚕蛾 *Leopa katinka*	黄尾大蚕蛾 *A. heterogyna*
樗蚕 *Philosamia cynthia*	碧凤蝶 *P. bianor*
角斑樗蚕 *P. cynthia watsoni*	金凤蝶 *P. machaon*
芝麻鬼脸天蛾 *Acherontia styx*	玉带凤蝶 *P. polytes*
豆天蛾 *Clanis bilineata tsingtauica*	达摩凤蝶 *P. demoleus*

红天蛾 *Pergesa elpenor lewisi*	丝带凤蝶 *Sericinus montelus*
霜天蛾 *Psilogramma menephron*	裳凤蝶 *Toroides helena*
斜纹天蛾 *Theretra clotho clotho*	金裳凤蝶 *T. aeacus*
雀纹天蛾 *T. japonica*	紫闪蛱蝶 *Apatura iris*
盾天蛾 *Phyllosphingia dissimilis dissimilis*	柳紫闪蛱蝶 *A. ilia*
紫光盾天蛾 *P. dissimilis sinensis*	曲纹蜘蛱蝶 *Araschnia doris*
缺角天蛾 *Acosmeryx castanea*	断纹蜘蛱蝶 *A. dohertyi*
椴六点天蛾 *Marumba dyras*	老豹蛱蝶 *Argyronome laodice*
鹰翅天蛾 *Oxyambulyx ochracea*	绿豹蛱蝶 *Argynnis paphia*
核桃鹰翅天蛾 *O. schauffelbergeri*	斐豹蛱蝶 *Argyreus hyperbius*
构月天蛾 *Parum colligata*	虬眉带蛱蝶 *Athyma opalina*
蓝目天蛾 *Smerinthus planus planus*	白带螯蛱蝶 *Charaxes bernardus*
红缘灯蛾 *Amsacta lactinea*	青豹蛱蝶 *Damora sagana*
花布灯蛾 *Camptoloma interiorata*	银白蛱蝶 *Helcyra subalba*
粉蝶灯蛾 *Nyctemera adversata*	枯叶蛱蝶 *Kallima inachus*
枯叶夜蛾 *Adris tyrannus*	琉璃蛱蝶 *Kaniska canace*
旋目夜蛾 *Speiredonia retorta*	迷蛱蝶 *Mimathyma chevana*
宽尾凤蝶 *Agehana elwesi*	云豹蛱蝶 *Nephargynnis anadyomene*
麝凤蝶 *Byasa alcinous*	重环蛱蝶 *Neptis alwina*
长尾麝凤蝶 *B. impediens*	黄帅蛱蝶 *Sephisa princeps*
中华虎凤蝶 *Luehdorfia chinensis*	锦瑟蛱蝶 *Seokia pratti*
红珠凤蝶 *Pachliopta aristolochiae*	猫蛱蝶 *Timelaea maculata*
柑桔凤蝶 *Papilio xuthus*	大红蛱蝶 *Vanessa indica*
蓝凤蝶 *P. protenor*	—

除上表以外，还有粉蝶科、眼蝶科的部分种类也具有一定的观赏价值。

5.3.4 天敌昆虫资源

清凉峰保护区由于植物资源十分丰富，所以拥有大量天敌昆虫。初步统计，有11目、29科164种，占昆虫总数的16.22%，如表5-7所示。天敌昆虫分为两大类，一是捕食性昆虫，如螳螂、步甲、虎甲，郭公虫、瓢虫、瘤蝽、益蝽、蠋蝽、猎蝽、齿蛉、褐蛉、草蛉等；二是寄生性昆虫，如寄蝇、麻寄蜂、姬蜂、茧蜂等。清凉峰保护区生态系统稳定，生物多样性丰富，至今未发生过大的森林病虫害，其中天敌昆虫发挥了一定的调节和平衡的作用。此外，像红蜻（*Crocothemis servilia*）、黄蜻（黄衣）（*Plantala flavescens*）等既是药用昆虫，又是天敌昆虫。

表 5-7　清凉峰保护区天敌昆虫统计表

名称	学名	名称	学名
连纹台春蜓	*Davidius fruhstorferi junior*	亮钳猎蝽	*Labidocoris pectoralis*
春蜓	*Gomphus abdominalis*	褐锥绒猎蝽	*Opistoplatys mustela*
小春蜓	*G. postocularis*	宽额锥绒猎蝽	*O. seculusus*
尖板曦春蜓	*Heliogomphus retroflexus*	粗股普猎蝽	*Oncocephalus impudicus*
黑印叶春蜓	*Indictinogomphus rapax*	黄纹盗猎蝽	*Pirates atromaculatus*
光钩尾春蜓	*Onychogomphus ardens*	污刺胸猎蝽	*Pygolampis foeda*
环钩尾春蜓	*O. ringens*	桔红背猎蝽	*Reduvius tenebrosus*
华钩尾春蜓	*O. sinicus*	敏梭猎蝽	*Sastrapada oxyptera*
黄侧华春蜓	*Sinogomphus peleus*	轮刺猎蝽	*Scipinia horrida*
红蜻	*Crocothemis servilia*	黄足猎蝽	*Sirthenea flavipes*
猩红蜻	*C. erythraea*	红缘猛猎蝽	*Sphedanolestes gularis*
圆弓蜻	*Macromia amphigena*	环斑猛猎蝽	*S. impressicollis*
白尾灰蜻	*Orthetrum albistylum*	斑缘猛猎蝽	*S. subtilis*
蓝辛灰蜻	*O. albistylum speciosum*	大蚊猎蝽	*Myiophanes tipulina*
齿背灰蜻	*O. devium*	环足健猎蝽	*Neozirta eidmanni*
褐肩灰蜻	*O. internum*	华姬蝽	*Nabis sinoferus*
赤褐灰蜻	*O. neglectum*	小翅姬蝽	*N. apicalis*
异色灰蜻	*O. melania*	窄姬蝽	*N. capsiformis* Cermar
黄蜻	*Pantala flavescens*	山高姬蝽	*Gorpis*（*Oronabis*）*brevilineatus*
黑丽翅蜻	*Rhyothemis fuliginosa*	角带花姬蝽	*Prostemma hilgendorffi*
黎氏赤蜻	*Sympetrum risi*	中华金星步甲	*Calosoma chinense*
中华斜痣蜻	*Tramea chinensis*	中华广肩步甲	*C. maderae*
双斑圆臀大蜓	*Anotogaster kuchenbeiseri*	拉步甲	*Carabus lafossei*
斑翼勾蜓	*Chlorogomphus suzukii*	淡足青步甲	*Chlaenius pallipes*
黑色蟌	*Agrion atratum*	皱背步甲	*Cychrus convexus*
日本张球螋	*Anechura japonica*	大青步甲	*Macrochlaenites costiger*
蠼螋	*Labidura riparia*	短鞘步甲	*Pheropsophus jessoensis*
镰尾露螽	*Phaneroptera falcata*	红萤	*Lycostomus modestus*
广腹螳螂	*Hierodula patellifera*	中华郭公甲	*Trichodes sinae*
中华屏顶螳	*Kishinouyeum sinensae*	菱斑食植瓢虫	*Epilachna insignis*
棕污斑螳	*Statilia maculata*	马铃薯瓢虫	*E. vigintioctomaculata*
绿污斑螳	*S. nemoralis*	十五星瓢虫	*Calvia quindecimguttata*
中华大刀螳	*Tenodera sinensis*	四斑月瓢虫	*Chilomenes quadriplagiata*
蠋蝽	*Arma chinensis*	黑缘红瓢虫	*Chilocorus rubidus*
益蝽	*Picromerus lewisi*	七星瓢虫	*Coccinella septempunctata*
日本朱蝽	*Parastrachia japonensis*	双带盘瓢虫	*Lemnia biplagiata*
淡带荆猎蝽	*Acanthaspis cincticrus*	十斑盘瓢虫	*L. bissellata*
黑尾土猎蝽	*Coranus spiniscutis*	中华显盾瓢虫	*Hyperaspis sinensis*
艳红猎蝽	*Cydnocoris russatus*	异色瓢虫	*Leis axyridis*
黑光猎蝽	*Ectrychotes andreae*	异色瓢虫十九斑变种	*L. axyridis* var. *novemdecimpunctata*
异赤猎蝽	*Haematoloecha aberrens*	龟纹瓢虫	*Propylaea japonica*
二色赤猎蝽	*H. nigrorufa*	大突肩瓢虫	*Synonycha grandis*
云斑真猎蝽	*Harpactor incertus*	稻红瓢虫	*Verania discolor*

续 表

名称	学名	名称	学名
红头芫菁	*Epicauta chinensis*	日本密克寄蝇	*Mikia japonica*
锯角豆芫菁	*E. gorhami*	札幌毛瓣寄蝇	*Nemoraea sapporensis*
绿芫菁	*Lytta caraganae*	横带截尾寄蝇	*Nemorilla floralis*
大斑芫菁	*Mylabris phalerata*	双斑截尾寄蝇	*N. maculosa*
东方巨齿蛉	*Acanthacorydalis orientalis*	炭黑栉寄蝇	*Pales carbonate*
花边星齿蛉	*Protohermes costolis*	蓝黑栉寄蝇	*P. pavida*
天目脉线蛉	*Neuronema tienmushana*	粘虫长须寄蝇	*Peleteria varia*
中华草蛉	*Chrysopa sinica*	长芒等鬃寄蝇	*Peribaea fissicornis*
牯岭草蛉	*C. kulingensis*	库氏梳寄蝇	*Pexopsis clauseni*
大草蛉	*C. septempunctata*	锥肛蜉寄蝇	*Phorocera grandis*
盲蛇蛉	*Inocellia crassicornis*	立毛扁寄蝇	*Pratymyia hortulana*
天目阔头食虫虻	*Damalis andron*	染黑前寄蝇	*Prosopaea nigricans*
中华单羽角食虫虻	*Cophinopada chinensis*	稻苞虫赛寄蝇	*Pseudoperichaeta nigrolineata*
大灰食蚜蝇	*Syrphus corollae*	火红茸毛寄蝇	*Servillia ardens*
白头突额蝇	*Metopia argyrocephala*	突飞皮寄蝇	*Sisyropa prominens*
巧亚麻蝇	*Parasarcophaga (Liosarcophaga) idmais*	怒寄蝇	*Tachina nupta*
华南球麻蝇	*Phallosphaera (Yunnanomyia) gravelyi*	什塔寄蝇	*T. stckelbergi*
台南细麻蝇	*Pierretia josephi*	稻苞虫鞘寄蝇	*Thecocarcelia parnarae*
黄胫银寄蝇	*Argyrophylax phoeda*	软鬃寄蝇	*Vibrissina debilitata*
选择盆地寄蝇	*Bessa parallela*	游走巢姬蜂	*Acroricnus ambulator ambulator*
蚕饰腹寄蝇	*Blepharipa zebina*	具柄凹眼姬蜂	*Casinaria pedunculata pedunculata*
隔离狭颊寄蝇	*Carcelia excisa*	舞毒蛾黑瘤姬蜂	*Coccygomimus disparis*
格纳狭颊寄蝇	*C. gnava*	朝鲜绿姬蜂	*Chlorocryptus coreanus*
钩叶狭颊寄蝇	*C. hamata*	刺蛾紫姬蜂	*C. purpuratus*
松毛虫狭颊寄蝇	*C. matsukarehae*	茶毛虫细颚姬蜂	*Enicospilus pseudoconspersae*
灰腹狭颊寄蝇	*C. rasa*	稻切叶螟细柄姬蜂	*Leptobatopsis indica*
苏门答腊狭颊寄蝇	*C. sumatrana*	桑夜蛾盾脸姬蜂	*Metopius (Certopius) dissectorius*
健壮刺蛾寄蝇	*Chaetexorista eutachinoides*	广黑点瘤姬蜂	*Xanthopimpla punctata*
苹绿刺蛾寄蝇	*C. klapperichi*	上海青蜂	*Chrysis shanghaiensis*
爪哇刺蛾寄蝇	*C. javana*	大斑土蜂	*Scolia clypeata*
罗赘寄蝇	*Drino lota*	黄喙蜾蠃	*Rhynchium quinquecinctum*
软毛斑赘寄蝇	*D. unisetos*	祝氏脊茧蜂	*Aleiodes chui*
日本追寄蝇	*Exorista japonica*	折半脊茧蜂	*A. ruficornis*
古毒蛾追寄蝇	*E. larvarum*	螟蛉脊茧蜂	*A. narangae*
彩艳宽额寄蝇	*Frontina laeta*	松毛虫脊茧蜂	*Rogas dendrolimi*
中华膝芒寄蝇	*Gonia chinensis*	两色刺足茧蜂	*Zembrus bicolor*
黄毛膝芒寄蝇	*G. klapperichi*	红腰泥蜂	*Ammophila aemulans*
银颜筒寄蝇	*Halydaia luteicornis*	黄柄壁泥蜂	*Sceliphron madraspatanum*
矮饰苔寄蝇	*Hyleorus elatus*	黑青金小蜂	*Dibrachys cavas*

5.3.5 特有种和珍稀昆虫

清凉峰保护区有特有种昆虫34种，如尖板曦春蜓、春蜓（*Gomphus abdominalis*）、天目钝颚白蚁（*Ahmaditermes tianmuenis*）、天目奇象白蚁（*Mironasutitermes tianmuensis*）、山核

桃刻蚜(*Kurisakia sinocaryae*)、兰矩瘤蛎蚧(*Eucornuaspis machili*)、宽曼蝽(*Menida lata*)、菊贝脊网蝽(*Galeatus spinifrons*)、窄翅裸菊网蝽(*Tingis comosa*)、广翅裸菊网蝽(*Tingis lasiocera*)、硕裸菊网蝽(*Tingis veteris*)、拉步甲、菱斑食植瓢虫(*Epilachna insignis*)、十斑盘瓢虫(*Lemnia bissellata*)、天目脉线蛉(*Neuronema tienmushana*)、角斑樗蚕(*Philosamia cynthia watsoni*)、达摩凤蝶(*Papilio demoleus*)、绿带翠凤蝶(*Papilio maackii*)、箭环蝶(*Stichophthalma howqua*)、线蛱蝶(*Limenitis helmanni duplicata*)、重环蛱蝶、八目黛眼蝶(*Lethe oculatissima*)、布莱荫眼蝶(*Neope bremeri*)、白点褐蚬蝶(*Abisara burnii*)、小黄斑弄蝶(*Ampittia dioscorides*)、彩燕灰蝶(*Rapala selira*)、南方鹬虻(*Rhagio meridionalis*)、浙江虻(*Tabanus chekiangensis*)、天目阔头食虫虻(*Damalis andron*)、钩叶狭颊寄蝇(*Carcelia hamata*)、天目腮扁叶蜂(*Cephalcia tienmua*)、祝氏脊茧蜂(*Aleiodes chui*)、大痣小蜂(*Megasigmus sp.*)等。其中,列入国家Ⅱ级重点保护的珍稀昆虫有尖板曦春蜓、拉步甲、阳彩臂金龟、中华虎凤蝶4种。

5.4 有害昆虫及防治对策

5.4.1 有害昆虫种类

清凉峰保护区的昆虫中有较小一部分是属于害虫种类,由于区内自然生态系统相对稳定,具有高度丰富的生物多样性,尤其保存有大量的天敌(益鸟、益虫、病原微生物)资源,有效的制约了害虫的发生发展,多年来未发生某一害虫成灾的情况。此次科考,发现常见的有害昆虫种类有黄脊竹蝗、青脊竹蝗、黄翅大白蚁(*Macrotermes barneyi*)、黑翅土白蚁(*Odontotermes formosanus*)、山核桃刻蚜、栗大蚜(*Lachnus tropicalis*)、草履蚧(*Drosicha corpulenta*)、吹绵蚧、华北大黑鳃金龟子(*Holotrichia oblita*)、黑绒鳃金龟(*Serica orientalis*)、铜绿丽金龟(*Anomala corpulenta*)、桑天牛(*Apriona germari*)、桃红颈天牛(*Aromia bungii*)、赤短梗天牛(*Arhopalus unicolor*)、云斑白条天牛(*Batocera horsfieldi*)、橙斑白条天牛(*Batocera davidis*)、栗山天牛(*Massicus raddei*)、松褐天牛(*Monochamus alternarus*)、麻栎象(*Curculio robustus*)、油茶果象(*Curculio chinensis*)、一字竹象(*Otidognathus davidis*)、大袋蛾(*Clania variegata*)、白杨透翅蛾(*Paranthrene tabaniformis*)、松实小卷蛾(*Retinia cristata*)、杉梢小卷蛾(*Polychrosis cunnighamiacola*)、松梢小卷蛾(*Rhyacionia pinicolana*)、黄刺蛾、桑褐刺蛾(*Setora postornata*)、扁刺蛾(*Thosea sinensis*)、黄翅缀叶野螟(*Botyodes diniasalis*)、桃蛀螟(*Dichocrocis punctiferalis*)、微红梢斑螟(*Dichocrocis rubella*)、波纹杂毛虫(*Cyclophragma undans*)、思茅松毛虫(*Dendrolimus kikuchii*)、马尾松毛虫、杨枯叶蛾(*Gastropacha populifolia*)、大造桥虫(*Ascotis selenaria*)、木橑尺蛾(*Culcula panterinaria*)、竹篦舟娥(*Besaia goddrica*)、竹箩舟蛾(*Norraca retrofusca*)、杨扇舟蛾(*Clostera anachoreta*)、栎蚕舟蛾(*Phalerodonta albibasis*)、花布灯蛾(*Camptoloma interiorata*)、小

地老虎、一点钻夜蛾（*Earias pudicana pupillana*）、竹笋夜蛾、斜纹夜蛾（*Prodenia litura*）、松茸毒蛾（*Dasychira axutha*）、茶黄毒蛾（*Euproctis pseudoconspersa*）、条毒蛾（*Lymantria dissoluta*）、模毒蛾（*Lymantria monacha*）、榆木蠹蛾（*Holcocerus vicarius*）、六星黑点豹蠹蛾（*Zeuzera leuconotum*）、豹纹木蠹蛾（*Zeuzera pyrina*）、栗瘿蜂（*Dryocosmus kuriphilus*）、中华松梢蚧、大痣小蜂50多种。

5.4.2 建立完善的有害昆虫监测预警系统

清凉峰保护区现有昆虫中已有50多种是有害种类，其中少量属于危害的种类，因此必须密切关注这些昆虫生存、繁衍的状况，建立完善的有害生物监测预警系统，积极与相关科研、教学单位合作，建立有害生物定期监测制度，制订应急预案，防患于未然。如果有害虫发生危害，能够第一时间采取应急措施。同时，应急措施必须充分考虑保护区内生物多样性，应以生物和物理的防治措施为主，避免保护区生态环境遭受损害。

5.4.3 有害昆虫防治对策

清凉峰保护区是一个较完整的森林生态系统，应保持它的完整性，积极开展保护益鸟、益虫、病原微生物工作。同时，完整的森林生态系统应该允许有害昆虫存在，它可以为各种鸟类、益虫、病原微生物提供食物或作为寄主，能为完整的森林生态系统服务，只要它不造成危害，尽量不要采取任何措施。但对那些易发生的害虫要进行预测预报，做到随时掌握虫情。除了建立检测预警系统外，还需常备一定的生物制剂（白僵菌、苏云金杆菌、阿维菌素等）和药械。即使害虫发生危害，不仅有应急预案，还有应急措施，将使用准备的生物制剂及物理的方法予以控制。对害虫发生量少、面积小的将采取人工物理措施，不使用生物制剂；对害虫发生量较大、面积较广的将采取生物制剂予以控制，这样将对环境较为友好。在这里特别指出对区内的有害昆虫不能使用化学药剂，以免杀伤各种天敌、污染生态环境。

第六章 大型真菌

清凉峰保护区地形复杂多变，层峦叠嶂，沟壑纵横，石峰林立，与黄山、天目山一样有着丰富的动植物资源，以森林为主体的植被生长茂盛，林份郁闭度在0.70以上，林内阴暗潮湿，林下落叶、枯枝、腐木交横，落叶垒集成层，腐殖质丰厚。清凉峰保护区四季分明，属典型的亚热带季风型气候。春季多阴雨；初夏雨量集中，气候温暖湿润。在这种良好的生态环境里，滋养孕育了极为丰富的大型真菌资源。

6.1 大型真菌的种类及分布

清凉峰保护区真菌种类很多，据初步调查统计有大型真菌22目、58科、93属、148种（附录10）。其中，木生真菌达100种，占67.57%；寄生真菌38种，占25.68%；土生真菌10种，占6.75%；尚有十几种未定名。在这些种类中有大量食用真菌、药用真菌，经济价值很高。

清凉峰保护区主要的食用菌有红菇科（Russulaceae）、牛肝菌科（Boletaceae）、口蘑科（Tricholomataceae）、木耳科（Auriculariaceae）、鸡油菌科（Cantharellaceae）中的一些种，如木耳、茶银耳、猴头菌、香菇、大头菇、洁丽香菇、密环菌、赭环菌、金针菇、硬柄小皮伞、长根菇、紫盖口蘑、美味牛肝菌、点柄乳牛肚菌、松乳菇、暗褐乳菇、草质红菇、壳状红菇、美味红菇、短裙竹荪、长裙竹荪等，其中木耳、香菇、银耳等食用真菌驰名中外，供不应求。此外，某些食品工业和化学产品是利用真菌的发酵作用完成的，一些大型真菌还是名贵的中药材。

清凉峰保护区药用真菌最典型的有木蹄层孔菌、云芝、灵芝、紫芝、树舌灵芝、硬皮树舌、茯苓、银扁蕈、裂褶菌、头状马勃等。这些真菌中有不少种类已经被临床证实含有抗肿瘤作用，种类不同，药用功效各异，还有不少真菌种类既具有食用，又有药用价值，如黑木耳（*Auricularia auricula*）、香菇、乳牛肝菌（*Suillus bovinus*）、松乳菇、正红菇（*Russula vinosa*）等。

在大型真菌中也有一部分是有毒真菌，主要集中在鹅膏菌科（Amanitaceae）。有毒菌多分布在海拔1 200 m以下的山地阔叶林和马尾松林地，很容易被误采食用，如毒伞、灰毒伞、黄盖伞、白毒伞、白托柄菇、红托鹅膏、灰托柄菇、网孢牛肝菌、密褶黑菇。毒菌含有毒蝇碱、毒肽、鹅膏毒素等毒性物质，对人体伤害大，误食死亡率高。在大力开发野生食药用真菌的同时，应向群众普及识别毒菌的知识。毒菌作为大型真菌资源的一部分，也有多种用途，如鹅膏类中有的毒菌具有很高的抑制癌细胞能力，α-鹅膏在肿瘤治疗中发挥重要作用，虽然是有毒真菌，但也有不少种类可以开发利用。

清凉峰保护区的多种菌根菌和树木腐朽菌与森林资源保护及林业发展有着密切关系。例如，外生菌根菌与松科、柏科、壳斗科、杨柳科等植物根系形成共生关系—外生菌根联合体；红菇科、牛肝菌科和鹅膏菌科的许多种以及豆包菌等。菌根联合体在森林生态系统中，对植物种的适应性、种间关系以及林分生产力的提高等方面具有特别重要的意义。菌根能扩大植物根系的吸收面，增强植物抗逆性，改善土壤理化性质，增加根系吸收矿物质和有机物的能力，在造林时可加以应用，提高造林成活率。腐生真菌，这一类真菌是通过分解动物粪便及枯枝、落叶、草茎等有机物获得营养和能量，包括木生菌和土生菌两种。正是由于区内有大量的枯枝落叶所形成的腐殖质和倒木、树桩，使得腐生真菌种类和数量都比较多，有的种类是木材腐朽菌，可引起木材腐朽，倒木、树桩、大的枯枝成了黑木耳、毛木耳(*Auricularia polytricha*)、虎皮香菇(*Lentinus tigrinus*)、树舌灵芝、裂褶菌、云芝、硫磺菌(*Laetiporus sulphureus*)、木蹄层孔菌等的天然培养基。

野生大型真菌的分布与植被、气温、降水量、海拔高度、植物垂直分布及植物群落类型有着密切关系。通常分为常绿阔叶植物群落大型真菌：一般在山脚部森林边缘地带鬼伞类普遍存在。自山脚至海拔700 m的山坡地带，乔木层主要由木荷、小叶青冈、交让木、短梗冬青等常绿树种组成，灌木层的种类组成主要有豹皮樟、长叶木姜子、尖连蕊茶、大柄冬青和山橿等。林下土壤为山地黄壤，呈微酸性。此林带分布着较多的大型真菌，常见的有红蜡蘑(*Laccaria lccata*)、叶生皮伞(*Marasmius epiphyllus*)、干小皮(*Marasmius siccus*)、桂花耳(*Dacrypinax spathularia*)、黑木耳、毛木耳、网柄牛肝菌(*Boletus ornatipe*)、橙盖鹅膏(*Amanita caesarea*)、密环菌、假密环菌(*Clitocybe tabescens*)、稀褶黑菇(*Russula nigricans*)、层叠树舌(*Ganoderma lobatum*)等，还有多根硬皮马勃(*Scleroderrma polyrhizum*)等种类。

马尾松与阔叶树种构成的针阔混交林群落大型真菌：在海拔700 m以下，有大量的马尾松林，松林中伴生树种有青冈栎、枫香、杜鹃等，形成了针阔混交林，气候温暖，空气湿度大，枯枝落叶层厚，土壤保水性强，为大型真菌的生长繁殖提供了有利的条件。针阔混交林下大型真菌种类繁多，优势种有松乳菇、稀褶黑菇、多汁乳菇(*Lactarius volemus*)、正红菇、变绿红菇(*Russula virescens*)、美味牛肝菌、网纹牛肝菌(*Boletus reticulates*)、小鸡油菌(*Cantharellus minor*)、木耳、毛木耳、灵芝等，尤以牛肝菌类、红菇菌类、鸡油菌科的种类最为常见。据科研人员调查发现在出菇旺季，可采集到大量的松乳菇，见到成片生长的小鸡油菌等；灵芝科(*Ganodermataceae*)、木耳科、口蘑科、丛枝菌科、多孔菌科(*Polyporaeeae*)等广泛分布；山底部树林边缘地带鬼伞类也较普遍存在。

常绿—落叶混交林植物群落的大型真菌：海拔700m～1 200m的植物群落，是常绿阔叶林带向落叶阔叶林带的过渡带，主要植被有小叶青冈、木荷、豹皮樟、青冈栎、安徽杜鹃、云锦杜鹃、化香、青钱柳、蓝果树、紫茎等，伴生有黄山松，林下土壤为山地黄壤。多孔菌种类比低海拔处增多,常见的大型真菌有云芝、黄红菇(*Russula lutea*)、硫磺菌、宽鳞大孔菌(*Favolus squamosus*)、裂褶菌、肉色栓菌(*Trametes dickinsii*)等。

落叶阔叶植物群落的大型真菌:海拔1 200m ~ 1 500m,地形复杂,生境多样,植被种类主要有枫香、化香、鹅耳枥、青钱柳、香果树、蓝果树、四照花等。这个区域的大型真菌种类分布较少,常见的有裂褶菌、干小皮伞、密环菌、绯红密孔菌(*Pycnoporus coccineus*)等。

黄山松植物群落的大型真菌:自海拔1 500m至山顶,分布有大面积的黄山松林,伴生植物主要有杜鹃、灯笼树、灯台树、绿叶胡枝子、山橿、黄山花楸、毛叶石楠等。在黄山松林中可见少量松乳菇、小鸡油菌、黑木耳、牛肝菌类、红菇菌类等。一般在山顶这样高海拔处,多为山地灌丛和山地矮林,因其地形开阔,风力大,光照强,不利于大型真菌的生长繁殖,故种类很少,仅采集到红蜡蘑、裂褶菌等。

6.2 食用药用真菌

在清凉峰保护区大型真菌中有相当丰富的食用药用真菌,如香菇、黑木耳、竹荪、银耳、灵芝等。

我国人民早在二三千年前就已把菇菌作为珍贵的食用菌了,而且很早就懂得食用菌的栽培。食用菌类一般都是高等真菌的子实体,在我国发现的超过350种,常见的有蘑菇、草菇(*Volvariella volvacea*)、香菇、平菇(*Pleurotus ostreatus*)、凤尾菇(*Pleurotus sajor-caju*)、金针菇、黑木耳、松口蘑(*Tricholoma matsutake*)、竹荪、银耳、灵芝羊肚菌、牛肝菌等。这些食用菌味道鲜美,营养丰富,含有丰富的蛋白质、脂肪、糖、维生素、矿物质等营养成分。而且某些食用菌对动植物病毒性疾病有免疫或抑制作用,还能抑制肿瘤发生和发展,并能溶解一定量的胆固醇,所以被人们称为"保健食品"。

这些食用真菌野生在山林、草地、田野里,在潮湿林地的朽木或腐叶,不用放大镜也能看见许多丝状物,这常常就是它们的菌丝体,发育良好的菌丝,能钻进木材、落叶的组织里,吸取养料,像蘑菇等的菌丝体上,会长出一把漂亮的"小伞",这就是子实体。子实体上面是平整的,而下面密生着许多叫菌褶的薄膜,长着能繁殖后代的担子或担孢子,能随风飞散,到它们喜欢的地方去"安家"。现在,尽管掌握了它们的生长发育习性,可以采用人工栽培的方法,大量地生产,但优良品种的原种一般还从野外山林中采集获得。

在高等真菌中,还有许多可以作为药用的菌类。例如,有补中、固肾、益脾、补肺、止血作用的灵芝,滋阴、补肾、润肺、强精、补血提神的银耳,滋补、助消化、退热、利尿、消肿的茯苓。此外,还有对消化道肿瘤有较好疗效又可治神经衰弱、消化不良等慢性疾病的猴头,做止血外敷药的马勃等。

我国的食用药用真菌历史悠久,目前已知食用真菌、药用真菌种类相当丰富,"中国食用菌图谱"收录了拥有各种经济价值的真菌,它反映了我国微生物学科技成果和东方文化的内涵,不仅可以供我国微生物学界的科研、教学使用,还可以为食品、外贸和医疗美容保健等部门服务。由中国科学院微生物研究所提供的资料向我们显示了野生菌在日常生活中的神奇功效，例如，我国古代的宫廷食品——银耳，在古代的中医书上即有记载它具有强精补肾、生津止咳、降火、润肠益胃、补气和血等功效，近代研究表明，它还具有抗肿瘤、抗肝炎、降血糖、补脑提神、美容嫩肤、延年益寿的功效；自古以来就被誉为“仙草”的灵芝，是我国传统的名贵中药材，主治耳聋、利关节、保神、延年、疗虚劳等，现在它又被用来调节机体免疫系统、抗过敏、降血压等；我国传统常用中药材和著名出口商品——茯苓，它具有利水渗湿、健脾和胃，宁心安神等功能，被誉为中药“八珍”之一，现代人们一方面用它来抗肿瘤及减轻放射与化疗的副作用，另一方面它可以保肝降酶、延缓衰老，美容养颜。这些祖国传统的中医药材与现代的科技相结合所创造出来的将是前所未有的绿色精品，它不仅无毒无害可以食用，而且它还是经过很多科研人员长期研制的安全性高、效果稳定的高科技产品。琳琅满目、奇妙诱人的真菌大家族中，蕴藏着丰富资源，等待我们去开发和利用。清凉峰保护区大型真菌中食用药用真菌，计69种，其中食用真菌30种，药用真菌11种，药食兼用真菌达28种，如表6-1所示。

表 6-1　清凉峰保护区食用药用真菌统计表

中名	拉丁名	用途	备注
竹黄	*Shiraia bambusicola*	药用	治疗虚寒胃痛、风湿性关节炎等
木耳	*Auricularia auricula*	药食兼用	营养丰富
毛木耳	*Auricularia polytricha*	药食兼用	营养价值高，称之木头“海蜇皮”
银耳	*Tremella fuciformis*	药食兼用	味美可口，营养丰富。
茶银耳	*Tremella foliacea*	药食兼用	含16种氨基酸，7种为人体必须
金黄银耳	*Tremella mesenterica*	药食兼用	有营养价值
桂花耳	*Dacrypinax spathularia*	食用	
银扁蕈	*Elfvingia applanata*	药用	
灵芝	*Ganoderma Lucidum*	药用	抗血栓，提取物用于合成抗癌药物
层叠树舌	*Ganoderma loba*	药用	
硬皮树舌	*Ganoderma tornotum*	药用	
树舌灵芝	*Ganoderma applanatum*	药食兼用	
紫芝	*Ganoderma sinense*	药用	
云芝	*Coriolus versicolor*	药用	
茯苓	*Poria cocos*	药食兼用	
鸡油菌	*Cantharellus cibarius*	药食兼用	味美可口
小鸡油菌	*Cantharellus minor*	药食兼用	味美可口
喇叭菌	*Craterellus cornucopioides*	食用	味美
白喇叭菌	*Craterellus subalbidus*	食用	味美
红顶枝珊瑚	*Ramaria botrytoide*	食用	味道酷似青豌豆荚
肝色牛排菌	*Fistulina hepatic*	药食兼用	
猴头菌	*Hericium erinaceus*	药食兼用	中国传统珍贵食用菌
林地蘑菇	*Agaricus silvaticus*	食用	产量大，可收购加工

续 表

中名	拉丁名	用途	备注
白林地蘑菇	*Agaricus silvicola*	食用	菌肉厚,味道较好。
细环柄菇	*Lepiota felina*	食用	
橙盖鹅膏	*Amanita caesarea*	食用	味道鲜美,被称之为恺撒蘑菇
白托柄菇	*Amanita nivalis*	药用	祛风散寒、舒筋活络
紫孢侧耳	*Pleurotus cornucopiae*	食用	
美味侧耳	*Pleurotus sapidus*	食用	
鸡炊菌	*Termitomyces albuminosus*	食用	味道鲜美
软靴耳	*Crepidotus mollis*	食用	
金针菇	*Flammulina velutipes*	药食兼用	肉质细,软滑,味道鲜美。
香菇	*Lentinus edodes*	药食兼用	我国著名的食用菌,味美可口,
密环菌	*Armillaria*	药用	镇静、促进血液循环
假密环菌	*Clitocybe tabescens*	药用	用于肝胆疾病治疗
红蜡蘑	*Laccaria laccata*	食用	肉质薄,味道一般
虎皮香菇	*Laccaria tigrinus*	食用	
大斗菇	*Laccaria javanicus*	食用	肉质脆嫩,营养丰富
洁丽香菇	*Laccaria lepideus*	药用	用于气血不足、心脾两虚症
硬柄小皮伞	*M. oreades*	药食兼用	味鲜,药用治腰腿疼痛、筋络不适
长根菇	*Oudemansiella radicata*	药食兼用	食用鲜美味佳,药用降低血压
紫盖口蘑	*Tricholoma ionides*	食用	
松乳菇	*Lactarius deliciosus*	食用	味美
多汁乳菇	*Lactarius volemus*	药食兼用	
暗褐乳菇	*Lactarius fuliginosus*	食用	
草质红菇	*Russula alutacea*	食用	营养丰富
正红菇	*Russula vinosa*	药食兼用	著名的食用菌,药用治疗贫血、营养不良等
变绿红菇	*Russula virescens*	食用	味鲜美,药用治眼目不明,泻肝火,散热舒气
壳状红菇	*Russula crustlsa*	食用	
美味红菇	*Russula delica*	药食兼用	具有一定的抗癌作用
黄红菇	*Russula lutea*	食用	菌肉薄而脆
密褶黑菇	*Russula densifolia*	药食兼用	药用主治追风,散寒,舒筋,活络
大环柄菇	*Macrolepiota procera*	食用	味道鲜美
紫孢侧耳	*Pleurotus cornucopiae*	药食兼用	
糙皮侧耳	*Pleurotus ostreatu*	药食兼用	味道鲜美,营养丰富。
美味侧耳	*Pleurotus sapidus*	药食兼用	
双孢蘑菇	*Agaricus bisporus*	药食兼用	具有一定的抗癌作用
美味牛肝菌	*Boletus edulis*	食用	传统美味优质菌类
点柄粘盖牛肝菌	*Suillus granulatus*	食用	品质一般
绒柄松塔牛肝菌	*Strobilomyces floccopus*	食用	品质一般
多脂鳞伞	*Pholiota adipos a*	食用	
软靴耳	*Crepidotus mollis*	食用	
短裙竹荪	*Dictyophora duplicata*	食用	营养价值高
长裙竹荪	*Dictyophora indusiata*	药食兼用	食用"真菌皇后"、"植物鸡"
头状马勃	*Calvatia craniiformis*	药食兼用	幼期食用,成熟期药用
紫马勃	*Calvatia cyathiformis*	药食兼用	清肺利咽,止血
梨形灰包	*Lycoperdon pyriforme*	药食兼用	对肺热咳嗽、流鼻血疗效显著
多根硬皮马勃	*Scleroderma polyrhizum*	药食兼用	幼时可食用、药用有消肿、止血作用

清凉峰保护区大型真菌中有着相当丰富的食用、药用真菌，而在保护区周边生产生活的部分农民，一直利用当地的优良的自然资源（气候、环境及间伐的小径材作为段木），人工栽培繁殖食用菌香菇（单独或者合伙），主要是丰富自己餐桌上的菜肴，赠送一部分给乡邻，部分加工成干品销售，增加家庭经济收入。当地香菇销售价一般15元/kg，最多的年销售50kg，收入达3 000元人民币，是山区农民增加收入的来源之一。如果适当加大投入、扩大规模，提高产量和品质，将是山区新农村建设和富民的一条好途径。

第七章 旅游资源

清凉峰保护区的旅游资源极其丰富，既有十分瑰丽的自然景观，又有深厚幽广的人文资源，且物产丰富，名特产品甚多，是科学考察、观光旅游、休闲度假、徒步户外旅游的理想处所。对于徽杭旅游圈和"黄山—杭州"黄金旅游线而言，清凉峰保护区无疑是其中的一颗绿色明珠，闪闪发光，璀璨夺目，并将具有极大的开发前景和永久旺盛的生命力。

7.1 自然旅游资源

清凉峰保护区的旅游资源以自然旅游资源见长。奇峰数十，峰峰不同；怪石百余，鬼斧神工；名木繁多，绿色宝库；珍禽异兽，深林跃伏；细泉飞瀑，灵秀增色；云海佛光，恍若仙境……清凉峰的自然美丽自古出名，"鄣山叠翠"即是古"华阳十景"之一，民国《歙县志》以"白石山"入载"地舆志·山川"。清凉峰的自然景观四季如画。新春玉兰争奇，红梅吐芳，杜鹃竞放，万紫千红，百花争艳；夏日绿荫铺盖，鸟鸣深谷，凉风习习，清泉潺潺；入秋天高气爽，南雁掠空，枫香红透，银杏洒金，满山云紫，层林尽染；严冬银装素裹，万径无踪，偶有异兽嘶嚎，声震峡谷。

7.1.1 奇 峰

清凉峰保护区峰林如海、峰峰竞秀，其中最为雄奇灵秀的山峰有：

1. 清凉峰

清凉峰保护区的主峰，亦为天目山脉主峰，是皖浙天然分水岭，海拔 1 787.40m，被称为绩溪"诸山祖"。仰山拾级，沿途山势陡峭，怪石林立，林木葱郁，鸟语花香；登峰远眺，众山拱卫，沟壑纵横，涧溪萦绕，云海翻腾，气势壮观。

2. 白石岩

白石岩即白石山，在老竹铺上坦，海拔 1 380m。据民国《歙县志·山川》载："在白石源中，白石磅礴，飞泉喷雪，古松怪柏，盘曲如龙，山巅石眼长数丈，内有石若观音状。"

3. 天子峰

天子峰位于清凉峰主峰南 1.05km 处，海拔 1 625m，山体气势磅礴，巍峨挺拔，上有锯齿状鸡冠岩，其西南有面积近百亩的天子池，相传为明朝开国皇帝朱元璋点将练兵处。

4. **南门城**

南门城地处天子峰南，海拔1 380m，悬崖峭壁，险峻异常，如同屹立在清凉峰南面的一道城墙，其上有“南天门”“一线天”等凹字形、V字形缺口。

5. **天烛峰**

天烛峰位于南门城南，白石岩北，海拔1 370m，山顶岩石瘦长秃露，形同一枝未燃蜡烛，高耸于蓝天白云间，峰南紧接白石岩，连接处为V形鞍部，鞍部两边为两片薄薄山崖，从东西两面看去，酷似一把张开的剪刀，故名“剪刀门”。

6. **寿桃峰**

天烛峰东百步，又起一峰，因其崖上有一石窟，轮廓好像熟透了的桃子，因此而得名。

7. **骆驼峰**

天子峰东侧，突出两子峰，极似骆驼的驼峰，远看山势如同悠然漫步的骆驼，因此而得名。

8. **佛掌峰**

佛掌峰位于天子峰北侧，海拔1 600m，从北向南看，山顶石柱突兀而起，酷似如来佛手掌，因此而得名。

9. **玉柱峰**

玉柱峰在清凉峰南侧，海拔1 610m，其顶部石柱众多，交错林立，雨后受阳光反射，晶亮似玉。

10. **官印峰**

官印峰位于清凉峰主峰北侧，海拔1 700m，是清凉峰保护区内第二座高峰，自南北望，山顶巨石方正如印。

11. **中柱垄**

中柱垄为南北向延伸山脊，位于清凉峰西北侧，垄上有西凹、石笋等山峰，垄脊绵延一线，似一条巨龙卧伏。

12. **兄妹追云峰**

兄妹追云峰位于西凹峰西北侧，由大小两座子峰组成，一高一低，一前一后，仿佛一对天真活泼的兄妹在蓝天追逐彩云。

13. **岳桃峰**

岳桃峰在兄妹追云峰西侧，山体轮廓形似仙桃，因此而得名。

14. **西门峰**

西门峰在岳桃峰西，海拔1 520m，山势险峻，怪石嶙峋，峰顶方形缺口俗称“西天门”，峰上古松若龙若凤，欲飞又立，风声鹤唳，虎啸龙吟，俨然天阙宫门，令人叹为观止。

15. **百丈岩**

百丈岩在清凉峰西南部，巨石高百余丈（相对高差460m），悬崖陡壁，两峰隔溪，水鸣如雷，南岸巨岩拔地而起，光滑陡峭，突兀峥嵘，如覆钟，故名百丈岩，右侧又有一峰，高及百丈岩三分之二。两峰顶端均有巨石垒其上，如双蟾望月，妙趣天成，岩面相传长灵芝，今石耳甚多，偶尔群猴攀游岩边林间。岩下潭水清澈，游鱼嬉水，相连一潭，水色墨蓝，深不可测。两潭状似葫芦，称葫芦潭。潭口有合抱圆石如塞，水从空隙迸泻，喷玉溅珠。登顶四眺，重峦叠嶂，庐舍田畴，松杉茶竹，历历在目。晴日可遥望黄山诸峰参差天际。

此外，还有著名的野猪塘，是华东地区少见的高山小平原，海拔1 480m，面积2km^2，其南北端高差仅2.50m，长1km，小溪穿过小平原，溪中水潭成串，碧如翡翠，常年不涸。

7.1.2 怪 石

清凉峰保护区怪石如林，形态各异，其中较奇者有：

1. 猿人头

猿人头又名“人面石”，在清凉峰主峰南侧，一块独立的大石头上坐以小石，小石的一面与人猿化石酷似，特别是那有别于现代人的突出眉棱。

2. 百鸟朝阳

百鸟朝阳又名“强弩待发”“众龟向日石”，位于清凉峰北坡顶部，数块奇石合成一巨大的鸟群，仿佛面朝东方迎接旭日的升起。

3. 金龟石

金龟石在清凉峰南凹，一石独立，体形硕大，形似一只大龟昂首远望西天。

4. 兔耳石

兔耳石在寿桃峰东侧，两石分立，犹如一对兔耳竖听松涛。

5. 天锥柄

天锥柄在清凉峰西南侧，恰似天宫坠落的锥子，锥尖插入地下，锥柄留露地面，细看柄把，似乎还有王母娘娘的指印痕。

6. 观音石

观音石在白石岩白云涧中，状如观音，非常著名。

7. 仙女回宫

仙女回宫在玉柱峰东坡，前后左右，错落有致地排列着七块立石，酷似七仙女漫游人间后，正在返回天宫。

8. 龙宫残烛

龙宫残烛在天子峰东侧山底巨崖上，一石独立，圆柱形，上生一古松，形状酷似一支点燃的蜡烛，插在云海龙宫之中。

9. 寿星打坐

寿星打坐在清凉峰北凹，由四块叠石组成，远看俨然一个老态龙钟的寿星在盘膝打坐。

10. 仙女下凡

仙女下凡在南门城北扁担坳，一石亭亭玉立，体态苗条，风姿绰约，酷似仙女下凡。

11. **玉蛙跳海**

玉蛙跳海在清凉主峰南侧，一异石形似青蛙，俯首蹬脚，跃跃欲跳入茫茫云海。

此外，还有仙人锯石、仙人上山、仙姑背情郎、狮象守坞口、老鼠点蜡烛、十门九不锁等肖形石景，伴随一个个传说，惟妙惟肖，十分有趣。

7.1.3 古树名木

清凉峰保护区受第四纪山岳冰川影响不大，第三纪古老孑遗珍稀植物被保存下来，并因地处中亚热带北缘，地形复杂，人迹罕至，雨水充沛，逐步衍生和发展成今天的植物区系，保存较完好的原生林分景观。区内森林茂密，古树参天，拥有大量具有特殊经济价值和科研价值的珍稀树种，是华东地区一处极其重要的绿色宝库，有天然自然博物馆和生物物种基因库之称。现已查明，区内有维管束植物1 228种，其中蕨类植物102种，裸子植物17种，被子植物1 109种，有国家重点保护野生植物26种，被列为国家Ⅰ级重点保护的野生植物有银杏、红豆杉、南方红豆杉、银缕梅、天目铁木5种，国家Ⅱ级重点保护的野生植物有华东黄杉、南方铁杉、香果树、连香树、鹅掌楸、金钱松、黄山梅等20种。被国家列为Ⅱ级重点保护野生植物的华东黄杉，是白垩纪或更古时代残存下来的孑遗树种，安徽省内除休宁六股尖有少量小居群残存、黄山云谷寺等处尚存一二株外，已濒临绝种边缘，而在清凉峰的十八龙潭和三河口发现了10多株华东黄杉，为不可多得的珍稀资源，不仅具有观赏、实用价值，更有着突出的科研和经济价值。清凉峰保护区古树名木主要有银杏、银缕梅、木莲、云锦杜鹃、黄山松、香榧、南方红豆杉等，高的达二三十米，粗的干径达1.50m以上。

7.1.4 飞禽走兽

丰富的植物资源，茂密的森林环境，为大量的野生动物提供了良好的繁衍栖息场地。区内动物种类繁多，据初步调查，共记录野生脊椎动物34目、100科、377种，其中属国家Ⅰ级重点保护的野生动物有梅花鹿、白颈长尾雉、云豹、黑麂5种，属国家Ⅱ级重点保护的野生动物有大鲵、猕猴、白鹇、金猫、大灵猫、小灵猫、穿山甲、苍鹰等41种。此外，还有灰喜鹊、啄木鸟、画眉、棕噪鹛、红嘴相思鸟等180多种鸟类，翔集在山涧深谷和密林中，或嘤嘤细吟，或啾啾欢唱，使保护区充满生机和活力。

7.1.5 流泉飞瀑

由于良好的森林植被，丰沛的天然降水，独特的地形地貌，形成了溪流潺潺，飞瀑叠泉，使区内充满了动态美感的水文景观。古诗云"白云山下瀑布泉，好似花果山相连，时有猿猴常往来，若留大圣更周全。"就是清凉峰瀑布的真实写照。其主要瀑布和水景有：

1. **百丈瀑**

百丈瀑在清凉主峰西坳百丈崖上，一条白练从绿荫丛中奔腾而出，垂挂悬崖，珠玉四溅，水声轰鸣，气势壮观。

2. 天涧瀑

天涧瀑在清凉主峰西坳天简崖东侧，近看是四条水带，双双而下，远望如两条白色巨龙，遨游于碧波荡漾的林海之中，故又名“双龙下海”。

3. 爆火瀑

爆火瀑在清凉峰主峰南坳大源海拔近千米的爆火岩上，泉水飞流，长年不断。

4. 银河泉

银河泉在老竹铺大溪源北半华里的东侧石崖上，银泉一线，远看如从蓝天飞泻而下，真是“飞流直下三千尺，疑是银河落九天”。

5. 十八龙潭大瀑布

十八龙潭大瀑布在十八龙潭深谷中，有十八个深潭组成链状的瀑布群，落差近百米，十分壮观。

6. 长纹瀑布

长纹瀑布在荒坑崖下，瀑布落下形成一深达近10m的巨大锅状深潭，胜暑之时十分沁人心脾。

7. 石柱瀑布

石柱瀑布在大坦村边石柱下，落差30m，常年飞泻。

8. 西溪瀑布

西溪瀑布在徽杭古道上，落差40m，夏日雨过天晴，彩虹飞跃，冬日冰凌倒挂，晶莹剔透，为古道平添了一道亮丽的景色。

9. 天　池

天池在清凉峰脊顶，碧水一汪，据推测为一淤塞的火山口所致。

此外，还有白石瀑、彩虹瀑、一线三潭瀑、东龙池、西龙池等。

7.1.6　云海佛光

清凉峰保护区由于海拔高，森林植被覆盖率高，加上雨量丰沛，地形多变，以至形成独特的气候环境。常年云多雾重，云雾缭绕，烟云变幻，瞬息万变，云海茫茫，群山若隐若现，犹如万马奔腾，蔚为壮观；晨曦初露，忽见云霞尽染，光芒四射，一轮红日冉冉东升，堪称一绝。

清凉峰保护区谷壑幽深，烟云升腾，缠绕山峦，瞬息万变，雨后初晴登清凉峰顶可见佛光，光环随人走，人影显环中。

7.2　人文旅游资源

清凉峰的人文旅游资源极具特色，毫不逊色于自然旅游资源，二者交相辉映，相得益彰。保护区所在地是徽文化的发源地，文化底蕴十分深厚，传说甚多。

7.2.1 清凉峰保护区内

1. 江南第一关

江南第一关又名遥遥岩，在清凉峰保护区伏岭镇东部，海拔424m，是徽杭古道重要关隘，清凉峰主要通道。关脚岩口亭，书“径通江浙”魏体大字。过江南第一桥，自西拾级登关，山势险峻，怪石嵯峨，以磨盘石、天冠石、将军石、漏米砻最奇，高峰巨岩，南北夹峙，中隔涧壑，逍遥河水蜿蜒其间。北岩石壁嵌入约2m长花岗石板，筑成栈道，部分石条半悬空际。顶端一孔云天，即为关口。自岩脚至此，凡1 400余级，初登者心悸目眩，扪壁缓行，不敢俯视。涧中一川乱石，如兽如瓜，重重堆叠。涧水潆洄跌宕，轻吟怒啸，时而涓细飘逸，时而湍急成潭。关门由四根大石条横架天然岩石构成，门楣西刻“江南第一关”，东刻“徽杭锁钥同治二年里人建造邵道棠题”楷字。门当关而立，山风猎猎，恍若凌空驾虚。入关后，石径稍夷，仍盘旋陡壁间。关东施茶亭旁岩壁上，刻记古道小史：宋宝祐五年（1257年），大石门胡旦随山势凿石为磴，凡五里余，以便行旅。元大德年间（1297年～1307年），北乡（今北村）程氏视下深险，复伐石为栏，障于旁，往来愈安。明成化年间（1465年～1487年），汪以茂等重修。以后历代均有修补。新中国成立后，附近村民立约组织维修至今。关内有“二程庙”，系胡家村胡贵森建。据传1932年春，北村程灶起、程瑞湖去浙经商，避雨悬岩下，岩崩俱毙，遂筑庙志哀示诫。后由邵在炳出资造石亭于旁，便于来往行人休息避雨。江南第一关的由来相传太平天国侍王李世贤于1861年率部经此，赞为天险而命名；另一说为明代胡宗宪所取。

2. 红军战壕

红军战壕位于绿景与永来村交界处，徽杭古道的最高点。1934年11月，红军第十军团第十九师3 000余人北上，由浙入境，在栈岭脚、大坦宿营。为防御国民党部队袭击，在蓝天凹至上源培挖掘战壕，构筑掩体，断续长约2.50km，深宽各1m，今仍残在。

3. 白云庙

相传很久以前，有一对仙男仙女，来到白石岩附近（今清凉峰）游览，看到对面远处有一石岩直冲天空，想到上面去看个究竟，但又无通途可达，他俩就用菅草把石头锯开，搭成天桥（现称仙人锯石，在剪刀门处尚有一座天桥），来到白石岩上，但见周边山清水秀、鸟语花香，这对仙男仙女便产生了住留人间的想法。但他俩又不能同住，几经商量后，仙男便在白石岩下兴建一座大型庙宇——白云庙，仙女则在山对面兴建金竹庵，又在白云岩上留下观音洞，以便经常往来烧香祭拜观音菩萨。后来俩人幻化为巨石矗立在白云岩上，即仙姑背情郎景点。白云寺旧时香火旺盛，规模庞大，繁华一时，现已毁，仅存遗迹，并幸存有一株粗大的古银杏树。

4. 龙王庙

在清凉峰南坡金石村边上，相传清乾隆年间，皇帝到徽州游览太白楼，在太平桥上看到远处有一山峰直耸云霄，就问随从官员是何名山，州府官员答道：白云岩，山下有白云庙，香火旺盛。于是皇帝就命令前住烧香拜佛，待官轿抬至三阳岭时，天色已晚，白云岩看似近在眼前，皇帝就命令加速前进，待到金石脚下，天色已黑，无法上山，乾隆爷就面对白云岩烧香祷告后打道回府，后人为纪念皇帝在此焚香拜山，就兴建了一座规模宏大的庙宇——龙王庙。后来，在"文革"中被毁，唯留下屋基和一条称作"烧香路"的山道。

此外，清凉峰保护区内还有墨相坟、皇帝炼丹处等名胜古迹，后均因战火而遭破坏。

7.2.2 清凉峰保护区周边

1. 龙川胡氏宗祠

龙川胡氏宗祠位于清凉峰脚下绩溪县瀛洲乡龙川村，距县城12km，距保护区11km。这里山清水秀，穹林邃壑，景物幽胜；远处山色如黛，近处水溪湍湍。蕞尔的山村已有1 000多年的历史，胡氏宗祠，坐落于村中央，建筑面积超过1 146m^2，3进7开间。主体建筑分门厅、回廊、正厅、后进，整体布局方正、对称，主次分明。门厅即前进，门厅前阶梯、栏杆用麻石砌成，两边设旗杆础石6个，门厅前两侧各有一尊石狮。门厅宽22m、高9m，门楼为重檐歇山式，屋顶筑有八大戗角，雄伟壮观。这门楼俗称"五凤楼"。门楣上大小额枋全部精镂细刻，门额后二门门楣上原悬明代文徵明题"龙川胡氏宗祠"匾一块，现已流失。门厅后是天井，两边为回廊。中进即祠堂正厅，是举行祭典的地方，高10m，它由14根围粗166cm银杏木材圆柱架着大小21根冬瓜樑构成。厅两边有高4m、宽60cm落地槅扇32扇。后进是寝室7开间，分上下两层，重檐建筑，东西厢各有落地槅扇16扇。胡氏宗祠的门楣、樑面、樑托、月樑、托替、平盘珠、轩顶桁、槅扇等都雕刻有人物、花草、走兽虫鱼，栩栩如生、姿态逼真、妙趣横生。胡氏宗祠的建筑、雕刻是一种永恒的艺术美，故有"江南第一祠"之称。它建筑精巧、布局独特、设计巧妙，"以门阙多、马头墙多、古巷多"而著称于世，与黟县西递、宏村等徽州诸多古民居相比，更有它的独特之处，故有"江南第一祠""徽州第一家"称。

龙川胡氏宗祠初建于宋。明嘉靖年间，兵部尚书胡宗宪对祠堂进行一次大修缮，故建筑具有明代风格，以后又历经修葺，最后一次在清光绪二十四年重修，仍保持了明代徽派雕刻艺术的风格。宗祠建筑线条粗犷淳朴，是徽派古建筑艺术集砖木石雕于一体的宝贵遗产，有"木雕艺术厅堂"之称。1986年，文物部门拨出专款进行较大规模的维修，修复后的胡氏宗祠，面貌如故。1986年，龙川胡氏宗祠被安徽省人民政府列为安徽省重点文物保护单位；1988年，被国务院列为全国重点文物保护单位。

2. 昌溪古村落

昌溪古村落是一个典型的生态文化古村落。早在唐代，就有先民在此生息，村前有75m宽清澈透底的昌溪河为屏，后有层峦叠嶂的来龙山为障，古村落历经吴、周二大族先人的不懈图治，构筑了自南向北长达3km的古建筑群体。村中有石拱桥、亭阁、书院、水口、学堂、宗祠、古庙和民宅，形成了前街后路的南北大道，村内巷弄纵横交错，溪水穿街过巷，流水潺潺，池塘波光粼粼，后山青翠含黛，民居鳞次栉比，庭院深深，花木盆景交相辉映，是一处人居环境和谐的经典杰作。

昌溪不但生态特佳，蕴藏的深厚文化魅力更是光彩照人，现有元、明、清古建筑201幢，其中“忠烈庙”“太湖祠”“寿乐堂”“周氏宗祠”为古建筑中的佳品，全国唯一的“员工支祠木牌坊”更是稀有珍品。昌溪古村中吴氏经营的茶叶，周氏经营的漆，闻名遐迩，更有状元进士多达百余人。随着交流不断，形成了巨贾徽商、学者名流汇集之地，大量珍贵文物保留了下来，有宋徽宗、朱元璋、海瑞、王茂荫、康有为、许承尧和一批知名书画家的字画、匾额、碑刻等，有嵌象牙朝笏等，乃徽文化大观园。特别是清代末科状元、近代北平师范大学和中国大学国文系主任、北京大学兼职教授、经学大师吴承仕，以他满腹经纶和刚毅的性格，满腔的爱国热情，给后人树立了楷模。周总理称赞他：“孤悬敌区，舍身成仁，不愧青年训导；重整国学，努力启蒙，足资后学楷模。”

3. 小九华

在绩溪县荆州乡东北部。山水幽奇，传“九华山地藏王曾在此苦修，故名”。小九华山势突兀，涧壑深邃，似游龙数条逶迤奔聚。中一山丘，河水至此曲折潆回，形如半岛，上有地藏殿。对岸山列如屏，前为银屏寺。附近奇峰两座：一在丘东北，危岩倾斜三叠，似重楼复阁，上流飞瀑，下通行人；一在丘西北，石峰傍河湾突起，顶尖侧锐，中丰而曲，下圆而长，有草丛生腰际如垂缨。弯环似刀，俗称“关王刀”，刀峰高39m，峰面古书“万古不磨”4大字，年久湮没。1938年农历闰七月，乡人胡钟吾出资，书写“七七纪念”于上。1965年10月，庄子村民张必进等3人又在峰面上书“中国共产党万岁”巨幅标语。沿河石岩交错，横截如坝，多天然岩洞、深潭，俗称“九井十八坝”，数铁釜潭为著。小九华有十景：铁釜深沉、银屏滴翠、刀锋插云、横岩瀑布、狮嘴啸天、双溪烟云、五龙夺珠、高峰暮霭、九井甘泉、梅岗早雪。今胜山秀水依旧，是旅游、避暑佳境。

4. 昱岭关

昱岭关位于老竹铺东面昱岭顶端，皖、浙交界处，横跨徽杭公路。始建于元代，后屡经修建。1933年修筑徽杭公路时，加宽路面，拆除箭楼，重建关口，公路从关口通过。关门通高8.10m，阙高5.70m，宽6m，深5m。两侧山坡上留有古戍所遗址；内外两侧镌有“昱岭关”匾额和楹联。外为“光复丰功雄关气节，堂皇伟迹古郡山高”；内联为“坦道贯通熙攘往来，巍名矗立震烁古今”。红巾军、太平军均在此与官兵激战。

7.3 驰名特产

1. 徽墨歙砚

《歙县志》记载，歙县自唐代即为文房四宝——笔、墨、纸、砚之乡。南唐时，李廷圭墨、龙尾砚、澄心堂纸深得李后主赞赏。宋时，连同汪伯立笔同列为贡品。元代之后，砚、纸、笔生产渐衰，而墨业却空前繁荣，民国时期才一度衰落。新中国成立后，墨、砚生产得到较快的恢复和发展。墨业产品明、清时统称徽墨，是集观赏和实用于一体的传统工艺品，其特点是拈来轻，嗅来馨，磨来清，坚如玉，研无声，享有“落纸如漆，万载存真”的美誉。砚业产品唐代即称歙砚或龙尾砚，是我国四大名砚之一，亦为集观赏和实用于一体的传统工艺品，其特点是石质坚密湿润，纹理绮丽，造型雅致，雕刻精美，发墨如油，贮水不涸，一涤即莹，享有“瓜肤縠理、玉德金声”的美誉。

2. 山核桃

清凉峰周边地区所产的山核桃品质优良，外形极似桂圆，粒大、壳薄、味美、出仁率高，经煮熟焙干，去壳食仁，核桃仁香酥、松脆、可口。

3. 名　茶

清凉峰保护区茶叶量不仅位居全国之冠，而且品质优良，名茶荟萃，亦非他乡能比，传统名茶有“老竹大方”“黄山毛峰”“金山时雨”“横岩云雾”“芝兰甘露”等，新创名茶有“黄山银钩”“黄山绿牡丹”“小九华毛峰”“金刚雨露”等。歙、绩二县名茶得益于优越的自然环境和精湛的采制技术，集造型优美、色泽嫩绿、香气馥郁、滋味鲜淳等优点。用珠兰花、茉莉花和白兰花窨制的花茶，是又一类优质名茶，既保持原有茶的滋味，又兼备鲜花的馥郁芬芳，品质别具一格。高档花茶品种有茉莉顶谷大方、茉莉黄山芽峰、茉莉魁针、珠兰黄山芽峰、珠兰黄山芽、珠兰魁针等。

4. 金竹贡菊

金竹贡菊产清凉峰南坡，焙工精良，香味芬芳，色白蒂绿，花大心小，匀称整齐，清光绪年间曾作为贡品。贡菊花性微寒，味甘苦，具有疏散清热、平肝明目的功效。金竹贡菊在《中华人民共和国药典》和《中华大药典》中都有记载，居我国四大名菊之首。菊花是饮用佳品，用开水冲泡，可见杯中菊花徐徐上浮，绿蒂在下，白花朝上，如同鲜花，汤汁浅绿清澈，饮之味甘微苦，清香扑鼻，对治疗感冒头痛，目赤喉痛等症有良效。

7.4　旅游资源开发现状及其对环境的影响

7.4.1　特点及评价

1. 特　点

清凉峰保护区峰峦叠嶂，沟壑纵横；怪石林立，飞瀑流泉；林木葱郁，鸟兽繁多；人迹罕至，生态完整，野生动植物资源极其丰富。这里既有貌似黄山的巍峨山峰，又有中山“台地”和峰顶“小平原”等独特地形。清凉峰一带的山体岩石构造比较复杂，山的上部以侵入花岗岩为主，中下部以千枚岩为主，受大自然鬼斧神工的造就，形成了独特的奇峰、怪石和石洞等山地景观；区内水源丰富，泉水不断，飞瀑多见，构成了壮观的水域景观；每当雨季清晨时分或雨过之时，区内茫茫云海，由于山高林密，雨量充沛，气候湿润，空气新鲜，盛夏之时，这里一派“清凉世界”，是一处理想的避暑胜地。不仅如此，清凉峰所处地人文景观极具特色，极其丰富；名优产品历史悠久，驰名中外。

2. 评　价

生态旅游是让游客在良好的生态环境下，欣赏生态盛景，并保护自然环境和提高当地人民生活水平的旅游活动。生态旅游的基础是良好的森林环境和丰富的景观资源。清凉峰保护区具有发育完备的森林生态系统，其动植物种群多，成分复杂，保护级别高，具有典型的生物多样性特点；景观资源丰富而又秀丽，有奇峰数十座，怪石百十处，石洞、瀑布散布其间，如入画卷。由于清凉峰保持着原始的森林生态系统和自然景观，气候凉爽宜人，不但是教学、科研的理想之地，而且是观光旅游、避暑度假的胜地。相伴丰厚深广的人文旅游资源，更加丰富和保证了清凉峰保护区旅游开发的前景。清凉峰不仅自身旅游环境优越，而且位于黄山—杭州的黄金旅游线的中段，属黄山大旅游圈的核心区域，也是安徽省“两山一湖”建设的重要内容，随着黄山大旅游圈以及“两山一湖”的构建和发展，其旅游前景十分广阔。

由于地理位置优越，如能在国家统一规划下，经有计划地开发，构成华东地区杭州西湖—千岛湖—天目山—清凉峰—黄山系列旅游带，将对华东地区生态旅游事业产生巨大的社会经济效益。到那时，它既是国内外科研人员的目光注意之所，又是广大旅游者向往的、串在黄山至杭州旅游热线上的一颗山岳风景明珠。总之，清凉峰保护区具有开发生态旅游的充足条件和必然需要。通过合理的旅游开发，不仅有利于地方经济的发展，满足人们对生态旅游的需要，而且有利于保护区的持续发展，有利于资源和环境的保护，是一项集保护、科研、宣传、教育于一身，融生态、社会和经济为一体的，功在当代、造福子孙的伟大事业。

7.4.2　开发现状

清凉峰保护区自然生态比较完整，野生动植物资源丰富且集中，有很强的代表性，可称为天然的自然博物馆和生物物种基因库。到目前为止，由于地方经费限制，尚未建设大规模接待游客的基础设施和保护设施，仅接待了众多专家学者前来科学考察。近年，在实验区建设有徽杭古道及百丈岩两个小规模生态旅游景区。

安徽清凉峰省级自然保护区建立较早。建区以来保护区的科技工作者在交通闭塞、生活条件简陋、缺少科研仪器等困难条件下，在资源调查、摸清种源、野生动植物保护、科普宣传、森林防火等方面做了大量工作，取得了较好成绩。建区以来从未发生森林火灾，进入保护区破坏动植物的现象很少发生。其中，由保护区管理站协同县林科所等单位开展的生物多样性的调查和保护研究工作取得明显成效，其成果获宣城、黄山市科技进步奖，并荣获安徽省农村科技奖，共在国家和省级刊物上发表论文40余篇，这些对于清凉峰的开发具有一定的参考价值。

7.4.3　开发设想

清凉峰保护区具有丰富的自然旅游资源和人文旅游景观，又坐落在徽杭黄金旅游线上，区位优越，交通便捷，应当合理开发，充分利用。

清凉峰保护区的旅游开发力争在建设好徽杭古道及百丈岩两个生态旅游景区的前提下，遵循如下原则：

1. 坚持保护第一的原则

在旅游资源开发和旅游设施建设过程中，遵从国家有关法律法规，开发服从保护，防止生态破坏，把旅游开发对生态环境的影响降低到最低限度，对核心保护区严禁开发，重点保护，坚持山上游山下住。

2. 坚持可持续发展原则

对旅游产品建立可持续的生产、消费模式，确保旅游业的发展不超过社会和环境的“负荷”，并注意开发景区的轮休，以便生态环境的恢复。

3. 坚持统一规划、分步实施的原则

清凉峰保护区的旅游开发工程，应坚持先规划、后实施，统一规划、分步实施的原则，坚决防止和杜绝盲目开发、随意建设的现象发生。

4. 坚持突出特色和重点原则

清凉峰保护区的旅游特色在于其丰富的自然旅游资源，生态旅游是其主题和特色。因此应定位于以森林生态旅游为主。这也决定了旅游开发的重点是道路和配套服务设施以及土特产品。

5. 坚持边建设、边开放，滚动发展的原则

由外及里，建好一片，开放一片。在具体的开发过程中，要以现有森林植被为基础，以保护自然环境为前提，因地制宜，合理布局；根据森林旅游的多功能需求，宏观上不断丰富植被类型，提高游览观光价值和防护功能，微观上突出森林的特点，适当增加人工置景要素，弘扬民族历史文化，妥善保护和开发有价值的人文景观，体现徽派特色和新安文化，各类建筑物的风格应与周围环境相协调、和谐，并能增添景观效果，为游人提供丰富多彩的观赏内容，满足观光旅游、探险旅游、科考旅游、科普旅游、度假旅游等各方面的需要。

7.4.4 对环境的影响及对策

生态旅游开发必然会对环境造成不利的影响，因此必须重视环境的保护和环境质量的控制，使旅游者在观赏自然美景的同时，也从洁净、和谐的空间环境中得到愉悦和美的享受，使美好的生态环境永久保持下去，持续地发挥作用。保持良好的环境质量就是使自然和人文景观与优美的环境相协调、相配合，防止超容量利用和超限度发展，防止破坏生态环境，损害自然保护对象，这对清凉峰保护区来说更显重要。

1. 生物资源保护

生物资源的保护重点是减轻人为干扰，加强森林防火，保护区的旅游原则上禁止野营、野炊以及篝火晚会。对于危及物种生长、生存的病虫害和地方性疾病及污染，必须采取积极的防治措施；对于旅游可能引起的森林病虫害，必须贯彻“预防为主，综合治理”的方针，建立“谁经营，谁治理”的责任制度。病虫害的防治以生物措施为主，选用区内或者附近地区具有的天敌防治。在区内禁止狩猎和其他妨碍野生动物生息繁衍的活动。

2. 景观资源保护

旅游区一切景物和环境要素，必须严格保护，不得破坏和随意改变。对历史古迹和珍稀、濒危物种必须设置保护栅栏，严禁雕刻涂画，部分重点区域只能远观，不许近赏。

3. 安全卫生

旅游区所有景点、景物及旅游措施，必须确保游人安全。在游人集中场所、容易发生人身事故的地段、地形险要地段、雷暴区和因大雾而易迷失方向的区域，要设立安全防护设施和警示牌，提醒游人注意。

规定游人在游览区内不得随意丢弃垃圾、污物，按指定地点投放，并集中处理，远离保护区。旅游区的厕所应隐蔽并方便游人使用。污水不得直接排入山溪和河道，应作净化处理。

第八章　社区及社区经济

清凉峰保护区地处皖、浙两省交界的歙县和绩溪境内，周边社区有三阳、伏岭、荆州等3个乡镇11个行政村，421户，1 424人。

8.1　社会经济状况

清凉峰保护区毗连乡镇地处低山丘陵地带，土地总面积26 266.67hm^2，其中伏岭镇17 800 hm^2，三阳乡8 466.67 hm^2。林业用地22 600 hm^2，占总面积86.04%，农耕地少，绩溪伏岭镇耕地面积仅有1 400 hm^2，占伏岭镇土地总面积7.87%，而歙县三阳乡耕地面积仅有66.67hm^2，占三阳乡土地总面积0.79%，是一个山多耕地少的地区。社区农民的生产是以林业为主，在搞好林业的同时，坚持不懈地发展农业和养殖业。农民生产的粮食自给率只有30%，其余70%的居民口粮和牲畜饲料依赖市场供给。

清凉峰保护区毗连社区居民主要经济收入来源：歙县三阳乡和绩溪伏岭镇林业收入占60%～75%，外出打工占15%～20%，农业收入占5%～15%、养殖业产值及其他收入占5%左右。人均年收入1 000元～2 000元的分别为2%和14%，2 000元~3 000元分别为82%和60%，3 000元以上的分别占16%和24%；以户统计，家庭年收入1万元以下的占38%～96%；1万元～2万元的占4%～54%，2万元以上的占比为0和8%。从上述情况看，绩溪比歙县经济状况好，主要表现在家庭年收入在万元以上所占比例较高，部分已达小康。2005年，清凉峰保护区周边农民人均纯收入绩溪伏岭镇为2 935元，歙县三阳乡为2 826元，高于全省农民人均纯收入2 641元的水平，如表8–1，表8–2，表8–3所示。

表8–1　清凉峰保护区社区居民收入结构统计表

经济来源	占总收入比例(%)	
	绩溪伏岭镇	歙县三阳乡
农业收入	5	15
林业收入	75	60
外出打工收入	15	20
养殖业及其他	5	5

表8-2　清凉峰保护区社区50户家庭年收入情况表

家庭收入(单位:元)	绩溪伏岭镇		歙县三阳乡	
	户数	比例(%)	户数	比例(%)
2000以下	1	2	2	4
2 000~4 000	2	4	35	70
4 000~6 000	5	10	6	12
6 000~10 000	11	22	5	10
10 000~15 000	13	26	2	4
15 000~20 000	14	28	—	—
20 000以上	4	8	—	—
合计	50	100	50	100

表8-3　清凉峰保护区社区50户人均年收入情况表

人均收入(单位:元)	绩溪伏岭镇		歙县三阳乡	
	家庭数量	比例%	家庭数量	比例%
1 000~2 000	7	14	1	2
2 000~3 000	30	60	41	82
3 000以上	13	24	8	16
总计	50	100	50	100

8.2　产业结构

清凉峰保护区毗连行政村的产业结构状况是第一产业比重大,第二、三产业次之。但就歙县三阳乡和绩溪伏岭镇全镇产业结构而言,2005年的经济总收入分别为19 238万元和16 748万元,第一产业分别占总收入比例的43.60%和48%、第二产业分别占总收入比例的46.50%和47%、第三产业收入较低,分别只占总收入比例的9.80%和5%,如表8-4所示。

表8-4　清凉峰保护区周边乡镇主要经济状况(2005年)单位:万元

产业 / 乡镇	总收入	第一产业比例(%)			第二产业比例(%)	第三产业比例(%)
		农业	林业	牧副	工业建筑	商业交通
绩溪伏岭镇	16 748	15	17	16	47	5
歙县三阳乡	19 238	43.60			46.50	9.90

这些社区林业生产素以培育杉木、马尾松等用材林为主,茶叶生产占有一定的比重,经果林面积少,经济收入低。农业以生产水稻为主、小麦次之。养殖业均是以户为单位进行个体养殖。

8.3 社区人口

清凉峰保护区山高坡陡，人烟稀少，总人口1 424人，平均18人/km^2(如表8–5所示)。但周边乡(镇)，虽然地处偏僻，过去频繁的徽杭商业的交往，尤其在清凉峰北坡沿“徽杭通商”古道两旁居户集中，自然村庄密度高，人口较为稠密，尤其近50多年来，人口增长1倍多，据统计两个乡镇现有人口4.90万人，均为汉族。人口密度歙县三阳乡为142人/km^2，而歙县为240人/km^2，低于全县平均人口密度98人/km^2；绩溪伏岭镇为124人/km^2，而绩溪县为159.30人/km^2，低于全县平均人口密度35.30人/km^2，为我省人口密度较稀的区域(全省人口密度为459.90人/km^2)。人口结构，家庭人口平均数为3.30(歙县三阳乡)和3.40人(绩溪伏岭镇)，家庭规模逐步缩小，这是社会发展的必然趋势，但农村家庭养老功能逐渐弱化，是社会关注的问题之一。人口男女比例分别为1.07∶1(三阳乡)和1.05∶1(伏岭镇)，而少年儿童男女的比例分别为1∶1.08(三阳乡)和1∶1.06(伏岭镇)，男女比例相对比较合理，如表8–5，表8–6，表8–7所示。

表8–5　清凉峰保护区周边社区人口情况表

	歙县	绩溪	小计	备注
行政村(个)	1	4	5	18人/km^2
户数(户)	23	398	421	
人口(人)	110	1 314	1 424	

表8–6　清凉峰保护区周边乡镇行政区划人口情况表

	绩溪		歙县	备注
	伏岭镇	荆州乡	三阳乡	
行政村(个)	12	4	19	伏岭镇130人/km^2 伏岭镇3.40人/户 荆州乡135人/km^2 荆州乡3.47人/户 三阳乡142人/km^2 三阳乡3.30人/户
村民组(个)	51	49	152	
户数(户)	6 164	2 166	6 050	
人口(人)	21 194	7 074	21 083	
劳力(人)	12 680	5 824	14 932	

表8–7　清凉峰保护区周边社区人口结构统计表

项目 乡镇	家庭平均人口数	人口男女比例	少年儿童情况		
			占总人口比例	男女比例	平均家庭孩子数
绩溪伏岭镇	3.40	1.05∶1	14.60%	1.06∶1	1.50
歙县三阳乡	3.30	1.07∶1	14.70%	1∶1.08	1.60

8.4 文化教育

歙县、绩溪县原属徽州，是徽文化发祥地之一，为安徽省文化发达地区，人才辈出，近代有陶行知、胡适等著名文人。社区虽地处交通不便的深山区，20世纪70年代末以来，文化教育发展较快，11个行政村有中学2所，绩溪县4个行政村均设有一所完小或教学点，歙县7个行政村也兴办了完小或教学点，学龄儿童入学率达100%。现将清凉峰保护区周边农村受教育情况统计，如表8–8所示。

表8–8　清凉峰保护区周边农村受教育情况统计表

乡镇＼文化程度		文盲	小学	中学	中专	大学	总计
歙县三阳乡	人数（人）	1 200	3 287	6 026	1 761	770	13 044
	比例（%）	9.20	25.20	46.20	13.50	5.90	100
绩溪伏岭镇	人数（人）	272	618	1 119	309	189	2 507
	比例（%）	10.85	24.65	44.64	12.32	7.54	100
全省	比例（%）	10.94	40.20	43.50		2.47	—

本地区所接受教育程度主要集中于小学和中学，其中中学（包括中专）所占比例较高，如绩溪区内，占统计人数的56.96%，比全省高出13.46%；受过高等教育的人比全省高出5.07%，歙县区内高出3.43%，在全省属中等偏上水平。

但是，本地区文盲人数比例约占10%，山区扫盲工作仍很艰巨，偏低的受教育程度，已经严重影响山区的可持续发展，对偏僻山区应对教育加大投入，增添教育设施，改善农村教师生活待遇，提高教学能力。

8.5 社区发展概况

清凉峰保护区周边社区基本上是传统的林农业生产地区，要恢复和发扬“徽商”“徽骆驼”和“无徽不成镇”的精神，按本地区自然和地域的优势，发展旅游点、特色产业及为第一、二产业配套服务的第三产业，加大第三产业的比例。清凉峰保护区周边乡镇人口较为稠密，结合新农村建设，逐步将区内的居民迁居，建成自然保护区的缓冲区和实验区。

第九章　清凉峰保护区管理

清凉峰保护区生态系统比较完整，具有代表中亚热带以常绿阔叶林为主的森林生态类型特征。其优越的气候和地理因素，孕育了极其繁多的野生动植物资源，物种资源丰富而集中，在野生植物种类和植物群落方面，堪称安徽省乃至我国植物种类最荟萃的地区之一，同时还拥有本地区的一些特有种和新分布种。区内的植物地理区系也相当复杂，这为研究皖南古地理和古气候变迁提供了宝贵的资料。1982年和1986年经安徽省人民政府批准，分别建立了以中亚热带常绿阔叶林及其珍稀动植物为主要保护对象的歙县清凉峰和绩溪清凉峰两个省级自然保护区，并分别在歙县的老竹铺和绩溪县的永来设立"歙县清凉峰自然保护区管理站"和"绩溪清凉峰自然保护区管理站"（以下简称"歙县管理站"和"绩溪管理站"），开展保护管理工作。自从两个省级自然保护区批建后，在安徽省林业厅和市、县林业局的领导下，保护区管理站开展了卓有成效的基础设施建设、保护管理和多项相关的科研工作，取得了不俗的业绩。1992年和2004年两次获得"苏、浙、皖第二联防区先进集体"，1993年获得"安徽省自然保护区资源保护先进单位"。同时，在国家和省级专业刊物上发表论文40余篇，有关论文和科研成果先后获得安徽省农村科技奖和安徽省林业科技进步二等奖。

9.1　基础设施

9.1.1　歙县管理站

歙县管理站建有综合办公场所一处，面积990m²，其中办公楼200m²，职工宿舍350m²，厨房、餐厅180m²，另库房、职工小厨房260m²。2006年，新增办公楼一幢，建筑面积629 m²，作为办公、住宿、信息联络和后勤服务的中心。

1. 保护点

歙县管理站下设朱家舍、上坦、大源三个保护点。朱家舍保护点有护林房一处，面积120m²，上坦保护点有护林房一处，面积60m²，大源保护点有护林房一处，面积60m²。保护点的护林房是供护林员住宿、商讨护林事宜、休息、避雨的场所。

2. 信息、通讯、消防工具

在歙县管理站，配备有电脑、打印机、传真机、固定电话各1台，照相机2部，5瓦电台2

部，对讲机3部，风力灭火机2台。这些设备有效保证了区内的通讯与信息联络，基本能满足有关人员的护林、防火和事故查处等日常工作。

3. 林道、防火道

建有林区公路3.70km，简易林道40km，宽15m的防火道28km，此外还设立有固定森林防火宣传牌、公益林公示牌和建设森林消防水池等。

9.1.2 绩溪管理站

绩溪管理站建有综合办公楼一幢，面积270m²，其中办公用房60m²，职工宿舍150m²，餐厅60m²，另建库房30m²。综合办公楼作为清凉峰保护区的办公、住宿、信息联络和后勤服务的中心。绩溪管理站下设阴山、大坦、绿景三个保护点。

1. 阴山保护点

阴山保护点现有房两幢，共200m²，作为主要的护林点，是护林员住宿、商讨护林事宜、休息、避雨的重要场所。

2. 信息、通讯、消防工具

在绩溪保护站，安装固定电话和无线电台各一部，配备了电脑、打印机等，可以上网，使保护站上与林业局、乡镇政府，下与护林员保持有效的信息联络，以应对可能发生的破坏植被、山林火灾等意外事故，以便及时进行查处和组织扑救。此外，还配置有森林消防车一辆、灭火工具若干台、组，以预防发生森林火灾，提高扑灭森林火灾的能力。

3. 林道、防火道

建有宽1m的简易林道42km，宽12m的防火道4km，设立固定森林防火宣传牌12块，公益林公示牌1块，建设森林消防水池3处(分别在蓝天凹、野猪塘和清凉峰峰顶)。

9.2 机构设置

9.2.1 歙县管理站

1982年，经安徽省人民政府批准为事业单位，副科级建制，隶属歙县林业局领导，编制14人，下设行政组、科研组、管护组和朱家舍、上坦、大源三个保护点，负责保护区资源的保护和科研工作。现有职工16人，其中正式职工13人、临时人员(含护林员)3人；正式职工中本科学历1人、大专学历2人、高中以上学历2人；管理人员中有专业技术人员4人，其中高级工程师1人、工程师1人、助理工程师1人、技术员1人。

9.2.2 绩溪管理站

1986年，经安徽省人民政府批准为事业单位，副科级建制，隶属绩溪县林业局领导，定编15人，下设办公室、财务室、标本室、生产科4个科室。现有职工11人，正式编制人员

8人，临时人员（含驾驶员和护林员）3人，正式编制人员中本科学历1人，大专学历3人，高中以上学历2人。其中，国家干部3人（含1人为工程师、1人为助理工程师、技术人员1人），工人3人（1人为高级工、2人为中级工）。

9.3 保护管理

9.3.1 权属管理

原绩溪清凉峰自然保护区总面积3 000 hm^2，其中核心区面积1 266 hm^2，缓冲区面积67 hm^2，实验区面积1 667 hm^2；原歙县清凉峰自然保护区总面积1 038 hm^2，其中核心区面积235hm^2，缓冲区面积563 hm^2，实验区面积240hm^2；东与浙江清凉峰国家级自然保护区交界，南与歙县三阳的集体山场毗邻，西与绩溪县伏岭镇和歙县的部分集体山场相连，北与临安市马啸乡及绩溪县伏岭镇、荆州乡接壤。清凉峰保护区核心区、缓冲区、实验区均持有国有或集体山林权所有证，核心区山林由管理站统一管理，缓冲区和实验区山林由管理站与地方林业站共同管理。区内及周边计有11个行政村、20多个村民组，人为活动较少。自国家公益林试点工作开展以来，群众的生态环境保护意识大大提高，保护区管理站与当地政府和部分村委会协商，签订保护区与集体林所有者“经营管理权协议”等确认文件，进一步明确责、权、利和资源管护职责主体。

9.3.2 制定管理细则

为了保护清凉峰保护区的森林植被和珍稀野生动植物资源，两个管理站根据《安徽省森林和野生动物类型自然保护区管理办法》，结合清凉峰保护区的具体情况，制定了《绩溪清凉峰自然保护区管理细则》《歙县清凉峰自然保护区管理暂行规定》等规章制度。具体内容包括：

1. 资源所有

清凉峰保护区的资源为国家和集体所有，受法律法规保护，任何单位与个人未经有关部门批准不得进入清凉峰保护区从事活动。

2. 管理职权

一是受理进入清凉峰保护区从事科学研究，教学实习、考察、登山等活动单位和个人的申请，及向上级主管部门申报批准；二是清凉峰保护区的护林联防、森林防火措施的制定与实施；三是配合主管部门的行政执法。

3. 保护、科研活动

在清凉峰保护区，开展野生动植物资源的监测、科研、警示、宣传与教育活动。

9.3.3 资源监测、管护

自1982年和1986年建立歙县和绩溪两个省级自然保护区以来，歙县管理站下设朱家舍、大源、上坦三个保护点，绩溪管理站下设阴山、大坦、绿景三个保护点，均有护林员常住负责日常巡护工作；专门成立护林小分队，对区内的森林资源进行重点巡护，加强森林防火和病虫害测报预防，聘有护林员6人，按各自负责的护林防火区域，由6名正式工人各带一名护林员进行管护，管护区域每两个月轮换一次；与县森防站联手，建立保护区的森林病虫害预测预报网点，确保保护区不发生大的病虫害灾情。由于监测、管护有力，有效地保护了区内的森林资源，促进了森林野生动物种群的增加。通过20年的规范化保护管理，清凉峰保护区的其他资源也有较大的增长。

9.3.4 环境管理

经批准进入清凉峰保护区的人员，有责任维护保护区环境清洁，并带走各种垃圾，不得让垃圾残留污染环境。严禁携带火种进入保护区，以防引发森林火灾。

9.3.5 理顺周边关系

通过2000年和2001年全国省界勘界工作，明确了与浙江清凉峰保护区山场界线，消除了纠纷，双方能够友好合作的管理好各自然保护区边界的森林资源和珍稀野生动植物。

目前，清凉峰保护区保护管理工作，尚存在一些问题：一是交通问题，作为绩溪清凉峰自然保护区管理中心的大沙培管理站，至今不通公路，严重制约了对清凉峰保护区资源的有效管理，特别是对可能发生的突发事件的应急处理。二是林火的监测、扑救能力加强，由于林区面积大、山高路险、风大地燥、水源制约、人口稀少，一旦发生森林大火，很难在短时间内将其扑灭。

9.4 科学研究

科学研究是自然保护区一项重要的工作，是获取保护区资源数据、基础资料、科技信息等方面的一个重要手段，是实现自然保护区管理目标的重要保证，保护区科研水平及活跃程度代表了该区的科研人员的能力、管理水平的高低和保护区位的重要性。清凉峰保护区管理站的科技工作人员，根据自身的需要及保护区的现有条件，开展了一系列的基础调查研究和科学试验，取得了比较优异的成绩，先后在国家和省级专业刊物上发表论文40余篇。

9.4.1 建立珍稀植物园

在大沙培建小型珍稀树木园约530m^2，栽植具有清凉峰植物区系特色的树木100多种，包括南方红豆杉、香果树、连香树、领春木、天目木姜子、鹅掌楸、银鹊树、黄山锈毛五叶参(*Pentapanax henryi*)、毛柄小勾儿茶、银缕梅、黄山花楸等。

9.4.2 珍稀濒危树种繁育

利用清凉峰保护区外围的土壤、气候条件，先后开展了南方铁杉、青钱柳、小勾儿茶、银缕梅、黄山锈毛羽叶参、连香树、领春木、天目木姜子等珍稀树种的繁育技术研究，培育了一批苗木，扩大了这些树种的种群数量。

9.4.3 动植物资源调查

参与并完成全国重点保护野生动植物分布情况的样地调查，包括设立固定样地调查和样带调查，全面摸清了区内野生动植物资源，编写了植物、脊椎动物、昆虫名录及分布图，为保护区制订切实可行的保护规划打下了坚实的基础。

9.4.4 参与科研院校的科考研究

先后参与了南京中山植物园、南京林业大学、武汉植物园、安徽省林科院、安徽师范大学、安徽农业大学、黄山市林科所等科研院校来保护区进行的科学考察，发现安徽新分布物种毛柄小勾儿茶、银缕梅、亮毛蕨(*Acystopteris japonica*)、婺源凤仙花、小扁豆(*Polygala tatarinowii*)等。

9.4.5 科研论文和科研成果

20多年来，通过一些专项调查和科学实验，单独或合作在《安徽农业大学学报》《武汉植物研究》《安徽林业科技》《林业科技通讯》《生态学杂志》《竹子研究汇刊》等国家和省级学术刊物上共发表论文40余篇，主要有《皖浙清凉峰植物区系的研究》《安徽省绩溪县清凉峰主要植被类型与分布》《勺鸡繁殖生态的观察研究》《清凉峰黑麂繁殖生态调查与研究》、《天目木姜子播种育苗技术》《清凉峰自然保护区的竹类资源与区系特征》《银缕梅的生境调查与迁地保护》《清凉峰自然保护区领春木的分布调查与育苗试验》等。其中，《绩溪县清凉峰自然保护区生物多样性调查及其保护研究》论文，获安徽省农村科技三等奖；《清凉峰森林生态系统研究》论文，获安徽省林业科技进步二等奖；《歙县清凉峰野生动物调查及经济动物繁殖生态研究》，获黄山市科技进步二等奖。

9.5 管理建议

国家级自然保护区批建后，为了更好地保护清凉峰保护区各种动植物资源及其赖以生存的自然环境，建设和管理好清凉峰保护区，针对区内管理存在的问题，结合区内的实际情况。在管理方面提出以下设想和建议：

9.5.1 健全管理机构

国家级自然保护区拟设立一个管理局和一个管理分局，管理局建议设在绩溪县政务新区，下设三个管理站分别为大沙培站、江南第一关站、白水塔站，布设黄茅培、半坞、蓝天凹、银垄坞、阴山、逍遥6个保护点；歙县管理分局建议设在徽杭高速三阳路口，下设二个管理站分别为英川站和大源站，布设小桃湾、大源、王岭后、上坦、大溪源5个保护点，同时在老竹铺建一个陆生野生动物疫源疫病监测站。

9.5.2 明确目标，突出重点

根据"有效保护区内生物物种的多样性，珍稀动植物的持续繁衍，保持区内森林生态系统的完整性和自然景观的优美性，全面开展科学研究和资源监测，积极创造教学实习、参观考察、知识普及的理想场所，合理利用自然资源，优先发展生态旅游，积极参与社区发展，将保护区建设成为生态系统完整、生物物种多样、自然景观优美、机构设置合理、基础设施完备、管理手段先进、经济持续发展、社区关系和谐的具有一流管理水平的自然保护区"的总体目标，应突出以下重点：

（1）最大限度地保持区内生物物种的多样性、生态系统的多样性、生物基因的多样性，使区内森林覆盖率提高到95%以上。

（2）确保国家重点保护野生动植物的生存安全和种群的持续繁衍及其数量的不断增加，到规划期末，国家重点保护的野生动植物种群数量增加3%～5%。

（3）全面深入和系统地开展科学研究，建立国家重点保护野生动植物监测网络，摸清珍稀动植物的习性、数量和分布，建议设立银杏（朱家舍）、银缕梅（阴山）、华东黄杉（三河口、十八龙潭）、小勾儿茶（栈岭）、金钱松（大源）、云豹（天子墓山）的监测点，探索生物物种之间同生共存的规律等，建立一支多学科、高素质的科研队伍，不断产出高水平的科研成果。

（4）合理利用自然资源，促进区内及其周边乡村经济持续发展。一是在外围建立毛竹、茶叶、山核桃、天目早竹等丰产经营示范基地；二是发展生态旅游，使游客人数达到一定规模。

（5）健全组织机构，加强科学管理，引进科技人才，培训职工队伍，使保护区管理步入现代化管理轨道。

9.5.3 依法保护管理，加大宣传教育和执法力度

加强清凉峰保护区保护的宣传教育力度，经常通过广播、电视、报刊等媒体向保护区所在地市、县宣传自然保护知识，强化群众生态保护意识。同时，建立生态教育基地，每年组织中小学生夏令营活动，普及生态学知识，使保护森林资源和珍稀动植物的重要性达到家喻户晓，奠定坚实的社会基础。

认真贯彻执行《中华人民共和国森林法》《中华人民共和国野生动物保护法》《中华人

民共和国自然保护区条例》等有关法律法规，研究制订生物多样性保护的规章、制度，以法律的“武器”维护保护区事业。同时，加大执法力度，打击各种破坏清凉峰保护区的行为，切实发挥法律法规的保护作用。

9.5.4 加强道路和巡护道、防火道建设

新建和改造公路66.50km，新建步道136km，新建宽20m～30m的生物防火林带120km，修建森林消防池20处。

9.5.5 增设微波网络监控系统

在清凉峰保护区的核心区和缓冲区，增设微波网络监控系统，以便对整个自然保护区进行即时有效的监护管理。

9.5.6 构建和谐保护区环境

切实处理好与浙江清凉峰保护区的关系，巩固联防共建成果；处理好与周边乡镇及村民组的利益关系，加强沟通与协调，做到互利互助，构建一流的和谐自然保护区环境，促进保护区与社区的和谐及可持续发展。

9.5.7 建立保护区突发事件应急预警机制

针对保护区的林火、病虫害等突发事件，建立应急预警机制，制订切实可行的应急预案，确保保护区的资源万无一失。

第十章　清凉峰保护区评价

清凉峰保护区地处我国东部中亚热带北部，境内峰峦叠嶂，沟壑纵横，气候温和，雨水充沛，土壤类型多，森林密布，地带性植被特征突出，生物资源丰富，区系成分复杂，且蕴藏着许多濒危珍稀动植物种类。以森林为主体的陆地生态系统结构复杂而较为完整，生态系统关系协调且相对稳定。清凉峰保护区区位优势明显，自然条件良好，无论生态系统类型，还是植被类型和生物区系地理成分均有地域代表性和典型性。因此，晋升保护区机构级别，与浙江清凉峰保护区一起构成比较完整而统一的清凉峰自然保护区管护机制，有利于进一步加强两省自然保护区团结合作、协调互动、和谐发展，共同推进清凉峰自然保护区保护事业全面发展。

10.1　生物资源评价

10.1.1　生物种类丰富

清凉峰保护区属皖南—浙西丘陵山地生物多样性优先保护区域，区内自然环境优越，孕育有极其丰富的动植物和昆虫等生物资源，种类繁多。考察资料记录区内共有各类植物1 570种，其中被子植物1 109种，裸子植物17种，蕨类植物102种，藓类植物252种，苔类植物58种，地衣类植物32种。与皖南地区牯牛降保护区自然种类相比较，维管束植物多出18种，苔藓类植物多140种。

清凉峰保护区山高林密，人迹罕至，栖息繁衍陆生脊椎动物335种，水生脊椎动物42种，共377种，占全省脊椎动物742种的50.81%。其中，兽类动物56种，爬行类动物50种，两栖类动物28种，鸟类动物201种，鱼类42种。

清凉峰保护区栖息繁衍各种昆虫1 011种，占全省昆虫6 000种的16.85%，比同属中亚热带北部牯牛降保护区记录的昆虫多出7目、77科、459种。这些昆虫中有164种天敌昆虫，有效地抑制了害虫的滋生、繁衍，保障了区内及周边地区林业、农业生产的可持续发展。

清凉峰保护区还有148种大型真菌，其中食用真菌30种，药用真菌11种，食药兼用真菌28种。

由此可见，清凉峰保护区是安徽省境内生物种类分布较集中的地区之一，不仅生物资源极其丰富，而且在华东地区占有十分重要的地位。

10.1.2 生物区系地理成分复杂

通过对清凉峰保护区生物区系地理成分的分析，发现区内不仅有华东生物区系成分，而且有我国南北方及世界各大陆地生物区系成分。就植物而言，1 214种维管束植物中，各类热带—亚热带和亚热带植物区系成分567种，占46.71%；各类温带—亚热带植物区系成分367种，占30.23%；广布型种类280种，占23.06%。335种陆生脊椎动物中，属于东洋界种类达221种，占65.97%；古北界种类有114种，占34.03%。1 011种昆虫中，属于东洋界种类达489种，占昆虫种类总数的48.40%；古北界种类52种，占5.10%；广布型种类436种类，占43.10%；特有种34种，占昆虫总数的3.40%。

统计分析表明，清凉峰保护区生物区系的亚热带或东洋界成分占有相当大的比重，优势明显，充分显示出生物区系成分的亚热带特性。同时，表明清凉峰保护区生物区系与邻近地区及世界各大陆生物区系有着广泛而密切的联系，反映出清凉峰保护区是南北方生物区系汇集地带，这也是清凉峰保护区生物区系较为显著的特征。

10.1.3 濒危珍稀动植物种类多

清凉峰保护区不仅物种荟萃，而且起源古老的孑遗动植物较为丰富，濒危珍稀动植物种类多，是生物物种“天然基因库”，保护、发展这些濒危珍稀动植物，具有丰富生物多样性、发展生物资源、繁荣社会经济等方面的重要意义。

为了挽救、发展濒危珍稀生物物种，国家和安徽省人民政府制定相关法规加以保护。清凉峰保护区的生物列为国家重点保护种类如下：属于国家Ⅰ级重点保护野生动植物有银杏、红豆杉、南方红豆杉、银缕梅、天目铁木5种植物和云豹、金钱豹、黑麂、梅花鹿等5种动物；属于国家Ⅱ级重点保护野生动植物有金钱松、华东黄杉、七子花、独兰花(*Changnienia amoena*)、长序榆等20种植物和穿山甲、大灵猫、小灵猫、大鲵、猕猴等41种动物；属于安徽省重点保护的珍稀植物有南方铁杉、三尖杉、小勾儿茶、短穗竹等25种和棘胸蛙、乌龟、尖吻蝮、狐、毛冠鹿、红嘴相思鸟等59种珍稀动物。

10.1.4 森林资源比重大

清凉峰保护区生物资源中，植物种类最多，由各类植物组成的森林植被占地面积6 538hm^2，森林覆盖率达83.70%以上，林木蓄积量358 000m^3，是清凉峰保护区主要生物资源。茂密的森林和呈梯度变化的气候、土壤等立地条件，为动物、昆虫栖息繁衍提供良好的生态环境和丰富的食物条件，而动物和昆虫的存在，不仅充实丰富森林生态系统内涵，而且动物和昆虫在生活活动过程中，起到了改善立地环境、抑制病虫害发生的作用，促进和保障植物资源可持续地发展。

清凉峰保护区森林植被保存良好，而且发育完善，形成了以森林植物为主体，与无机环境、动物、微生物结合一起的森林生态系统。这里的森林生态系统比较完整,结构复杂、生物量大、生产力高、能量流和物质循环活跃,结构和功能协调,是一个十分庞大的、相对稳定的、处于保护区自然生态系统主导地位的生态系统,并具有类型典型和区域代表性。20多年来,保护区森林生态系统在调节气候、净化大气和水体、涵养水源、保持水土、美化自然环境、防止病虫害和预防其他自然灾害等方面发挥了重要作用,不仅源源不断地为新安江水系注入丰沛地表水,而且成为皖浙两省生态屏障,保障了区内、附近地区和新安江流域林业、农业生产的持续发展,改善了居民的生活环境。

10.1.5 科学研究基地

清凉峰保护区生物资源丰富,物种荟萃,珍稀生物种类繁多,是安徽、华东地区"天然植物园""生物种质基因库"。同时,保存着6个植被类型、9个植被亚型、29个植被群系和具有完整而庞大的森林生态系统类型。如此丰富的科学研究对象,吸引了林学、植物学、动物学、微生物学以及地质、土壤、气象等方面专家、学者的注意。自20世纪80年代初以来,许多科技人员先后来到清凉峰保护区进行科学考察,一些大专院校将清凉峰保护区作为教学科研基地。保护区管理站也建立了科学试验基地,开展山情、林情和生物多样性的调查研究以及珍稀植物繁殖研究活动。这些科学考察和科学实验取得了一定的成果,但是对于一个具有丰富的科学内容的清凉峰保护区来说,尚有很多课题有待科学工作者进一步深入研究。

10.2 经济价值评价

清凉峰保护区管理站现有行政科技干部和护林员共27人。自建站以来,管理站把主要精力放在保护森林生态系统和珍稀动植物以及科学研究方面,没有从事商贸经济活动,但是区内丰富生物资源和旅游资源却具有很高的潜在经济价值。

10.2.1 森林资源综合效益明显

清凉峰保护区现有森林面积6 538hm^2,森林覆盖率达83.70%(不包括灌丛),以森林为主体的陆地生态系统较为完整,显示出巨大的生态效益,不仅维持区内自然生态系统良性循环,提高环境质量,促进珍稀动植物的发展,而且惠及周边农村,保障了农业生产的稳定,改善了农民生活环境,生态效益和社会效益显著。

清凉峰保护区林木蓄积量358 000m^3,按活立木经济价值计算,价值约2亿元。这些林木是重点保护对象,不能任意兑现利用,可是它是固定资产,是基金,犹如把钱存在银行,虽无固定利税,但是随着林木蓄积量增长而增值的,故人们把森林资源誉为"绿色银行"。

清凉峰保护区森林资源中有50%左右的林分达到成熟林龄阶段,这些林分将逐渐出现部分被压木、枯立木,影响林相整齐的现象。为了完善森林植被,在不破坏森林生态系统的前提下,应按照定向培育技术的要求在实验区适时进行补植。

10.2.2 经济动植物价值高

清凉峰保护区生物资源中蕴藏着种类繁多的经济动植物。已知药用植物有122科、424种(附录11),占植物科总数(246科)49.59%,种总数(1 570种)27.01%。珍稀名贵的药用植物有短萼黄连、山茱萸、七叶一枝花、浙贝母、白术、银杏、杜仲、凹叶厚朴、三尖杉、辛夷、木通、木防己、阔叶十大功劳、天目木姜子、金樱子、灵芝、茯苓、银耳、细茎石斛、大血藤、龙胆、益母草、苦参、鱼腥草、白芨、何首乌、商陆、牛膝、天南星、黄山乌头、白须草等。不同药用植物既有不同利用部分,又有不同功效。有些植物的根、茎、枝、叶、花、果实均可入药,有的植物只有一部分材料可以入药;有的能养颜护肤,有的能滋补身体,最常见和应用广泛的是利用药用植物部分材料治疗疾病。药用动物是以蛇类为主,蛇胆、蛇肝、蛇血、蛇蜕、蛇舌可入药。尖吻蝮和眼镜蛇的毒腺分泌物,经加工制成药品,具有凝血止痛的作用。

清凉峰保护区的许多经济动植物还具有食用经济价值,如棘胸蛙(石鸡)、乌龟、中华鳖、香菇、木耳、银耳、猴头菌、蕨菜以及鱼类和部分鸟类等。

由上可见,清凉峰保护区经济动植物资源丰富,经济价值很高。但是,目前仍应以保护为主。

10.2.3 社区经济发展前景广阔

清凉峰保护区周边社区山多地少,素以林业生产为主,居民主要经济收入来源是:林业收入约占60%~70%;外出务工收入约占15%~20%;农业收入约占5%~15%;养殖业收入约占5%左右。2005年人均纯收入约2 900元,高于全省农民人均纯收入2 641元的水平。可是与富裕地区相比,其差距较大。由于这里交通闭塞,信息不畅、文化教育不发达、生产技术水平不高,制约了生产力和经济社会的快速发展。近年来,党和政府十分重视农业、农村、农民问题,制定颁发了建设社会主义新农村优惠的方针政策,激发了社区农民发展生产的积极性。绩溪县和歙县围绕"十一·五"经济社会发展规划,进行产业结构调整,发展木材加工业,创新名牌优质茶叶,转变经济增长方式,同时发展旅游业以及为第一、二产业配套服务的第三产业,增加第三产业收入的比重。这些措施付诸实施后,保护区周边社区一定会出现生产发展、生活富裕、乡风文明、村容整洁、管理民主的新局面。社区经济社会发展了,村民生活富裕了,无疑有利于自然保护区事业的发展。

10.2.4 旅游经济潜力大

清凉峰,古称鄣山,素有"鄣山叠翠"之美誉,今日之清凉峰更加靓丽。群峰竞秀,峡谷优美,怪石如林,奇松俏立,云海翻滚,烟雾缭绕,佛光晕影,彩虹斑斓,溪水潺潺,飞瀑溅珠，天池不涸，潭水如镜，森林蓊郁，古木参天，珍禽翔集，异兽跃伏，百花争妍，姹紫嫣红。如此山清水秀，风光旖旎的自然景观，是观光旅游的理想场所。由于久藏深山人未识，加上旅游设施未跟上，以至游客不多，但是旅游经济价值很高，具有极大的开发潜力。

10.3 管理评价

10.3.1 保护区面积足以有效维持生态系统的结构和功能

清凉峰保护区的主要职责是保护好、管理好、发展好森林生态系统类型和野生珍稀动植物。从规划方案来看，清凉峰保护区面积7 811.20hm²，其中核心区面积2 543hm²，缓冲区面积2 085hm²，实验区面积3 183.20 hm²。其面积与浙江清凉峰保护区10 800hm²合为一个整体，足以有效维持生态系统的结构和功能，满足保护物种种群的生存和正常繁衍的需要。

10.3.2 保护区权属稳定，管理富有成效

清凉峰保护区建设时间早，核心区、缓冲区和大部分实验区土地权属国有，山林权属明确。1982年和1986年，安徽省人民政府先后批准建立了歙县和绩溪清凉峰自然保护区，共定编29人。两个清凉峰自然保护区管理站建立之后，根据国家有关法律、法规，依据保护区具体情况，经过多次协商，成立了“龙塘山自然保护区、绩溪清凉峰自然保护区、歙县清凉峰自然保护区联合委员会”，就自然保护区有关事项进行通力合作。自然保护区管理站工作人员经常与当地乡镇政府、村委会配合宣传《中华人民共和国森林法》《中华人民共和国野生动物保护法》《中华人民共和国环境保护法》《中华人民共和国自然保护区条例》《中华人民共和国野生植物保护条例》《中华人民共和国森林防火条例》等有关法律、法规。针对存在问题和易发生问题，及时张贴布告，书写标语，大力宣传，使保护森林资源和珍稀动植物的重要性达到家喻户晓。保护区自建立以来，未发生乱砍滥伐、滥捕乱猎的事件，未发生过山林火灾，基本上做到自然保护区与周围社区居民和谐相处，人和自然和谐相处，森林覆盖率和郁闭度不断提高，林木蓄积量逐年增长。

10.3.3 科学研究取得初步成就

清凉峰保护区建立20多年来，两个管理站与有关科研院校开展了许多富有成效的科研活动，获得“清凉峰南方铁杉的初步研究”“青钱柳种子育苗试验”“小勾儿茶育苗技术研究”等研究成果，并发现安徽新分布物种亮毛蕨、小扁豆、银缕梅等珍稀物种。其中，《清凉峰自然保护区生物多样性调查及其保护研究》获安徽省科技进步奖，《清凉峰森林生态系统研究》获安徽省林业科技进步二等奖，《歙县清凉峰野生动物调查及经济动物繁殖生态研究》获黄山市科技进步二等奖。在国家和省级专业刊物上发表论文40多篇。绩溪管理

站还建立了小型珍稀植物园，栽培银缕梅、红豆杉、南方红豆杉、领春木、天女花、黄山木兰、青钱柳等100多种植物，进行迁地保护研究。

10.3.4 基础设施初具规模

清凉峰保护区在地方各级政府大力支持下，两个管理站均建有办公楼、职工宿舍楼，开通了进站公路，安装了电话、自来水、小型发电站，开辟了防火道，配备了站部电台、对讲机。各保护点均配有对讲机、电脑、打印机、传真机等仪器设备，还购置有森林消防车，基本建设已初具规模，为开展保护管理、科学研究、教学实习奠定了基础。

第十一章　清凉峰保护区总体规划建议

清凉峰自然保护区地处皖浙两省三县交界处，浙江清凉峰已建立国家级自然保护区。2011年，国务院以国办发〔2011〕16号文件批准，安徽清凉峰也成功晋升为国家级自然保护区。围绕保护区的整体性，如何确定保护目标，是进行保护区规划中首先考虑的问题。所以，在进行清凉峰保护区总体规划时，关键问题是功能区的区划和保护与规划目标的确定。

11.1　保护区的功能区区划

11.1.1　区划原则

1. 生态系统完整性原则

使保护对象有适宜的生长、栖息环境和条件，对于保护的动物种群，要有面积适宜的领地。尽量隔离或减轻不良因素的干扰和影响，核心区外围有较好的缓冲条件。

2. 地域连续性原则

功能区边界原则上以自然地形、地势等自然界线为主，结合行政、权属界线，具有延续性、连续性和完整性。

3. 生物多样性保护原则

对于被保护物种要进行全面有效保护，在功能区区划时，将其尽量全部划入核心区。

4. 降低边缘效应和片断化原则

对于因各种因素导致的保护区分散问题，采用生境走廊（保护带）进行连接，以降低边缘效应和片断化造成的生物多样性下降与种群灭绝。

5. 有利保护管理原则

即有利于保护管理，方便各项措施的落实，方便各项活动的组织与控制，方便保护区多功能、多效益的发挥。

6. 多功能性原则

有利于促进保护区向保护生物多样性、开展科学研究和生态旅游、促进区域经济发展等多功能和多目标的综合自然体系方向发展。

11.1.2 区划依据

依据《中华人民共和国自然保护区条例》《自然保护区工程项目建设标准》(试行) 和《自然保护区工程设计规范》等法规和标准规范,分析保护区建设的性质、任务、保护对象的分布及生物生态学特性,以及交通条件、社区居民生产生活需求等自然属性、社会属性与空间分布特点,在绩溪县、歙县人民政府、林业局的领导下,自然保护区进行了实地考察论证与勘界,进行区划,并与周边社区签订了土地管护协议。

11.1.3 区划建议

按照区划原则与上述标准,在实地考察、广泛调研和科学分析的基础上,根据保护对象的时间、空间分布格局以及道路、居民点及其生产生活需要等情况,以中亚热带常绿阔叶林为主的森林生态系统和野生动植物种群及其栖息地为重点,综合划定核心区、缓冲区和实验区。各功能区划分,如表11–1所示。

表11–1 清凉峰保护区各功能区面积

分区	面积(hm^2)	占保护区面积比例(%)
核心区	2 543	32.56
缓冲区	2 085	26.69
实验区	3 183.20	40.75
总面积	7 811.20	100

1. 核心区

核心区面积2 543hm^2,占保护区总面积的32.56%。核心区是保护区的核心,是森林生态系统、珍稀保护物种保存最为完好的区域。其主要任务是保护和恢复自然资源,以保持森林生态系统尽量不受人为干扰能够自然生长和发展下去,以保持生物多样性。对该区域的基本措施是严禁任何破坏性的人为活动,在不坏森林生态系统的前提下,可进行观察和监测,避免对自然生态系统产生破坏。

核心区的划分应重点考虑以下条件:

(1) 被保护的物种是否丰富、集中、地域连片;

(2) 生态系统完整性,未遭受严重的人为破坏;

(3) 保护对象有适宜的生长、栖息环境和条件;

(4) 区内无不良因素的干扰和影响;

(5) 保护种群有适宜的数量;

(6) 外围有较好的缓冲条件。

2. 缓冲区

缓冲区面积2 085hm^2,占保护区总面积的26.69%。为防止和减少核心区受到外界的影响和干扰，根据森林植被的质量、自然地形、村民的多少等实际情况，在核心区外围区域，以山脊、林班、小班界为界，集中连片，设置缓冲区，缓冲区紧靠核心区的外围。该区域森林植被保存较好，人为活动较少，对核心区起着缓冲保护的作用。同时，在不导致生态系统逆行演替的前提下，可进行试验性的科学研究工作。如果其保护完好，系统演替进展到核心区的水平，未来可以考虑划为核心区。缓冲区的管理措施是采取封育等人工促进更新方式恢复、重建生态系统，使其向具有原生生态系统功能的方向发展。

3. 实验区

实验区面积3 183.20hm^2，占保护区总面积的40.75%。实验区是保护区内除核心区和缓冲区以外的地带，位于缓冲区和保护区边界之间。该区域天然次生林植被保存相对完好，人为活动破坏相对较小，是科研教学、宣传教育以及适度开发利用的区域。在法律允许的范围内，实验区的功能是在保护区的统一管理下，可从事科学试验、教学实习、参观考察、驯养繁殖、资源利用、生态旅游等活动。

11.2 保护和规划目标

11.2.1 保护目标

清凉峰保护区是以保护亚热带常绿阔叶林、常绿落叶阔叶林和落叶阔叶林生态系统，国家重点保护的野生珍稀动植物资源及其栖息地，保护生物多样性；维持生态系统平衡，防止区域植被遭受破坏和野生珍稀动植物种群数量的减少；探索自然资源和生态环境可持续利用的最佳途径，达到人与自然的和谐为主的自然保护区。特殊的地理位置和自然的山地森林生态系统，使其成为皖南生物多样性较为丰富的地区之一，也是连接皖南山区与天目山生物地理区系的关键结点。

清凉峰保护区具有独特的自然景观和人文景观，特别是区内的国家重点保护野生植物野生银杏、红豆杉、南方红豆杉、银缕梅、天目铁木、华东黄杉，保护价值很高。继续扩大种群数量，恢复退化植被，促进区域性生态系统更具有规模性、完整性、稳定性，使保护区的自然灾害得到遏制，使生物多样性及生态系统得到有效保护，达到区域生态安全。同时，提高保护区的自养能力，促进社区和当地经济发展。具体保护目标如下：

（1）保护亚热带常绿阔叶林、常绿落叶阔叶林和落叶阔叶林生态系统的完整性，并保持其生态演替过程的自然性。

（2）保护野生银杏、红豆杉、南方红豆杉、银缕梅、天目铁木、华东黄杉等国家重点保护野生植物，并不断扩大这些物种的种群数量。

（3）保持植被类型的多样性，并通过减免干扰因子，使核心区和缓冲区内处于演替中间阶段的植被类型趋于稳定的顶级群落。

（4）保护国家重点保护野生动物及其栖息地，使其种群数量不断扩大。

(5)通过森林生态系统的保护，使保护区的森林生态系统最大限度地得到保护，充分发挥其生态服务功能，维持区域的生态安全。

(6)保护性的利用现有自然资源和人文景观，合理发展生态旅游，以提高保护区的自养能力，并与社区形成利益共同体，带动社区发展，促进地方经济发展，提高地方知名度。

11.2.2 规划目标的原则

1. 保护优先

尽管规划的最终目标是发挥清凉峰保护区的多功能、多效益，但是在区内进行任何活动时，都以保护清凉峰保护区的生物多样性，保持区内森林生态系统的自然性和完整性为前提。在工程规划和确定管理目标时，要以不对区内的自然资源和自然生态环境造成威胁的前提下进行。一切工程建设均不得破坏野生生物资源及其栖息地。

2. 可持续发展

在有效保护的前提下，合理、适度开发资源，带动经济增长，以增强清凉峰保护区保护力度的延续性，力求社会、生态、经济三大效益的统一。

3. 加强科学研究

在规划中充分考虑科学研究的重要性，为科学研究提供可以利用的软硬条件，使清凉峰保护区成为亚热带常绿阔叶林、常绿落叶阔叶林和落叶阔叶林生态系统的研究基地。

4. 因地制宜，科学合理规划

在规划中既要考虑自然生态系统的完整性与连续性，又要考虑保护的现实性与可行性，最大限度地使保护对象得到有效保护，同时也要考虑周边社区居民的生活保障。

5. 带动周边社区经济发展

清凉峰保护区规划要与当地及周边地区社会经济发展规划及行业发展规划相结合，帮助当地群众脱贫致富，提倡社会参与、社区共管的建设管理模式。

6. 重点性与全局性相协调

规划不仅考虑对重点项目建设的资金、管理的适度倾斜，而且要考虑对全局的保护，力求建设不致造成负面影响。

7. 理论性与实践性相结合

将保护生物学理论、恢复生态学理论等国内国际先进的保护、恢复研究成果与清凉峰保护区实际结合，进行规划设计。

8. 近期规划与远期规划衔接

从保护恢复、科学研究和可持续利用的角度着手，合理规划近期和远期的工程建设内容。做到突出重点，先急后缓，先易后难，前后衔接，近期工程为远期的建设奠定基础，不进行重复建设。

9. 保护和利用兼顾

遵循自然规律，把认识自然和改善、利用自然相结合，在保护的前提下，允许适度的合理利用清凉峰保护区实验区的部分生物资源、土地资源和景观资源，适当确定多种经营和生态旅游活动的发展目标，以最大限度地发挥清凉峰保护区的生态、社会和经济效益，力求自然资源的可持续利用。在开展生态旅游的区域，必须严格划定范围、规定路线、确定规模。

11.2.3 规划目标的内容

1. 自然生态及主要保护对象目标

针对清凉峰保护区地处皖浙交界的区位特征，本着可操作性和高标准建设的原则，在5年内，建立起完备的自然保护体系，摆脱保护区自然生态系统和主要保护对象遭受威胁及潜在威胁的困扰，使清凉峰保护区的生态系统自然、完整、稳定，生物多样性得到最大限度的保护。同时，使清凉峰保护区的森林资源发挥最大的生态服务功能。

(1)将森林火灾、病虫害以及人为干扰等扰动因子控制到最小，确保清凉峰保护区森林生态系统的生态安全与生态健康；

(2)使清凉峰保护区的重点保护野生动植物及栖息地得到有效保护，并使这些生物的种群数量不断扩大；

(3)保持清凉峰保护区野生银杏、红豆杉、南方红豆杉、银缕梅、华东黄杉等典型性与成片性；

(4)最大限度地保持清凉峰保护区森林生态系统的自然性和完整性及物种多样性和生物区系的复杂性；

(5)生态系统更好地发挥水土保持和水源涵养的作用，并促进资源数量与质量不断扩大与提高。

2. 人类活动干扰控制目标

通过各种管理设施和管理措施的实现，使清凉峰保护区的森林生态系统免受人为干扰。

(1)对核心区实行全封闭管理，禁止任何人进入核心区，确因科学研究、监测和考察等需要进入核心区的，须经上级主管部门批准；

(2)对缓冲区实行半封闭保护管理，禁止非保护管理人员进入，保护管理人员也应尽可能地不进入缓冲区。在缓冲区内可以进行必要的科研实验、科学考察、巡护、监测等人为活动；

(3)在实验区，不破坏资源的情况下，可进行一定的参观、考察、教学实习、生态旅游、可持续经营等人为活动。

3. 野生动物保护目标

(1)加强宣传，提高保护意识。通过宣传教育，消除抵触心理，减少误伤重点保护野生动物的行为，让保护野生动物的观念深入清凉峰保护区周边农户的人心，使人人都有保护野生动物的自觉性，以保护为荣。

(2)恢复、保护好野生动物的栖息地。在充分认识重点保护野生动物的生态、生活习性的基础上,在它们经常活动、出没、觅食的区域,保护好食源、水源,包括修建蓄水池,确保该区域内的食物蕴藏量不低于野生动物种群对食物的需求量。在保护区边缘种植高大稠密的灌木丛,以控制野生动物向外围扩散;同时注意提醒农户不要在保护区边缘地带种植植食性野生动物喜食的农作物,可有效控制它们对农作物的破坏。

(3)积极预防误伤重点保护野生动物。在有重点保护野生动物活动的保护区周边地区,从严控制放牧,教育农户不要在春季的农田里使用除草剂,以免误伤下山觅食的植食性野生动物;教育农户严禁使用违禁的狩猎方式进行狩猎,以免伤害到重点野生保护动物。

(4)建立重点保护野生动物肇事补偿机制。重点保护野生动物觅食会给农户带来不小的损失,如果处理不好,会影响到周边社区农户保护野生动物的积极性,甚至会引发保护区和社区农户的矛盾冲突。可尝试由保护区工作人员、社区有关部门负责人联合勘测受损程度,再由保护区从相关的经费中予以补偿。进而建立以中央财政为主、社会各方面参与的补偿机制,设立专项基金,从野生动物致害受理到最后补偿形成一个完整的流程和监管体制,直接对受补偿地区或群体进行补偿。

(5)积极预防植食性野生动物损坏农作物及肉食性野生动物捕食家畜。在掌握野生动物活动规律的基础上,在野生动物活动高峰期及频繁活动地带,可以在农田中布置一些装饰物,如在庄稼地中央扎稻草人,或在农田周围用带刺的植物作围栏,甚至可以不定期地放鞭炮,以防野生动物误入农田取食。

(6)在适宜的地段尝试进行围栏半生态饲养。

4. 工作条件及管护设施完善目标

搞好清凉峰保护区基础设施建设,特别是要加快保护管理站建设速度,使保护区的保护工作做到目标明确,阵地稳固。

(1)新建保护管理局、管理分局各一处,5个保护管理站、11个保护点、建立森林防火远程视频监控系统,使保护区基层管理机构的管护设施建设初具规模,工作条件有所改善;

(2)修建并维护部分巡护道路,初步形成巡护道路网络,实现保护管理站之间的沟通;

(3)配备相应的办公、执法、防火设备、病虫害防治设备,提供良好的保护工作条件;

(4)配备消防、巡护等方面的交通工具,使保护更具有有效性和快捷性;

(5)配备相应的科研、宣教设备,保证科研宣教工作的有效进行。

5. 科研及社区工作目标

(1)科研工作。以保护清凉峰保护区森林生态系统及其生物多样性为宗旨,在综合考察的基础上,充分利用各方面的科技力量,采取多种途径、多种方式,开展对亚热带常绿阔叶林、常绿落叶阔叶林和落叶阔叶林生态系统的结构和功能、植物群落多样性与演替规律、野生动植物种群的消长进行监测与科学研究,以探索和揭示自然生态过程,为有效保护和合理利用资源提供科学依据。①继续对资源进行监测，以提高生物多样性保护的有效性；②进行生物地理学、生态学、保护生物学的科学研究工作，特别要加强群落演替、干扰生态学和生物多样性方面的研究，以此作为合理有效保护的科学依据；③引进科研队伍，横向开展科技合作，与国内外科研院所及高等学校建立长期的科研合作关系。建立科研基地，配置科研设备。

（2）社区工作。通过宣传国家的法律法规、方针政策、自然资源保护与利用的科学观点及保护区的生态服务功能，使社区居民对保护和利用的辩证关系有一深刻认识，促使社区民众自觉参与保护工作中。同时，保护区扶持社区居民发展非资源破坏性的致富项目。①促进周边社区居民参与保护区的保护；②使保护区和周边社区形成良好的利益共同体；③帮助社区认识和了解自然保护的意义和目的；④有效改善社区的社会经济状况；⑤改进社区居民资源利用的方式；⑥提高社区群众文化生活和综合素质水平。

11.2.4 实现目标的影响因素

1. 自然因素

清凉峰保护区所处区域的气候带为半湿润大陆性气候带，气候变化明显，保护区的降水多集中在7、8、9三个月，多暴雨；保护区的山体特征陡峭，岩石松软，易滑动、易膨胀、易饱和、隔水性好，发生泥石流的潜在危险性极大。

2. 政策和社会因素

1985年国务院批准实施了《森林和野生动物类型自然保护区管理办法》，1994年实施了《中华人民共和国自然保护区条例》，而清凉峰保护区现在还未颁布切合自身实际的管理办法，立法工作滞后将给自然保护工作造成压力，有待于尽快出台《安徽清凉峰国家级自然保护区管理条例》。

3. 社区和经济因素

近年来随着人们生活水平的提高，自驾游、徒步登山等旅游活动向清凉峰保护区延伸，保护区旅游路线无统一规划，对于游客的管理松散，导致环境污染，一定程度上破坏了野生动物的栖息地，使动物的生存质量降低，森林生态系统的生物多样性面临威胁。

4. 可获得资源因素

目前，清凉峰保护区各项工作的运转只是依靠财政每年下拨的少量事业费和生态公益林补偿费，资金缺口严重，远远不能满足职工工资、业务运行费用和设备维护费用支出。经费不足还导致了基础设施与设备落后、人员待遇不高等一系列问题，限制了清凉峰保护区各项功能的有效发挥。

（1）组织机构不完善，人员配备不合理。清凉峰保护区的管理机构为保护区建设发展发挥了重要作用，但内部管理职责不够明确，保护站之间协调性较差，分工不够明确，科研和宣教的功能严重不足；人员配备不完善。为了便于对外宣传和科学研究，以促进保护，应加强科研和宣传力度，加强专业人员培养。

(2)缺乏完善的监测体系和数据管理体系。清凉峰保护区仅开展森林资源的定期监测和野生动植物资源本底调查,缺乏对自然资源、自然环境的定位与动态变化监测,缺乏生物多样性监测,没有完善的数据管理体系。

(3)经费严重不足,设施设备落后。经费不足一直是困扰清凉峰保护区发展的重要原因之一。由于资金投入不足,导致保护区的基础设施与设备落后、人员工资待遇不高、管理技术手段原始等一系列问题,不能满足保护工作的需要,限制了保护区各种功能的发挥。

(4)防火与巡护队伍建设不足。专业防火与巡护队伍不足,没有足够的能力消灭火灾隐患,同时对于火灾预警和火险等级的确定缺乏专业队伍。应加大火灾易发区巡护队伍的力量,建设以生物防火林带为主的林火阻隔网络,加强区内火源管理与监控,建立专业消防与巡护队伍。

(5)人员培训有待进一步加强。由于清凉峰保护区受工作环境和工资待遇的制约,缺乏吸引高素质人才的能力,人才素质起点低的状况没有得到根本改观。虽然开展过多种形式的培训,但缺乏各个层次的连续培训,使得保护管理、科研、技术人员的综合能力提高缓慢,难以适应保护区建设和发展的需要。

(6)对公众保护自然资源的意识教育力度不足。清凉峰保护区成立以来虽然开展过多种形式的宣传教育活动,但缺乏系统综合的公众保护意识宣传教育计划,影响了公众保护意识的提高,给保护管理工作带来压力。

11.3 保护区管理

21世纪,全球更加注重资源、经济与环境的协调发展与保护,实施可持续发展是本世纪的主题之一。清凉峰保护区地处皖南山区,其特有的生态区位,在生态文明建设与可持续发展中面临着许多机遇和挑战,特别是围绕“跨越发展、绿色发展、统筹发展、和谐发展”与实现“生态强省”战略,自然资源保护与自然保护区建设更应有新的突破和创新,尤其是在体制与机制、发展模式和依法保护等各个方面要有所开拓与进步。

11.3.1 管理的体制与机制

自然保护区管理体制与机制建设是其发展的核心问题和保障,高效的运行体制可以促进自然保护区科学与规范的建设;适宜的机制有助于自然保护区的整体发展和管理。因此,清凉峰保护区建设与管理,应借鉴西方国家和我国甘肃等省的成功经验,依据《中华人民共和国自然保护区条例》中第21条、23条规定,在管理体制机制方面有所调整和创新。

一是在管理体制方面,实行国家级自然保护区隶属于省级行政主管部门直接管理,注重宏观层面的管理。这方面甘肃和新疆的国家级自然保护区由省级主管部门统一管理的模式和经验值得学习借鉴。这种依法施策的管理，有利于高水准的建设和发展，对经济欠发达的安徽省而言十分有利，可以改变保护区多元管理造成的发展不平衡、管理不规范和建设层次较低的局面；依法明确职责和授权管理，实施统一规划、统一建设、统一管理和统一保护利用的四统一管理体制，从根本上解决当前管理体制如机构设置不规范、队伍建设无保障、保护工作开展有缺失等问题。

二是在保护机制上，应充分考虑清凉峰保护区建设的现状、存在的问题和环境，注重机制建设的规范化与有效性。在保护区的法制建设方面要不断完善，进一步规范保护建设中的行为与要求，依法保护的措施应具体化，具有可操作性。在管理方式上有所创新，注重行业间协调及其应有作用的发挥，尤其是社会参与机制和科学研究与解说系统的建立。安徽省自然保护区在这一方面开展的工作极为薄弱，应借鉴美国、英国的成功经验来促进其发展，从而不断发挥自然保护区应有的功能和社会共管作用，为经济社会服务。在保护和建设资金投入上要有所保障，建立以政府财政投入为主导、社会参与和资源利用经营的多元化资金渠道，以保证和满足保护区发展所需经费，从而改变因经费不足造成发展滞后的局面。

三是在管理队伍上，要特别注重科研与专业人才的配备与培养，建设多学科和多层次的管护队伍是保护区科学发展的保证。清凉峰保护区现有的管理队伍，总体结构与水准较低，科研能力和管理水平难以适应自然保护事业发展的需要。由于缺乏专业科技人员，应该有的本底基础资料、科普宣教资料和科学研究资料无人去做，给保护区监测与科学研究带来的影响和制约是难以估量的，这不仅使自然保护区的价值难以让公众了解和认知，就是区内的管护人员也很难弄清楚。因此，管护队伍建设是保护区发展的基础，各级主管部门对此应予以高度重视，制定必要的应对措施，注重队伍建设的人员配备比例和层次，尽可能地满足需要。同时，加大各项目标的监管和考核力度，有效地促进人才培养和科研工作的开展，积极开创保护区建设的新局面，实现新跨越。

11.3.2 发展的管理模式

自然保护区建设的成功与否，从安徽省各自然保护区的发展现状和国内外已有的成功案例比较分析，在一定程度上取决于其发展模式的适应性和有效性，取决于国家的国体与政策的适度性和重视程度，同时也取决于社会的重视程度和省域经济发展的程度。也就是说社会各界重视、省域经济发达、保护目标重要、科技力量较强和资金投入有保障，自然保护区发展就相对的要规范和较好，如四川卧龙大熊猫国家级自然保护区、陕西洋县朱鹮国家级自然保护区、黑龙江丹顶鹤国家级自然保护区等。安徽省自然保护区建设由于受区域经济的影响，人们的重视程度多停留在初级认知阶段，实施的行动面和层次仍较低，资金投入极其有限，致使已建的自然保护区发展呈不规范、不到位的状况，其社会影响力有所不同或较弱。

清凉峰保护区建设仍面临着许多问题，尤其是发展模式不适应或由此产生的问题突出。一是发展模式沿用过去形成的较为粗放的管理方式,即一切以保护为主,主管部门主导,政府支持力度和重视程度有限;机构设立多停留在保护层面,其结构、人员配置层次较低,与实际所需或保护的面积不成比例,保护的目标与任务,与实际的工作开展和完成的能力存在着较大差距,保护区的管护工作开展的很不平衡,由此产生的问题很大程度上制约着其发展;涉及科学研究、宣传教育和服务社会的功能体系建设滞后,没有建立或开展相应的工作机制,致使其影响力较弱。二是由于受已有政策、经营方式与管护模式的影响,保护区与社区的矛盾日益突出。特别是当地群众的利益问题已越来越引起社会的关注。近年来,清凉峰保护区的社区利益与发展问题,在其建设中虽已有所重视与考虑,但并没有能从根本上注重研究和解决社区的利益问题,区内的自然资源和传统的土地资源利用过于限制,如公益林补偿制度的实施标准过低,对当地林农生产限制性较大,过多地强调保护而忽视了社区群众的利益,群众的利益与发展受到制约。这种状况与传统的自然保护区管理方式有关,也与政府主导的管理模式和体制有直接的关联。三是自然保护区作为维护生态系统平衡、生物多样性保护和生态文明建设的重要基地已得到世人的关注和重视,其发展呈现越来越重要和积极的态势;社会公众通过参与共管和生态旅游而受到教育和启迪,对自然保护区建设的现行政策、经营方式和管理模式等应作适应性调整,注重社区公众参与机制的建立,注重对原住居民传统经营方式的尊重与运用,注重管理模式的调整与完善。清凉峰保护区建设要想得到有效的发展,只靠政府部门是难以奏效的,其建设必须在发挥社会和公众的作用上有所突破与创新,建立有效的资金保障制度和科学的管理运行机制。

11.3.3 资源的依法利用

自然资源的科学合理利用,已成为自然保护区发展与建设的主要问题之一。正确认识和研究自然保护区的生态地位和在经济社会发展中的作用极其重要,这即事关自然保护区发展的未来,也关系着区域经济的发展。近年来,国家在自然保护区内实施的生态保护与项目,其资源可持续利用的作用巨大,效益凸显;然而对区域经济发展和民生改善的促进作用却十分有限,一些可以利用的自然资源受到限制,这不仅制约和影响自然保护区所在地经济社会和民生的发展,挫伤或抑制了其对自然资源保护的积极性和主动性,而且也影响着自然保护区自身的建设,不利于其协调与和谐发展。因此,应进一步解放思想、开拓进取,依法对保护区内的自然资源、景观资源和民俗文化,通过开展生态旅游和解说系统的建立进行宣传和利用;对区内的优势水资源、矿物资源,通过功能区或范围调整开展科学的限制性利用;对丰富的野生动植物资源,通过采集标本,科学研究或产业结构调整等进行有针对性的利用;将区内的资源利用与区域经济发展、民生改善有机地结合起来,务实地开创自然保护区自然资源利用的新模式,达到生态保护和经济发展双赢,实现全面可持续发展。

11.3.4 创新发展

多年来，自然保护区建设的总体规划，突出的多是基础设施建设、管护能力和宣教监测能力建设，而对保护区的社区参与、资源利用、功能区的科学区划及队伍建设均有所轻视或忽视，即有客观因素也有主观因素，最主要的是其建设的法规规范和政府的重视程度，体现于其政体与经济社会发展的实力，如人口、经济规模和政体机制的限制，保护区的体制机制仍有待开拓和创新。同时，也体现在自然保护区建设的投入方面。因此，清凉峰保护区建设今后面临的发展问题主要是：①体制机制的创新；②发展模式的调整；③资源科学的利用；④与区域经济的协调发展。这些问题的解决，最有效的和最直接的方法是尽快制订清凉峰保护区的“一区一法”，编制《清凉峰国家级自然保护区总体规划》和《清凉峰国家级自然保护区管理计划》，在制度上确定和规范其建设和保护的行为、管理与发展的要求。在建设资金保障方面，应建立相应的投入机制，实施规范建设；在资源利用上，尽可能地注意保护区设立时的功能区划，避免保护区面积过大所产生的不利局面和制约，多建立一些保护小区，实施社区共管和志愿者参与的新机制，实现自然资源的最有效保护；在机构和队伍建设方面，要注意其建立的适应性与发展性，人员配置的层次、结构和比例有利于保护区的建设，防止因机构的不适应而产生新的问题和矛盾，制约其发展。

参考文献

1. 安徽森林编辑委员会. 安徽森林[M]. 北京：中国林业出版社，合肥：安徽科学技术出版社，1990.

2. 安徽森林病虫图册编写组. 安徽森林病虫图册[M]. 合肥：安徽科学技术出版社，1988.

3. 安徽省地方志编纂委员会. 安徽省志：地质矿产志[M]. 合肥：安徽人民出版社，1993.

4. 安徽省地质矿产局区域地质调查队. 安徽省岩相古地理图册[M]. 合肥：安徽科学技术出版社，1990.

5. 安徽省林业厅. 安徽省陆生野生动植物资源[M]. 合肥：合肥工业大学出版社，2006.

6. 安徽省林业厅. 安徽省自然保护区[M]. 合肥：合肥工业大学出版社，2005.

7. 安徽省气象局资料室. 安徽气候[M]. 合肥. 安徽科学技术出版社，1983.

8. 安徽省生物多样性保护战略课题组. 安徽省生物多样性保护战略研究[M]. 北京：中国科学技术出版社，2002.

9. 安徽植被协作组. 安徽植被[M]. 合肥：安徽科学技术出版社，1983.

10. 安徽植物志协作组. 安徽植物志：第一卷[M]. 合肥：安徽科学技术出版社，1985.

11. 安徽植物志协作组. 安徽植物志：第二卷[M]. 北京：中国展望出版社，1986.

12. 安徽植物志协作组. 安徽植物志：第三卷[M]. 北京：中国展望出版社，1990.

13. 安徽植物志协作组. 安徽植物志：第四卷[M]. 合肥：安徽科学技术出版社，1991.

14. 安徽植物志协作组. 安徽植物志：第五卷[M]. 合肥：安徽科学技术出版社，1992.

15. 程爱兴，陈建新，翁东明，等. 清凉峰保护区生物多样性综述[J]. 当代生态农业，2001(3)：4–7.

16. 蔡邦华. 昆虫分类学：上册[M]. 北京：财政经济出版社，1956.

17. 蔡邦华. 昆虫分类学：中册[M]. 北京：科学出版社，1973.

18. 蔡邦华. 昆虫分类学：下册[M]. 北京：科学出版社，1985.

19. 蔡邦华. 中国松毛虫属及其近缘属的修订（枯叶蛾科）[J]. 昆虫学报，1976，19(4)：443–452.

20. 蔡邦华，陈宁生. 中国经济昆虫志：第八册[M]. 北京：科学出版社，1964.

21. 蔡辉. 绩溪清凉峰北坡木本植物名录[J]. 徽州林业科技，1986(1)：27–30.

22. C . B. 贝克. 被子植物的起源和早期演化[M]. 张芝玉，译. 北京：科学出版社，1981.

23. 陈邦杰，吴鹏程，裘佩熹，等. 黄山植物的研究：苔藓、蕨类、种子植物的区系和地理[M]. 上海：上海科学技术出版社，1965.

24. 陈邦杰，万宗玲，黎兴江，等. 中国藓类植物属志：上册[M]. 北京：科学出版社，1963.

25. 陈邦杰，万宗玲，黎兴江，等. 中国藓类植物属志：下册[M]. 北京：科学出版社，1978.

26. 陈壁辉. 安徽两栖爬行动物志[M]. 合肥：安徽科学技术出版社，1991.

27. 陈春风，黄成林，张培. 清凉峰与邻近地区植物区系关系的探讨[J]. 安徽农业大学学报，1997，24(3)：249-253.

28. 陈一心. 中国经济昆虫志：第三十二册[M]. 北京：科学出版社，1985.

29. 陈世骧. 中国动物志：昆虫纲鞘翅目铁甲科[M]. 北京：科学出版社，1986.

30. 戴芳澜. 中国真菌总汇[M]. 北京：科学出版社，1979.

31. 邓懋彬. 华东黄山、天目山植物区系特点[M]//南京中山植物园. 中山植物园研究论文集(1980). 南京：江苏科学技术出版社，1981：21-25.

32. 董智勇，佟新夫. 中国森林史资料汇编[M]. 北京：中国林学会林业史学会，1993.

33. 方国富，汪士杰，邵小平. "出现度"在重点野生植物调查中的应用[J]. 安徽林业科技，2001(1)：6-8.

34. 方国富，邵小平. 清凉峰自然保护区领春木的分布调查与育苗试验[J]. 安徽林业科技，2003(4)：10-11.

35. 顾也萍，刘承鹏，黄宣正，等. 清凉峰土壤分类研究[J]. 安徽师大学报：自然科学版，1994，17(2)：54-58.

36. 韩也良. 牯牛降科学考察集[M]. 北京：中国展望出版社，1990.

37. 胡嘉琪，梁师文. 黄山植物[M]. 上海：复旦大学出版社，1996.

38. 华立中. 中国天牛科昆虫名录[M]. 广州：中山大学出版社，1982.

39. 黄成林. 安徽省清凉峰自然保护区植物区系的研究[J]. 武汉植物学研究，1993，11(2)：155-162.

40. 黄成林. 皖浙清凉峰植物区系的研究[D]. 合肥：安徽农学院，1989.

41. 黄成林. 皖浙清凉峰植物区系基本特征的研究[J]. 安徽农学院学报，1990，17(3)：203-208.

42. 黄成林，陈光玲，汪海洋. 安徽清凉峰自然保护区竹类资源及区系特征. 竹子研究汇刊，1991，10(3)：61-69.

43. 黄山风景区管理委员会. 黄山珍稀动物[M]. 北京：中国林业出版社，2006.

44. 黄山风景区管理委员会. 黄山珍稀植物[M]. 北京：中国林业出版社，2006.

45. 黄山土壤编委会. 黄山土壤[M]. 合肥：中国科学技术大学出版社，1998.

46. 黄文几，温业新，黄正一，等. 安徽省哺乳动物调查和地理区划[J]. 复旦学报（自然科学版），1978（1）：86-104.

47. 黄映泉. 安徽省歙县清凉峰自然保护区乔灌木树种名录[M].油印本.黄山：黄山树木园，1981.

48. 黄映泉. 关于华东黄杉几个问题的探讨[J]. 安徽林业科技，1982（3）：1-4.

49. 黄映泉. 我省华东黄杉的发掘与初步研究[J]. 安徽林业科技，1980（2）：13-17.

50. 绩溪县地方志编纂委员会. 绩溪县志[M]. 合肥：黄山书社，1998.

51. 绩溪县土壤普查办公室. 绩溪土壤[M]. 油印本. 宣城：绩溪县土壤普查办公室，1986.

52. 蒋书楠，蒲富基，华立中. 中国经济昆虫志：第三十五册[M]. 北京：科学出版社，1985.

53. 柯丽霞，杨超. 安徽清凉峰自然保护区大型真菌的生态分布[J]. 应用生态学报. 2003，14（10）：1739-1742.

54. 李炳华，陈壁辉. 皖南白鹇的地理分布及生态初步调查[J]. 动物学杂志，1984（4）：15-18.

55. 李炳华. 皖南的白颈长尾雉[J]. 野生动物，1985（5）：18-20.

56. 李粉霞，王幼芳，李丽，等. 浙江西天目山苔藓植物物种多样性的研究[J]. 应用生态学报，2006，17（2）：192-196.

57. 李晓红. 濒危植物黄山梅的保护生物学研究[D]. 芜湖：安徽师范大学，2005.

58. 刘春生，吴万能，俞正楚，等. 安徽省黄山啮齿类区系研究[J]. 动物学杂志，1986（6）：18-21.

59. 刘洪谔，张若蕙. 浙江西天目山森林植被概况[M]. 油印本. 杭州：浙江林学院，1979.

60. 刘仲苓. 安徽歙县清凉峰自然保护区苔类植物名录[M]. 油印本. 上海：华东师范大学，1994.

61. 路安民. 种子植物科属地理[M]. 北京：科学出版社，1999.

62. 罗贤星，顾长明，汪国胜. 勺鸡繁殖生态的观察研究[J]. 安徽林业科技，1993（1）：7-9.

63. 罗贤星，顾长明，汪国胜. 歙县清凉峰野生动物调查及经济动物繁殖生态[M]. 合肥：安徽野生动物保护协会，1991.

64. 潘新建. 小勾儿茶在绩溪县清凉峰的新分布[J]. 安徽林业科技，1986（1）：29-30.

65. 蒲富基. 中国经济昆虫志：第十九册[M]. 北京：科学出版社，1980.

66. 孟绪武. 安徽省昆虫名录[M]. 合肥：中国科学技术大学出版社，2003.

67. 钱宏. 安徽大别山北坡植物区系的研究[J]. 安徽农学院学报，1988（4）：35-45.

68. 钱宏. 安徽大别山北坡植物区系与邻近地区植物区系关系探讨[J]. 武汉植物学研究，1989（1）：39-48.

69. 钱宏，汪恩龙. 安徽省绩溪县清凉峰自然保护区主要森林植被类型及其分布[M]. 生态学杂志，1988，7(2)：32–36.

70. 邵力平，沈瑞祥，张素轩，等. 真菌分类学[M]. 北京：中国林业出版社，1996.

71. 邵小平，方国富. 银缕梅的生境调查与迁地保护[J]. 安徽林业科技，2004(2)：12–13.

72. 歙县地方志编纂委员会. 歙县志[M]. 北京：中华书局，1995.

73. 盛和林，吴光，李冬馥，等. 皖南陆生哺乳动物区系组成及其经济意义[J]. 华东师范大学学报，1963(1)：93–100.

74. 盛和林，陆厚基. 毛冠鹿的分布、资源和习性[J]. 动物学报，1982，28(3)：307–310.

75. 石进. 长江中下游地区常见森林昆虫与蜘蛛[M]. 哈尔滨：东北林业大学出版社，2008.

76. 宋朝枢. 浙江清凉峰自然保护区科学考察集[M]. 北京：中国林业出版社，1997.

77. 孙锡逵. 天目山寄蝇科研究[D]. 北京：中国科学院动物研究所，1988.

78. 王荷生. 中国植物区系的基本特征[J]. 地理学报，1979，34(3)：224–237.

79. 王荷生. 中国种子植物特有属起源的探讨[J]. 云南植物研究，1989，11(1)：1–16.

80. 王岐山，陈壁辉，梁仁济. 安徽兽类地理分布的初步研究[J]. 动物学杂志，1966(3)：101–106.

81. 王岐山. 安徽兽类志[M]. 合肥：安徽科学技术出版社，1990.

82. 王日玮，项斯端，陈启瑺. 西天目山南坡森林植被探讨[J]. 杭州大学学报，1986，13(增刊)：26–42.

83. 汪五星，程宏益，冯实践. 安徽清凉峰的云锦杜鹃林[J]. 植物杂志，1989(2)：24–25.

84. 汪五星. 天目木姜子播种育苗技术[J]. 林业科技通讯，1986(7)：23.

85. 魏景超. 真菌鉴定手册[M]. 上海：上海科学技术出版社，1979.

86. 邬承先，李文杰. 中国黄山蝶蛾[M]. 合肥：安徽科学技术出版社，1997.

87. 吴诚和. 安徽植物区系的探讨[J]. 植物学报，1982，24(5)：468–476.

88. 吴诚和. 清凉峰树木名录[M].油印本. 合肥：安徽省林业科学研究院，1986.

89. 吴金陵. 中国地衣植物图鉴[M]. 北京：中国展望出版社，1987.

90. 武素功. 中国–日本蕨类植物区系的地理亲缘[J]. 云南植物研究，1987，9(2)：167–179.

91. 吴兆洪，秦仁昌. 中国蕨类植物科属志[M]. 北京：科学出版社，1991.

92. 吴征镒. 论中国植物区系的分区问题[J]. 云南植物研究，1979，1(1)：1–20.

93. 萧采瑜. 中国蝽类昆虫鉴定手册：第一册[M]. 北京：科学出版社，1977.

94. 萧采瑜. 中国蝽类昆虫鉴定手册：第二册[M]. 北京：科学出版社，1981.

95. 徐炳声. 从黄山的植物地理资料看华东植物区系的亲缘[M]//黄山植物的研究. 上海：上海科学技术出版社，1965.

96. 徐亚君. 黄山动物趣话[M]. 合肥:安徽科学技术出版社,2000.

97. 张广学,钟铁森. 中国长管蚜亚科新种记述(Ⅱ)[M]. 昆虫分类学报. 1980,2(3):215-222.

98. 张广学,钟铁森. 中国经济昆虫志:第二十五册[M]. 北京:科学出版社,1983.

99. 张广学,钟铁森. 为害经济树木的刻蚜属三新种[J]. 昆虫分类学报. 1979,1(1):49-54.

100. 张宏达. 从印度板块的漂移论喜马拉雅植物区系的特点[J]. 中山大学学报,1984(4):93-101.

101. 张宏达. 华夏植物区系的起源与发展[J]. 中山大学学报,1980(1):89-98.

102. 张荣祖. 中国动物地理[M]. 北京:科学出版社,1999 .

103. 章士美. 中国经济昆虫志:第三十一册[M]. 北京:科学出版社, 1985.

104. 张小平. 安徽省歙县清凉峰自然保护区植物区系的初步分析[J]. 安徽师大学报,1984(2):43-44.

105. 浙江植物志编辑委员会. 浙江植物志总论 [M]. 杭州:浙江科学技术出版社,1993.

106. 浙江植物志编辑委员会. 浙江植物志:第一卷[M]. 杭州:浙江科学技术出版社,1993.

107. 浙江植物志编辑委员会. 浙江植物志:第二卷[M]. 杭州:浙江科学技术出版社,1992.

108. 浙江植物志编辑委员会. 浙江植物志:第三卷[M]. 杭州:浙江科学技术出版社,1993.

109. 浙江植物志编辑委员会. 浙江植物志:第四卷[M]. 杭州:浙江科学技术出版社,1993.

110. 浙江植物志编辑委员会. 浙江植物志:第五卷[M]. 2版. 杭州:浙江科学技术出版社,1992.

111. 浙江植物志编辑委员会. 浙江植物志:第六卷[M]. 杭州:浙江科学技术出版社,1993.

112. 浙江植物志编辑委员会. 浙江植物志:第七卷[M]. 杭州:浙江科学技术出版社,1993.

113. 郑朝宗,浙江西天目山自然保护区种子植物名录[M]. 油印本. 杭州:杭州大学生物系,1983.

114. 郑朝宗. 浙江西天目山种子植物区系初步分析[J]. 杭州大学学报:自然科学版,1986,13(增刊):11-17.

115. 郑光美. 中国鸟类分类与分布名录[M]. 北京:科学出版社,2005.

116. 郑乐怡,邹环光. 中国狭长蝽属初记[J]. 昆虫学报. 1982,25(4):423-430.

117. 郑勉. 庐山植物的分布及与皖、浙诸山植物的关系[M]. 华东师范大学学报(自然科学)，1957(1):50–59.

118. 郑维发. 安徽歙县清凉峰自然保护区苔藓植物区系研究[J]. 徐州师范学院学报(自然科学版)，1993，11(1):39–43.

119. 郑作新. 中国鸟类系统检索[M]. 3版. 北京：科学出版社，2002.

120. 郑作新，钱燕文. 安徽黄山的鸟类初步调查[J]. 动物学杂志，1960(1):10–14.

121. 中国林业科学研究院. 中国林业昆虫[M]. 北京：中国林业出版社，1983.

122. 中国科学院动物研究所. 中国蛾类图鉴Ⅰ[M]. 北京：科学出版社，1981.

123. 中国科学院动物研究所. 中国蛾类图鉴Ⅱ[M]. 北京：科学出版社，1982.

124. 中国科学院动物研究所. 中国蛾类图鉴Ⅲ[M]. 北京：科学出版社，1982.

125. 中国科学院动物研究所. 中国蛾类图鉴Ⅳ[M]. 北京：科学出版社，1983.

126. 中国科学院动物研究所. 中国农业昆虫上册. 北京：农业出版社，1986.

127. 中国科学院动物研究所. 中国农业昆虫下册. 北京：农业出版社，1987.

128. 中国科学院动物研究所，浙江农业大学. 天敌昆虫图册[M]. 北京：科学出版社，1978.

129. 中国科学院中国孢子植物志编辑委员会. 中国苔藓志：第一卷[M]. 北京：科学出版社，1994.

130. 中国科学院中国孢子植物志编辑委员会. 中国苔藓志：第二卷[M]. 北京：科学出版社，1996.

131. 中国科学院中国孢子植物志编辑委员会. 中国苔藓志：第三卷[M]. 北京：科学出版社，2000.

132. 中国科学院中国孢子植物志编辑委员会. 中国苔藓志：第四卷[M]. 北京：科学出版社，2006.

133. 中国科学院中国孢子植物志编辑委员会. 中国苔藓志：第五卷[M]. 北京：科学出版社，2011.

134. 中国科学院中国孢子植物志编辑委员会. 中国苔藓志：第六卷[M]. 北京：科学出版社，2002.

135. 中国科学院中国孢子植物志编辑委员会. 中国苔藓志：第七卷[M]. 北京：科学出版社，2005.

136. 中国科学院中国孢子植物志编辑委员会. 中国苔藓志：第八卷[M]. 北京：科学出版社，2004.

137. 中国科学院中国孢子植物志编辑委员会. 中国苔藓志：第九卷[M]. 北京：科学出版社，2003.

138. 中国树木志编辑委员会. 中国树木志：第一卷[M]. 北京：中国林业出版社，1983.

139. 中国树木志编辑委员会. 中国树木志：第二卷[M]. 北京：中国林业出版社，1985.

140. 中国树木志编辑委员会. 中国树木志：第三卷[M]. 北京：中国林业出版社，1997.

141. 中国树木志编辑委员会. 中国树木志:第四卷[M]. 北京:中国林业出版社,2004.

142. 中国植被编辑委员会. 中国植被[M]. 北京:科学出版社,1995.

143. 周明善. 清凉峰维管束植物名录[M]. 油印本. 歙县:歙县清凉峰自然保护区,1986.

144. 周尧,路进生. 中国的广翅蜡蝉科附八新种[J]. 昆虫学报. 1977,20(3):314-322.

145. 周文豹. 浙江西天目山的蜻蜓目[J]. 杭州大学学报,1986,13(增刊):64-67.

146. 周学尚. 南方铁杉种子育苗试验[J]. 安徽林业科技, 1992(2):40.

147. 朱弘复. 蛾类图册[M]. 北京:科学出版社,1973.

148. 诸立新,孙灏. 安徽清凉峰自然保护区蝶类区系结构及垂直分布[M] 南京农业大学学报,2002,25(2):115-118.

149. 晏鹏,吴孝兵,胡好远. 安徽发现双全白环蛇[M]. 动物学杂志,2004(4):111.

150. 杨惟义. 中国经济昆虫志:第二册[M]. 北京:科学出版社,1962.

151. 杨秀元,吴坚. 中国森林昆虫名录[M]. 北京:中国林业出版社,1981.

152. 应俊生,张志松. 中国植物区系中的特有现象——特有属的研究[M]. 植物分类学报, 1984,22(4):259-268.

附录1 《安徽清凉峰自然保护区综合科学考察报告》评审意见

2007年3月1日安徽省林业厅在合肥主持召开了《安徽清凉峰自然保护区综合科学考察报告》评审会，省林业厅、国家林业局规划院、安徽大学、安徽师范大学、省编办、省发改委、省财政厅、省环保局和宣城市林业局、黄山市林业局、绩溪县人民政府、歙县人民政府等单位的专家参加了评审。与会专家听取了报告编写单位的汇报，通过审查资料，经过充分讨论，提出以下评审意见：

一、《安徽清凉峰自然保护区综合科学考察报告》对自然保护区内的自然环境、植被和植物资源、脊椎动物、昆虫、大型真菌、旅游资源、社会经济、保护管理等八个方面，进行了全面、深入、细致的考察和研究，特别是对保护区内的森林生态类型，野生动植物资源，植物和动物的区系成分，气候、土壤、植被、昆虫、脊椎动物的垂直分布规律，都作了深入、客观的分析和研究；对珍稀动植物的种群分布，特别是国家重点保护野生动植物的分布、数量、群落演替趋势，也进行了有创造性的研究分析，为加强保护区的建设和管理提供有价值的基础资料。

二、《安徽清凉峰自然保护区综合科学考察报告》揭示了森林生态类型的典型性、稀有性、脆弱性，以及植被演化历史、群系特征和植被、动物、气候、土壤等地带性分布的规律；客观地反映了动植物区系成分的丰富性、古老性、特有性和过渡性；总结了保护管理、科学研究和社区经济发展的成功经验，提出了进一步加强自然保护区建设和发展的合理化建议，为自然保护区规划和管理提供了科学依据。

评审委员会一致认为，《安徽清凉峰自然保护区综合科学考察报告》达到了国内同类科考报告的先进水平。

建议该科考报告，对社会经济部分要进一步充实内容，对野生动植物的分布要补充资料，对报告作进一步的完善修改。

主任委员：

副主任委员：

副主任委员：

副主任委员：

二〇〇七年三月一日

安徽清凉峰自然保护区科考报告评审论证会

评委名单

评委会职务	姓　名	单　位	职务 职称	签　名
主任委员	赵　波	安徽省林业厅	副厅长 高经	
副主任委员	王志臣	国家林业局规划院	副总工	
副主任委员	王岐山	安徽大学	教授	
副主任委员	韩也良	安徽师范大学	教授	
委员	张家麟	省编委	高工	
委员	李树龙	省发改委	高经	
委员	储　敏	省财政厅	高会	
委员	鄢达昆	省环保局	博士	
委员	陈满惠	省林业厅计资处	高会	
委员	施葵初	省林业厅保护处	高工	
委员	顾长明	省自然保护管理站	高工	
委员	宋金春	省林业调查规划院	高工	
委员	吴成旺	宣城市林业局	高工	
委员	马如兴	黄山市林业局	高工	
委员	许晓辉	绩溪县政府	高工	
委员	江　壮	歙县政府	高工	

附录2　安吉小鲵专题报告

专题报告1　安徽发现安吉小鲵

李永民[①④] 吴孝友[①] 方国富[②] 顾长明[③] 薛辉[①] 吴孝兵[①]

①安徽师范大学生命科学学院 芜湖 241000;②安徽清凉峰国家级自然保护区绩溪管理站 绩溪 245300;③安徽省自然保护管理站 合肥 230001;④阜阳师范学院生命科学学院 阜阳 236037

摘要:2013年3月5日,在安徽清凉峰国家级自然保护区发现一个有尾两栖类繁殖群,并采集到该物种成年标本1例,并发现卵带17个。经鉴定为安吉小鲵,属安徽省两栖动物新纪录。标本现保存于安徽师范大学。

关键词:新纪录;安徽省;两栖动物;安吉小鲵

Hynobius amjiensis Firstly Found in Anhui Province, China

LI Yong-Min[①④] WU Xiao-You[①] FANG Guo-Fu[②] GU Chang-Ming[③] XUE Hui[①] WU Xiao-Bing[①]

① College of Life Science, Anhui Normal University, Wuhu 241 000;

② Jixi Administration Station of Anhui Qingliangfeng National Nature Reserve, Jixi 245 300;

③Anhui Natural Protection Administration Station, Hefei 230 001;

④School of Life Science, Fuyang Teachers College, Fuyang 236 037

Abstract: An amphibian breeding site was found at Qingliangfeng National Nature Reserve in Anhui on March 5, 2 013. At the same time, an adult specimen and 17 egg capsules were found. It was identified as Hynobius amjiensis which is a new distributive record of amphibian in Anhui Province. The specimen is deposited at Anhui Normal University.

Key words: New record; Anhui Province; Amphibian; *Hynobius amjiensis*

基金项目　安徽省高等学校省级自然科学研究项目(No. KJ2013B199, No. KJ2013B198);通讯作者, E-mail: wuxb@mail.ahnu.edu.cn;第一作者李永民,男,博士研究生,研究方向动物生态学及系统地理学,E-mail: lyminron@163.com。

安徽清凉峰国家级自然保护区(118°45′49″E～118°53′38″E,30°03′34″N～30°09′40″N)位于安徽省东南部绩溪县和歙县交界处,东与浙江清凉峰国家级自然保护区接壤,区内群峰林立,沟壑纵横,地势自东南向西北倾斜,最高峰清凉峰海拔1 787.40m,为天目山系主峰。清凉峰保护区总面积7 811.20m^2。清凉峰保护区自然生态比较完整,野生植物资源丰富且集中,属典型的中亚热带以常绿阔叶林为主的森林生态类型。区内亚热带湿润季风气候和优越的自然地理条件以及丰富的植物资源,为野生动物的生存繁衍提供了良好的生态环境。

安吉小鲵为我国特有种,属世界性濒危物种,自被发现以来就一直是学术界关注的重点物种,也是国家林业局2014年珍稀濒危物种野外救护与繁育项目申报指南中重点支持的面临灭绝风险、受到较大威胁、国内外关注或保护压力大的27种极小种群野生动物之一,是唯一入选的两栖动物。安吉小鲵在安徽清凉峰国家级保护区的发现,是本物种基础生物学研究的重要发现,为该物种的保护提供了新的基地。

1. 物种鉴定

2013年3月5日,在安徽清凉峰国家级自然保护区海拔1 450m处的沼泽地发现一个有尾两栖类物种繁殖群,并采获到该物种成体标本1例。根据《中国两栖动物检索及图解》(2005)、《中国动物志: 两栖纲(上卷)》(2006)等鉴定,经形态学特征比较,该物种为小鲵科(Hynobiidae)小鲵属(*Hynobius*)安吉小鲵,为安徽省两栖动物新纪录。

我们取一个卵泡样品进行分子生物学鉴定,采用通用引物L1 091(5'-AAA CTG GGA TTA GAT ACC CCA CTA T-3')和H1 478(5'-GAG GGT GAC GGG CGG TGT GT-3')对12S rRNA基因片段进行扩增、测序,得到390bp的序列,经比对,序列与已知的安吉小鲵线粒体全基因组(序列号 DQ333808)中12S rRNA序列相似性为100%,由此支持了形态学鉴定结果。

2. 形态特征

所采集的安吉小鲵全长157.20mm,头长21.50mm,头体长87mm,头宽16.80mm,吻长6mm,眼径4mm,眼间距6.90mm,尾长70.20mm,尾高10mm,尾宽8.10mm,躯干长65mm,前肢长28.50mm,后肢长30mm,腋至胯距45mm;体重19.18g。

安吉小鲵体粗壮,呈圆柱状,体表皮肤光滑,活体背面暗褐色,腹面灰褐色,体表无任何色斑。头平扁,头长略大于头宽;吻宽圆,鼻孔近吻端,鼻间距小于眼间距;眼径小于眼间距,瞳孔圆形;无唇褶,颈褶明显;上下颌具细齿;梨骨齿列呈"V"形。舌长椭圆形,黏附于口腔底部。躯干粗壮而略扁,背中央脊线明显下凹形成一条脊沟,腹部略平扁,泄殖腔孔纵裂;体侧肋沟11条。前肢4指,指序2-3-4-1,后肢5趾,趾序3-4-2-5-1;指趾无角质鞘,指、趾间均无蹼,前后肢贴体相向指趾超越2-3肋沟。尾侧扁,尾鳍褶明显,尾末端钝圆。根据体长及其具有的第二性征即肛孔前缘中央有一小乳突判断其为成年雄性个体。

3. 生境描述

该小鲵繁殖群分布于安徽清凉峰国家级自然保护区的中山草甸带,海拔1 450m,面积6.70hm²,与之相连的上游有一片泥炭藓草本沼泽,面积1.40hm²。沼泽地密布苔草、苔藓、间杂成丛的五节芒,溪沟边分布着黄花菜、地榆、庐山藨草等。周围群山环绕,山上生长着黄山松林,山脚分布着成片落叶林,以湖北海棠、白檀等为主。在沼泽地分布着一些浸水性静水坑,水坑面积1m²~2m²,水深40cm~50cm,水下淤泥深度达到50cm~80cm,水坑系天然形成,形状不规则,安吉小鲵在繁殖季节便生活于这些小水坑中,雌鲵在产卵后就迅速离开产卵地,躲入泥炭苔藓之下,雄鲵有护卵的习性。从下游往上游共发现6个坑有卵袋分布,共17条,其中1号坑3个卵袋成一团,另有2个游离卵袋;2号坑3个卵袋成一团;3号坑1个单独的卵袋;4号坑3个卵袋成一团;5号坑1个单独的卵袋;6号坑4个游离的卵袋。卵袋产于静水坑中,在流水沟中未有发现。据安徽清凉峰国家级自然保护区科研人员的观察,安吉小鲵幼体有同种相残现象,表现为相互撕咬甚至是吞食同类,这可能也是该物种极度濒危的原因之一。

4 讨 论

安吉小鲵是1990年在浙江省安吉县龙王山自然保护区海拔1 300m处高山泥炭沼泽地发现并命名的物种(顾辉清,1992),是中国特有珍稀物种。安吉小鲵成体数量约为300只左右(顾辉清等,1999),因为该物种数量稀少,分布范围十分狭窄,故而被IUCN红色名录列为极危(Critically Endangered, CR)等级,同时被《中国濒危动物红皮书》列为极危等级,是我国29种濒危两栖动物之一(赵尔宓,1998)。2002年4月,傅萃长等(2003)在浙江清凉峰国家级自然保护区海拔1 700 m处见到了安吉小鲵的另一种群。

此次,在安徽清凉峰国家级自然保护区采集到的安吉小鲵是安徽省的首次记录。新分布点的发现有助于该物种的保护和繁育。

鉴于该物种的极度濒危状况,建议加强现有分布区栖息生态环境的保护,同时对安吉小鲵的繁殖生态进行更为详细的野外调查和实验室研究,从而为该物种的繁殖生态学研究提供较为翔实的基础性资料,也为人工繁殖以及进一步从分子生物学水平进行研究奠定基础,为制订切实可行的保护对策提供可靠的理论依据。

专题报告2　安吉小鲵的生物学

李永民 吴孝兵

（安徽师范大学生命科学学院）

一、安吉小鲵的生物学特征

安吉小鲵隶属于两栖纲（Amphibia）有尾目（Urodela）、小鲵科（Hynobiidae）小鲵属（*Hynobius*），为我国特有种，属世界性濒危物种。安吉小鲵是于1991年才发现的物种。自被发现以来就一直是学术界关注的重点，也是国家林业局2014年珍稀濒危物种野外救护与繁育项目申报指南中重点支持的面临灭绝风险、受到较大威胁、国内外关注或保护压力大的27种极小种群野生动物之一，是唯一入选的两栖动物。

安吉小鲵的体表皮肤呈青灰色，背面是灰褐色的，体表像泥鳅一样光滑，初看像壁虎，指4趾5，尾侧扁，尾鳍褶明显。雄鲵全长153mm~166mm，头体长80mm~87mm；雌鲵全长166mm，头体长85mm左右。头部卵圆而扁平；无唇褶，颈褶明显；犁骨齿列呈V形。齿列向后延伸达眼球后缘。前后肢贴体相对时，指、趾端相重叠，尾长略短于头体长。

安吉小鲵成体属陆生性，一般选择离水坑较近的泥炭藓腐殖质层中生活，越冬繁殖期栖于水底，往往躲在水坑阴暗处或躲在水坑侧边的空洞中，且受惊时即钻入孔隙。水坑周边有丰富的食物资源，有利于安吉小鲵生存。安吉小鲵出没的水坑周边都是植物生长较旺盛的地带，草本高度和盖度都比较高，在15cm~20cm高的草本植物下，遮蔽度较高，也不影响光照，而且植物繁茂的水环境周边通常都会食物资源丰富。

安吉小鲵是杂食动物，通常会选择水坑周围和沼泽地环境中的昆虫为食。据顾辉清（1991）剖检观察胃内容物，获知安吉小鲵捕食蜻蜓幼虫、鳞翅目的小型龙虱、半翅目划蝽、蚯蚓等小动物。在室内饲养条件下，安吉小鲵成体可吃蚯蚓、水蚯蚓、黄粉虫、蝌蚪、蛋黄及碎肉等。幼体采食水蚤、蛋黄，甚至吞食其他蛙类的蝌蚪，也可以观察到幼体有吞食同类现象，一般是从尾部开始吞咽，直至最后将头部也吞入体内。

安吉小鲵在非繁殖期仅生活于泥炭藓下的腐殖质层中，只有在产卵季节才会进入水坑进行繁殖。因而对于安吉小鲵宏观生态学及保护生物学方面的研究也只能选择在安吉小鲵的繁殖季节进行。傅萃长等（2003）研究了在人工饲养条件下，用改变安吉小鲵幼体大小等级、盆养密度和饵料投放量的实验方法，探讨这些生态要素对同种相残（撕咬和吞吃）的影响；同时比较了大小组合的差异对同种相残的影响。结果表明，大小等级、密度与饵料量均显著地影响幼体的被吞吃率：较小个体易被较大个体攻击；低饵料 × 高密度水平下，3个等级大小幼体的同种相残率都最高。大小组合的差异显著影响幼体间的同种相残率：不同大小组合的幼体间被吞吃率均显著大于相同大小组合，也就是说，在安吉小鲵种群中出现大小比例不均时，即使食物充足也会有吞噬现象发生，若是食物不足且种群密度较高的情况下吞食现象尤甚，而被撕咬率反之。这证实了体形大小决定种群同种相残率的理论预测。

二、安吉小鲵的栖息环境与分布

安吉小鲵对生活环境要求非常苛刻，导致该物种分布十分局限，目前已知分布区仅限于浙江、安徽两省交界处。安吉小鲵目前已知的仅有的3个分布点分别是：

1. 浙江龙王山保护区

安吉小鲵在浙江龙王山生活在海拔1 300m左右山顶的沼泽地内，该沼泽地总面积19 000m^2左右，当地人称为千亩田。沼泽地密集丛生着泥炭藓，还生长有少量白茅和灌丛，在其四周环绕以相对高差50m～100m的起伏山峰，山上主要生长有黄山松、落叶乔木和灌木，沼泽地泥炭藓腐殖层厚度约1.50m，沼泽地内分散有面积约1m^2、深50cm左右的浸水性静水坑9个。安吉小鲵平时栖息于泥炭鲜下的腐殖质层中。

2. 浙江清凉峰保护区

2002年4月，傅萃长等(2003)在浙江清凉峰国家级自然保护区海拔 1 700 m 处见到了安吉小鲵的另一种群。

3. 安徽清凉峰保护区

2013年3月，在安徽清凉峰国家级自然保护区发现一个安吉小鲵繁殖群。该群体生活在海拔1 450m，面积6.70hm^2的中山草甸带，与之相连的上游有一片泥炭藓草本沼泽，面积1.40hm^2。沼泽地密布苔草、苔藓、间杂成丛的五节芒，溪沟边分布着黄花菜、地榆、庐山藨草等，周围群山环绕，山上生长着黄山松林，山脚分布着成片落叶林，以湖北海棠、白檀等为主。在沼泽地分布着一些浸水性静水坑，水坑面积1m^2～2m^2，水深40cm～50cm，水下淤泥深度达到50cm～80cm，水坑系天然形成，形状不规则。安吉小鲵在繁殖季节便生活在这些小水坑中，雌鲵在产卵后就迅速离开产卵地，躲入泥炭苔藓之下，雄鲵有护卵的习性。

三、安吉小鲵的种群数量

顾辉清等(1999)曾在安吉小鲵发现后的几年时间内，即1991年~1996年对该物种龙王山种群情况进行了初步的调查，并且简述了安吉小鲵的栖息地现状。该栖息地面积仅为1.87hm^2左右，其中的一处低洼地和周围分布的9个水坑是小鲵的主要产卵场所，在此之外的5km～10km以及浙江省的其他地区均未发现有安吉小鲵的分布。此外，由于可供产卵场所的稀少，安吉小鲵幼年个体间在食物和空间上的竞争非常剧烈，因而导致幼体的成活率非常低下，通常能成功上岸活动的安吉小鲵的幼体不到孵化率的1%；适龄的成体每年参与繁殖的也仅有200多只。这些数据都告诉我们目前安吉小鲵的栖息地数量和质量都非常贫乏，并且种群的数量非常小而密度则相当的大。

叶林骏(2012)在2010年12月至2011年3月期间，每月选取7天在龙王山自然保护区的千亩田对安吉小鲵做了共为期28天的实地调查。在千亩田内发现6个水坑，水坑常年有水，属于浸透性静水，是安吉小鲵主要的产卵场所及其幼体的生活场所，成年后则离开水坑进入泥炭藓腐殖质层中进行活动。调查期间共记录到安吉小鲵成体12条，其中雄体3条，雌体9条，卵袋15对，其中大部分为1月～3月观察到，12月中旬前没有发现任何个体。而顾辉清等人在1992年～1998年调查时发现的水坑是9个，随着时间的推移，水坑由于苔藓腐殖质沉淀淤塞而变浅变小，甚至消失。6个水坑中有4个是安吉小鲵选择产卵的场所，而另外2个则一直没有发现安吉小鲵的踪影，可能就是由于安吉小鲵对特定生境的偏好选择。2月，卵袋已经开始逐渐孵化，所以可以观察到有幼体开始活动。但是，也有部分卵泡孵化较迟甚至不孵化，再加上幼体孵化后较低的存活率，因此，安吉小鲵卵袋内卵泡数目虽多，但最后能发育成熟的个体很少。

李永民等(2013)于对清凉峰保护区分布的安吉小鲵繁殖群进行调查，在山顶草甸带，从下游往上游共发现6个坑有卵袋分布，共17条。其中，1号坑3个卵袋成一团，另有2个游离卵袋；2号坑3个卵袋成一团；3号坑1个单独的卵袋；4号坑3个卵袋成一团；5号坑1个单独的卵袋；6号坑4个游离的卵袋。卵袋产于静水坑中，在流水沟中未有发现。本次调查仅见到成鲵1条。综合所见卵袋数量及成鲵数量推测该繁殖种群数量仍然十分稀少。

四、安吉小鲵的繁殖生态

有尾两栖类动物虽然具备陆上生活的能力和结构特征，但在繁殖期仍需到水中产卵，幼体一般生活在水中，即使是发育成熟营陆生生活的成体一般也生活在池塘、溪流或者湿地周围。

有尾类繁殖大多集中在4月～7月，其中4、5月最多，如东北小鲵、东方蝾螈、极北鲵、西藏山溪鲵等。在春末夏初时节产卵，水温的升高有利于受精卵发育，只有极少数的种类如义乌小鲵和安吉小鲵是在冬季产卵。小鲵科繁殖时营体外受精，而在胚胎发育过程中，不同有尾类受精卵形成胚胎并孵化所经历的时间长短不一，主要还是与水温有密切关系。极北鲵、东方蝾螈、蓝尾蝾螈等动物由于孵化期水温高，孵化时间最短11天，最长也只要25天；西藏山溪鲵、义乌小鲵、安吉小鲵等由于孵化时期水温较低，最短要45天，最长需要68天。

安吉小鲵繁殖期为每年12月到翌年3月。根据叶林骏(2012)的调查，通常安吉小鲵生活在泥炭藓沼泽层，到了繁殖期会在固定的几处水坑中出没。安吉小鲵在浙江龙王山栖息地千亩田为一片泥炭藓沼泽地，除了苔藓着生外，还分布着蕨类植物、禾本植物、灌木丛和少数黄山松等乔木。沼泽地地势较平坦，泥炭藓腐殖质厚度在1.50m以上，疏松如海绵。在沼泽地东侧有一片低洼地带，在冬春季节时候有积水形成浸水水坑可成为安吉小鲵的产卵场所，夏秋季节水量相对较少甚至干涸。成鲵于12月到翌年3月多栖息于水坑中，其余时间则生活于泥炭藓腐殖质层中，不太容易可以观察到。浸水水坑水质洁净，水底有淤泥，侧有空洞，成鲵多会穿梭其中，或潜在水底。水坑水深1m左右，水坑面积0.10m^2～1m^2，pH值在5.5～6.0，水质弱酸性。水坑边植物盖度较高，水上常有植物根茎延伸至水面上下，安吉小鲵产卵多附于此。

安吉小鲵生活在海拔1 300m～1 700m的山顶泥炭沼泽地内，属陆栖静水繁殖型小鲵科动物。沼泽地周围植被较为繁茂，地面有浸水水坑，成鲵于12月到翌年3月多栖息于水坑内，此期为繁殖期，所产卵袋多附在水草间，呈螺旋状，单个卵袋长度460mm～580mm，每条卵袋有卵43粒～90粒，每一雌鲵可产卵96粒～174粒。

叶林骏（2012）同时对分布于浙江龙王山的安吉小鲵种群繁殖期生境特征进行了研究，通过对选取的60个样方分别进行4次观察，并对数据进行拟合优度卡方计算，结果表明，在选取的19个生境因子中，安吉小鲵对其中的16个因子具有选择性，对土壤温度、距离水体距离和鼠害等3个因子没有选择性。安吉小鲵偏好选择的微生境是：距居民点300m～400m、距离小型水体＜50m、距道路＜50m、草本盖度＞80%、草本高度10.10cm～15cm、地表湿度60%～80%、地表温度＜6℃、土壤湿度50%～60%的泥炭藓沼泽地生境。借助SPSS软件的逐步判别分析，推测地表温度、地表湿度、人为干扰、饵料生物是安吉小鲵生境选择的关键因子。

五、安吉小鲵的生长发育

2013年3月至5月，李永民等（2013）对采自清凉峰保护区的安吉小鲵卵胶囊在实验室条件下进行孵育并观察记录了人工饲养条件下安吉小鲵蝌蚪的生长发育情况。结果发现，在人工饲养条件下，3月12日首批蝌蚪孵出，至5月23日外鳃消失，变态发育完成，幼鲵形成，整个变态期前后历时73天。在整个变态发育期间，随着气温逐渐升高，水温也逐渐由13℃升到20℃，在小鲵幼体的变态发育过程中，体色逐渐加深，体型由早期的鱼形逐渐演化为躯干圆柱状、尾长而侧扁的鲵形。

由图1可见，整个变态期安吉小鲵蝌蚪体长的增长略呈S型，增长速度呈现变态前期和后期较慢而中期较快的特点。

由图2可见，整个变态期安吉小鲵蝌蚪外鳃的演变呈现先变长再逐渐变短以致最终消失的趋势。在此过程中，蝌蚪的肺呼吸器官逐渐发育，而随着水中呼吸器官外鳃的最终消失，安吉小鲵也逐渐由营水中生活的鱼形蝌蚪最终演变营陆地生活靠四肢运动的有尾两栖动物。

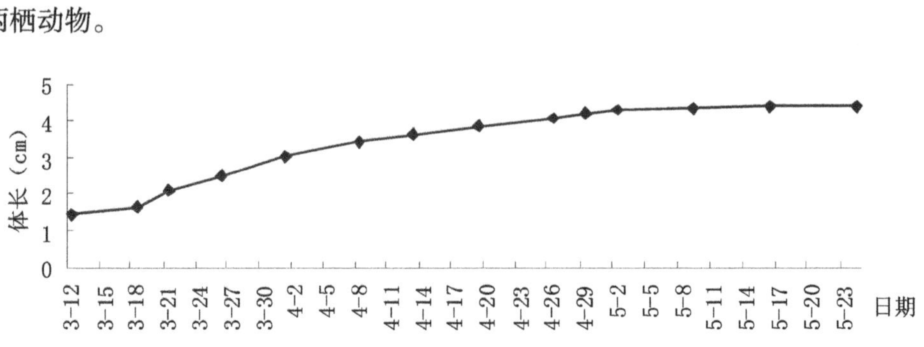

图1 安吉小鲵蝌蚪生长曲线

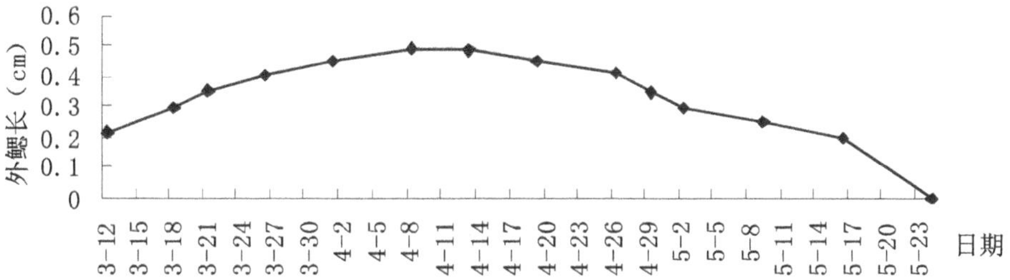

图2　安吉小鲵外鳃演变曲线

六、小鲵科系统发育关系研究

小鲵科物种隶属于两栖纲、有尾目，在我国分布较广。按目前研究来说，小鲵科在中国分为8个属，分别是原鲵属（*Protohynobius*）、小鲵属（*Hynobius*）、肥鲵属（*Pachyhynobius*）、极北鲵属（*Salamandrella*）、拟小鲵属（*Pseudohynobius*）、爪鲵属（*Onychodactylus*）、北鲵属（*Ranodon*）、山溪鲵属（*Batrachuperus*）共25种。

依据小鲵科物种生活习性可大致分为水栖为主和陆栖为主两类群。水栖为主的有肥鲵属、北鲵属、山溪鲵属等，多栖于海拔1 000m～4 400m水质清澈的寒冷山溪内，卵产在流水中的石下；繁殖期以后仍在水中或短时间上岸到潮湿环境内栖息，不远离水源，以水生小动物为食，如虾类、昆虫成虫及幼虫、蛞蝓等；口角部有唇褶，尾甚侧扁，尾鳍褶发达，适应于在水中摄食和游泳。陆栖为主的有小鲵属、拟小鲵属、极北鲵属、爪鲵属、原鲵属等，主要生活于海拔120m～1 800m林间潮湿的草丛、苔藓、土洞、石穴中，繁殖季节进入溪流源头处、小溪沟、泉水洞、浸水沟或植物枝叶间配对产卵，繁殖期以后营陆栖生活，以多种昆虫、蠕虫、蚯蚓、蛞蝓、多足类等小型动物为食。但两种类群的卵均产于水内。

一般认为，小鲵科是有尾目中比较原始的类群，从小鲵科的形态特征、体外受精以及某些属种的间断分布情况，可以说明小鲵科动物在喜马拉雅山造山运动前或运动过程中广泛分布于东亚北部至伊朗之间的广阔地域，而且于中生代在亚洲北部地区分化为多型科。形态学特征分析表明，小鲵属与拟小鲵属和极北鲵属的亲缘关系较近，北鲵属与山溪鲵属相近，而与小鲵属的亲缘关系较远；肥鲵属与爪鲵属的某些性状趋于特化，成为两个形态和生态特点差异较大的属。

传统的形态特征比较方法在两栖类分类学中有举足轻重的地位，小鲵科的分属检索主要有如下依据：犁骨齿列长度、形状，有无囟门，成体有无唇褶，鳞骨内侧有无显著隆起，囟门的位置，前后肢形状，指趾有无爪，有无肺，指和趾的数量等。目前这个方法已经比较成熟，特别是在DNA遗传分析技术之前，是两栖类最主要的分类方法，但是单纯依靠形态学特征进行系统关系分析存在明显的局限，借助分子生物学手段进行两栖动物系统发育研究越来越显示出巨大的优势。

张鹏等（2006）测定了安吉小鲵、中国小鲵（*Hynobius chinensis*）、东北小鲵（*Hynobius*

leechii)、台湾小鲵(*Hynobius formosanus*)、龙洞山溪鲵(*Batrachuperus londongensis*)、巴鲵(*Liu shihi*)、爪鲵(*Onychodactylus fischeri*)、商城肥鲵(*Pachyhynobius shangchengensis*)、秦巴拟小鲵(*Liu tsinpaensis*)、阿富汗山溪鲵(*Batrachuperus mustersi*)、古尔日山溪鲵(*Batrachuperus gorganensis*)、极北鲵(*Salamandrella keyserlingii*)、山溪鲵(*Batrachuperus pinchonii*)、西藏山溪鲵(*Batrachuperus tibetanus*)、盐源山溪鲵(*Batrachuperus yenyuanensis*)和新疆北鲵(*Ranodon sibiricus*)等15种小鲵科物种的线粒体基因组全长,并基于线粒体全基因组对分布亚洲地区的小鲵科物种的系统发育关系以及生物地理学进行了探讨(图3)。结果表明,小鲵科可以分成如下几大分支:中亚分支,包括阿富汗山溪鲵、古尔日山溪鲵、新疆北鲵;东亚分支,包括安吉小鲵、中国小鲵、东北小鲵、台湾小鲵;中国西部分支,包括巴鲵、秦巴拟小鲵、山溪鲵、龙洞山溪鲵、西藏山溪鲵、盐源山溪鲵;极北鲵单独构成北亚分支;商城肥鲵单独构成中国中部分支。

爪鲵位于系统树的基部,是小鲵科较为原始的种类;小鲵属物种包括安吉小鲵、中国小鲵、东北小鲵、台湾小鲵在进化树中严格聚为一支,位于系统树的顶部,表明小鲵属是小鲵科中较进化的类群,其系统关系获得明确支持;巴鲵属包括巴鲵、秦巴拟小鲵构成单系群,也位于系统树的顶端,是较为进化的类群。构建的进化树中山溪鲵属分为两支,其中阿富汗山溪鲵和古尔日山溪鲵聚为一支,龙洞山溪鲵、山溪鲵、西藏山溪鲵、盐源山溪鲵聚为另外一支,两者分歧较大。

由于小鲵科物种四肢细弱,迁移能力差,加上长期的地理隔离,使得位于不同分布区的小鲵科物种独立演化,由于生活环境的类似,往往又存在趋同进化现象,故而单纯依靠形态学特征探讨小鲵科系统关系往往有很大局限。

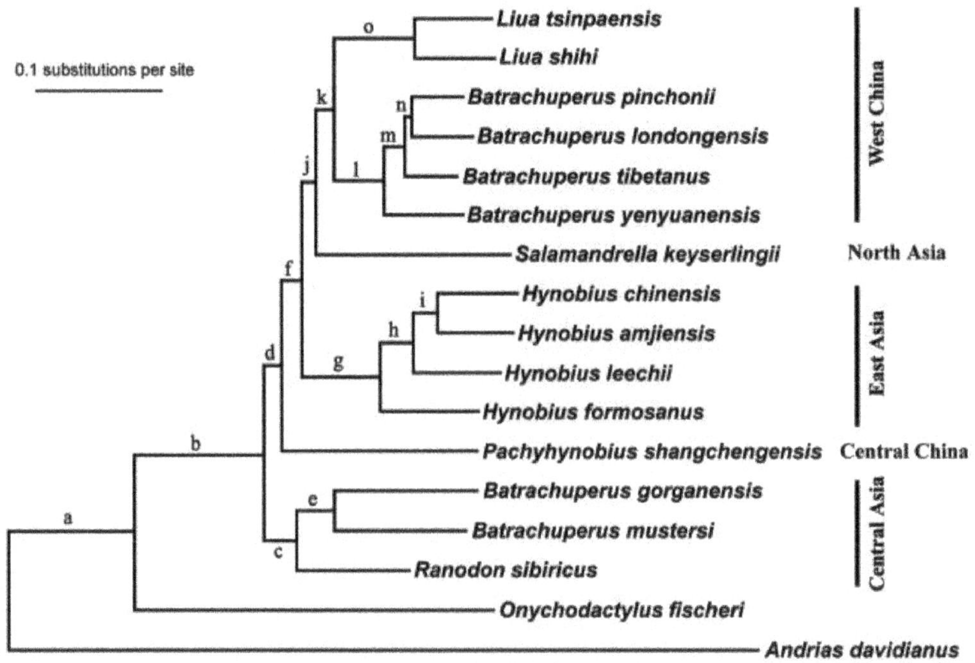

图3 基于线粒体全基因组构建的现存小鲵科系统关系图(自*Zhang et al.*, 2006年)

七、安吉小鲵的保护与管理

两栖动物被称为环境的“指示剂”，即对环境变化非常敏感，自然环境中会对两栖类种群生活产生影响的因素很多，能否维持稳定的种群状况，生境质量往往起着决定性的作用。

中国有着丰富的有尾两栖动物的物种资源，据现有的资料显示我国共有有尾两栖类动物3科、15属、50种3亚种，其中我国特有属4个、特有种42种3亚种，占中国有尾两栖类的84.90%（李益得等, 2012）。但是，由于有尾两栖类的四肢较弱，运动能力不强，其地理分布范围比较狭窄，再加上环境的污染、生境的丧失破坏和质量的下降，以及人类的捕杀干扰和异种侵害等原因，使得有尾两栖类的数量正在剧减。目前，有尾两栖类已有18个种处于易危状态，3个种濒临绝灭，2个种极度濒危，2个种已经在野外灭绝。

安吉小鲵隶属于两栖动物纲有尾目小鲵科，作为我国特有的珍稀两栖动物，安吉小鲵种群数量稀少，分布区狭窄，故而被IUCN红色名录列为极危（Critically Endangered, CR）等级，同时被《中国濒危动物红皮书》列为极危等级，是我国29种濒危两栖动物之一。安吉小鲵体型较大，这在小鲵属中比较罕见。该物种具有很高的经济价值和科研价值，在整个生态系统中也起重要作用。但是，由于长时间人类活动对其造成的生存环境的影响，安吉小鲵种群面临巨大的生存压力，加强保护和管理刻不容缓。

为了更好地保护好该物种，提出几点保护管理建议供参考：积极开展社区宣传教育，增强附近居民及游客的保护意识；尽快将安吉小鲵列入国家重点保护野生动物名录和安徽省重点保护野生动物名录；加强对安吉小鲵现有栖息地的保护；积极开展安吉小鲵的种群生物学、行为生态学、种群遗传学研究工作；尝试开展安吉小鲵人工繁育和野生种群复壮工作。

附录3 清凉峰保护区野生植物名录

I 地衣植物 LICHENES

一、梅衣科 Parmeliaceae	
(一)梅衣属 *Parmelia*	
1.孔梅衣	*Parmelia pertusa* Schaer.
2.扁条梅衣	*P. cirrhata* Fr.
3.散生变种	*P. cirrhata* var. *conspera* Ach.
4.宽叶变种	*P. cirrhata* var. *latior* Schaer.
5.小珊瑚芽变种	*P. cirrhata* var. *isidiosula* Hillm.
6.黄果梅衣	*P. xanthocarpa* Hue.
7.小裂芽梅衣	*P. nimandairana* A. Z.
8.金黄梅衣	*P. aurulentz* Tuck.
9.黄髓梅衣	*P. homogenes* Nyl.
10.莠梅衣	*P. ruderata* Vain.
11.睫毛梅衣	*P. cetrata* Ach.
12.网梅衣	*P. reticulata* Tayl.
13.亚岐梅衣	*P. fertilis* Muell.
14.栎梅衣	*P. quercina* Vain.
15.皱梅衣	*P. caperata* Ach.
16.裂缘梅衣	*P. pseudolivetorum* Asah.
17.粉缘梅衣	*P. cetrarioides* Del.
18.东方梅衣	*P. grayana* Hue.
19.梅 衣	*P. tinctorum* Despr.
20.淡腹梅衣	*P. mexicana* Gyeln.
21.暗腹梅衣	*P. tinctina* Mah.
二、松萝科 Usneaceae	
(一)松萝属 *Usnea*	
1.深红松萝	*Usnea rubicund* Stirt.

2.红皮松萝	*U. roseola* Vain.
3.环裂松萝	*U.diffracta* Vain.
三、蜈蚣衣科　Physciaceae	
(一)蜈蚣衣属　*Physcia*	
1.朱髓蜈蚣衣	*Physcia endococcinea* Nyl.
2.短毛蜈蚣衣	*Ph. hirtuosa* Kremph.
3.蜈蚣衣	*Ph. stellaris* Nyl.
(二)雪花衣属　*Anaptychia*	
1.大雪花衣	*Anaptychia diademata* Kurok
2.白衣雪花衣	*A. hypoleuca* Mass.
3.假雪花衣	*A. tentaculata* Kurok
4.黄腹雪花衣	*A. hypochraea* Vain.
5.暗雪花衣	*A. obscurata*（Nyl.）Vain. Syn.

Ⅱ苔藓植物　BRYOPHYTA

苔类植物

一、剪叶苔科　Herbertaceae	
(一)剪叶苔属　*Herbertus*	
1.剪叶苔	*Herbertus aduncus*（Dicks.）S. Gray
2.长肋剪叶苔	*H. longifissus* Steph.
二、睫毛苔科　Blepharostomaceae	
(一)睫毛苔属　*Blepharostoma*	
1.睫毛苔	*Blepharostoma trichophyllum*（L.）Dum.
三、绒苔科　Trichocoleaceae	
(一)绒苔属　*Trichocolea*	
1.绒苔	*Trichocolea tomentella*（Ehrh.）Dum.
四、指叶苔科　Lepidoziaceae	
(一)鞭苔属　*Bazzania*	
1.日本鞭苔	*Bazzania japonica*（S.Lac.）Lindb.
2.三裂鞭苔	*B. tridens*（Reinw.,Bl. et Nees）Trev.
3.鞭苔	*B. trilobata* L.S. Gray
五、护蒴苔科　Calypogeaceae	
(一)护蒴苔属　*Calypogeia*	
1.刺叶护蒴苔	*Calypogeia arguta* Nees et Mont.

2.双齿护蒴苔	*C. tosana*（Steph.）Steph.
3.三角叶护蒴苔	*C. trichomanis*（L.）Card.
六、大萼苔科　Cephaloziaceae	
（一）拳叶苔属　*Nowellia*	
1.拳叶苔	*Nowellia curvifolia*（Dicks.）Mitt.
七、拟大萼苔科　Cephaloziellaceae	
（一）柱萼苔属　*Cylindrocolea*	
1.柱萼苔	*Cylindrocolea recurvifolia*（Steph.）Inoue.
八、裂叶苔科　Lophoziaceae	
（一）广萼苔属　*Chandonanthus*	
1.齿边广萼苔	*Chandonanthus hirtellus*（Web.）Mitt.
九、钱袋苔科　Marsupellaceae	
（一）钱袋苔属　*Marsupella*	
1.锐裂钱袋苔	*Marsupella commutata*（Limpr.）Bernet
2.小钱袋苔	*M. emarginata*（Ehrh.）Dum. subsp. *tubulosa*（Steph.）N. Kitag.
十、合叶苔科　Scapaniaceae	
（一）合叶苔属　*Scapania*	
1.斯氏合叶苔	*Scapania stephanii* K. Muell.
十一、齿萼苔科　Lophocoleaceae	
（一）裂萼苔属　*Chiloscyphus*	
1.多苞裂萼苔	*Chiloscyphus polyonthuos*（L.）Corda.
（二）异萼苔属　*Heteroscyphus*	
1.四齿异萼苔	*Heteroscyphus argutus*（Reinw. et al.）Schiffn.
2.双齿异萼苔	*H. coalifus*（Hook.）Schiffn.
3.平叶异萼苔	*H. planus*（Mitt.）Schiffn.
4.全缘异萼苔	*H. saccogynoides* Herz.
十二、羽苔科　Plagiochilaceae	
（一）羽苔属　*Plagiochilla*	
1.大羽苔	*Plagiochilla asplenioides*（L.）Dum.
2.长叶羽苔	*P. flexuosa* Mitt.
3.卵叶羽苔	*P. ovalifolia* Mitt.
4.刺羽苔	*P. sciophilla* Nee.
十三、扁萼苔科　Radulaceae	
（一）扁萼苔属　*Radula*	
1.日本扁萼苔	*Radula japonica* Gott.
2.尖叶扁萼苔	*R. kojana* Steph.

十四、光萼苔科 Porellaceae	
(一)多瓣苔属 *Macvicaria*	
1.多瓣苔	*Macvicaria ulophylla*(Steph.) Hatt.
(二)光萼苔属 *Porella*	
1.尖叶光萼苔	*Porella setigera*(Steph.) Hatt.
2.毛尖叶光萼苔	*P. setigera* var. *nipponica* Hatt.
3.多齿光萼苔	*P. campylophylla*(Lehm. et Lindenb.) Trev.
4.中华光萼苔	*P. chinensis*(Steph.) Hatt.
5.日本光萼苔	*P. japonica*(S. Lac.) Mitt.
6.毛边光萼苔	*P. perrottetiana*(Mont.) Trev.
7.齿叶毛边光萼	*P. perrottetiana* var. *ciliatodentata*(Chen et wu) Hatt.
8.光萼苔	*P. platyphylla*(L.) Dum
十五、耳叶苔科 Frullaniaceae	
(一)耳叶苔属 *Frullania*	
1.尖叶耳叶苔	*Frullania apiculata*(Nee.) Dum.
2.达呼里耳叶苔	*F. davurica* Hampe
3.皱叶耳叶苔	*F. ericoides*(Nee.) Mont.
4.列胞耳叶苔	*F. moniliata*(Reinw. et al) Mont.
5.尼泊尔耳叶苔	*F. nepalensis*(Spreng.) Lehm. et Lindenb.
十六、细鳞苔科 Lejeuneaceae	
(一)角鳞苔属 *Drepanolejeunea*	
1.小角鳞苔	*Drepanolejeunea temuis*(Reinw Bl. et Nees)Schiffn.
(二)细鳞苔属 *Lejeunea*	
1.黄色细鳞苔	*Lejeunea flava*(Swarltz.) Nee.
(三)冠鳞苔属 *Lopholejeunea*	
1.褐冠鳞苔	*Lopholejeunea subfusca*(Nee.) Steph.
(四)皱萼苔属 *Ptychanthus*	
1.皱萼苔	*Ptychanthus striatus*(Lehm.et Lindenb.) Nee.
(五)瓦鳞苔属 *Trocholejeunea*	
1.南亚瓦鳞苔	*Trocholejeunea sandvicensis*(Gott.) Mizut.
十七、带叶苔科 Pallaviciniaceae	
(一)带叶苔属 *Pallavicinia*	
1.长刺带叶苔	*Pallavicinia subciliata*(Aust.) Steph.
十八、绿片苔科 Aneuraceae	
(一)绿片苔属 *Aneura*	
1.绿片苔	*Aneura pinguis*(L.) Dum.

(二)片叶苔属 *Riccardia*	
1.羽枝片叶苔	*Riccardia multifida* (L.) Gray
2.波叶片叶苔	*R. sinuate* (Dichs.) Trev.
十九、叉苔科 Metzgeriaceae	
(一)叉苔属 *Metzgeria*	
1.平叉苔	*Metzgeria conjugata* Lindb.
二十、蛇苔科 Conocephalaceae	
(一)蛇苔属 *Conocephalum*	
1.大蛇苔	*Conocephalum conicum* (L.) Dum.
2.小蛇苔	*C. supradecompositum* (Lindb.) Steph.
二十一、疣冠苔科 Grimaldiaceae	
(一)石地钱属 *Reboulia*	
1.石地钱	*Reboulia hemisphaerica* (L.) Raddi
二十二、地钱科 Marchantiaceae	
(一)地钱属 *Marchantia*	
1.东亚地钱	*Marchantia emarginata* Reinw. et al. ssp *tosana* (Steph.) Besch
2.地钱	*M. polymorpha* L.

藓类植物

一、泥炭藓科 Sphagnaceae	
(一)泥炭藓属 *Sphagnum*	
1.中位泥炭藓	*Sphagnum magellanicum* Brid .
2.泥炭藓	*S. palustre* L .
二、牛毛藓科 Ditrichaceae	
(一)牛毛藓属 *Ditrichum*	
1.黄牛毛藓	*Ditrichum pallidum* (Hedw .) Hamp .
三、曲尾藓科 Dicranaceae	
(一)曲柄藓属 *Campylopus*	
1.长叶曲柄藓	*Campylopus atrovirens* De Not .
2.东亚曲柄藓	*C. coreensis* Card .
3.毛叶曲柄藓	*C. ericoides* (Griff .) Jaeg .
4.曲柄藓	*C. flexosus* (Hedw .) Brid .
5.卷叶曲柄藓	*C. involutus* (C .Muell .) Jaeg .
6.台湾曲柄藓	*C. taiwanensis* Sak .
7.节茎曲柄藓	*C. umbellatus* (Arnoth .) Par .
(二)青毛藓属 *Dicranodontium*	

1.粗叶青毛藓	*Dicranodontium asperulum*（Mitt .）Broth .
2.细叶青毛藓	*D. blindioides*（Besch .）Broth .
3.钩叶青毛藓	*D. uncinatum*（Harv .）Jaeg .
（三）曲尾藓属 *Dicranum*	
1.德氏曲尾藓	*Dicranum delavayi* Besch .
2.日本曲尾藓	*D. japonicum* Mitt .
3.东亚曲尾藓	*D. nipponense* Besch .
4.曲尾藓	*D. scoparium* Hedw .
（四）曲背藓属 *Oncophorus*	
1.卷叶曲背藓	*Oncophorus crispifolius*（Mitt）Lindb .
（五）合睫藓属 *Symblepharis*	
1.合睫藓	*Symblepharis vaginata*（Hook）Wijk et Marg .
四、白发藓科 Leucobryaceae	
（一）白发藓属 *Leucobryum*	
1.狭叶白发藓	*Leucobryum bowringii* Mitt.
2.白发藓	*L. glaucum*（Hedw.）Aongstr.in Fries
五、凤尾藓科 Fissidentaceae	
（一）凤尾藓属 *Fissidens*	
1.南京凤尾藓	*Fissidens nankinensis* Broth.et Par.
2.卷叶凤尾藓	*F. cristatus* Wils.ex Mitt.
3.大叶凤尾藓	*F. grandifrons* Brid.
4.二形凤尾藓	*F. geminiflorus* Doz et molk.
六、丛藓科 Pottiaceae	
（一）丛本藓属 *Anoectangium*	
1.绿丛本藓	*Anoectangium euchloron*（Schwaegr.）Mitt.
2.扭叶丛本藓	*A. stracheyanum* Mitt.（）
3.卷叶丛本藓	*A. thomsonii* Mitt.
（二）扭口藓属 *Barbula*	
1.尖叶扭口藓	*Barbula constricta* Mitt.
（三）湿地藓属 *Hyophila*	
1.花状湿地藓	*Hyophila rosea* Williams
（四）毛氏藓属 *Molendoa*	
1.高山毛氏藓	*Molendoa sendtneriana*（B.S.G.）Limpr.
（五）酸土藓属 *Oxystegus*	
1.小酸土藓	*Oxystegus cuspidatus*（Doz.et Molk.）Chen..
（六）拟合睫藓属 *Pseudosymblepharis*	

1.拟合睫藓	*Pseudosymblepharis papillosula*（Card.et Ther.）Broth.
2.硬叶拟合睫藓	*P. subduriuscula*（C.Müll.）Chen
（七）舌叶藓属　*Scopelophila*	
1.舌叶藓	*Scopelophila lingulata*（Spruce）Spruce
（八）毛口藓属　*Trichostomum*	
1.毛口藓	*Trichostomum brachydontium* Bruch.
（九）小墙藓属　*Weisiopsis*	
1.褶叶小墙藓	*Weisiopsis anomala*（Broth.et Par.）
（十）小石藓属　*Weisia*	
1.缺齿小石藓	*Weisia edentula* Mitt.
七、缩叶藓科　Ptychomitriaceae	
（一）缩叶藓属　*Ptychomitrium*	
1.齿边缩叶藓	*Ptychomitrium dentatum*（Mitt.）Jaeg.
2.东亚缩叶藓	*P. fauriei* Besch.
3.狭叶缩叶藓	*P. linearifolium* Reim.et Sak
4.威氏缩叶藓	*P. wilsoni* Sull.et Lesq.
八、紫萼藓科　Grimmiaceae	
（一）紫萼藓属　*Grimmia*	
1.毛尖紫萼藓	*Grimmia pilifera* palis.
（二）砂藓属　*Rhacomitrium*	
1.丛枝砂藓	*Rhacomitrium fasciculare*（Hedw.）Brid.
2.异枝砂藓	*R. heterostichum*（Hedw.）Brid.
九、葫芦藓科　Funariaceae	
（一）葫芦藓属　*Funaria*	
1.葫芦藓	*Funaria hygrometrica* [L.]sibth.
十、真藓科　Bryaceae	
（一）短月藓属　*Brachymenium*	
1.尼泊尔短月藓	*Brachymenium nepalense* Hook.in Schwaegr.
2.中华短月藓	*B. sinense* Card.et Ther.
（二）真藓属　*Bryum*	
1.真藓（银叶真藓）	*Bryum argenteum* Hedw.
2.细叶真藓	*B. capillare* Hedw.
3.皱叶真藓	*B. crispulum* Hamp.
4.灰黄真藓	*B. pallens* Sw.
5.近高山真藓	*B. paradoxum* Schwaegr.
6.拟三列真藓	*B. pseudotriquetrum*（Hedw.）Schwaegr.

7.弯形真藓	*B. recurvulum* Mitt.
8.圆叶真藓	*B. cyclophyllum* Bryol.eur
9.截叶真藓	*B. truncorum*（Brid.）Brid.
10.垂蒴真藓	*B. uliginosum*（Brid.）B.S.G
（三）大叶藓属 *Rhodobryum*	
1.暖地大叶藓	*Rhodobryum giganteum*（Hook.）Par.
十一、提灯藓科 Mniaceae	
（一）提灯藓属 *Mnium*	
1.平肋提灯藓	*Mnium laevinerve* Card.
2.具缘提灯藓	*M. marginatum*（With.）P.Beauv.
（二）立灯藓属 *Orthomnium*	
1.柔叶立灯藓	*Orthomnium dilatatum*（Mitt.）Chen
（三）走灯藓属 *Plagiomium*	
1.缘边走灯藓	*Plagiomium acutum*（Lindb.）T.Kop.
2.长齿走灯藓	*P. drummondii*（Bosch.et Lac.）T.Kop.
3.阔边走灯藓	*P. integrum*（Bosch.Et Lac.）T.Kop.
4.侧枝走灯藓	*P. maximoviczii*（Lindb.）T.Kop.
5.钝叶走灯藓	*P. rostratum*（Schrad.）T.Kop.
（四）疣灯藓属 *Trachycystis*	
1.疣灯藓	*Trachycystis microphylla*（Doz.et Molk.）Lindb.
十二、桧藓科 Rhizogoniaceae	
（一）桧藓属 *Rhizogonium*	
1.刺叶桧藓	*Rhizogonium spiniforme* L.Bruch.
十三、珠藓科 Bartramiaceae	
（一）珠藓属 *Bartramia*	
1.梨蒴珠藓	*Bartramia pomiformis* [L.]Hedw.
2.直叶珠藓	*B. ithyphylla* [Hall.] Brid.
（二）泽藓属 *Philonotis*	
1.毛叶泽藓	*Philonotis lancifolia* Mitt.
2.东亚泽藓	*P. turneriana*（Schwaegr.）Mitt.
十四、树生藓科 Erpodiaceae	
（一）钟帽藓属 *Venturiella*	
1.钟帽藓	*Venturiella sinensis*（Vent.）C.Muell.
十五、木灵藓科 Orthotrichaceae	
（一）蓑藓属 *Macromitrium*	
1.福氏蓑藓	*Macromitrium ferriei* Card.et Ther.

2.缺齿囊藓	*M. gymnostomum* Sull.et Lesq.
3.钝叶囊藓	*M. japonicum* Doz.et Molk.
4.中华囊藓	*M. sinense* Bartr
十六、卷柏藓科　Racopilaceae	
(一)卷柏藓属　*Racopilum*	
1.毛尖卷柏藓	*Racopilum aristatum* Mitt.
十七、虎尾藓科　Hedwigiaceae	
(一)虎尾藓属　*Hedwigia*	
1.虎尾藓	*Hedwigia ciliata*（Hedw.）P.Beauv.
十八、隐蒴藓科　Cryphaeaceae	
(一)毛枝藓属　*Pilotrichopsis*	
1.毛枝藓	*Pilotrichopsis dentate*（Mitt.）Besch.
十九、白齿藓科　Leucodontaceae	
(一)白齿藓属　*Leucodon*	
1.白齿藓	*Leucodon sciuroides*（Hedw.）Schwaegr.
2.偏叶白齿藓	*L. secundus*（Harv.）Mitt.
3.中华白齿藓	*L. sinensis* Ther.
二十、扭叶藓科　Trachypodaceae	
(一)绿锯藓属　*Duthiella*	
1.美绿锯藓	*Duthiella speciosissima* Card.
(二)扭叶藓属　*Trachypus*	
1.扭叶藓	*Trachypus bicolor* Reinw.et Hornsch.
2.绿色扭叶藓	*T. bicolor* var.*viridulus*（Mitt.）Zant.
3.小扭叶藓	*T. humilis* Lindb.
二十一、蕨藓科　Pterobryaceae	
(一)耳平藓属　*Calyptothecium*	
1.急尖耳平藓	*Calyptothecium hookeri*（Mitt.）Broth.
(二)拟金毛藓属　*Eumyurium*	
1.拟金毛藓	*Eumyurium sinica*（Mitt.）Nog
(三)蕨藓属　*Pterobryon*	
1.长枝大蕨藓	*Pterobryon densum* var.*longisssima* Nog.
二十二、蔓藓科　Meteoriaceae.	
(一)灰气藓属　*Aerobryopsis*	
1.大灰气藓	*Aerobryopsis subdivergens*（Broth.）Broth.
(二)悬藓属　*Barbella*	
1.悬藓	*Barbella enervis*（Thwait.et Mitt.）Fleisch.

2.鞭枝悬藓	*B. flagellifera*（Card.）Nog.
(三)垂藓属 *Chrysocladium*	
1.垂藓	*Chrysocladium retrorsum*（Mitt.）Fleisch.
(四)粗蔓藓属 *Meteoriopsis*	
1.反叶粗蔓藓	*Meteoriopsis reclinata*（C.Müll.）Fleisch.in Broth.
(五)蔓藓属 *Meteorium*	
1.川滇蔓藓	*Meteorium buchananii*（Brid.）Broth.
2.粗枝蔓藓	*M. subpolytrichum*（Besch.）Broth.
(六)假悬藓属 *Pseudobarbella*	
1.狭叶假悬藓	*Pseudobarbella angustifolia* Nog.
2.南亚假悬藓	*P. levieri*（Ren.et Card.）Nog.
二十三、平藓科 Neckeraceae	
(一)扁枝藓属 *Homalia*	
1.扁枝藓	*Homalia trichomanoides*（Hedw.）B.S.G.
(二)拟扁枝藓属 *Homaliadelphus*	
1.拟扁枝藓	*Homaliadelphus targionianus*（Mitt.）Dix.et P.Vard.
(三)树平藓属 *Homaliodendron*	
1.刀叶树平藓	*Homaliodendron scalpellifolium*（Mitt.）Fleisch.
(二)平藓属 *Neckera*	
1.平藓	*Neckera pennata* Hedw.
2.短齿平藓	*N. yezoana* Besch.
(三)假平藓属 *Neckeradelphus*	
1.假平藓	*Neckeradelphus menziesii*（Hook.）Steere
(四)木藓属 *Thamnobryum*	
1.匙叶木藓	*Thamnobryum sandei*（Besch.）Iwats.
二十四、船叶藓科 Lembophyllaceae	
(一)船叶藓属 *Dolichomitra*	
1.船叶藓	*Dolichomitra cymbifolia*（Lindb.）Broth.
(二)拟船叶藓属 *Dolichomitriopsis*	
1.尖叶拟船叶藓	*Dolichomitriopsis diversiformis*（Mitt.）Nog.
(三)猫尾藓属 *Isothecium*	
1.异猫尾藓	*Isothecium subdiversiforme* Broth.var.*subdiversiforme* Broth.
二十五、小黄藓科 Daltonniaceae	
(一)雉尾藓属 *Cyatophorella*	
1.短肋雉尾藓	*Cyatophorella hookeriana*（Griffitt.）Fleisch.
二十六、鳞藓科 Theliaceae	

(一)粗疣藓属　*Fauriella*	
1.小粗疣藓	*Fauriella tenerrima* Broth.
(二)小鼠尾藓属　*Myurella*	
1.刺叶小鼠尾藓	*Myurella sibirica*（C.Müll.）Reim.
二十七、碎米藓科　Fabroniaceae	
(一)拟附干藓属　*Schwetschkeopsis*	
1.拟附干藓	*Schwetschkeopsis fabronia*（Schwaegr.）Broth.
二十八、薄罗藓科　Leskeaceae	
(一)细枝藓属　*Lindbergia*	
1.中华细枝藓	*Lindbergia sinensis*（C.Müll.）Broth.
(二)多毛藓属　*Lescuraea*	
1.密根多毛藓	*Lescuraea radicosa*（Mitt.）Moenk.
(三)假细罗藓属　*Pseudoleskeella*	
1.假细罗藓	*Pseudoleskeella catenulata*（ Schrad.）Kindb.
(四)拟草藓属　*Pseudoleskeopsis*	
1.尖叶拟草藓	*Pseudoleskeopsis tosana* Card.
2.拟草藓	*P. zippelii*（Dozy et Molk.）Broth.
(五)异齿藓属　*Regmatodon*	
1.异齿藓	*Regmatodon declinatus*（Hook.）Brid.
(六)褶藓属　*Okamuraea*	
1.短枝褶藓	*Okamuraea brachydictyon*（Card.）Nog.
2.褶藓	*O. hakoniesis*（Mitt.）Broth.
二十九、牛舌藓科　Anomodontaceae	
(一)牛舌藓属　*Anomodon*	
1.单疣牛舌藓	*Anomodon abbreviatus* Mitt.
2.尖叶牛舌藓	*A. giraldii* C.Müll.
3.小牛舌藓	*A. minor*（Hedw.）Fuernr.
4.小牛舌藓全缘	*A. minor*（Hedw.）Füernr. subsp. *integerrimus*（Mitt.）Iwats.
5.皱叶牛舌藓	*A. rugelii*（C.Müll.）Keissl.
6.牛舌藓	*A. viticulosus*（Hedw.）Hook. et Tayl.
三十、羽藓科　Thuidiaceae	
(一)小羽藓属　*Haplocladium*	
1.细叶小羽藓	*Haplocladium microphyllum*（Hedw.）Broth.
(二)麻羽藓属　*Claopodium*	
1.狭叶麻羽藓	*Claopodium aciculum*（Broth.）Broth.
2.皱叶麻羽藓	*C. rugulosifolium* S.Y.Zeng

(三)细羽藓属　*Cyrto-hypnum*	
1.多毛细羽藓	*Cyrto-hypnum vestitissimum*（Besch.）Buck et Crum
(四)多枝藓属　*Haplohymenium*	
1.长肋多枝藓	*Haplohymenium longinerve*（Broth.）Broth.
2.拟多枝藓	*H. pseudo-triste*（C.Müll.）Broth.
3.暗绿多枝藓	*H. triste*（Ces.）Kindb.
(五)羊角藓属　*Herpetineuron*	
1.羊角藓	*Herpetineuron toccoae*（Sull.et Lesq.）Card.
(六)瓦叶藓属　*Miyabea*	
1.瓦叶藓	*Miyabea fruticella*（Mitt.）Broth.
(七)羽藓属　*Thuidium*	
1.大羽藓	*Thuidium cymbifolium*（Dozy et Molk.）Dozy.et Molk.
2.细枝羽藓	*T. delicatulum*（Hedw.）Mitt.
3.拟灰羽藓	*T. glaucinoides* Broth.
4.灰羽藓	*T. glaucinum*（C Müll)Jaeg.
5.短肋羽藓	*T. Kanedae* Sak.
6.绿羽藓	*T. assimile*（Mitt.）Jaeg.
7.亚灰羽藓	*T. subglaucinum* Card.
8.短枝羽藓	*T. submicropteris* Card.
9.羽藓	*T. tamariscinum*（Hedw.）B.S.G.
三十一、柳叶藓科　Amblystegiaceae	
(一)拟细湿藓属　*Campyliadelphus*	
1.拟细湿藓	*Campyliadelphus chrysophyllum*（Brid.）R.S.Chopra.
(二)牛角藓属　*Cratoneuron*	
1.长叶牛角藓	*Cratoneuron commutatum*（Hedw.）G.Roth.
(三)水灰藓属　*Hygrohypnum*	
1.水灰藓	*Hygrohypnum luridum*（Hedw.）Jenn.
2.钝叶水灰藓	*H. smithii*（Sw.）Broth.
三十二、青藓科　Brachytheciaceae	
(一)青藓属　*Brachythecium*	
1.灰白青藓	*Brachythecium albicans*（Hedw.）B.S.G.
2.多褶青藓	*B. buchananii*（Hook.）Jaeg.
3.斜枝青藓	*B. campylothallum* C.Müll.
4.冰川青藓	*B. glaciale* B.S.G.
5.毛尖青藓	*B. piligerum* Card.
6.羽枝青藓	*B. plumosum*（Hedw.）B.S.G.

7.长肋青藓	*B. populeum*（Hedw.）B.S.G.
8.匐枝青藓	*B. procumbens*（Mitt.）Jaeg.
9.弯叶青藓	*B. reflexum*（Stark.）B.S.G.
10.青藓	*B. pulchellum* Broth.et Par.
11.卵叶青藓	*B. rutabulum*（Hedw.）B.S.G.
12.绒叶青藓	*B. velutinum*（Hedw.）B.S.G.
13.圆枝青藓	*B. garovaglioides* C.Müll.
(二)燕尾藓属　*Bryhnia*	
1.燕尾藓	*Bryhnia novae-angliae*（Sull.et Lesq.）Grout.
2.短枝燕尾藓	*B. brachycladula* Card.
(三)美喙藓属　*Eurhynchium*	
1.树状美喙藓	*Eurhynchium arbuscula* Broth.
2.密叶美喙藓	*E. savatieri* Schimp.ex Besch.
(四)同蒴藓属　*Homalothecium*	
1.无疣同蒴藓	*Homalothecium laevisetum* Lac.
(五)长喙藓属　*Rhynchostegium*	
1.淡叶长喙藓	*Rhynchostegium pallidifolium*（Mitt.）Jaeg.
三十三、绢藓科　Entodontaceae	
(一)绢藓属　*Entodon*	
1.亮叶绢藓	*Entodon aeruginosus* C.Müell.
2.绢藓	*E. cladorrhizans*（Hedw.）C.Müell.
3.密叶绢藓	*E. compressus*（Hedw.）C.Müell.
4.绿叶绢藓	*E. viridulus* Card.
5.厚角绢藓	*E. concinnus*（De Not.）Par.
6.长帽绢藓	*E. dolichocucullatus* S.Okam.
7.广叶绢藓	*E. flavescens*（Hook.）Jaeg.
8.深绿绢藓	*E. luridus*（Griffith.）Jaeg.
9.长柄绢藓	*E. macropodus*（Hedw.）C.Müell.
10.短柄绢藓	*E. micropodus* Besch.
11.皱叶绢藓	*E. plicatus* C.Müell.
12.横生绢藓	*E. prorepens*（Mitt.）Jaeg.
13.中华绢藓	*E. smaragdinus* Par.et Broth.
14.尖叶绢藓	*E. acutifolius* R.L.Hu
(二)斜齿藓属　*Mesonodon*	
1.黄色斜齿藓	*Mesonodon flavescens*（Hook.）Buck
(三)腋苞藓属　*Pterigynandrum*	

1.腋苞藓	*Pterigynandrum filiforme* Hedw.
(四)叉肋藓属　*Trachyphyllum*	
1.叉肋藓	*Trachyphyllum inflexum*（Harv.）Gepp.(郑维发采)
三十四、棉藓科　Plagiotheciaceae	
(一)棉藓属　*Plagiothecium*	
1.圆条棉藓	*Plagiothecium cavifolium*（Brid.）Iwats.
2.光泽棉藓	*P. laetum* B.S.G.
3.扁平棉藓	*P. neckeroideum* B.S.G.
4.垂蒴棉藓	*P. nemorale*（Mitt.）Jaeg.
5.阔叶棉藓	*P. platyphyllum* Moenk.
6.长喙棉藓	*P. succulentum*（Wils.）Lindb.
三十五、硬叶藓科　Stereophyllaceae	
(一)拟绢藓属　*Entodontopsis*	
1.尖叶拟绢藓	*Entodontopsis anceps*（Bosch.et Lac.）Buch et Ireland.
三十六、锦藓科　Sematophyllaceae	
(一)顶胞藓属　*Acroporium*	
1.顶胞藓粗枝变	*Acroporium stramineum* Fleisch.var.*turgidum* Tan.
(二)小锦藓属　*Brotherella*	
1.弯叶小锦藓	*Brotherella falcata* Fleisch.
2.南方小锦藓	*B. henonii*（Dub.）Fleisch.
3.垂蒴小锦藓	*B. nictans*（Mitt.）Broth.
4.东亚小锦藓	*B. fauriei*（Card）Broth.
(三)锦藓属　*Sematophyllum*	
1.矮锦藓	*Sematophyllum subhumile*（C.Müll.）Fleisch.
(四)牛尾藓属　*Struckia*	
1.牛尾藓	*Struckia argentata*（Mitt.）C.Müll.
(五)刺疣藓属　*Trichosteleum*	
1.全缘刺疣藓	*Trichosteleum lutschianum*（Broth.et Par）Broth.
三十七、灰藓科　Hypnaceae	
(一)梳藓属　*Ctenidium*	
1.毛叶梳藓	*Ctenidium capillifolium*（Mitt.）Broth.
(二)偏蒴藓属　*Ectropothecium*	
1.平叶偏蒴藓	*Ectropothecium zollingeri*（C.Müll.）Jaeg.
(三)美灰藓属　*Eurohypnum*	
1.美灰藓	*Eurohypnum leptothallum*（C.Müell.）Ando
(四)粗枝藓属　*Gollania*	

1.大粗枝藓	*Gollania robusta* Broth.
(五)毛灰藓属 *Homomallium*	
1.东亚毛灰藓	*Homomallium connexum*（Card.）Broth.
(六)灰藓属 *Hypnum*	
1.钙生灰藓	*Hypnum calcicolum* Ando.
2.尖叶灰藓	*H. callichroum* Brid.
3.灰藓	*H. cupressiforme* L.ex Hedw.
4.多蒴灰藓	*H. fertile* Sendtn.
5.弯叶灰藓	*H. hamulosum* B.S.G.
6.东亚灰藓	*H. fauriei* Card.
7.黄灰藓	*H. pallescens*（Hedw.）P.Beauv.
8.大灰藓	*H. plumaeforme* Wils.
9.卷叶灰藓	*H. revolutum*（Mitt.）Lindb.
10.湿地灰藓	*H. sakuraii*（Sak.)Ando
(七)同叶藓属 *Isopterygium*	
1.淡色同叶藓	*Isopterygium albescens*（Hook.）Jaeg.
2.纤枝同叶藓	*I. minutirameum*（C.Müll.）Jaeg.
(八)鳞叶藓属 *Taxiphyllum*	
1.陕西鳞叶藓	*Taxiphyllum giraldii*（C.Müell.）Fleisch.
2.鳞叶藓	*T. taxirameum*（Mitt.）Fleisch.
(九)明叶藓属 *Vesicularia*	
1.长尖明叶藓	*Vesicularia reticulata*（Doz.et Molk.)Broth.
三十八、塔藓科 Hylocomiaceae	
(一)假蔓藓属 *Loeskeobryum*	
1.船叶假蔓藓	*Loeskeobryum. cavifolium*（Lac.）Fleisch.
(二)新船叶藓属 *Neodolichomitra*	
1.新船叶藓	*Neodolichomitra yunnanensis*（Besch.）T.Kop.
(三)拟垂枝藓属 *Rhytidiadelphus*	
1.仰尖拟垂枝藓	*Rhytidiadelphus japonicus*（Reim.）T.Kop.
2.拟垂枝藓	*R. squarrosus*（Hedw.）Warnst.
3.疣拟垂枝藓	*R. triquetrus*（Hedw.）Warnst.
三十九、短颈藓科 Diphysciaceae	
(一)短颈藓属 *Diphyscium*	
1.东亚短颈藓	*Diphyscium fulvifolium* Mitt.
四十、金发藓科 Polytrichaceae	
(一)仙鹤藓属 *Atrichum*	

1.小仙鹤藓	*Atrichum crispulum* Schimp.ex Besch.
2.仙鹤藓	*A. undulatum* (Hedw.)P.Beauv.
(二)小金发藓属 *Pogonatum*	
1.刺边小金发藓	*Pogonatum cirratum* (Sw.) Brid.
2.扭叶小金发藓	*P. contortum* (Brid.) Lesq.
3.东亚小金发藓	*P. inflexum* (Lindb.) Lac.
4.小口小金发藓	*P. microstomum* (Schwaegr.) Brid.
5.全缘小金发藓	*P. perichaetiale* (Mont.) Jaeg.
6.苞叶小金发藓	*P. spinulosum* Mitt.
7.疣小金发藓	*P. urnigerum* (Hedw.) P.Beauv.
(三)拟金发藓属 *Polytrichastrum*	
1.拟金发藓	*Polytrichastrum alpinum* (Hedw.) G.Sm.

Ⅲ蕨类植物 PTERIDOPHYTA

一、石杉科 Huperziaceae	
(一)石杉属 *Huperzia*	
1.蛇足石杉	*Huperzia serrata* (Thunb.) Trev.
(二)马尾杉属 *Phlegmariurus*	
1.美丽马尾杉	*Phlegmariurus pulcherrimus* (Wall.) Löve et Löve
二、卷柏科 Selaginellaceae	
(一)卷柏属 *Selaginella*	
1.异穗卷柏	*Selaginella heterostachys* Bak.
2.细叶卷柏	*S. labordei* Hieron.
3.江南卷柏	*S. moellendorffii* Hieron.
4.还魂草	*S. tamariscina* (Beauv.) Spring
5.翠云草	*S. uncinata* (Desv.) Spring
三、木贼科 Equisetaceae	
(一)木贼属 *Hippochaete*	
1.节节草	*Hippochaete ramosissimum* (Desf.) Boerner
四、阴地蕨科 Botrychiaceae	
(一)蕨萁属 *Botrypus*	
1.蕨萁	*Botrypus virginianus* (L.) Holub
(二)阴地蕨属 *Scepteridium*	
1.阴地蕨	*Scepteridium ternatum* (Thunb.) Lyon
五、紫萁科 Osmundaceae	

(一)紫萁属　*Osmunda*	
1.紫萁	*Osmunda japonica* Thunb.
六、瘤足蕨科　Plagiogyriaceae	
(一)瘤足蕨属　*Plagiogyria*	
1.华东瘤足蕨	*Plagiogyria japonica* Nakai
七、里白科　Gleicheniaceae	
(一)芒萁属　*Dicranopteris*	
1.芒萁	*Dicranopteris dichotoma*（Thunb.）Bernh.
八、海金沙科　Lygodiaceae	
(一)海金沙属　*Lygodium*	
1.海金沙	*Lygodium japonicum*（Thunb.）Sw.
九、膜蕨科　Hymenophyllaceae	
(一)膜蕨属　*Hymenophyllum*	
1.膜蕨(华东膜蕨）	*Hymenophyllum barbatum*（v.d.B.）Bak.
(二)蕗蕨属　*Mecodium*	
1.长柄蕗蕨	*Mecodium osmundoides*（v.d.B.）Ching
十、碗蕨科　Dennstaedtiaceae	
(一)碗蕨属　*Dennstaedtia*	
1.细毛碗蕨	*Dennstaedtia pilosella*（Hook.）Ching
2.光叶碗蕨	*D. scabra*（Wall.）*Moore* var.*glabrescens*（Ching）C.Chr.
3.溪洞碗蕨	*D. wilfordii*（Moore）Christ
(二)鳞盖蕨属　*Microlepia*	
1.边缘鳞盖蕨	*Microlepia marginata*（Houtt.）C.Chr.
十一、鳞始蕨科　Lindsaeaceae	
(一)乌蕨属　*Stenoloma*	
1.乌蕨	*Stenoloma chusanum*（L.）Ching
十二、蕨科　Pteridiaceae	
(一)蕨属　*Pteridium*	
1.蕨	*Pteridium aquilinum*（L.）Kuhn var.*latiusculum*（Desv.）Underw.
十三、凤尾蕨科　Pteridaceae	
(一)凤尾蕨属　*Pteris*	
1.刺齿凤尾蕨	*Pteris dispar* Kze.
1.井口边草	*P. multifida* Poir.
2.凤尾蕨	*P. nervosa* Thunb.
十四、中国蕨科　Sinopteridaceae	
(一)碎米蕨属　*Cheilosoria*	

1.毛轴碎米蕨	*Cheilosoria chusana*（Hook.）Ching et Shing
十五、裸子蕨科　Hemionitidaceae	
(一)凤丫蕨属　*Coniogramme*	
1.南岳凤丫蕨	*Coniogramme centrochinensis* Ching
2.凤丫蕨	*C. japonica*（Thunb.）Diels
十六、书带蕨科　Vittariaceae	
(一)书带蕨属　*Vittaria*	
1.书带蕨	*Vittaria flexuosa* Fee
2.平肋书带蕨	*V. fudzinoi* Makino
十七、蹄盖蕨科　Athyriaceae	
(一)亮毛蕨属　*Acystopteris*	
1.亮毛蕨	*Acystopteris japonica*（Luerss)Nakai.
(二)短肠蕨属　*Allantodia*	
1.中华短肠蕨	*Allantodia chinensis*（Bak.）Ching
2.有鳞短肠蕨	*A. squamigera*（Mett.）Ching
(三)假蹄盖蕨属　*Athyriopsis*	
1.假蹄盖蕨	*Athyriopsis japonica*（Thunb.）Ching
2.斜羽假蹄盖蕨	*A. japonica*（Thunb.）Ching var.*oshimensis*（Kze.）Ching
3.毛轴假蹄盖蕨	*A. peterseni*（Kze.）Ching
(四)蹄盖蕨属　*Athyrium*	
1.坡生蹄盖蕨	*Athyrium clivicola Tagawa*
2.华东蹄盖蕨	*A. nipponicum*（Mett.）Hance
3.光蹄盖蕨	*A. otophorum*（Miq.）Koidz.
4.山蹄盖蕨	*A. vidalii*（Franch.et Sav.）Nakai
5.禾秆蹄盖蕨	*A. yokoscense*（Franch.et Sav.）Christ
(五)双盖蕨属　*Diplazium*	
1.双盖蕨	*Diplazium donianum*（Mett.）Tard.-Blot
(六)羽节蕨属　*Gymnocarpium*	
1.东亚羽节蕨	*Gymnocarpium oyamense*（Bak.）Ching
(七)蛾眉蕨属　*Lunathyrium*	
1.华中蛾眉蕨	*Lunathyrium centro-chinense* Ching
十八、金星蕨科　Thelypteridaceae	
(一)针毛蕨属　*Macrothelypteris*	
1.针毛蕨	*Macrothelypteris oligophlebia*（Bak.）Ching
2.假普通针毛蕨	*M. viridifrons*（Tagawa）Ching
(二)凸轴蕨属　*Metathelypteris*	

1.林下凸轴蕨	*Metathelypteris hattori*（H.Ito）Ching
2.疏羽凸轴蕨	*M. laxa*（Franch.et Sav.）*Ching*
(三)金星蕨属　*Parathelypteris*	
1.金星蕨	*Parathelypteris glanduligera*（Kze.）Ching
2.秆色金星蕨	*P. japonica*（Bak.）Ching var. *viridescens*（Makino）Ching
3.中日金星蕨	*P. nipponica*（Franch.et Sav.）Ching
(四)卵果蕨属　*Phegopteris*	
1.延羽卵果蕨	*Phegopteris decursive-pinnata*（van Hall.）Fée
十九、铁角蕨科 Aspleniaceae	
(一)铁角蕨属　*Asplenium*	
1.华南铁角蕨	*Asplenium austrochinense* Ching
2.虎尾铁角蕨	*A. incisum* Thunb.
3.九龙铁角蕨	*A. jiulungense* Ching
4.华中铁角蕨	*A. sarelii* Hook.
5.铁角蕨	*A. trichomanes* L.
6.三翅铁角蕨	*A. tripteropus* Nakai
二十、球子蕨科　Onocleaceae	
(一)荚果蕨属　*Matteuccia*	
1.东方荚果蕨	*Matteuccia orientalis*（Hook.）Trev.
二十一、岩蕨科　Woodsiaceae	
(一)膀胱蕨属　*Protowoodsia*	
1.膀胱岩蕨	*Protowoodsia manchuriensis*（Hook.）Ching
(二)岩蕨属　*Woodsia*	
1.耳羽岩蕨	*Woodsia polystichoides* Eaton
二十二、乌毛蕨科　Blechnaceae	
(一)狗脊蕨属　*Woodwardia*	
1.狗脊蕨	*Woodwardia japonica*（L.f.）Sm.
二十三、鳞毛蕨科　Dryopteridaceae	
(一)复叶耳蕨属　*Arachniodes*	
1.刺头复叶耳蕨	*Arachniodes exilis*（Hance）Ching
2.长尾复叶耳蕨	*A. simplicior*（Makino）Ohwi
3.粗裂复叶耳蕨	*A. pseudo-aristata*（Tagawa）Ohwi
(二)贯众属　*Cyrtomium*	
1.贯众	*Cyrtomium fortunei* J.Sm.
(三)鳞毛蕨属　*Dryopteris*	
1.两色鳞毛蕨	*Dryopteris bissetiana*（Bak.）C.Chr.

2.阔鳞鳞毛蕨	*D. championii*（Benth.）C.Chr.
3.中华鳞毛蕨	*D. chinensis*（Bak.）Koidz.
4.迷人鳞毛蕨	*D. decipiens*（Hook.）O.Ktze.
5.狭基鳞毛蕨	*D. dickinsii*（Franch.et Sav.）C.Chr.
6.黑足鳞毛蕨	*D. fuscipes* C.Chr.
7.裸叶鳞毛蕨	*D. gymnophylla（Bak.）C.Chr.*
8.黄山鳞毛蕨	*D. hwangshanensis* Ching
9.狭顶鳞毛蕨	*D. lacera（Thunb.）O.Ktze.*
10.轴鳞鳞毛蕨	*D. lepidorachis C.Chr.*
11.同型鳞毛蕨	*D. uniformis* Makino
（四）毛枝蕨属 *Leptorumohra*	
1.毛枝蕨	*Leptorumohra miqueliana*（Maxim.）H.Ito
（五）耳蕨属 *Polystichum*	
1.黑鳞耳蕨	*Polystichum makinoi* Tagawa
2.革叶耳蕨	*P. neolobatum* Nakai
3.三叉耳蕨	*P. tripteron*（Kze.）Presl
4.对马耳蕨	*P. tsus-simense*（Hook.）J.Sm.
二十四、三叉蕨科 Aspidiaceae	
（一）肋毛蕨属 *Ctenitis*	
1.阔鳞肋毛蕨	*Ctenitis maximowicziana*（Miq.）Ching
二十五、骨碎补科 Davalliaceae	
（一）小膜盖蕨属 *Araiostegia*	
1.鳞轴小膜盖蕨	*Araiostegia perdurans*（Christ）Cop.
二十六、水龙骨科 Polypodiaceae	
（一）骨牌蕨属 *Lepidogrammitis*	
1.抱石莲	*Lepidogrammitis drymoglossoides*（Bak.）Ching
（二）瓦韦属 *Lepisorus*	
1.黄瓦韦	*Lepisorus asterolepis*（Bak.）Ching
2.扭瓦韦	*L. contortus*（Christ）Ching
3.瓦韦	*L. thunbergianus*（Kaulf.）Ching
（三）星蕨属 *Microsorium*	
1.江南星蕨	*Microsorium fortunei*（Moore）Ching
（四）盾蕨属 *Neolepisorus*	
1.卵叶盾蕨	*Neolepisorus ovatus*（Bedd.）Ching
（五）假瘤蕨属 *Phymatopsis*	
1.金鸡脚假瘤蕨	*Phymatopsis hastata*（Thunb.）Kitagawa

(六)水龙骨属　*Polypodiodes*	
1.友水龙骨	*Polypodiodes amoenum*（Wall.）Ching
2.水龙骨	*P. nipponicum*（Mett.）Ching
(七)石韦属　*Pyrrosia*	
1.光石韦	*Pyrrosia calvata*（Bak.）Ching
2.毡毛石韦	*P. drakeana*（Fanch.）Ching
3.石韦	*P. lingua*（Thunb.）Farwell
4.庐山石韦	*P. sheareri*（Bak.）Ching
(八)石蕨属　*Saxiglossum*	
1.石蕨	*Saxiglossum angustissimum*（Gies.）Ching
二十七、剑蕨科　Loxogrammaceae	
(一)剑蕨属　*Loxogramme*	
1.柳叶剑蕨	*Loxogramme salicifolia*（Makino）Makino
二十八、蘋科　Marsileaceae	
(一)蘋属　*Marsilea*	
1.蘋	*Marsilea quadrifolia* L.
二十九、槐叶蘋科　Salviniaceae	
(一)槐叶蘋属　*Salvinia*	
1.槐叶蘋	*Salvinia natans*（L.）All.
三十、满江红科　Azollaceae	
(一)满江红属　*Azolla*	
1.满江红	*Azolla imbricata*（Roxb.）Nakai.

Ⅳ裸子植物　GYMNOSPERMAE

一、银杏科　Ginkgoaceae	
(一)银杏属　*Ginkgo*	
1.银杏	*Ginkgo biloba* L
二、松科　Pinaceae	
(一)松属　*Pinus*	
1.马尾松	*Pinus massoniana* Lamb.
2.黄山松	*P. taiwanensis* Hayata
(二)金钱松属　*Pseudolarix*	
1.金钱松	*Pseudolarix kaempferi*（Lindl.）Gord.
(三)黄杉属　*Pseudotsuga*	
1.华东黄杉	*Pseudotsuga gaussenii* Flous

(四)铁杉属 *Tsuga*	
1.南方铁杉	*Tsuga tchekiangensis* Flous
三、杉科 Taxodiaceae	
(一)杉木属 *Cunninghamia*	
1.杉木	*Cunninghamia lanceolata*(Lamb.) Hook.
四、柏科 Cupressaceae	
(一)柏木属 *Cupressus*	
1.柏木	*Cupressus funebris* Endl.
(二)刺柏属 *Juniperus*	
1.刺柏	*Juniperus formosana* Hayata
(三)侧柏属 *Platycladus*	
1.侧柏	*Platycladus orientalis*(Linn.) Franco
(四)圆柏属 *Sabina*	
1.圆柏	*Sabina chinensis*(Linn.) Ant.
2.高山柏	*S. squamata*(Buch.- Hamilt.) Ant.
五、三尖杉科 Cephalotaxaceae	
(一)三尖杉属 *Cephalotaxus*	
1.三尖杉	*Cephalotaxus fortunei* Hook.f.
2.粗榧	*C. sinensis*(Rehd.et Wils.) Li
六、红豆杉科 Taxaceae	
(一)红豆杉属 *Taxus*	
1.红豆杉	*Taxus chinensis*(Pilger) Rehd.
2.南方红豆衫	*T. mairei*(Lemee et Levl.) S.Y.Hu ex Liu
(二)榧树属 *Torreya*	
1.香榧	*Torreya grandis* Fort.ex Lindl.

注:东南坡尚有少量柳杉(*Cryptomerid fortunei* Hooibrenk ex Otto et Dietr.)天然分布。

V被子植物 ANGIOSPERMAE

一、胡桃科 Juglandaceae	
(一)山核桃属 *Carya*	
1.山核桃	*Carya cathayensis* Sarg.
(二)青钱柳属 *Cyclocarya*	
1.青钱柳	*Cyclocarya paliurus*(Batal.) Iljinsk.
(三)胡桃属 *Juglans*	
1.华东野胡桃	*Juglans cathayensis* Dode var. *formosana*(Hayata) A. M.Lu et R. H.Chang
(四)化香属 *Platycarya*	

1.化香树	*Platycarya strobilacea* Sieb. et Zucc.
(五)枫杨属 *Pterocarya*	
1.华西枫杨	*Pterocarya insignis* Rehd. et Wils.
2.枫杨	*P. stenoptera* C. DC.
二、杨柳科 Salicaceae	
(一)杨属 *Populus*	
1.响叶杨	*Populus adenopoda* Maxim.
(二)柳属 *Salix*	
1.垂柳	*Salix babylonica* L.
2.腺柳	*S. chaenomeloides* Kimura
3.银叶柳	*S. chienii* Cheng
4.绒毛皂柳	*S. wallichiana* Anderss. var. *pachyclada*(Levl. et Vent.)C. Wang et C. F.Fang
5.紫柳	*S. wilsonii* Seem.
三、桦木科 Betulaceae	
(一)桦木属 *Betula*	
1.光皮桦(亮叶桦)	*Betula luminifera* H. Winkl.
(二)鹅耳枥属 *Carpinus*	
1.华千金榆	*Carpinus cordata* BL. var. *chinensis* Franch
2.鹅耳枥	*C. turczaninowii* Hance
3.雷公鹅耳枥	*C. viminea* Wall.
(三)榛属 *Corylus*	
1.华榛	*Corylus chinensis* Franch.
2.川榛	*C. heterophylla* Fisch. var. *sutchuenensis*. Franch.
(四)铁木属 *Ostrya*	
1.天目铁木	*Ostrya rehderiana* Chun.(1985年5月24日蔡辉采集,吴成和鉴定)
四、壳斗科 Fagaceae	
(一)板栗属 *Castanea*	
1.锥栗	*Castanea henryi*(Skan)Rehd. et Wils.
2.板栗	*C. mollissima* Bl.
3.茅栗	*C. seguinii* Dode
(二)栲属 *Castanopsis*	
1.甜槠	*Castanopsis eyrei*(Champ. ex Benth.)Tutch.
2.苦槠	*C. sclerophylla*(Lindl.)Schott.
(三)青冈属 *Cyclobalanopsis*	
1.青冈	*Cyclobalanopsis glauca*(Thunb.)Oerst.
2.小叶青冈	*C. gracilis*(Rehd. et Wils.)Cheng et T. Hong

3.多脉青冈	*C. multinervis* Cheng et T. Hong
4.细叶青冈	*C. myrsinaefolia*（Bl.）Oerst.
5.褐叶青冈	*C. stewardiana*（A. Camus）Y. C.Hsu et H. W.Jen
(四)水青冈属 *Fagus*	
1.米心水青冈	*Fagus engleriana* Seem.
2.台湾水青冈	*F. hayatae* Palib ex Hayata
3.水青冈	*F. longipetiolata* Seem.
(五)石栎属 *Lithocarpus*	
1.石栎	*Lithocarpus glaber*（Thunb.）Nakai
2.绵槠	*L. henryi*（Seem.）Rehd. et Wils.
(六)麻栎属 *Quercus*	
1.麻栎	*Quercus acutissima* Carr.
2.锐齿槲栎	*Q. aliena* B1.var. *acuteserrata* Maxim.
3.白栎	*Q. fabri* Hance
4.短柄枹	*Q. glandulifera* Bl. var. *brevipetiolata*（DC.）Nakai.
5.黄山栎	*Q. stewardii* Rehd.
6.栓皮栎	*Q. variabilis* Bl.
五、榆科 Ulmaceae	
(一)朴属 *Celtis*	
1.紫弹朴	*Celtis biondii* Pamp.
2.黑弹朴	*C. bungeana* Bl.
3.天目朴树	*C. chekiangensis* Cheng
4.珊瑚朴	*C. julianae* Schneid.
5.西川朴	*C. vandervoetiana* Schneid.
(二)刺榆属 *Hemiptelea*	
1.刺榆	*Hemiptelea davidii*（Hance）Planch
(三)山黄麻属 *Trema*	
1.山油麻	*Trema cannabina Lour.* var. *dielsiana*（Hand.—Mazz.）C. J.Chen
(四)榆属 *Ulmus*	
1.兴山榆	*Ulmus bergmanniana* Schneid.(黄映泉采集)
2.多脉榆	*U. castaneifolia* Hems1.
3.杭州榆	*U. changii* Cheng
4.春 榆	*U. davidiana* P1anch. var. *japonica*（Rehd.）Nakai
5.长序榆	*U. elongata* L. K.Fu et C. S.Ding
6.大果榆	*U. macrocarpa* Hance
7.红果榆	*U. szechuanica* Fang

(五)榉属 *Zelkova*	
1.大叶榉	*Zelkova schneideriana* Hand.—Mazz.
2.光叶榉	*Z. serrata* (Thunb) Makino
(六)青檀属 *Pteroceltis*	
1.青檀	*Pteroceltis tatarinowii* Maxim
六、杜仲科 Eucommiaceae	
(一)杜仲属 *Eucommia*	
1.杜仲	*Eucommia ulmoides* Oliv.
七、桑科 Moraceae	
(一)构树属 *Broussonetia*	
1.小构树	*Broussonetia kazinoki* Sieb. et Zucc.
2.构树	*B. papyrifera* (L.) L'Herit. ex Vent.
(二)柘树属 *Cudrania*	
1.畏芝	*Cudrania cochinchinensis* (Lour.) Kudo et Masam.
2.柘树	*C. tricuspidata* (Carr.) Bur.
(三)桑草属 *Fatoua*	
1.桑草(水蛇麻)	*Fatoua villosa* (Thunb.) Nakai
(四)榕属 *Ficus*	
1.薜荔	*Ficus pumila* L.
2.珍珠莲	*F. sarmentosa* Buch.—Ham. ex J. E.Sm. var. *henryi* (King) Corner
3.爬藤榕	*F. sarmentosa* Buch.—Ham. ex J. E.Sm. var. *impressa* Corner
(五)葎草属 *Humulus*	
1.葎草	*Humulus scandens*(Lour.) Merr.
(六)桑属 *Morus*	
1.鸡桑	*Morus australis* Poir.
2.华桑	*M. cathayana* Hemsl.
八、荨麻科 Urticaceae	
(一)苎麻属 *Boehmeria*	
1.细野麻	*Boehmeria gracilis* C. H.Wright
2.苎麻	*B. nivea* (L.) Gaud.
3.青叶苎麻	*B. nivea* (L.) Gaud. var. *tenacissima* (Gaud.) Miq.
4.悬铃叶苎麻	*B. platanifolia* Franch. et Sav.
(二)楼梯草属 *Elatostema*	
1.楼梯草(赤车使者)	*Elatostema involucratum* Franch. et Sav.
2.庐山楼梯草	*E. stewardii* Merr.
(三)糯米团属 *Gonostegia*	

1.糯米团	*Gonostegia hirta*（Bl.）Miq.
(四)艾麻属　*Laportea*	
1.珠芽艾麻	*Laportea bulbifera*（S. et Z.）Wedd.
(五)花点草属　*Nanocnide*	
1.毛花点草	*Nanocnide pilosa* Migo
(六)赤车属　*Pellionia*	
1.小赤车	*Pellionia minima* Makino
(七)冷水花属　*Pilea*	
1.冷水花	*Pilea notata* C. H.Wright
2.透茎冷水花	*P. pumila*（L.）A. Gray
3.粗齿冷水花	*P. sinofasciata* C. J.Chen
4.三角叶冷水花	*P. swinglei* Merr.
九、铁青树科　Olacaceae	
(一)青皮木属　*Schoepfia*	
1.青皮木	*Schoepfia jasminodora* Sieb. et Zucc.
十、檀香科　Santalaceae	
(一)米面蓊属　*Buckleya*	
1.米面蓊	*Buckleya henryi* Diels.
(一)百蕊草属　*Thesium*	
1.百蕊草	*Thesium chinense* Turcz.
十一、桑寄生科　Loranthaceae	
(一)槲寄生属　*Viscum*	
1.槲寄生	*Viscum coloratum*（Kom）Nakai.
十二、蓼科　Polygonaceae	
(一)金线草属　*Antenoron*	
1.金线草	*Antenoron filiforme*（Thunb.）Roberty et Vautier
2.短毛金线草	*A. neofiliforme*（Nakai）Hara
(二)荞麦属　*Fagopyrum*	
1.荞麦	*Fagopyrum esculentum* Moench
2.金荞麦	*F. dibotrys*（D. Don）Hara
(三)蓼属　*Polygonum*	
1.萹蓄	*Polygonum aviculare* L.
2.拳参	*P. bistorta* L.
3.虎杖	*P. cuspidatum* Sieb. et Zucc.
4.稀花蓼	*P. dissitiflorum* Hemsl.
5.蚕茧草	*P. japonicum* Meisn.

6.绵毛酸模叶蓼	*P. lapathifolium L.* var. *salicifolium* Sibth.
7.长鬃蓼	*P. longisetum* De Bruyn
8.何首乌	*P. multiflorum* Thunb.
9.尼泊尔蓼	*P. nepalense* Meisn.
10.红蓼	*P. orientale* L.
11.杠板归	*P. perfoliatum* L.
12.春 蓼	*P. persicaria* L.
13.长尾叶蓼	*P. posumbu* Buch.—Ham. ex D. Don
14.箭叶蓼	*P. sieboldii* Meisn.
15.支柱蓼	*P. suffultum* Maxim.
(四)酸模属　*Rumex*	
1.酸模	*Rumex acetosa* L.
2.羊蹄	*R. japonicus* Houtt.
十三、商陆科　Phytolaccaceae	
(一)商陆属　*Phytolacca*	
1.商陆	*Phytolacca acinosa* Roxb.
十四、粟米草科　Molluginaceae	
(一)粟米草属　*Mollugo*	
1.粟米草	*Mollugo pentaphylla* L.
十五、马齿苋科　Portulacaceae	
(一)马齿苋属　*Portulaca*	
1.马齿苋	*Portulaca oleracea* L.
十六、石竹科　Caryophyllaceae	
(一)蚤缀属　*Arenaria*	
1.蚤缀(鹅不食草)	*Arenaria serpyllifolia* L.
(二)卷耳属　*Cerastium*	
1.簇生卷耳	*Cerastium caespitosum* Gilib.
2.球序卷耳	*C. glomeratum* Thuill.
3.清凉峰卷耳	*C. qingliangfengicum* H. W. Zhang et X. F. Jin.
(三)狗筋蔓属　*Cucubalus*	
1.狗筋蔓	*Cucubalus baccifer* L.
(四)石竹属　*Dianthus*	
1.瞿麦	*Dianthus superbus* L.
(五)剪秋罗属　*Lychnis*	
1.剪秋罗	*Lychnis senno* Sieb. et Zucc.
(六)鹅肠菜属　*Malachium*	

1.鹅肠菜	*Malachium aquaticum*（L.）Fries
(七)孩儿参属 *Pseudostellaria*	
1.孩儿参(太子参)	*Pseudostellaria heterophylla*（Miq.）Pax .
(八)漆姑草属 *Sagina*	
1.漆姑草	*Sagina japonica*（Sw.）Ohwi
(九)蝇子草属 *Silene*	
1.蝇子草(野蚊子草)	*Silene fortunei* Vis.
(十)繁缕属 *Stellaria*	
1.雀舌草	*Stellaria alsine* Grimm.
2.中国繁缕	*S. chinensis* Regel
3.繁缕	*S. media*（L.）Cyr.
4.湿地繁缕	*S. palustris* Ehrh.
5.石生繁缕	*S. saxatilis* Buch.—Ham. ex D. Don
十七、藜科 Chenopodiaceae	
(一)藜属 *Chenopodium*	
1.藜	*Chenopodium album* L.
十八、苋科 Amaranthaceae	
(一)牛膝属 *Achyranthes*	
1.牛膝	*Achyranthes bidentata* Bl.
2.柳叶牛膝	*A. longifolia*（Makino）Makino
(二)莲子草属 *Alternanthera*	
1.莲子草	*Alternanthera sessilis*（L.）DC.
(三)苋属 *Amaranthus*	
1.凹头苋	*Amaranthus lividus* L.
(四)青葙属 *Celosia*	
1.青葙	*Celosia argentea* L.
十九、木兰科 Magnoliaceae	
(一)鹅掌楸属 *Liriodendron*	
1.鹅掌楸	*Liriodendron chinense* Sarg.
(二)木莲属 *Manglietia*	
1.乳源木莲	*Manglietia yuyuanensis* Law
2.木 莲	*M. fordiana* Oliv.
(三)木兰属 *Magnolia*	
1.天目木兰	*Magnolia amoena* Cheng
2.黄山木兰	*M. cylindrica* Wils.
3.玉兰	*M. denudata* Desr.

4.凹叶厚朴	*M. officinalis* Rehd. et Wils. subsp *biloba*（Rehd. et Wils.）Law
5.天女花	*M. sieboldii* K. Koch
二十、五味子科　Schisandraceae	
(一)南五味子属　*Kadsura*	
1.南五味子	*Kadsura longepedunculata* Finet et Gagnep.
(二)五味子属　*Schisandra*	
1.二色五味子	*Schisandra bicolor* Cheng
2.棱枝五味子	*S. henryi* Clarke
3.华中五味子	*S. sphenanthera* Rehd. et Wils.
二十一、八角科　Illiciaceae	
(一)八角属　*Illicium*	
1.红茴香	*Illicium henryi* Diels
2.披针叶茴香(莽草)	*I. lanceolatum* A. C.Smith
二十二、樟科　Lauraceae	
(一)樟属　*Cinnamomum*	
1.香樟	*Cinnamomum camphora*（L.）Presl
2.天竺桂(桂皮)	*C. japoncum* Sieb.
3.香桂(细叶香桂)	*C. subavenium* Miq.
(二)山胡椒属　*Lindera*	
1.乌药	*Lindera aggregata*（Sims）Kosterm.
2.狭叶山胡椒	*L. angustifolia* Cheng
3.江浙山胡椒	*L. chienii* Cheng
4.红果山胡椒(红果钓樟)	*L. erythocarpa* Makino
5.绿叶甘橿	*L. fruticosa* Hemsl.
6.山胡椒	*L. glauca*（Sieb. et Zucc.）Bl.
7.黑壳楠	*L. megaphylla* Hemsl.
8.三桠乌药	*L. obtusiloba* Bl.
9.山橿	*L. reflexa* Hemsl.
10.红脉钓樟	*L. rubronervia* Gamble
(三)木姜子属　*Litsea*	
1.天目木姜子	*Litsea auriculata* Chien et Cheng
2.豹皮樟	*L. coreana* Levl. var. *sinensis*（Allen）Yang et P. H.Huang
3.山鸡椒	*L. cubeba*（Lour.）Pers.
4.黄丹木姜子	*L. elongata*（Wa11.ex Nees）Benth. et Hook. f.
(四)润楠属　*Machilus*	
1.薄叶润楠 (华东楠)	*Machilus 1eptophylla* Hand.—Mazz.

2.红楠	*M. thunbergii* Sieb. et Zucc.
(五)新木姜子属　*Neolitsea*	
1.浙江新木姜子	*Neolitsea aurata* (Hay.) Koidz. var. *chekiangensis* (Nakai) Yang et P. H.Huang
2.云和新木姜子	*N. aurata* Koidz. var. *paraciculata* Yang et P. H.Huang
(六)楠木属　*Phoebe*	
1.紫楠	*Phoebe sheareri* (Hemsl.) Gamble
2.浙江楠	*P. chekiangensis* C. B.Shang
(七)檫木属　*Sassafras*	
1.檫 木	*Sassafras tzumu* (Hemsl.)Hemsl.
二十三、领春木科　Eupteleaceae	
(一)领春木属　*Euptelea*	
1.领春木	*Euptelea pleiosperma* Hook. f.et Thoms.
二十四、连香树科　Cercidiphyllaceae	
(一)连香树属　*Cercidiphyllum*	
1.连香树	*Cercidiphyllum japonicum* Sieb. et Zucc.
二十五、毛茛科　Ranunculaceae	
(一)乌头属　*Aconitum*	
1.乌头	*Aconitum carmichaelii* Debx.
2.黄山乌头	*A. carmichaelii* Debx. var. *hwangshanicum* W. T.Wang et Hsiao
3.赣皖乌头	*A. finetianum* Hand.—Mazz.
4.瓜叶乌头	*A. hemsleyanum* Pritz.
5.展毛川鄂乌头	*A. henryi* Pritz. var. *villosum* W. T.Wang
6.狭盔高乌头	*A. sinomontanum* Nakai var. *angustius* W. T.Wang
(二)银莲花属　*Anemone*	
1.鹅掌草(林荫银莲花)	*Anemone flaccida* F. Schmidt
2.秋牡丹	*A. hupehensis* Lem. var. *japonica* (Thunb.) Bowles et Stearn
(三)升麻属　*Cimicifuga*	
1.小升麻	*Cimicifuga acerina* (Sieb. et Zucc.) Tanaka
(四)铁线莲属　*Clematis*	
1.女萎	*Clematis apiifolia* DC.
2.钝齿铁线莲	*C. apiifolia* DC. var. *obtusidentata* Rehd. et Wils.
3.粗齿铁线莲	*C. argentilucida* (Levl. et Vant.) W. T.Wang
4.威灵仙	*C. chinensis* Osbeck
5.山木通	*C. finetiana* Levl. et Vant.
6.扬子铁线莲	*C. ganpiniana* (Levl. et Vant.) Tamura
7.单叶铁线莲	*C. henryi* Oliv.

8.大叶铁线莲	*C. heracleifolia* DC.
9.毛蕊铁线莲	*C.lasiandra* Maxim.
10.绣球藤	*C. montana* Buch.—Ham.
11.毛果铁线莲	*C. peterae* Hand.—Mazz. var. *trichocarpa* W. T.Wang
12.华中铁线莲	*C. pseudootophyra* M. Y.Fang
13.柱果铁线莲	*C. uncinata* Champ.
(五)黄连属 *Coptis*	
1.短萼黄连	*Coptis chinensis* Franch. var. *brevisepala* W. T.Wang et Hsiao
(六)翠雀属 *Delphinium*	
1.还亮草	*Delphinium anthriscifolium* Hance
(七)白头翁属 *Pulsatilla*	
1.白头翁	*Pulsatilla chinensis*(Bung)Regel
(八)獐耳细辛属 *Hepatica*	
1.獐耳细辛	*Hepatica nobilis* Schreb. var. *asiatica* (Nakai) Hara
(九)毛茛属 *Ranunculus*	
1.毛茛	*Ranunculus japonicus* Thunb.
2.肉根毛茛	*R. polii* Franch.
3.扬子毛茛	*R. sieboldii* Miq
(十)天葵属 *Semiaquilegia*	
1.天葵	*Semiaquilegia adoxoides* (DC.) Makino
(十一)唐松草属 *Thalictrum*	
1.尖叶唐松草	*Thalictrum acutifolium* (Hand.—Mazz.) Boivin
2.大叶唐松草	*Th. faberi* Ulbr.
3.华东唐松草	*Th. fortunei* S. Moore
二十六、小檗科 Berberidaceae	
(一)南天竹属 *Nandina*	
1.南天竹	*Nandina domestica* Thunb.
(二)小檗属 *Berberis*	
1.安徽小檗	*Berberis anhweiensis* Ahrendt.
2.蚝猪刺	*B. julinae* Schneid.
3.庐山小檗	*B. virgetorum* Schneid.
(三)八角莲属 *Dysosma*	
1.六角莲	*Dysosma pleiantha* (Hance) Woods.
2.八角莲	*D. versipellis* (Hance) M. Cheng
(四)淫羊藿属 *Epimedium*	
1.箭叶淫羊藿	*Epimedium sagittatum* (Sieb. et Zucc.) Maxim.

(五)十大功劳属　*Mahonia*	
1.阔叶十大功劳	*Mahonia bealei* (Fort.) Carr.
二十七、大血藤科　Sargentodoxaceae	
(一)大血藤属　*Sargentodoxa*	
1.大血藤	*Sargentodoxa cuneata* (Oliv.) Rehd. et Wi1s
二十八、木通科　Lardizabalaceae	
(一)木通属　*Akebia*	
1.木通	*Akebia quinata* (Thunb.) Decne
2.三叶木通	*A. trifoliata* (Thunb.) Koidz.
(二)猫儿屎属　*Decaisnea*	
1.猫儿屎	*Decaisnea fargesii* Franch.
(三)牛姆瓜属　*Holboellia*	
1.鹰爪枫	*Holboellia coriacea* Diels
2.牛姆瓜	*H. grandiflora* Reaub.
3.五叶瓜藤(野木瓜)	*H. fargesii* Reaub.
二十九、防己科　Menispermaceae	
(一)木防己属　*Cocculus*	
1.木防己	*Cocculus orbiculatus* (L.) DC.
(二)秤钩风属　*Diploclisia*	
1.秤钩风	*Diploclisia affinis* (Oliv.) Diels
(三)蝙蝠葛属　*Menispermum*	
1.蝙蝠葛	*Menispermum dauricum* DC.
(四)汉防己属　*Sinomenium*	
1.汉防己	*Sinomenium acutum* (Thunb.) Rehd. et Wils.
2.毛汉防己	*S. acutum* (Thunb.) Rehd. et Wils. var. *cinerum* (Diels) Rehd.
(五)千金藤属　*Stephania*	
1.金线吊乌龟	*Stephania cepharantha* Hayata ex Yamamoto
2.千金藤	*S. japonica* (Thunb.) Miers
三十、三白草科　Saururaceae	
(一)蕺菜属　*Houttuynia*	
1.蕺菜	*Houttuynia cordata* Thunb.
三十一、金粟兰科　Chloranthaceae	
(一)金粟兰属　*Chloranthus*	
1.及已	*Chloranthus serratus* (Thunb.) Roem. et Schult.
三十二、马兜铃科　Aristolochiaceae	
(一)马兜铃属　*Aristolochia*	

1.马兜铃	*Aristolochia debilis* Sieb. et Zucc.
2.管花马兜铃	*A. tubiflora* Dunn
(二)细辛属 *Asarum*	
1.细辛	*Asarum sieboldii* Miq.
三十三、芍药科 Paeoniaceae	
(一)芍药属 *Paeonia*	
1.毛叶草芍药	*Paeonia obovata* Maxim. var. *willmottiae* (Stapf) Stern
三十四、猕猴桃科 Actinidiaceae	
(一)猕猴桃属 *Actinidia*	
1.软枣猕猴桃	*Actinidia arguta* (S. et Z.) Planch. ex Miq.
2.心叶猕猴槐	*A. arguta* Planch. ex Miq. var. *cordifolia* (Miq.) Bean
3.中华猕猴桃	*A. chinensis* Planch.
4.黑蕊猕猴桃	*A. melanandra* Franch.
5.葛枣猕猴桃	*A. polygama* Maxim.
三十五、山茶科 Theaceae	
(一)杨桐属 *Adinandra*	
1.黄瑞木	*Adinandra millettii* (Hook. et Arn.) Benth. et Hook. f.
(二)山茶属 *Camellia*	
1.尖连蕊茶	*Camellia cuspidata* (Kochs) Wright ex Gard.
2.毛花连蕊茶	*C. fraterna* Hance
3.油茶	*C. oleifera* Abel
4.茶	*C. sinensis* O. Ktze.
(三)红淡比属 *Cleyera*	
1.红淡比(杨桐)	*Cleyera japonica* Thunb.
(四)柃木属 *Eurya*	
1.翅柃	*Eurya alata* Kobuski
2.微毛柃	*E. hebeclados* Ling
3.格药柃	*E. muricata* Dunn
4.窄基红褐柃	*E. rubiginosa* Chang var. *attenuata* Chang
(五)木荷属 *Schima*	
1.木荷	*Schima superba* Gardn. et Champ.
(六)紫茎属 *Stewartia*	
1.长柱紫茎	*Stewartia rostrata* Spongb.
2.紫 茎	*S. sinensis* Rehd. et Wils.
三十六、藤黄科 Guttiferae	
(一)金丝桃属 *Hypericum*	

1.黄海棠	*Hypericum ascyron* L.
2.赶山鞭	*H. attenuatum* Choisy.
3.小连翘	*H. erectum* Thunb. ex Murr.
4.地耳草	*H. japonicum* Thunb.
5.金丝桃	*H. monogynum* L.
6.元宝草	*H. sampsonii* Hance
三十七、罂粟科　Papaveraceae	
(一)紫堇属　*Corydalis*	
1.紫堇	*Corydalis edulis* Maxim.
2.伏生紫堇	*C. decumbens*(Thunb.) Pers.
3.延胡索	*C. yanhusuo* W. T.Wang
4.刻叶黄堇	*C. incisa* (Thunb.) Pers.
5.蛇果黄堇	*C. ophiocarpa* Hook. f.et Thoms.
6.黄堇	*C. pallida* (Thunb.) Pers.
(二)荷青花属　*Hylomecon*	
1.荷青花	*Hylomecon japonica* (Thunb.) Prantl et Kundig
(三)博落迴属　*Macleaya*	
1.博落迴	*Macleaya cordata* (Willd.) R. Br.
三十八、十字花科　Cruciferae	
(一)葱芥属　*Alliaria*	
1.大叶葱芥	*Alliaria grandifolia* An.
(二)南芥属　*Arabis*	
1.匍匐南芥	*Arabis flagellosa* Miq.
(三)荠菜属　*Capsella*	
1.荠菜	*Capsella bursa—pastoris* (L.) Medik.
(四)碎米荠属　*Cardamine*	
1.弯曲碎米荠	*Cardamine flexuosa* With.
2.弹裂碎米荠	*C. impatiens* L.
3.白花碎米荠	*C.1eucantha* (Tausch) O. E.Schulz
4.华中碎米荠	*C. urbaniana* O. E.Schulz
(五)臭荠属　*Coronopus*	
1.臭荠	*Coronopus didymus* (L.) J. E.Smith
(六)葶苈属　*Draba*	
1.葶苈	*Draba nemorosa* L.
(七)独行菜属　*Lepidium*	
1.北美独行菜	*Lepidium virginicum* L.

（八）豆瓣菜属 *Nasturtium*	
1.豆瓣菜	*Nasturtium officinale* R. Br.
（九）蔊菜属 *Rorippa*	
1.无瓣蔊菜	*Rorippa dubia*（Pers.）Hara
2.印度蔊菜	*R. indica*（L.）Hiern
三十九、金缕梅科 Hamamelidaceae	
（一）蜡瓣花属 *Corylopsis*	
1.具腺蜡瓣花	*Corylopsis glandulifera* Hemsl.
2.灰白蜡瓣花	*C. glandu1ifera* Hemsl. var. *hypoglauca*（Cheng）H. T. Chang
3.阔蜡瓣花	*C. platypetala* Rehd. et Wils.
4.蜡瓣花	*C. sinensis* Hemsl.
5.小叶蜡瓣花	*C. sinensis* Hemsl. var. *parvifolia* H. T. Chang
（二）蚊母树属 *Distylium*	
1.杨梅叶蚊母树	*Distylium myricoides* Hemsl.
（三）牛鼻栓属 *Fortunearia*	
1.牛鼻栓	*Fortunearia sinensis* Rehd. et Wils.
（四）金缕梅属 *Hamamelis*	
1.金缕梅	*Hamamelis mollis* Oliv.
（五）银缕梅属 *Parrotia*	
1.银缕梅(单氏木)	*Parrotia subaequalis*（H. T.Cheng）R. M. Hao et H. T.Wei
（六）枫香属 *Liquidambar*	
1.缺萼枫香	*Liquidambar acalycina* Chang
2.枫香	*L. formosana* Hance
（七）檵木属 *Loropetalum*	
1.檵木	*Loropetalum chinense*（R. Br.）0liv.
四十、景天科 Crassulaceae	
（一）八宝属 *Hylotelephium*	
1.紫花八宝(紫花景天)	*Hylotelephium mingjinianum*（S. H.Fu）H.ohba
2.轮叶八宝(轮叶景天)	*H. verticillatum*（L.）H.ohba
（二）瓦松属 *Orostachys*	
1.晚红瓦松	*Orostachys erubescens*（Maxim.）0hwi
（三）景天属 *Sedum*	
1.费菜	*Sedum aizoon* L.
2.东南景天	*S. alfredii* Hance
3.珠芽景天	*S. bulbiferum* Makino
4.大叶火焰草	*S. drymarioides* Hance

5.凹叶景天	*S. emarginatum* Migo
6.薄叶景天	*S.1eptophyllum* Frod.
7.佛甲草	*S.1ineare* Thunb.
8.日本景天	*S. japonicum* Sieb. ex Miq.
9.藓状景天	*S. polytrichoides* Hemsl.
10.爪瓣景天	*S. onychopetalum* Frod
11.垂盆草	*S. sarmentosum* Bunge
四十一、山梅花科　Philadelphaceae	
(一)溲疏属　*Deutzia*	
1.黄山溲疏	*Deutzia glauca* Cheng
2.宁波溲疏	*D. ningpoensis* Rehd.
(二)山梅花属　*Philadelphus*	
1.疏花山梅花	*Philadelphus brachybotrys* Koehne var. *laxiflorus* (Cheng) S. Y.Hu
2.绢毛山梅花	*Ph. sericanthus* Koehne
四十二、绣球花科　Hydrangeaceae	
(一)草绣球属　*Cardiandra*	
1.草绣球(人心草)	*Cardiandra noellendorffii* (Hance) Migo
(二)绣球属　*Hydrangea*	
1.伞形绣球	*Hydrangea umbellata* Rehd.
2.冠盖绣球	*H. anomala* D. Don
3.腊莲绣球	*H. aspera* D. Don subsp. *strigosa* (Rehd.) Mcclint.
4.浙江绣球	*H. chekiangensis* Hsu et. H.P. Zhang
5.圆锥绣球	*H. paniculata* Sieb
6.中华绣球	*H. scandens* (L. f.) Ser. subsp. *chinensis* (Maxim.) Mcclint
7.浙皖绣球	*H. zhewanensis* Hsu et X. P. Zhang
(三)黄山梅属　*Kirengeshoma*	
1.黄山梅	*Kirengeshoma palmata* Yatabe
(四)蛛网萼属　*Platycrater*	
1.蛛网萼	*Platycrater arguta* Sieb. et Zucc.
(五)冠盖藤属　*Pileostegia*	
1.冠盖藤	*Pileostegia viburnoides* Hook. f. et Thoms
(六)钻地风属　*Schizophragma*	
1.华东钻地风	*Schizophragma hydrangeoides* Sieb. et Zucc. f. *sinicum* C. C.Yang
2.钻地风	*S. integrifolium* (Franch.) 01iv.
3.小齿钻地风	*S. integrifolium* (Franch.) 0liv. f. *denticulata* (Rehd.) Chun
四十三、茶藨子科(醋栗科) Grossulariaceae	

(一)茶藨子属 *Ribes*	
1.绿花细枝茶藨子	*Ribes tenue* Jancz. var. *viridiflorum* Cheng
2.冰川茶藨子	*R. glaclale* Will.
四十四、鼠刺科 Escalloniaceae	
(一)鼠刺属 *Itea*	
1.矩形叶鼠刺	*Itea chinensis* Hook. et Arn. var. *oblonga*(Hand.—Mazz.) Wu
四十五、虎耳草科 Saxifragaceae	
(一)落新妇属 *Astilbe*	
1.落新妇	*Astilbe chinensis* (Maxim.) Franch. et Sav.
2.大落新妇	*A. grandis* Stapf ex Wils.
(二)金腰属 *Chrysosplenium*	
1.大叶金腰	*Chrysosplenium macrophyllum* Oliv.
2.毛金腰	*Ch. pilosum* Maxim. var. *valdepilosum* ohwi
(三)梅花草属 *Parnassia*	
1.白耳菜	*Parnassia foliosa* Hook. f.et Thoms.
(四)虎耳草属 *Saxifraga*	
1.虎耳草	*Saxifraga stolonifera* Meerb.
(五)黄水枝属 *Tiarella*	
1.黄水枝	*Tiarella polyphylla* D. Don
(六)扯根菜属 *Penthorum*	
1.扯根菜	*Penthorum chinense* Pursh.(何家庆 1990年采)
四十六、海桐花科 Pittosporaceae	
(一)海桐花属 *Pittosporum*	
1.海金子(崖花海桐)	*Pittosporum illicioides* Makino.
四十七、蔷薇科 Rosaceae	
(一)龙芽草属 *Agrimonia*	
1.龙芽草	*Agrimonia pilosa* Ledeb.
(二)唐棣属 *Amelanchier*	
1.东亚唐棣	*Amelanchier asiatica* (Sieb. et Zucc.) Endl.
(三)桃属 *Amygdalus*	
1.桃	*Amygdalus persica* L.
(四)杏属 *Armeniaca*	
1.梅	*Armeniaca mume* Sieb.
(五)假升麻属 *Aruncus*	
1.假升麻	*Aruncus sylvester* Kostel.
(六)樱属 *Cerasus*	

1.微毛樱	*Cerasus clarofolia*（Schneid.）Yu et Li
2.迎春樱	*C. discoides* Yu et Li
3.麦李	*C. glandulosa*（Thunb.）Lois.
4.山樱花	*C. serrulata*（Lindl.）G. Don ex London
（七）木瓜属 *Chaenomeles*	
1.木瓜	*Chaenomeles sinensis*（Thouin）Koehne
（八）栒子属 *Cotoneaster*	
1.平枝栒子	*Cotoneaster horizontalis* Decne.（黄映泉采集）
（九）山楂属 *Crataegus*	
1.野山楂	*Crataegus cuneata* Sieb. et Zucc.
2.湖北山楂	*C. hupehensis* Sarg.
3.华中山楂	*C. wilsonii* Sarg.（黄映泉采集）
（十）枇杷属 *Eriobotrya*	
1.枇杷	*Eriobotrya japonica*（Thunb.）Lindl.
（十一）棣棠花属 *Kerria*	
1.棣棠花	*Kerria japonica*（L.）DC.
（十二）桂樱属 *Laurocerasus*	
1.刺叶桂樱	*Laurocerasus spinulosa*（Sieb. et Zucc.）Schneid.
（十三）臭樱属 *Maddenia*	
1.锐齿臭樱	*Maddenia incisoserrata* Yu et Ku
（十四）苹果属 *Malus*	
1.湖北海棠	*Malus hupehensis* Rehd.
2.三裂叶海棠	*M. sieboldii* Rehd.（黄映泉采集）
（十五）稠李属 *Padus*	
1.橉木稠李	*Padus buergeriana*（Miq.）Yu et Ku
2.细齿稠李	*P. obtusata*（Koehne）Yu et Ku
3.星毛稠李	*P. stellipila*（Koehne）Yu et Ku
4.绢毛稠李	*P. wilsonii* Schneid.（黄映泉采集）
（十六）石楠属 *Photinia*	
1.中华石楠	*Photinia beauverdiana* Schneid.
2.大别山石楠	*P. dabieshanensis* M. P.Deng et K. Yao
3.光叶石楠	*P. glabra*（Thunb.）Maxim.
4.绒毛石楠	*P. schneideriana* Rehd. et Wils.
5.石楠	*P. serrulata* Lindl.
6.毛叶石楠	*P. villosa*（Thunb.）DC.
7.毛叶石楠小叶变种	*P. villosa*（Thunb.）DC. var. *pavifolia*（Pritz .）P. S.Hsu et L. C.Li

8.毛叶石楠中华变种	*P. villosa*（Thumb.）DC. var. *sinica* Rehd. et Wils
（十七）委陵菜属　*Potentilla*	
1.莓叶委陵菜	*Potentilla fragarioides* Linn.
2.中华三叶委陵菜	*P. freyniana* var. *sinica* Migo
3.蛇含委陵菜	*P. kleiniana* Wight et Arn.
4.朝天委陵菜	*P. supina* Linn.
（十八）李属　*Prunus*	
1.李	*Prunus salicina* Lindl.
（十九）梨属　*Pyrus*	
1.柳叶豆梨	*Pyrus calleryana* Dcne. var.*1anceolata* Rehd.
（二十）石斑木属　*Raphiolepis*	
1.石斑木	*Raphiolepis inidca*（L.）Lindl.
（二十一）蔷薇属　*Rosa*	
1.小果蔷薇	*Rosa cymosa* Tratt.
2.软条七蔷薇	*R. henryi* Bouleng.
3.金樱子	*R. 1aevigata* Michx.
4.多花蔷薇	*R. multiflora* Thunb.
5.粉花蔷薇	*R. multiflora* Thunb. var. *cathayensis* Rehd. et Wils.
6.钝叶蔷薇(黄山蔷薇)	*R. sertata* Rolfe（R. *hwangshanensis* Hsu）
（二十二）悬钩子属　*Rubus*	
1.掌叶复盆子	*Rubus chingii* Hu
2.山莓	*R. corchorifolius* L. f.
3.插田泡	*R. coreanus* Miq.
4.蓬蘽	*R. hirsutus* Thunb.
5.白叶莓	*R. innominatus* S. Moore
6.无腺白叶莓	*R. innominatus* S. Moore var. *kuntzeanus*（Hemsl.）Bailey
7.牯岭悬钩子	*R. kulinganus* Bailey
8.高粱泡	*R. 1ambertianus* Ser.
9.太平莓	*R. pacificus* Hance
10.茅 莓	*R. parvifolius L.*
11.盾叶莓	*R. peltatus* Maxim
12.空心泡	*R. rosaefolius* Smith
13.木莓	*R. swinhoei* Hance
14.三花悬钩子	*R. trianthus* Focke
（二十三）地榆属　*Sanguisorba*	
1.地榆	*Sanguisorba officinalis* L.

(二十四)花楸属 *Sorbus*	
1.水榆花楸	*Sorbus alnifolia* (Sieb. et Zucc.) K. Koch
2.黄山花楸	*S. amabilis* (Sieb. et Zucc.)K. Koch.
(二十五)绣线菊属 *Spiraea*	
1.绣球绣线菊	*Spiraea blumei* G. Don
2.麻叶绣线菊	*S. cantoniensis* Lour.
3.毛花绣线菊	*S. dasyantha* Bunge.
4.尖叶粉花绣线菊	*S. japonica* L. f. var. *acuminata* Franch.
5.光叶粉花绣线菊	*S. japonica* L. f. var. *fortunei* Rehd.
6.无毛粉花绣线菊	*S. japonica* L. f.var. *glabra* (Regel) Koidz.
(二十六)野珠兰属 *Stephanandra*	
1.野珠兰	*Stephanandra chinensis* Hance
四十八、含羞草科 Mimosaceae	
(一)合欢属 *Albizia*	
1.山合欢(山槐)	*Albizia macrophylla* (Bge.) P. C.Huang
四十九、云实科 Caesalpiniaceae	
(一)云实属 *Caesalpinia*	
1.云实	*Caesalpinia decapetala* (Roth) Alston
(二)紫荆属 *Cercis*	
1.紫荆	*Cercis chinensis* Bge.
2.巨紫荆	*C. gigantea* Cheng et Keng f.
(三)皂荚属 *Gleditsia*	
1.皂 荚	*Gleditsia sinensis* Lam.
(四)肥皂荚属 *Gymnocladus*	
1.肥皂荚	*Gymnocladus chinensis* Bail.
五十、蝶形花科 Fabaceae(Papilionaceae)	
(一)两型豆属 *Amphicarpaea*	
1.三籽两型豆	*Amphicarpaea trisperma* Baker
(二)黄芪属 *Astragalus*	
1.少叶膜荚黄芪	*Astragalus membranaceus* (Fisch.) Bunge var. *oligophyllus*. C.L. Huang var. nov.
(三)杭子梢属 *Campylotropis*	
1.杭子梢	*Campylotropis macrocarpa* (Bge) Rehd.
(四)锦鸡儿属 *Caragana*	
1.锦鸡儿	*Caragana sinica* Rehd.
(五)香槐属 *Cladrastis*	
1.翅荚香槐	*Cladrastis platycarpa* (Maxim.) Makino

2.香槐	*C. wilsonii* Takeda
(六)黄檀属 *Dalbergia*	
1.黄檀	*Dalbergia hupeana* Hance.
(一)山蚂蝗属 *Desmodium*	
1.小槐花	*Desmodium caudatum* (Thunb.) DC.
(二)山黑豆属 *Dumasia*	
1.截叶山黑豆	*Dumasia truncata* Sieb. et Zucc.
(三)大豆属 *Glycine*	
1.野大豆	*Glycine soja* Sieb. et Zucc.
(四)木蓝属 *Indigofera*	
1.多花槐蓝	*Indigofera amblyantha* Craib
2.本氏槐蓝(铁扫帚)	*I. bungeana* Steud.
3.庭藤	*I. decora* Lindl.
4.宁波槐蓝	*I. decora* Lindl. var. *cooperi* (Craib) Y. I.Fang et C. Z.Zheng
5.宜昌槐蓝	*I. decora* Lindl. var. *ichangensis* (Craib) Y. I. Fang et C. Z.Zheng
6.马棘	*I. pseudotinctoria* Matsum.
(五)鸡眼草属 *Kummerowia*	
1.长萼鸡眼草	*Kummerowia stipuiacea* (Maxim.) Makino
2.鸡眼草	*K. striata* (Thunb.) Schindl.
(六)胡枝子属 *Lespedeza*	
1.绿叶胡枝子	*Lespedeza buergeri* Miq.
2.中华胡枝子	*L. chinensis* G. Don
3.南方胡枝子	*L. fordii* Schneid.
4.多花胡枝子	*L. floribunda* Bge.
5.美丽胡枝子	*L. formosa* (Vog.) Koehne
6.拟绿叶胡枝子	*L. maximowiczii* Schneid
7.铁马鞭	*L. pilosa* (Thunb.) S. et Z.
(七)马鞍树属 *Maackia*	
1.马鞍树	*Maackia chinensis* Takeda
(八)苜蓿属 *Medicago*	
1.紫苜蓿	*Medicago sativa* L.
(九)崖豆藤属 *Millettia*	
1.香花崖豆藤	*Millettia dielsiana* Harms. ex Diels
(十)红豆树属 *Ormosia*	
1.花榈木	*Ormosia henryi* Prain
(十一)长柄山蚂蝗属 *Podocarpium*	

1.羽叶长柄山蚂蝗	*Podocarpium oldhami*（oliv.）Yang et Huang
2.长柄山蚂蝗	*P. podocarpum*（DC.）Yang et Huang
3.尖叶长柄山蚂蝗	*P. podocarpum*（DC.）Yang et Huang var. *oxyphyllum*（DC.）Yang et Huang
（十二）葛属 *Pueraria*	
1.葛藤	*Pueraria lobata*（Willd.）0hwi
（十三）鹿藿属 *Rhynchosia*	
1.渐尖叶鹿藿	*Rhynchosia acuminatifolia* Makino
（十四）槐属 *Sophora*	
1.苦参	*Sophora flavescens* Ait.
2.槐树	*S. japonica* L.
（十五）黎豆属 *Stizolobium*	
1.头花黎豆	*Stizolobium capitatum*（Sweet）0.Kuntze
（十六）野豌豆属 *Vicia*	
1.小巢菜	*Vicia hirsuta*(L.）S. F.Gray
2.牯岭野豌豆	*V. kulingiana* Bailey
3.救荒野豌豆	*V. sativa* L.
（十七）紫藤属 *wisteria*	
1.紫藤	*Wisteria sinensis*（Sims）Sweet
五十一、酢浆草科 Oxalidaceae	
（一）酢浆草属 *Oxalis*	
1.酢浆草	*Oxalis corniculata* L.
2.山酢浆草	*O. griffithii* Edgew. et Hook. f.
五十二、牻牛儿苗科 Geraniaceae	
（一）老鹳草属 *Geranium*	
1.老鹳草	*Geranium wilfordii* Maxim.
五十三、大戟科 Euphorbiaceae	
（一）铁苋菜属 *Acalypha*	
1.铁苋菜	*Acalypha australis* L.
2.短穗铁苋菜	*A. brachystachya* Hornem
（二）重阳木属 *Bischofia*	
1.重阳木	*Bischofia polycarpa*（Levl.）Airy—Shaw
（三）大戟属 *Euphorbia*	
1.泽漆	*Euphorbia helioscopia* L.
2.地锦草	*E. humifusa* Willd.
3.钩腺大戟	*E. sieboldiana* Morr. et Decne.
（四）算盘子属 *Glochidion*	

1.算盘子	*Glochidion puberum* (L.) Hutch.
(五)野桐属 *Mallotus*	
1.白背叶野桐	*Mallotus apelta* (Lour.) Muell.—Arg.
2.野桐	*M. japonicus* (Thunb.) Muell.—Arg. var. *floccosus* (Muell.—Arg.) S. M.Hwang
3.石岩枫	*M. repandus* (Willd.) Muell.—Arg. var. *chrysocarpus* (Pamp.) S. M.Hwang
(六)叶下珠属 *Phyllanthus*	
1.青灰叶下珠	*Phyllanthus glaucus* Wall. ex Muell.—Arg. (黄映泉采集)
2.蜜柑草	*P. matsumurae* Hayata
3.叶下珠	*P. urinaria* L.
(七)乌桕属 *Sapium*	
1.白乳木	*Sapium japonicum* (Sieb. et Zucc.) Pax et Hoffm.
2.乌桕	*S. sebiferum* (L.) Roxb.
(八)油桐属 *Vernicia*	
1.油桐	*Vernicia fordii* (Hemsl.) Airy—Shaw.
五十四、交让木科 Daphniphyllaceae	
(一)交让木属 *Daphniphyllum*	
1.交让木	*Daphniphyllum macropodum* Miq.
2.虎皮楠	*D. oldhamii* (Hemsl.) Rosenth.
五十五、芸香科 Rutaceae	
(一)松风草属 *Boenninghausenia*	
1.松风草(臭节草)	*Boenninghausenia albiflora* (Hook.) Reichb. ex Meiss
(二)吴茱萸属 *Euodia*	
1.臭辣树	*Euodia fargesii* Dode
2.吴茱萸	*E. rutaecarpa* (Juss.) Benth.
(三)枳属 *Poncirus*	
1.枸 桔	*Poncirus trifoliata* (L.) Raf.
(四)茵芋属 *Skimmia*	
1.茵芋	*Skimmia reevesiana* Fortune
(五)花椒属 *Zanthoxylum*	
1.竹叶花椒	*Zanthoxylum armatum* DC.
2.毛竹叶花椒	*Z. armatum* DC. f. *ferrugineum* (R. et W.) Huang
3.朵花椒	*Z. molle* Rehd.
4.野花椒	*Z. simulans* Hance
五十六、苦木科 Simaroubaceae	
(一)臭椿属 *Ailanthus*	
1.臭 椿	*Ailanthus altissima* (Mill) Swingle

(二)苦木属 *Picrasma*	
1.苦木	*Picrasma quassioides*（D. Don）Benn.
五十七、楝科 Meliaceae	
(一)香椿属 *Toona*	
1.香 椿	*Toona sinensis*（A. Juss.）Roem.
五十八、远志科 Polygalaceae	
(一)远志属 *Polygala*	
1.黄花远志	*Polygala arillata* Buch.—Ham.
2.狭叶香港远志	*P. hongkongensis* Hemsl. var. *stenophylla*（Hayata）Migo
3.瓜子金(日本远志)	*P. japonica* Houtt.
4.西伯利亚远志	*P. sibirica* L.
5.小扁豆	*P .tatarinowii* Regel.（何家庆1990年采集）
五十九、漆树科 Anacardiaceae	
(一)黄连木属 *Pistacia*	
1.黄连木	*Pistacia chinensis* Bunge
(二)盐肤木属 *Rhus*	
1.盐肤木	*Rhus chinensis* Mill.
(三)漆属 *Toxicodendron*	
1.野漆	*Toxicodendron succedaneum*（L.）O. Kuntze
2.木蜡树	*T. sylvestre*（Sieb. et Zucc.）O. Kuntze
3.毛漆树	*T. trichocarpum*（Miq.）O. Kuntze
六十、槭树科 Aceraceae	
(一)槭属 *Acer*	
1.锐角槭	*Acer acutum* Fang
2.大叶槭(阔叶槭)	*A. amplum* Rehd.
3.安徽槭	*A. anhweiense* Fang et Fang f.
4.三角枫	*A. buergerianum* Miq.
5.青榨槭	*A. davidii* Franch.
6.秀丽槭	*A. elegantulum* Fang et P. L.Chiu
7.苦茶槭	*A. ginnala* Maxim. subsp. *theiferum*（Fang）Fang
8.小叶葛萝槭	*A. grosseri* Pax var. *hersii*（Rehd.）Rehd.
9.建始槭	*A. henryi* Pax
10.临安槭	*A. 1inganense* Fang et P. L.Chiu
11.色木槭	*A. mono* Maxim.
12.毛果槭	*A. nikoense* Maxim.
13.橄榄槭	*A. olivaceum* Fang et P. L.Chiu

14.鸡爪槭	*A. palmatum* Thunb.
15.毛鸡爪槭	*A. pubipalmatum* Fang
16.天目槭	*A. sinopurpurascens* Cheng
17.羊角槭	*A. yangjuechi* Fang et P. L.Chiu（潘新建采集到种子）
18.昌化槭	*A. changhuaense*（Fang et. Fang f. ）Fang et. P. L. Chiu
六十一、无患子科　Sapindaceae	
(一)栾树属　*Koelreuteria*	
1.黄山栾树(金缘叶栾树)	*Koelreuteria bipinnata* Franch. var. *integrifoliola*（Merr.）T. Chen
(二)无患子属　*Sapindus*	
1.无患子	*Sapindus mukorossi* Gaertn.
六十二、清风藤科　Sabiaceae	
(一)泡花树属　*Meliosma*	
1.垂枝泡花树	*Meliosma flexuosa* Pamp.
2.异色泡花树	*M. myriantha* Sieb. et Zucc. var. *discolor* Dunn.
3.柔毛泡花树	*M. myriantha* Sieb. et Zucc. var. *pilosa*（Lecomte）Law
4.红枝柴(南京珂楠树)	*M. oldhamii* Maxim.
5.暖木	*M. veitchiorum* Hemsl.
(二)清风藤属　*Sabia*	
1.鄂西清风藤	*Sabia campanulata* Wall. ex Roxb. subsp. *ritchieae*（Rehd. et Wils.）Y. F .Wu
2.清风藤	*S. japonica* Maxim.
六十三、凤仙花科　Balsaminaceae	
(一)凤仙花属　*Impatiens*	
1.凤仙花	*Impatiens balsamina* L.
2.睫毛萼凤仙花	*I. blepharosepala* Pritz. et Diels
3.牯岭凤仙花	*I. davidii* Franch.
4.婺源凤仙花	*I. wuyuanensis* Y. C.Chen
六十四、冬青科　Aquifoliaceae	
(一)冬青属　*Ilex*	
1.短梗冬青	*Ilex buergeri* Miq.
2.枸骨冬青	*I. cornuta* Lindl. ex Paxt.
3.大别山冬青	*I. dabieshanensis* K. Yao et M. P.Deng
4.大叶冬青	*I. latifolia* Thunb.
5.大柄冬青	*I. macropoda* Miq.
6.具柄冬青(落霜红)	*I. pedunculosa* Miq.
7.冬青	*I. purpurea* Hassk.
8.小果铁冬青	*I. rotunda* Thunb. var. *microcarpa*（Lindl.）S. Y.Hu

9.香冬青	*I. suaveolens*（Levl.）Loes.
10.尾叶冬青	*I. wilsonii* Loes.
六十五、卫矛科 Celastraceae	
(一)南蛇藤属 *Celastrus*	
1.大芽南蛇藤	*Celastrus gemmatus* Loes.
2.窄叶南蛇藤	*C. oblanceifolius* Wang et Tsoong
3.南蛇藤	*C. orbiculatus* Thunb.
4.短梗南蛇藤	*C. rosthornianus* Loes.
5.毛脉显柱南蛇藤	*C. stylosus* var. *puberulus* C. Y.Cheng
(二)卫矛属 *Euonymus*	
1.卫矛	*Euonymus alatus*（Thunb.）Sieb.
2.丝棉木(白杜)	*E. bungeanus* Maxim.
3.肉花卫矛	*E. carnosus* Hemsl.
4.黄山卫矛(陈谋卫矛)	*E. chenmoui* Cheng
5.扶芳藤	*E. fortunei*（Turcz.）Hand - Mzt.
6.爬行卫矛	*E. fortunei* var. *radicans* Rehd.
7.西南卫矛	*E. hamiltonianus* Wall.
8.垂丝卫矛	*E. oxyphyllus* Miq.
(三)假卫矛属 *Microtropis*	
1.福建假卫矛	*Microtropis fokienensis* Dunn
(四)雷公藤属 *Tripterygium*	
1.昆明山海棠	*Tripterygium hypoglaucum*（Levl.）Hutch.
六十六、省沽油科 Staphyleaceae	
(一)野鸦椿属 *Euscaphis*	
1.野鸦椿	*Euscaphis japonica*（Thunb.）Dippel
(二)省沽油属 *Staphylea*	
1.省沽油	*Staphylea bumalda* DC.
2.膀胱果	*S. holocarpa* Hems1.
(一)银鹊树属 *Tapiscia*	
1.银鹊树	*Tapiscia sinensis* 0liv.
六十七、黄杨科 Buxaceae	
(一)黄杨属 *Buxus*	
1.尖叶黄杨	*Buxus aemulans*（Rehd. et Wils.）S. C.Li et S. H.Wu
2.黄杨	*B. sinica*（Rehd. et Wils.）Cheng ex M. Cheng
3.小叶黄杨(珍珠黄杨)	*B. sinica*（Rehd. et Wils.）Cheng ex M. Cheng var. *parvifolia* M. Cheng
六十八、鼠李科 Rhamnaceae	

(一)勾儿茶属 *Berchemia*	
1.多花勾儿茶	*Berchemia floribunda* (wall.) Brongn.
2.大叶勾儿茶	*B. huana* Rehd.
3.牯岭勾儿茶	*B. kulingensis* Schneid.
(二)小勾儿茶属 *Berchemiella*	
1.小勾儿茶	*Berchemiella wilsonii* (Schneid.) Nakai
2.毛柄小勾儿茶	*B. wilsonii* (Schneid.) Nakai var. *pubipetiolata* H. Qian
(三)枳椇属 *Hovenia*	
1.光叶毛果枳椇	*Hovenia trichocarpa* Chun et Tsiang var. *robusta* (Nakai et Y. Kimura) Y. L.Chen et P. K.Chou
(四)马甲子属 *Paliurus*	
1.铜钱树	*Paliurus hemsleyanus* Rehd.
2.马甲子	*P. ramosissimus* (Lour.) Poir.
(五)鼠李属 *Rhamnus*	
1.长叶冻绿	*Rhamnus crenata* Sieb. et Zucc.
2.圆叶鼠李	*Rh. globosa* Bunge
3.薄叶鼠李	*Rh.1eptophylla* Schneid.
4.小叶鼠李	*Rh. parvifolia* Bunge
5.皱叶鼠李	*Rh. rugulosa* Hemsl.
6.冻 绿	*Rh. utilis* Decne.
7.毛山鼠李	*Rh. wilsonii* Schneid. var. *pilosa* Rehd.
(六)雀梅藤属 *Sageretia*	
1.雀梅藤	*Sageretia thea*(0sbeck)Johnst.
六十九、葡萄科 Vitaceae	
(一)蛇葡萄属 *Ampelopsis*	
1.牯岭蛇葡萄	*Ampelopsis brevipedunculata* (Maxim) Trautv. var. *kulingensis* Rehd.
2.广东蛇葡萄	*A. cantoniensis* (Hook. et Arn.) Pl.
3.羽叶蛇葡萄	*A. chaffanjonii*(Levl.) Rehd.
4.异叶蛇葡萄	*A. humuifolia* Bunge var. *heterophylla* (Thunb.) K. Koch
5.白蔹	*A. japonica* (Thunb.) Makino
6.蛇葡萄	*A. sinica* (Miq.) W. T.Wang
(二)乌蔹莓属 *Cayratia*	
1.乌蔹莓	*Cayratia japonica* (Thunb.) Gagn.
(三)爬山虎属 *Parthenocissus*	
1.异叶爬山虎	*Parthenocissus heterophylla* (B1.) Merr.
2.绿爬山虎	*P.1aetevirens* Rehd.
3.粉叶爬山虎	*P. thomsonii* (Laws.) P1.

4.爬山虎	*P. tricuspidata*（Sieb. et Zucc.）P1.
（四）葡萄属　*Vitis*	
1.刺葡萄	*Vitis davidii*（Roman.）Foex
2.葛藟	*V. flexuosa* Thunb.
3.小叶葛藟	*V. flexuosa* Thunb. var. *parvifolia*（Roxb.）Gagn.
4.毛葡萄	*V. quinquangularis* Rehd.
5.秋葡萄	*V. romanetii.* Roman.
6.网脉葡萄	*V. wilsonae* Veitch
七十、椴树科　Tiliaceae	
（一）黄麻属　*Corchorus*	
1.黄麻	*Corchorus capsularis* L.（栽培）
（二）田麻属　*Corchoropsis*	
1.田麻	*Corchoropsis tomentosa*（Thunb.）Makino
2.光果田麻	*C. psilocarpa* Harms. et Loes.（何家庆采集）
（三）扁担杆属　*Grewia*	
1.扁担杆	*Grewia biloba* G. Don
2.小花扁担杆	*G. biloba* G. Don var. *parviflora*（Bunge）Hand.—Mazz.
（四）椴树属　*Tilia*	
1.短毛椴	*Tilia breviradiata* Hu et Cheng
2.糯米椴	*T. henryana* Szyszyl.
3.光叶糯米椴	*T. henryana* Szyszyl. var. *subglabra* V. Engle
4.华东椴	*T. japonica* Simonk.
5.南京椴	*T. miqueliana* Maxim.
6.少脉椴	*T. paucicostata* Maxim.
七十一、锦葵科　Malvaceae	
（一）木槿属　*Hibiscus*	
1.木槿	*Hibiscus syriacus* L.
七十二、梧桐科　Sterculiaceae	
（一）梧桐属　*Firmiana*	
1.梧桐(青桐)	*Firmiana simplex*（L.）F. W.Wight
七十三、瑞香科　Thymelaeaceae	
（一）结香属　*Edgeworthia*	
1.结香	*Edgeworthia chrysantha* Lindl.
（二）荛花属　*Wikstroemia*	
1.白花荛花	*Wikstroemia alba* H.—M.
2.荛花	*W. canescens* Meisn.

3.光洁荛花	*W. glabra* Cheng
4.安徽荛花	*W. anhuiensis D.* C.Zhanget J. Z. Shao
5.毛花荛花	*W. pilosa* Cheng
七十四、胡颓子科　Elaeagnaceae	
(一)胡颓子属　*Elaeagnus*	
1.沙枣	*Elaeagnus angustifolia* L.
2.佘山胡颓子	*E. argyi* Levl.
3.宜昌胡颓子	*E. henryi* Warb.
4.木半夏	*E. multiflora.* Thunb.
5.胡颓子	*E. pungens* Thunb.
6.牛奶子	*E. umbellata* Thunb.
七十五、大风子科　Flacourtiaceae	
(一)山桐子属　*Idesia*	
1.山桐子	*Idesia polycarpa* Maxim.
2.毛叶山桐子	*I. polycarpa* Maxim. var. *vestita* Diels
(二)山拐枣属　*Poliothyrsis*	
1.山拐枣	*Poliothyrsis sinensis* 0liv.
七十六、堇菜科　Violaceae	
(一)堇菜属　*Viola*	
1.鸡腿堇菜	*Viola acuminata* Ledeb.
2.南山堇菜	*V. chaerophylloides*（Regel）W. Beck.
3.毛果堇菜	*V. collina* Bess.
4.蔓茎堇菜	*V. diffusa* Ging.
5.紫花堇菜	*V. grypoceras* A. Gray
6.长萼堇菜	*V. inconspicua* B1.
7.犁头叶堇菜	*V. magnifica* C. T. Wang.
8.白花堇菜	*V. patrinii* DC.
9.柔毛堇菜	*V. principis* H. de Boiss.
10.庐山堇菜	*V. stewardiana* W. Beck
11.斑叶堇	*V. variegata* Fisch.
12.堇菜	*V. verecunda* A. Gray
13.紫花地丁	*V. yedoensis* Makino
七十七、旌节花科　Stachyuraceae	
(一)旌节花属　*Stachyurus*	
1.旌节花(中国旌节花)	*Stachyurus chinensis* Franch.
2.宽叶旌节花	*S. chinensis* Franch. subsp.*1atus*（Li）Y. C. Tong et Y. L. Cao（Li）

七十八、秋海棠科　Begoniaceae	
(一)秋海棠属　*Begonia*	
1.秋海棠	*Begonia evansiana* Andr.
2.中华秋海棠	*B. sinensis* A. DC.
七十九、葫芦科　Cucurbitaceae	
(一)盒子草属　*Actinostemma*	
1.盒子草	*Actinostemma tenerum* Griff.
(二)绞股蓝属　*Gynostemma*	
1.光叶绞股蓝	*Gynostemma laxum* (Wa11.) Cogn.
2.白脉绞股蓝	*G. pallidinerve* Z. Zhang sp. nov.
3.绞股蓝	*G. pentaphyllum* (Thunb.) Makino
4.歙县绞股蓝	*G. shexianensis* Z. Zhang sp. nov.
(三)赤瓟属　*Thladiantha*	
1.南赤瓟	*Thladiantha nudiflora* Hemsl.
2.西周赤瓟	*T. nudiflora* var. *bracteata* A. M. Lu et Z. Y. Zhang
3.台湾赤瓟	*T. punctata* Hayata
(四)栝楼属　*Trichosanthes*	
1.栝楼	*Trichosanthes kirilowii* Maxim.
2.中华栝楼	*T. rosthornii* Harms
3.黄山栝楼	*T. rosthornii* Harms var. *huangshanensis* S. K. Chen
八十、千屈菜科　Lythraceae	
(一)紫薇属　*Lagerstroemia*	
1.浙江紫薇	*Lagerstroemia chekiangensis* Cheng.
2.南紫薇	*L. subcostata* Koehne.
(二)节节菜属　*Rotala*	
1.节节菜	*Rotala indica* (Willd.) Koehne
八十一、桃金娘科　Myrtaceae	
(一)蒲桃属　*Syzygium*	
1.赤楠	*Syzygium buxifolium* Hook. et Arn.
八十二、野牡丹科　Melastomataceae	
(一)肉穗草属　*Sarcopyramis*	
1.楮头红	*Sarcopyramis nepalensis* Wall.
八十三、柳叶菜科　Onagraceae	
(一)露珠草属　*Circaea*	
1.牛泷草	*Circaea cordata* Royle
2.谷蓼	*C. erubescens* Franch. et Savat.

3.南方露珠草	*C. mollis* Sieb. et Zucc.
(二)柳叶菜属　*Epilobium*	
1.长籽柳叶菜	*Epilobium pyrricholophum* Franch. et Savet
八十四、小二仙草科　Haloragidaceae	
(一)小二仙草属　*Haloragis*	
1.小二仙草	*Haloragis micrantha* R. Br.
八十五、八角枫科　Alangiaceae	
(一)八角枫属　*Alangium*	
1.八角枫(华瓜木)	*Alangium chinense* (Lour.) Harms
2.瓜木	*A. platanifolium* (Sieb. et Zucc.) Harms
八十六、紫树科　Nyssaceae	
(一)蓝果树属　*Nyssa*	
1.蓝果树	*Nyssa sinensis* 0liv.
八十七、山茱萸科　Cornaceae	
(一)梾木属　*Cornus*	
1.灯台树	*Cornus controversa* Hemsl.
2.梾木	*C. macrophylla* Wall.
3.毛梾	*C. walteri* Wanger.
(二)四照花属　*Dendrobenthamia*	
1.四照花	*Dendrobenthamia japonica* (DC.) Fang var. *chinensis* (0sborn) Fang
(三)青荚叶属　*Helwingia*	
1.青荚叶(叶上珠)	*Helwingia japonica* (Thunb.) Dietr.
八十八、五加科　Araliaceae	
(一)五加属　*Acanthopanax*	
1.合柱五加	*Acanthopanax connatistylus* S. C. Li et X. M. Liu
2.吴茱萸叶五加	*A. evodiaefolius* Franch.
3.五加	*A. gracilistylus* W. W. Smith
4.三叶五加	*A. gracilistylus* W. W. Smith var. *trifoliolatus* Shang
5.糙叶五加	*A. henryi* (Oliv.) Harms.
(二)五叶参属　*Pentapanax*	
1.锈毛羽叶参(锈毛五叶参)	*Pentapanax henryi* Harms.
(三)楤木属　*Aralia*	
1.楤木	*Aralia chinensis* Linn.
2.白背叶楤木	*A. chinensis* Linn. var. *nuda* Nakai
3.刺茎楤木	*A. echinocanlis* Hand.—Mazz.
(四)树参属　*Dendropanax*	

1.树参	*Dendropanax dentiger* (Harms) Merr.
(五)常春藤属 *Hedera*	
1.常春藤	*Hedera nepalensis* K. Koch var. *sinensis* (Tobl.) Rehd.
(六)刺楸属 *Kalopanax*	
1.刺楸	*Kalopanax septemlobus* (Thunb.) Koidz.
(七)人参属 *Panax*	
1.竹节人参	*Panax japonicus* C. A. Mey.(何家庆采于野猪塘1991年)
八十九、伞形科 Umbelliferae	
(一)当归属 *Angelica*	
1.紫花前胡	*Angelica decursiva* (Miq.) Franth. et Sav.
2.拐芹	*A. polymorpha* Maxim.
(二)柴胡属 *Bupleurum*	
1.南方大叶柴胡	*Bupleurum longiradiatum* Turcz. var. *longiradiatum* f. *australe* Shan et Y. Li
(三)明党参属 *Changium*	
1.明党参	*Changium smyrnioides*
(四)蛇床属 *Cnidium*	
1.蛇床	*Cnidium monnieri* (L.) Cuss.
(五)鸭儿芹属 *Cryptotaenia*	
1.鸭儿芹	*Cryptotaenia japonica* Hassk.
(六)独活属 *Heracleum*	
1.椴叶独活	*Heracleum tiliifolium* H. Wolff
(七)天胡荽属 *Hydrocotyle*	
1.天胡荽	*Hydrocotyle sibthorpioides* Lam.
(八)藁本属 *Ligusticum*	
1.岩茴香	*Ligusticum tachiroei* (Franch. et Sav.) Hiroe et Const.
(九)白苞芹属 *Nothosmyrnium*	
1.白苞芹	*Nothosmyrnium japonicum* Miq.
(十)香根芹属 *Osmorhiza*	
1.香根芹	*Osmorhiza aristata* (Thunb.) Makino et Yabe
(十一)前胡属 *Peucedanum*	
1.白花前胡	*Peucedanum praeruptorum* Dunn
(十二)茴芹属 *Pimpinella*	
1.锐叶茴芹	*Pimpinella arguta* Diels
2.短柱茴芹	*P. brachystyla* Hand.—Mazz.
(十三)囊瓣芹属 *Pternopetalum*	
1.东亚囊瓣芹(条叶囊瓣芹)	*Pternopetalum tanakae* (Franch. etSav.)Hand.—Mazz.

2.假苞囊瓣芹	*P. tanakae*（Franch. et Sav.）Hand.—Mazz. var. *fulcrantum* Y. H. Zhang
(十四)变豆菜属 *Sanicula*	
1.直刺变豆菜	*Sanicula orthacantha* S. Moore
(十五)窃衣属 *Torilis*	
1.小窃衣	*Torilis japonica*（Houtt.）DC.
九十、山柳科 Clethraceae	
(一)山柳属 *Clethra*	
1.华东山柳	*Clethra barbinervis* Sieb. et Zucc.
九十一、鹿蹄草科 Pyrolaceae	
(一)鹿蹄草属 *Pyrola*	
1.普通鹿蹄草	*Pyrola decorata* H. Andres
2.鹿蹄草	*P. rotundifolia* L. subsp. *chinensis* H. Andres
(二)水晶兰属 *Monotropa*	
1.水晶兰	*Monotropa uniflora* L.
九十二、杜鹃花科 Ericaceae	
(一)吊钟花属 *Enkianthus*	
1.灯笼花	*Enkianthus chinensis* Franch.
(二)南烛属 *Lyonia*	
1.小果南烛	*Lyonia ovalifolia* Drude var. *hebecarpa* Chun.
(三)马醉木属 *Pieris*	
1.马醉木	*Pieris japonica*（Thunb.）D. Don.
(四)杜鹃花属 *Rhododendron*	
1.云锦杜鹃	*Rhododendron fortunei* Lindl.
2.鹿角杜鹃	*Rh. latoucheae* Franch.
3.安徽杜鹃	*Rh. maculiferum* subsp. *anhweiense*（Wils）Chamb.
4.满山红	*Rh. mariesii* Hemsl.
5.羊踯躅	*Rh. molle* G. Don.
6.马银花	*Rh. ovatum* Planch.
7.杜鹃(映山红)	*Rh. simsii* Planch.
8.白花杜鹃	*Rh. mucronatum* G. Don（黄映泉采）
(五)越桔属 *Vaccinium*	
1.乌饭树	*Vaccinium bracteatum* Thunb.
2.米饭花	*V. mandarinorum* Diels
3.刺毛越桔	*V. trichocladum* Merr. et Metc.
九十三、紫金牛科 Myrsinaceae	
(一)紫金牛属 *Ardisia*	

1.朱砂根	*Ardisia crenata* Sims
2.紫金牛	*A. japonica*（Thunb.）Blume
(二)铁仔属　*Myrsine*	
1.光叶铁仔	*Myrsine stolonifera*（Koidz.）Walker
九十四、报春花科　Primulaceae	
(一)点地梅属　*Androsace*	
1.点地梅	*Androsace umbellata*（Lour.）Merr.
(二)珍珠菜属　*Lysimachia*	
1.泽珍珠菜	*Lysimachia candida* Lindl.
2.珍珠菜	*L. clethroides* Duby
3.聚花过路黄	*L. congestiflora* Hems1.
4.点腺过路黄	*L. hemsleyana* Maxim.
5.长梗排草	*L. longipes* Hemsl.
6.天目珍珠菜	*L. tienmushanensis* Migo.
九十五、柿树科　Ebenaceae	
(一)柿属　*Diospyros*	
1.浙江柿	*Diospyros glaucifolia* Metc.
2.君迁子	*D. lotus* L.
3.油柿	*D. oleifera* Cheng
九十六、安息香科　Styracaceae	
(一)赤杨叶属　*Alniphyllum*	
1.赤杨叶(拟赤杨)	*Alniphyllum fortunei*（Hemsl.）Makino
(二)白辛树属　*Pterostyrax*	
1.小叶白辛树	*Pterostyrax corymbosus* Sieb. et Zucc.
2.白辛树	*P. psilophyllus* Diels ex Perk.
(三)安息香属　*Styrax*	
1.赛山梅	*Styrax confusus* Hems1.
2.玉玲花	*S. obassius* Sieb. et Zucc.
3.芬芳安息香(郁香野茉莉)	*S. odoratissimus* Champ.
九十七、山矾科　Symplocaceae	
(一)山矾属　*Symplocos*	
1.薄叶山矾	*Symplocos anomala* Brand
2.山矾	*S. sumuntia* Buch.—Ham. ex Don
3.华山矾	*S. chinensis*（Lour.）Druce
4.白檀	*S. paniculata*（Thunb.）Miq.
5.四川山矾	*S. setchuensis* Brand

6.老鼠矢	*S. stellaris* Brand
九十八、木犀科　Oleaceae	
(一)流苏树属　*Chionanthus*	
1.流苏树	*Chionanthus retusus* Lindl. et Paxt.
2.齿叶流苏	*Ch. retusus* Lindl. et Paxt. var. *serrulata* Koidz.
(二)雪柳属　*Fontanesia*	
1.雪柳(五谷树)	*Fontanesia fortunei* Carr.
(三)连翘属　*Forsythia*	
1.金钟花	*Forsythia viridissima* Lindl.
(四)白蜡属　*Fraxinus*	
1.苦枥木	*Fraxinus championii* Little.
2.黄山梣	*F. huangshanensis* S. S. Sun
3.尖萼梣	*F. longicuspis* S. et. Z.
(五)女贞属　*Ligustrum*	
1.女贞	*Ligustrum lucidum. Ait.*
2.长筒亨氏女贞	*L. henryi* Hemsl. var *longitubum* P. S. Hsu.
3.蜡子树	*L. molliculum* Hance
4.水蜡树	*L. obtusifolium* Sieb. et Zucc.
5.小蜡	*L. sinense* Lour.
(六)木犀属　*Osmanthus*	
1.木犀(桂花)	*Osmanthus fragrans* Lour.
2.华东木犀(库氏木犀)	*O. cooperi* Hemsl.
九十九、马钱科　Loganiaceae	
(一)蓬莱葛属　*Gardneria*	
1.蓬莱葛	*Gardneria multiflora* Makino
一百、龙胆科　Gentianaceae	
(一)龙胆属　*Gentiana*	
1.笔龙胆	*Gentiana zollingeri* Fawcett
(二)獐牙菜属　*Swertia*	
1.獐牙菜	*Swertia bimaculata* Hook. f. et Thoms..
(三)双蝴蝶属　*Tripterospermum*	
1.细茎双蝴蝶	*Tripterospermum filicaule* (Hemsl.)H. Smith.
2.中国双蝴蝶	*T. chinensis* (Migo) H. Smith ex Nilsson
一百〇一、夹竹桃科　Apocynaceae	
(一)络石属　*Trachelospermum*	
1.短柱络石	*Trachelospermum brevistylum* Hand.—Mazz.

2.络石	*T. jasminoides*（Lindl.）Lem.
3.石血	*T. jasminoides*（Lindl.）Lem. var. *heterophyllum* Tsiang
一百〇二、萝藦科　Asclepiadaceae	
(一)秦岭藤属　*Biondia*	
1.青龙藤	*Biondia henryi*（Warb. ex Schltr. et Diels）Tsiang et P. T. Li
(二)鹅绒藤属　*Cynanchum*	
1.飞来鹤	*Cynanchum auriculatum* Royle ex Wight
2.蔓剪草	*C. chekiangense* M. Cheng ex Tsiang et P. T. Li
3.竹灵消	*C. inamoenum*（Maxim.）Loes.
4.毛白前	*C. mooreanum* Hemsl.
一百〇三、茜草科　Rubiaceae	
(一)水团花属　*Adina*	
1.细叶水团花	*Adina rubella* Hanco.
(二)香果树属　*Emmenopterys*	
1.香果树	*Emmenopterys henryi* Oliv.
(三)拉拉藤属　*Galium*	
1.猪殃殃	*Galium aparine* L. var. *tenerum*（Gren. et Godr.）Rchb.
2.六叶葎	*G. asperuloides* Edgew. var. *hoffmeisteri*（Klotz）Hand.—Mazz.
3.四叶葎	*G. bungei* Steud.
(四)栀子属　*Gardenia*	
1.栀子	*Gardenia jasminoides* Ellis
2.重瓣栀子花	*G. jasminoides* Ellis var. *grandiflora* Nakai.
(五)耳草属　*Hedyotis*	
1.黄毛耳草	*Hedyotis chrysotricha*（Palib.）Merr.
(六)玉叶金花属　*Mussaenda*	
1. 玉叶金花(大叶白纸扇)	*Mussaenda esquirolii* Levl.
(七)蛇根草属　*Ophiorrhiza*	
1.日本蛇根草	*Ophiorrhiza japonica* Bl.
(八)鸡矢藤属　*Paederia*	
1.鸡矢藤	*Paederia scandens*（Lour.）Merr.
2.毛鸡矢藤	*P. scandens* var. *tomentosa*（Bl.）Hand.—Mazz.
(九)茜草属　*Rubia*	
1.茜草	*Rubia cordifolia* L.
(十)六月雪属　*Serissa*	
1.白马骨	*Serissa serissoides*（DC.）Druce
一百〇四、旋花科　Convolvulaceae	

(一)打碗花属　*Calystegia*	
1.打碗花	*Calystegia hederacea* Wall.
2.篱打碗花(旋花)	*C. sepium* (L.) R. Br.
(二)鱼黄草属　*Merremia*	
1.北鱼黄草	*Merremia sibirica* (Pers.) Hall. f.
(三)飞蛾藤属　*Porana*	
1.飞蛾藤	*Porana racemosa* Roxb.
(四)菟丝子属　*Cuscuta*	
1.日本菟丝子	*Cuscuta japonica* Choisy
2.菟丝子	*C. chinensis* Lam.
3.南方菟丝子	*C. australis* R. Br.
一百〇五、紫草科　Boraginaceae	
(一)厚壳树属　*Ehretia*	
1.厚壳树	*Ehretia thyrsiflora* (S. et Z.) Nakai
(二)斑种草属　*Bothriospermum*	
1.多苞斑种草	*Bothriospermum secundum* Maxim
2.柔弱斑种草	*B. tenellum* (Hornem.) Fisch. et Mey.
(三)琉璃草属　*Cynoglossum*	
1.琉璃草	*Cynoglossum zeylanicum* (Vahl) Thunb. ex Lehm
(四)盾果草属　*Thyrocarpus*	
1.弯齿盾果草	*Thyrocarpus glochidiatus* Maxim.
2.盾果草	*Th. sampsonii* Hance
(五)附地菜属　*Trigonotis*	
1.附地菜	*Trigonotis peduncularis* (Trev.) Benth.
一百〇六、马鞭草科　Verbenaceae	
(一)紫珠属　*Callicarpa*	
1.紫珠	*Callicarpa bodinieri* Levl.
2.华紫珠	*C. cathayana* H. T. Chang
3.老鸦糊	*C. giraldii* Hesse ex Rehd.
4.日本紫珠	*C. japonica* Thunb.
5.窄叶紫珠	*C. japonica* var. angustata Rehd.
6.红紫珠	*C. rubella* Lindl.（绩溪清凉峰绿井，何家庆1990年）
(二)莸属　*Caryopteris*	
1.兰香草	*Caryopteris incana* (Thunb.) Miq.
(三)大青属　*Clerodendrum*	
1.臭牡丹	*Clerodendrum bungei* Steud.

2.大青	*C. cyrtophyllum* Turcz
3.浙江大青	*C. kaichianum* Hsu
4.海州常山	*C. trichotomum* Thunb.
(四)豆腐柴属 *Premna*	
1.豆腐柴(腐婢)	*Premna microphylla* Turcz.
(五)马鞭草属 *Verbena*	
1.马鞭草	*Verbena officinalis* L.
(六)牡荆属 *Vitex*	
1.牡荆	*Vitex negundo* L. var. *cannabifolia* (S. et Z.) Hand.—Mazz.
2.荆条	*V. negundo* L. var. *heterophylla* (Franch.) Rehd.
一百〇七、唇形科 Labiatae	
(一)筋骨草属 *Ajuga*	
1.金疮小草	*Ajuga decumbens* Thunb.
(二)风轮菜属 *Clinopodium*	
1.风轮菜	*Clinopodium chinense* (Benth.) 0.Ktze.
2.细风轮菜	*C. gracile* (Benth.) Matsum.
3.灯笼草	*C. polycephalum* (Vaniot) C. Y. Wu et Hsuan
(三)绵穗苏属 *Comanthosphace*	
1.天人草	*Comanthosphace japonica* (Miq.) S. Moore
2.绵穗苏	*C. ningpoensis* (Hemsl.) Hand.—Mazz.
(四)香薷属 *Elsholtzia*	
1.紫花香薷	*Elsholtzia argyi* Levl.
2.香薷	*E. ciliata* (Thunb.) Hyland.
3.野草香	*E. cypriani* (Pavol.) S. Chow
4.湖南香薷	*E. hunanensis* Hand.—Mazz.
5.海州香薷	*E. splendens* Nakai ex F. Maek
(五)益母草属 *Leonurus*	
1.益母草	*Leonurus artemisia* (Layr.) S. Y. Hu
(六)龙头草属 *Meehania*	
1.走茎龙头草	*Meehania fargesii* (Levl.) C. Y. Wu var. *radicans* (Vaniot) C. Y. Wu
(七)石荠苎属 *Mosla*	
1.小鱼仙草	*Mosla dianthera (Buch.—Ham.) Maxim.*
2.石荠苧	*M. scabra* (Thunb.) C. Y. Wu et H. W. Li
(八)牛至属 *Origanum*	
1.牛至	*Oiganum vulgare* L.
(九)紫苏属 *Perilla*	

1.紫苏	*Perilla frutescens*（L.）Britt.
（十）夏枯草属　*Prunella*	
1.夏枯草	*Prunella vulgaris* L.
（十一）香茶菜属　*Isodon*	
1.细锥香茶菜	*Isodon coetsa*（Buch.—Ham. ex D. Don）
2.大萼香茶菜	*I. macrocalyx*（Dunn）Kudo
3.岐伞香茶莱	*I. macrophyllus*（Migo）Hara.
4.清凉峰岐伞香茶菜	*I. macrophyllus*（Migo）Hara. f. *qinlianfenensis* X. P. Zhang
5.碎米桠	*I. rubescens*（Hemsl.）Hara
（十二）鼠尾草属　*Salvia*	
1.鼠尾草	*Salvia japonica* Thunb.
2.丹参	*S. miltiorrhiza* Bunge
3.荔枝草	*S. plebeia* R. Br.
（十三）黄芩属　*Scutellaria*	
1.半枝莲	*Scutellaria barbata* D. Don
2.韩信草	*S. indica* L.
3.小叶韩信草	*S. indica* L. var. *parvifolia*（Makino）Makino
（十四）水苏属　*Stachys*	
1.蜗儿菜	*Stachys arrecta* L. H. Bailey
2.水苏	*S. japonica* Miq.
3.针筒菜	*S. oblongifolia* Benth.
（十五）假糙苏属　*Paraphlomis*	
1.山地假糙苏	*Paraphlomis foliata* subsp. *montigena* X. H. Cuo et S. B. Zhou
（十六）香科科属　*Teucrium*	
1.庐山香科科	*Teucrium pernyi* Franch.
一百〇八、茄科　Solanaceae	
（一）枸杞属　*Lycium*	
1.枸杞	*Lycium chinense* Mill.
（二）散血丹属　*Physaliastrum*	
1.江南散血丹	*Physaliastrum heterophyllum*（Hemsl.）Migo
（三）酸浆属　*Physalis*	
1.苦蘵	*Physalis angulata* L.
（四）茄属　*Solanum*	
1.野海茄	*Solanum japonense* Nakai
2.白英	*S. lyratum* Thunb.
3.龙葵	*S. nigrum* L.

4.海桐叶白英	*S. pittosporifolium* Hemsl.
(五)龙珠属　*Tubocapsicum*	
1.龙珠	*Tubocapsicum anomalum*（Franch. et Sav.）Makino
一百〇九、醉鱼草科　Buddlejaceae	
(一)醉鱼草属　*Buddleja*	
1.醉鱼草	*Buddleja lindleyana* Fort.
一百一十、玄参科　Scrophulariaceae	
(一)通泉草属　*Mazus*	
1.通泉草	*Mazus japonicus*（Thunb.）0.Kuntze
2.匍茎通泉草	*M. miquelii* Makino
3.弹刀子菜	*M. stachydifolius*（Turcz.）Maxim.
(二)山罗花属　*Melampyrum*	
1.山萝花	*Melampyrum roseum* Maxim.
(三)泡桐属　*Paulownia*	
1.白花泡桐	*Paulownia fortunei*（Seem.）Hemsl.
2.毛泡桐	*P. tomentosa*（Thunb.）Steud.
(四)马先蒿属　*Pedicularis*	
1.江南马先蒿	*Pedicularis henryi*. Maxim.
2.返顾马先蒿	*P. resupinata* L.
(五)阴行草属　*Siphonostegia*	
1.腺毛阴行草	*Siphonostegia laeta* S. Moore
(六)蝴蝶草属(翼萼属)　*Torenia*	
1.紫色翼萼	*Torenia violacea*（Azaola）Pennell
(七)婆婆纳属　*Veronica*	
1.婆婆纳	*Veronica didyma* Tenore
2.水蔓菁	*V. linariifolia* Parll. ex Link
3.阿拉伯婆婆纳	*V. persica* Poir.
4.朝鲜婆婆纳	*V. rotunda* Nakai var. *koreana*（Nakai）Yamazaki
5.水苦荬	*V. undulata* Wall.
(八)腹水草属　*Veronicastrum*	
1.毛叶腹水草	*Veronicastrum villosulum*（Miq.）Yamazaki
一百一十一、爵床科　Acanthaceae	
(一)白接骨属　*Asystasiella*	
1.白接骨	*Asystasiella chinensis*（S. Moore）E. Hossain
(二)杜根藤属　*Calophanoides*	
1.杜根藤	*Calophanoides chinensis*（Champ.）C. Y. Wu. et H. S. Lo

(三)观音草属(九头狮子草属) Peristrophe	
1.九头狮子草	*Peristrophe japonica* (Thunb.) Bremek
(四)马蓝属 *Strobilanthes*	
1.少花马蓝	*Strobilanthes oliganthus* Miq.
(五)爵床属 *Rostellularia*	
1.爵床	*Rostellularia procumbens* (L.) Nees
一百一十二、苦苣苔科 Gesneriaceae	
(一)粗筒苣苔属 *Briggsia*	
1.浙皖粗筒苣苔	*Briggsia chienii* Chun
(二)苦苣苔属 *Conandron*	
1.苦苣苔	*Conandron ramondioides* Sieb. et Zucc.
(三)长蒴苣苔属 *Didymocarpus*	
1.闽赣长蒴苣苔	*Didymocarpus heucherifolius* Hand. —Mazz.
(四)半蒴苣苔属 *Hemiboea*	
1.半蒴苣苔	*Hemiboea henryi* Clarke
(五)吊石苣苔属 *Lysionotus*	
1.吊石苣苔	*Lysionotus pauciflorus* Maxim.
一百一十三、列当科 Robanchaceae	
(一)野菰属 *Aeginetia*	
1.野菰	*Aeginetia indica* Roxb.
一百一十四、狸藻科 Lentibulariaceae(Utriculariaceae)	
(一)狸藻属 *Utricularia*	
1.黄花狸藻	*Utricularia aurea* Lour.
一百一十五、透骨草科 Phrymaceae	
(一)透骨草属 *Phryma*	
1.透骨草	*Phryma leptostachya* L. var. *asiatica* Hara
一百一十六、车前科 Plantaginaceae	
(一)车前属 *Plantago*	
1.车前	*Plantago asiatica* L.
一百一十七、忍冬科 Caprifoliaceae	
(一)六道木属 *Abelia*	
1.六道木	*Abelia biflora* Turcz.
2.南方六道木	*A. dielsii* (Graebn.) Rehd.
(二)七子花属 *Heptacodium*	
1.七子花	*Heptacodium miconioides* Rehd.
(三)忍冬属 *Lonicera*	

1.须蕊忍冬	*Lonicera chrysantha* Turcz. subsp. *koehneana*（Rehd.）Hsu et H. J. Wang
2.苦糖果	*L. fragrantissima* Lindl. et Paxt. subsp. *standishii*（Carr.）P. S. Hsu et H. J. Wang
3.蕊被忍冬	*L. gynochlamydea* Hemsl.
4.倒卵叶忍冬	*L. hemsleyana*（O.Ktze.）Rehd.
5.忍冬(金银花)	*L. japonica* Thunb.
6.金银忍冬	*L. maackii*（Rupr.）Maxim.
7.下江忍冬	*L. modesta* Rehd.
8.庐山忍冬	*L. modesta* Rehd. var. *lushanensis* Rehd.
9.盘叶忍冬	*L. tragophylla* Hems1.
10.毛萼忍冬	*L. trichosepala*（Rehd.）P. S. Hsu
(四)接骨木属　*Sambucus*	
1.接骨草	*Sambucus chinensis* Lindl.
1.接骨木	*S. williamsii* Hance
(五)荚蒾属　*Viburnum*	
1.荚蒾	*Viburnum dilatatum* Thunb.
2.蚀齿荚蒾	*V. erosum* Thunb.
3.南方荚蒾	*V. fordiae* Hance
4.壮大荚蒾	*V. glomeratum* Maxim. subsp. *magnificum*（Hsu）P. S. Hsu
5.衡山荚蒾	*V. hengshanicum.* Tsiang ex P. S. Hsu
6.腺叶荚蒾	*V. lobophyllum* Graebn. var. *silvestrii* Pamp.
7.天目琼花（鸡树条）	*V. opulus* L. var. *calvescens*（Rehd.）Hara
8.蝴蝶戏珠花	*V. plicatum* Thunb. f. *tomentosum*（Thunb.)Rehd.
9.茶荚蒾(刚毛荚蒾)	*V. setigerum* Hance
10.合轴荚蒾	*V. sympodiale* Graebn.
(六)锦带花属　*Weigela*	
1.海仙花	*Weigela coraeensis* Thunb.
2.水马桑	*W. japonica* Thunb. var. *sinica*（Rehd.）Beiley
(七)猬实属　*Kolkwitzia*	
1.猬实	*Kolkwitzia amabilis* Graebn
一百一十八、败酱科　Valerianaceae	
(一)败酱属　*Patrinia*	
1.异叶败酱	*Patrinia heterophylla* Bunge
2.窄叶败酱	*P. heterophylla* Bunge subsp. *angustifolia* H. J. Wang
3.斑花败酱	*P. punctiflora* Hsu et H. J. Wang
4.败酱	*P. scabiosaefolia* Fisch.
5.白花败酱	*P. villosa*（Thunb.）Juss.

(二)缬草属 *Valeriana*	
1.缬草	*Valeriana officinalis* L.
一百一十九、川续断科 Dipsacaceae	
(一)川续断属 *Dipsacus*	
1.日本续断	*Dipsacus jaonicus* Miq.
一百二十、桔梗科 Campanulaceae	
(一)沙参属 *Adenophora*	
1.华东杏叶沙参	*Adenophora hunanensis* Nannf. subsp. *huadungensis* Hong
2.沙参	*A. stricta* Miq.
3.轮叶沙参	*A. tetraphylla*(Thunb.)Fisch.
(二)党参属 *Codonopsis*	
1.羊乳	*Codonopsis lanceolata* Benth. et Hook. f.
(三)桔梗属 *Platycodon*	
1.桔梗	*Platycodon grandiflorus*(Jacq.) A. DC.
(四)半边莲属 *Lobelia*	
1.半边莲	*Lobelia chinensis* Lour.
一百二十一、菊科 Compositae	
(一)下田菊属 *Adenostemma*	
1.下田菊	*Adenostemma lavenia*(L.) 0.Kuntze
(二)兔儿风属 *Ainsliaea*	
1.铁灯兔儿风	*Ainsliaea macroclinidioides* Hay
(三)香青属 *Anaphalis*	
1.香青	*Anaphalis sinica* Hance
(四)牛蒡属 *Arctium*	
1.牛蒡	*Arctium lappa* L.
(五)蒿属 *Artemisia*	
1.奇蒿	*Artemisia anomala* S. Moore
2.密毛奇蒿	*A. anomala* S. Moore var. *tomentella* Hand.—Mazz.
3.矮蒿	*A. feddei* Levl. et Van.
4.牡蒿	*A. japonica* Thunb.
5.蒙古蒿	*A. mongolica*(Fisch. ex Bess.)Nakai.
6.猪毛蒿	*A. scoparia* Wald. et Kit.
7.阴地蒿	*A. sylvatica* Maxim.
(六)紫菀属 *Aster*	
1.毛枝三脉紫菀	*Aster ageratoides* Turcz. var. *lasiocladus*(Hayata) Hand.—Mazz.
2.宽伞三脉紫菀	*A. ageratoides* Turcz. var. *laticorymbus*(Vant.) Hand.—Mazz.

(七)鬼针草属 *Bidens*	
1.金盏银盘	*Bidens biternata* (Lour.) Merr. et Sherff
2.鬼针草	*B. pilosa* L.
(八)蟹甲草属 *Cacalia*	
1.黄山蟹甲草	*Cacalia hwangshanica* Ling.
2.矢镞叶蟹甲草	*C. rubescens* (S. Moore) Matsuda
(九)天名精属 *Carpesium*	
1.天名精	*Carpesium abrotanoides* L.
2.烟管头草	*C. cernuum* L.
3.金挖耳	*C. divaricatum* Sieb. et Zucc.
(十)石胡荽属 *Centipeda*	
1.石胡荽	*Centipeda minima* (L.) A. Br. et Aschers.
(十一)蓟属 *Cirsium*	
1.刺儿菜	*Cirsium setosum* (Willd.) MB.
2.大蓟	*C. japonicum* DC.
3.线叶蓟	*C.1ineare* (Thunb.) Sch.—Bip.
(十二)白酒草属 *Conyza*	
1.野塘蒿	*Conyza bonarensis* (L.) Cronq.
2.小飞蓬(加拿大飞蓬)	*C. canadensis* (L.) Cronq.
(十三)菊属 *Dendranthema*	
1.野菊	*Dendranthema indicum* (L.) Des Moul.
2.甘菊	*D. lavandu1ifolium* (Fisch. ex Trautv.) Ling et Shih
(十四)东风菜属 *Doellingeria*	
1.东风菜	*Doellingeria scaber* (Thunb.) Nees
(十五)醴肠属 *Eclipta*	
1.醴肠	*Eclipta prostrata* L.
(十六)一点红属 *Emilia*	
1.一点红	*Emilia sonchifolia* (L.) DC.
(十七)飞蓬属 *Erigeron*	
1.一年蓬	*Erigeron annuus* (L.) Pers.
(十八)泽兰属 *Eupatorium*	
1.华泽兰	*Eupatorium chinense* L.
2.佩兰	*E. fortunei* Turcz.
3.泽兰	*E. japonicum* Thunb.
4.白鼓钉	*E. lndleyanum* DC.
5.林泽兰	*E. lindleyanum* DC. var. *tripartitum* Makino

(十九)鼠曲草属 *Gnaphalium*	
1.鼠曲草	*Gnaphalium affine* D. Don
2.白背鼠曲草	*G. japonicum* Thunb.
3.下白鼠曲草(秋鼠曲草)	*G. hypoleucum* DC.
(二十)菊三七属 *Gynura*	
1.三七草	*Gynura segetum* (Lour.) Merr.
2.革命草(野茼蒿)	*G. crepidioides* Benth.
(二十一)泥胡菜属 *Hemistepta*	
1.泥胡菜	*Hemistepta lyrata* (Bge.) Bge.
(二十二)狗娃花属 *Heteropappus*	
1.狗娃花	*Heteropappus hispidus* (Thunb.) Less.
(二十三)旋覆花属 *Inula*	
1.大花旋复花	*Inula britanica* L.
2.旋复花	*I. japonica* Thunb.
(二十四)苦荬菜属 *Ixeris*	
1.山苦荬	*Ixeris chinensis* (Thunb.) Nakai
2.齿缘苦荬菜	*I. dentata* (Thunb.) Nakai
3.苦荬菜	*I. denticulata* (Houtt.) Stebb.
4.禾叶苦荬	*I. graminea* (Fisch.) Nakai
5.抱茎苦荬菜	*I. sonchifolia* Hance
(二十五)马兰属 *Kalimeris*	
1.马兰	*Kalimeris indica* (L.) Sch.—Bip.
2.毡毛马兰	*K. shimadai* (Kitam.) Kitam.
(二十六)莴苣属 *Lactuca*	
1.山莴苣	*Lactuca indica* L.
(二十七)稻槎菜属 *Lapsana*	
1.稻槎菜	*Lapsana apogonoides* Maxim.
(二十八)大丁草属 *Leibnitzia*	
1.大丁草	*Leibnitzia anandria* (L.) Nakai
(二十九)火绒草属 *Leontopodium*	
1.薄雪火绒草	*Leontopodium japonicum* Miq.
(三十) 橐吾属 *Ligularia*	
1.鹿蹄橐吾	*Ligularia hodgsonii* Hook
2.狭苞橐吾	*L. intermedia* Nakai
3.窄头橐吾	*L. stenocephala* (Maxim.) Matsum. et Koidz.
(三十一) 毛连菜属 *Picris*	

1.毛莲菜	*Picris hieracioides* L. subsp. *japonica* Krylv.
(三十二)福王草属　*Prenanthes*	
1.盘果菊	*Prenanthes tatarinowii* Maxim.
(三十三)风毛菊属　*Saussurea*	
1.黄山风毛菊	*Saussurea hwangshanensis* Ling.
2.心叶风毛菊	*S. cordifolia* Hemsl.
(三十四)千里光属　*Senecio*	
1.狗舌草	*Senecio kirilowii* Turcz.
2.林荫千里光	*S. nemorensis* L.
3.蒲儿根	*S. oldhamianus* Maxim.
4.千里光	*S. scandens* Buch.—Ham.
(三十五)豨莶属　*Siegesbeckia*	
1.豨莶	*Siegesbeckia orientalis* L.
2.腺梗豨莶	*S. pubescens* Makino
(三十六)一枝黄花属　*Solidago*	
1.一枝黄花	*Solidago decurrens* Lour.
(三十七)兔儿伞属　*Syneilesis*	
1.兔儿伞	*Syneilesis aconitifolia*（Bunge）Maxim.
(三十八)山牛蒡属　*Synurus*	
1.山牛蒡	*Synurus deltoides*（Ait.）Nakai
(三十九)蒲公英属　*Taraxacum*	
1.蒲公英	*Taraxacum mongolicum* Hand.—Mazz.
(四十)苍耳属　*Xanthium*	
1.苍耳	*Xanthium sibiricum* Patrin
(四十一)黄鹌菜属　*Youngia*	
1.红果黄鹌菜	*Youngia erythrocarpa*（Vant.）Babc et Stebb.
2.黄鹌菜	*Y. japonica*（L.）DC.
一百二十二、泽泻科　Alismataceae	
(一)泽泻属　*Alisma*	
1.泽泻	*Alisma plantagoaquatica* L. var. *orientale* Sam
(二)慈姑属　*Sagittaria*	
1.华夏慈菇	*Sagittaria trifolia*L .var. *sinesis*(Sims.)Makino.
一百二十三、延龄草科　Trilliaceae	
(一)重楼属　*Paris*	
1.七叶一枝花	*Paris Polyphylla* Smith.
2.华重楼	*P. polyphylla* Sm. var. *chinensis*（Franch.）Hara

3.北重楼	*P. verticillata* M. Bieb.
(二)延龄草属 *Trillium*	
1.延龄草	*Trillium tschonoskii* Maxim.
一百二十四、菝葜科 Smilacaceae	
(一)菝葜属 *Smilax*	
1.菝葜	*Smilax china* L.
2.小果菝葜	*S. davidiana* A. DC.
3.托柄菝葜	*S. discotis* Warb.
4.长托菝葜	*S. ferox* Wall. ex Kunth
5.土茯苓	*S. glabra* Roxb.
6.黑果菝葜(粉菝葜)	*S. glauco—china* Marb.
7.小叶菝葜	*S. microphylla* C. H. Wright
8.缘脉菝葜	*S. nervo—marginata* Hay.
9.白背叶牛尾菜	*S. nipponica* Miq.
10.牛尾菜	*S. riparia* A. DC.
11.华东菝葜	*S. sieboldii* Miq.
12.鞘柄菝葜	*S. stans* Maxim.
一百二十五、百合科 Liliaceae	
(一)粉条儿菜属 *Aletris*	
1.粉条儿菜	*Aletris spicata* (Thunb.) Franch
(二)葱属 *Allium*	
1.小根蒜	*Allium macrostemon* Bunge
2.多叶韭	*A. plurifoliatum* Rendle
(三)天门冬属 *Asparagus*	
1.天门冬	*Asparagus cochinchinensis* (Lour.) Merr.
2.羊齿天门冬	*A. filicinus* Ham. ex D. Don
(四)大百合属 *Cardiocrinum*	
1.荞麦叶大百合	*Cardiocrinum cathayanum* (Wi1s.) Stearn
(五)万寿竹属 *Disporum*	
1.宝铎草	*Disporum sessi1e* D. Don
(六)贝母属 *Fritillaria*	
1.浙贝母	*Fritillaria thunbergii* Miq.
(七)萱草属 *Hemerocallis*	
1.黄花菜	*Hemerocallis citrina* Baroni
2.萱草	*H. fulva* L.
(八)玉簪属 *Hosta*	

1.紫萼	*Hosta ventricosa*（Salisb.）Stearn
(九)百合属 *Lilium*	
1.百合(野百合)	*Lilium brownii* F. E. Brown. var. *viridulum* Baker.
2.条叶百合	*L. callosum* Sieb. et Zucc.
3.卷丹	*L. lancifolium* Thunb.
4.药百合	*L. speciosum* Thunb. var. *glorisoides* Baker
(十)山麦冬属 *Liriope*	
1.矮小土麦冬	*Liriope minor*（Maxim.）Makino
2.阔叶土麦冬	*L. platyphylla* Wang et Tang
3.土麦冬	*L. spicata* Lour.
(十一)沿阶草属 *Ophiopogon*	
1.麦冬	*Ophiopogon japonicus*（L. f.）Ker—Gawl.
(十二)黄精属 *Polygonatum*	
1.多花黄精	*Polygonatum cyrtonema* Hua
2.长梗黄精	*P. filipes* Merr.
3.黄精	*P. sibiricum* Redoute
(十三)绵枣儿属 *Scilla*	
1.绵枣儿	*Scilla scilloides*（Lindl.）Druce
(十四)鹿药属 *Smilacina*	
1.管花鹿药	*Smilacina henryi*（Baker）Wang et Tang
2.鹿药	*S. japonica* A. Gray
(十五)白穗花属 *Speirantha*	
1.白穗花	*Speirantha gardenii*（Hook.）Baill.
(十六)油点草属 *Tricyrtis*	
1.油点草	*Tricyrtis macropoda* Miq.
(十七)郁金香属 *Tulipa*	
1.老鸦瓣	*Tulipa edulis*（Miq.）Baker
(十八)开口箭属 *Tupistra*	
1.开口箭	*Tupistra chinensis* Baker
(十九)藜芦属 *Veratrum*	
1.黑紫藜芦	*Veratrum nigrum* L.
一百二十六、百部科 Stemonaceae	
(一)金刚大属 *Croomia*	
1.金刚大	*Croomia japonica* Miq.
(二)百部属 *Stemona*	
1.百部	*Stemona japonica*(Bl.）Miq.

一百二十七、石蒜科　Amaryllidaceae	
(一)石蒜属　*Lycoris*	
1.石蒜	*Lycoris radiata*（L'Her.）Herb.
一百二十八、薯蓣科　Dioscoreaceae	
(一)薯蓣属　*Dioscorea*	
1.无翅参薯	*Dioscorea exalata* C. T. Ting et M. C. Chang
2.粉背薯蓣	*D. collettii* Hook. f. var. *hypoglauca*（Palibin）Pei et Ting
3.纤细薯蓣	*D. gracillima* Miq.
4.日本薯蓣	*D. japonica* Thunb.
5.山萆薢	*D. tokoro* Makino
一百二十九、雨久花科　Montederiaceae	
(一)雨久花属　*Monochoria*	
1.少花鸭舌草	*Monochoria vaginalis* Presl var. *plantaginea*（Roxb.）Solms. Laub.
一百三十、鸢尾科　Iridaceae	
(一)射干属　*Belamcanda*	
1.射干	*Belamcanda chinensis*（L.）DC.
(二)鸢尾属　*Iris*	
1.玉蝉花	*Iris ensata* Thunb.
2.蝴蝶花	*I. japonica* Thunb.
3.马蔺	*I. lactea* Pall. var. *chinensis*（Fisch.）Koidz.
4.小花鸢尾	*I. speculatrix* Hance
5.鸢尾	*I. tectorum* Maxim.
一百三十一、灯心草科　Juncaceae	
(一)灯心草属　*Juncus*	
1.江南灯心草	*Juncus leschenaultii* Gray
2.野灯心草	*J. setchunensis* Buch.
3.翅茎灯心草	*J. alatus* Franch. et Savat.
(二)地杨梅属　*Luzula*	
1.羽毛地杨梅	*Luzula plumosa* E. Mey.
一百三十二、鸭跖草科　Commelinaceae	
(一)鸭跖草属　*Commelina*	
1.饭包草	*Commelina benghalensis* L.
2.鸭跖草	*C. communis* L.
(二)水竹叶属　*Murdonnia*	
1.裸花水竹叶	*Murdonnia nudiflora*（L.）Brenan
一百三十三、谷精草科　Eriocaulaceae	

(一)谷精草属　*Eriocaulon*	
1.谷精草	*Eriocaulon buergerianum* Koern.
一百三十四、禾本科　Gramineae	
(一)剪股颖属　*Agrostis*	
1.小花剪股颖	*Agrostis micrantha* Steud.
(二)看麦娘属　*Alopecurus*	
1.看麦娘	*Alopecurus aequalis* Sobo1.
(三)荩草属　*Arthraxon*	
1.荩草	*Arthraxon hispidus* (Thunb.) Makino
(四)野古草属　*Arundinella*	
1.野古草	*Arundinella anomala* Steud.
(五)燕麦属　*Avena*	
1.光稃野燕麦	*Avena fatua* L. var. *glabrata* Peterm.
(六)菵草属　*Beckmannia*	
1.水稗	*Beckmannia syzigachne* (Steud.) Fernald.
(七)短穗竹属　*Brachystachyum*	
1.短穗竹	*Brachystachyum densiflorum* (Rendle) Keng
(八)雀麦属　*Bromus*	
1.雀麦	*Bromus japonicus* Thunb.
2.疏花雀麦	*B. remotiflorus* (Steud.) 0hwi
(九)狗牙根属　*Cynodon*	
1.狗牙根	*Cynodon dactylon* (L.) Pers.
(十)野青茅属　*Deyeuxia*	
1.疏花野青茅	*Deyeuxia arundinacea* (L.) Beauv. var. *laxiflora* (Rendle) P. C. Kuo et S. L. Lu
(十一)马唐属　*Digitaria*	
1.马唐	*Digitaria sanguinalis* (L.) Scop.
(十二)油芒属　*Eccoilopus*	
1.油芒	*Eccoilopus cotulifer* (Thunb.) A. Camus
(十三)穇属　*Eleusine*	
1.牛筋草(蟋蟀草)	*Eleusine indica* (L.) Gaertn.
(十四)画眉草属　*Eragrostis*	
1.知风草	*Eragrostis ferruginea* (Thunb.) Beauv.
2.乱草	*E. japonica* (Thunb.) Trin.
(十五)羊茅属　*Festuca*	
1.日本羊茅	*Festuca japonica* Makino
2.小颖羊茅	*F. parvigluma* Steud.
3.羊茅	*F. ovina* L.

4.远东羊茅	*F. extremiorientalis* Ohwi
(十六)白茅属 *Imperata*	
1.白茅	*Imperata cylindrica* (L.) Beauv. var. *major* (Nees) C. E. Hubb.
(十七)箬竹属 *Indocalamus*	
1.阔叶箬竹	*Indocalamus latifolius* (Keng) Mccl.
(十八)柳叶箬属 *Isachne*	
1.柳叶箬	*Isachne globosa* (Thunb.) Kuntze
(十九)淡竹叶属 *Lophatherum*	
1.淡竹叶	*Lophatherum gracile* Brongn.
(二十)莠竹属 *Microstegium*	
1.柔枝莠竹	*Microstegium vimineum* (Trin.) A. Camus.
(二十一)芒属 *Miscanthus*	
1.五节芒	*Miscanthus floridulus* (Labill.) Warb.
2.芒	*M. sinensis* Anderss.
(二十二)沼原草属 *Moliniopsis*	
1.沼原草(拟麦氏草)	*Moliniopsis hui* (Pilger) Keng.
(二十三)乱子草属 *Muhlenbergia*	
1.多枝乱子草	*Muhlenbergia ramosa* (Hack.) Makino
(二十四)求米草属 0plismenus	
1.日本求米草	*0plismenus undulatifolius* var. *japonicus* (Steud.) Koidz.
(二十五)雀稗属 *Paspalum*	
1.雀 稗	*Paspalum thunbergii* Kunth ex Stead.
(二十六)狼尾草属 *Pennisetum*	
1.狼尾草	*Pennisetum alopecuroides* (L.) Spreng.
(二十七)显子草属 *Phaenosperma*	
1.显子草	*Phaenosperma globosa* Munro
(二十八)刚竹属 *Phyllostachys*	
1.尖头青竹	*Phyllostachys acuta* C. D. Chu et C. S. Chao
2.黄古竹	*Ph. angusta* Mccl.
3.石绿竹	*Ph. arcana* Mcclure.
4.桂竹	*Ph. bambusoides* S. et Z.
5.毛竹	*Ph. heterocycla* (Carr.) Mitford var. *pubescens* (Mazel ex H. de Lehaie)Ohwi
6.曲秆竹	*Ph. flexuosa* (Carr.) A. et C. Riv.
7.水竹	*Ph. heteroclada* oliv.
8.毛金竹	*Ph. nigra* Munro var. *henonis* (Mitf.) Stapf ex Rendle
9.早园竹	*Ph. propinqua* Mccl.
10.天目早竹	*Ph. tianmuensis* Z. P. Wang et N. X. Ma

11.水胖竹	*Ph. rubicunda* Wen
12.刚竹	*Ph. sulphurea* (Carr.) A. et C. Riv. var. *viridis* Young
(二十九)苦竹属 *Pleioblastus*	
1.苦竹	*Pleioblastus amarus* (Keng) Keng f.
(三十)早熟禾属 *Poa*	
1.白顶早熟禾	*Poa acro1euca* Steud.
2.早熟禾	*P. annua* L.
3.华东早熟禾	*P. faberi* Rendle.(何家庆,1991年)
4.硬质早熟禾	*P. sphondylodes* Trin.(何家庆,1991年)
5.二花早熟禾	*P. diantha* Steud.
(三十一)棒头草属 *Polypogon*	
1.棒头草	*Polypogon fugax* Ness ex Steud.
(三十二)鹅观草属 *Roegneria*	
1.竖立鹅观草	*Roegneria japonensis* (Honda) Keng
2.细叶鹅观草	*R. japonensis* var. *hackeliana* (Honda) Keng
3.鹅观草	*R. kamoji* 0hwi
(三十三)华箬竹属 *Sasamorpha*	
1.华箬竹	*Sasamorpha sinica* (Keng) Koidz.
(三十四)狗尾草属 *Setaria*	
1.金狗尾	*Setaria glauca* (L.) Brauv.
2.皱叶狗尾草	*S. plicata* (Lamk.) T. Cooke
3.狗尾草	*S. viridis* (L.) Beauv.
(三十五)大油芒属 *Spodiopogon*	
1.大油芒	*Spodiopogon sibiricus* Trin.
(三十六)鼠尾粟属 *Sporobolus*	
1.鼠尾粟	*Sporobolus fertilis* (Steud.) W. D. Clayt
(三十七)菅属 *Themeda*	
1.黄背草	*Themeda triandra* Forsk. var. *japonica* (Willd.) Makino
(三十八)三毛草属 *Trisetum*	
1.湖北三毛草	*Trisetum henryi* Rendle
(三十九)玉山竹属 *Yushania*	
1.鄂西玉山竹	*Yushania confusa* (Mccl.) Z. P. Wang et G. H. Ye
一百三十五、棕榈科 Palmae	
(一)棕榈属 *Trachycarpus*	
1.棕榈	*Trachycarpus fortunei* (Hook. f.) H. Wendl.
一百三十六、天南星科 Araceae	
(一)菖蒲属 *Acorus*	

1.菖蒲	*Acorus calamus* L.
2.金钱蒲	*A. gramineus* Soland.
(二)天南星属　*Arisaema*	
1.云台天南星	*Arisaema du-bois-reymondiae* Engl.
2.一把伞天南星	*A. erubescens*（Wall.）Schott
3.天南星	*A. heterophyllum* Blume
4.花南星	*A. lobatum* Engl.
5.灯台莲	*A. sikokianum* Franch. et Sav.
(三)魔芋属　*Amorphophalls*	
1.魔芋	*Amorphophalls rivieri* Durieu.
(四)半夏属　*Pinellia*	
1.滴水珠	*Pinellia cordata* N. E. Brown
1.半夏	*P. ternata*（Thunb.）Breit.
一百三十七、莎草科　Cyperaceae	
(一)薹草属　*Carex*	
1.短芒薹草	*Carex breviaristata* K. T. Fu
2.短尖薹草	*C. brevicuspis* C. B. Clarke
3.长芒薹草	*C. davidii* Franch.
4.穿孔薹草	*C. foraminata* C. B. Clarke
5.异鳞薹草	*C. heterolepis* Bunge.
6.舌叶薹草	*C.1igulata* Nees
7.灰帽薹草	*C. mitrata* Franch.
8.条穗薹草	*C. nemostachys* Steud.
9.扁杆薹草	*C. planiculmis* Komar.
10.书带薹草	*C. rochebrunii* Franch. et Sav.
11.美丽薹草	*C. sadoensis* Franch.
12.锈鳞薹草	*C. sendaica* Franch.
13.褐绿薹草	*C. stipitinux* C. B. Clarke
14.大理薹草	*C. taliensis* Franch.
15.细梗薹草	*C. teinogyna* Boott.
16.清凉峰薹草	*C. qingliangensis* D. M. Weng, H. W. Zhang, S. F. Xu
(二)莎草属　*Cyperus*	
1.碎米莎草	*Cyperus iria* L.
2.香附子	*C. rotundus* L.
(三)荸荠属　*Eleocharis*	
1.龙师草	*Eleocharis tetraquetra* Nees.
(四)飘拂草属　*Fimbristylis*	

1.宜昌飘拂草	*Fimbristylis henryi* C. B. Clarke
2.水虱草	*F. miliacea*（L.）Vahl
（五）水蜈蚣属　*Kyllinga*	
1.水蜈蚣	*Kyllinga brevifolia* Rottb.
（六）湖瓜草属　*Lipocarpha*	
1.湖瓜草	*Lipocarpha microcephala*（R. Brown.）Kunth
（七）扁莎属　*Pycreus*	
1.红鳞扁莎	*Pycreus sanguinolentus* Nees
（八）藨草属　*Scirpus*	
1.庐山藨草	*Scirpus lushanensis* 0hwi
2.类头状花序藨草	*S. subcapitatus* Thw.
一百三十八、姜科　Zingiberaceae	
（一）姜属　*Zingiber*	
1.蘘荷	*Zingiber mioga*（Thunb.）Rosc
一百三十九、兰科 Orchidaceae	
（一）无柱兰属　*Amitostigma*	
1.细葶无柱兰	*Amitostigma gracile*（Blume）Schltr.
（二）白芨属　*Bletilla*	
1.白芨	*Bletilla striata*（Thunb.)Rchb. f.
（三）石豆兰属　*Bulbophyllum*	
1.麦斛	*Bulbophyllum inconspicuum* Maxim.
2.四棱卷瓣兰	*B. quadrangulatum* Tsi
（四）虾脊兰属　*Calanthe*	
1.钩距虾脊兰	*Calanthe hamata* Hand. -Mazz.
（五）独花兰属　*Changnienia*	
1.独花兰	*Changnienia amoena* Chien
（六）兰属　*Cymbidium*	
1.建兰	*Cymbidium ensifolium*（L.）Sw.
2.蕙兰	*C. faberi* Rolfe
3.春兰	*C. goeringii*（Rchb. f.）Rchb. f.
（七）杓兰属　*Cypripedium*	
1.扇脉杓兰	*Cypripedium japonicum* Thunb.
（八）石斛属　*Dendrobinum*	
1.细茎石斛	*Dendrobinum moniliforme*（L.)Sw.
（九）斑叶兰属　*Goodyera*	
1.小斑叶兰	*Goodyera repens*（L.）R. Br.
2.斑叶兰	*G. schlechtendaliana* Rchb. f.

(十)头蕊兰属　*Cephalanthera*	
1.金兰	*Cephalanthera falcata* (Thunb).Bl.
2.银兰	*C. erecta* (Thunb.)Bl.
(十一)玉凤花属　*Habenaria*	
1.鹅毛玉凤花	*Habenaria dentata* (Sw.)Schltr.
(十二)羊耳蒜属　*Liparis*	
1.大唇羊耳蒜	*Liparis dunnii* Rolfe
(十三)兜被兰属　*Neottianthe*	
1.二叶兜被兰	*Neottianthe cucullata*(L.) Schltr.
(十四)象鼻兰属　*Nothodoritis*	
1.象鼻兰	*Nothodoritis zhejiangensis* Z. H. Tsi.(荆州山核桃上)
(十五)舌唇兰属　*Platanthera*	
1.小舌唇兰	*Platanthera minor*(Miq.) Rchb. f.
(十六)独蒜兰属　*Pleione*	
1.独蒜兰	*Pleione bulbocodioides* (Franch.) Rolfe
(十七)绶草属　*Spiranthes*	
1.绶草	*Spiranthes sinensis* (Pers.) Ames.
(十八)蜻蜓兰属　*Tulotis*	
1.小花蜻蜓兰	*Tulotis ussuriensis* (Regel. et Maack.) Hara

注:本名录未包括绝大部分栽培的蔬菜、粮食、瓜果、油料及外来引种栽培的观赏植物,也未包括综合科考后新发现的植物。

附录4　清凉峰保护区鱼类名录

名　称	目、科、种	栖息地
一、鲤形目	CYPRINIFORMES	
1. 鲤科	Cyprinidae	
1.1 鲃亚科	Barbinae	
刺鲃	*Barbodes fasciatus*	逍遥河
光唇鱼	*Acrossocheilus fasciatus*	大溪源
侧条光唇鱼	*Acrossocheilus parallens*	大溪源、逍遥河
台湾铲颌鱼	*Varicorhinus barbatulus*	大溪源
1.2 鲤亚科	Cyprininae	
鲤	*Cyprinus carpio*	大溪源
鲫鱼	*Carassius auratus*	沧浪河
1.3 鮈亚科	Gobioninae	
麦穗鱼	*Pseudorasbora parva*	大溪源
黑鳍鳈	*Sarcocheilichthys nigripinnis*	大溪源
江西鳈鱼	*Sarcocheilichthys kiangsiensis*	逍遥河
小鳈	*Sarcocheilichthys parvus*	大溪源
银色颌须鮈	*Gnathopogon argentatus*	大溪源
细纹颌须鮈	*Gnathopogon taeniellus*	逍遥河
点纹颌须鮈	*Gnathopogon wolterstorffi*	大溪源
似鮈	*Pseudogobio vaillanti*	大溪源
棒花鱼	*Abbottina rivularis*	逍遥河
建德棒花鱼	*Abbottina tafangensis*	大溪源
福建棒花鱼	*Abbottina fukiensis*	沧浪河
1.3 鳅鮀亚科	Gobiobotinae	
裸胸鳅鮀	*Gobiobotia tungi*	大溪源
1.4 雅罗鱼亚科	Leuciscinae	
南方马口鱼	*Opsariichthys uncirostris*	大溪源、逍遥河
谈氏鱲	*Zacco temminckii*	大溪源
宽鳍鱲	*Zacco platypus*	大溪源
赤眼鳟	*Squaliobarbus curriculus*	大溪源

名 称	目、科、种	栖息地
1.5 鳑鲏亚科	Acheilognathinae	
中华鳑鲏	*Rhodeus sinensis*	逍遥河
2. 平鳍鳅科	Homalopteridae	
原缨口鳅	*Vanmanenia stenosoma*	大溪源
3. 鳅科	Cobitidae	
泥鳅	*Misgurnus anguillicanudatus*	大溪源
大鳞副泥鳅	*Paramisgurnus dabryanus*	沧浪河
花斑副沙鳅	*Parabotia fasciata*	沧浪河
中华花鳅	*Cobitis sinensis*	大溪源
扁尾薄鳅	*Leptobotia compressicauda*	逍遥河
宽斑薄鳅	*Leotobotia tchangi*	大溪源
二、鲶形目	SILURIFORMES	
4. 鮠科	Bagridae	
黄颡鱼	*Pseudobagrus fulvidraco*	大溪源
5. 鱼央科	Amblycipitidae	
鳗尾鱼央	*Liobagrus anguillicauda*	大溪源
6. 鮡科	Sisoridae	
福建纹胸鮡	*Glyptothorax fukiensis*	大溪源、逍遥河
三、鳗鲡目	ANGUILLIFORMES	
7. 鳗鲡科	Anguihdae	
鳗鲡	*Anguilla japonica*	大溪源
四、合鳃目	SYNBRANCHIFORMES	
8. 合鳃科	Symbranchidae	
黄鳝	*Monopterus albus*	大溪源
五、鲈形目	PERCIFORMES	
9.鮨科	Serranidae	
白头鳜	*Siniperca whiteheadi*	大溪源
斑鳜	*Siniperca schezeri*	逍遥河
波纹鳜	*Siniperca undulata*	大溪源
暗鳜	*Siniperca obscura*	大溪源
10. 塘鳢科	Eleotridae	
沙塘鳢	*Odontobutis obscura*	沧浪河
11. 鰕虎鱼科	Gobiidae	
子陵栉鰕虎鱼	*Ctenogobius giurinus*	沧浪河
12. 刺鳅科	Mastacembelidae	
刺鳅	*Mastacembelus aculeatus*	逍遥河

附录5　清凉峰保护区两栖类名录

名　称	目、科、种	地理型		保护级别
		东洋种	古北种	
一、有尾目	CAUDATA			
1. 隐鳃鲵科	Cryptobranchidae			
大鲵	*Andrias davidianus*		+	Ⅱ
2. 蝾螈科	Salamandridae			
东方蝾螈	*Cynops orientalis*	+		
无斑肥螈	*Pachytriton labiatus*	+		
中国瘰螈	*Paramesotriton chinensis*	+		
二、无尾目	ANURA			
3. 锄足蟾科	Pelobatidae			
淡肩角蟾	*Megophrys boettgeri*	+		
4. 蟾蜍科	Bufonidae			
中华蟾蜍	*Bufo gargarizans*		+	省
5. 雨蛙科	Hylidae			
中国雨蛙	*Hyla chinensis*	+		
三港雨蛙	*Hyla sanchiangensis*	+		
6. 蛙科	Ranidae			
弹琴蛙	*Hylarana adenopleura*	+		
镇海林蛙	*Rana zhenhaiensis*	+		
阔褶水蛙	*Hylarana latouchii*	+		
泽陆蛙	*Fejervarya multistriata*	+		
虎纹蛙	*Hoplobatrachus chinensis*	+		Ⅱ
黑斑侧褶蛙	*Pelophylax nigromaculata*		+	省
大绿臭蛙	*Odorrana livida*	+		
金线侧褶蛙	*Pelophylax plancyi*		+	省
天台蛙	*Rugosa tientaiensis*	+		
花臭蛙	*Odorrana schmackeri*	+		
福建大头蛙	*Limnonectes fujianensis*	+		

沼水蛙	*Hylarana guentheri*	+		
竹叶蛙	*Odorrana versabilis*	+		
棘胸蛙	*Quasipaa spinosa*	+		省
凹耳臭蛙	*Odorrana tormotus*	+		
武夷湍蛙	*Amoleps wuyiensis*	+		
7. 树蛙科	Rhacophoridae			
斑腿泛树蛙	*Polypedates megacephalus*	+		
大树蛙	*Rhacophorus dennysi*	+		
8. 姬蛙科	Microhylidae			
饰纹姬蛙	*Microhyla fissipes*	+		
小弧斑姬蛙	*Microhyla heymonsi*	+		

注:保护级别栏中“Ⅱ”为国家Ⅱ级重点保护野生动物;“省”为安徽省重点保护动物。

附录6 清凉峰保护区爬行类名录

名 称	目、科、种	地理型		保护级别
		东洋界	古北界	
一、龟鳖目	TESTUDOFORMES			
1. 龟科	Testudinidae			
平胸龟	*Platysternon megacephalum*	+		省
乌龟	*Chinemys reevesii*		+	省
黄缘盒龟	*Cistoclemmys flavomarginata*	+		省
2. 鳖科	Trionychidae			
中华鳖	*Trionyx sinensis*		+	
二、蜥蜴目	LACERTIFORMES			
3. 壁虎科	Gekkonidae			
多疣壁虎	*Gekko japonicus*	+		
4. 石龙子科	Scincidae			
石龙子	*Eumeces chinensis*	+		
蓝尾石龙子	*Eumeces elegans*	+		
蝘蜓	*Lygosoma indicum*	+		
5. 蜥蜴科	Lacertidae			
北草蜥	*Takydromus septentrionalis*		+	
6. 蛇蜥科	Anguidae			
脆蛇蜥	*Ophisaurus harti*	+		
三、蛇目	SERPENTIFORMES			
7. 游蛇科	Colubridae			
黑脊蛇	*Achalinus spinalis*	+		
钝头蛇	*Pareas chinensis*	+		
钝尾两头蛇	*Calamaris septentrionalis*	+		
赤链蛇	*Dinodon rufozonatum*		+	
黄链蛇	*Dinodon flavozonatum*	+		
双斑锦蛇	*Elaphe bimaculata*	+		
王锦蛇	*Elaphe carinata*	+		省

白条锦蛇	*Elaphe dione*		+	
灰腹绿锦蛇	*Elaphe frenata*	+		
玉斑锦蛇	*Elaphe mandarina*	+		
紫灰锦蛇	*Elaphe porphyracea*	+		
红点锦蛇	*Elaphe rufodorsata*		+	
黑眉锦蛇	*Elaphe taeniura*		+	省
黑背白环蛇	*Lycodon ruhstrati*	+		
双全白环蛇	*Lycodon fasciatus*	+		
颈棱蛇	*Macropisthodon rudis*	+		
水赤链游蛇	*Natrix annularis*	+		
锈链游蛇	*Natrix craspedogaster*	+		
华游蛇	*Natrix percarinata*	+		
渔游蛇	*Natrix piscator*	+		
草游蛇	*Natrix stolata*	+		
福建颈斑蛇	*Plagiopholis styani*	+		
虎斑游蛇	*Rhabdophis tigrina*		+	
翠青蛇	*Opheodrys major*	+		
小头蛇	*Oligodon chinensis*	+		
山溪后棱蛇	*Opisthotropis latouchii*	+		
花尾斜鳞蛇	*Pseudoxenodon stejnegeri*	+		
灰鼠蛇	*Ptyas korros*	+		
滑鼠蛇	*Ptyas mucosus*	+		省
黑头剑蛇	*Sibynophis chinensis*	+		
乌梢蛇	*Zaocys dhumnades*	+		省
绞花林蛇	*Bioga kraepelini*	+		
中国水蛇	*Enhydris chinensis*	+		
8. 眼镜蛇科	Elapidae			
银环蛇	*Bungarus multicinctus*	+		
丽纹蛇	*Calliophis macclellandii*	+		
眼镜蛇	*Naja naja atra*	+		省
9. 蝰蛇科	Viperidae			
尖吻蝮	*Agkistrodon acutus*	+		省
短尾蝮	*Gloydius brevicaudus*		+	
烙铁头	*Trimeresurus mucrosquamatus*	+		
竹叶青	*Trimeresurus stejnegeri*	+		

注:保护级别栏中“省”为安徽省重点保护动物。

附录7 清凉峰保护区鸟类名录

鸟类名称	目、科、种	季节型				地理型		保护级别
		留鸟	夏候鸟	冬候鸟	旅鸟	东洋界	古北界	
一、䴙䴘目	PODICIPEDIFORMES							
1. 䴙䴘科	Podicipedidae							
小䴙䴘	*Tachybaptus ruficollis*	+					+	
二、鹳形目	CICONIIFORMES							
2. 鹭科	Ardeidae							
苍鹭	*Ardea cinerea*		+			+		
大白鹭	*Casmerodius albus*		+				+	
中白鹭	*Mesophoyx intermedia*		+			+		
白鹭	*Egretta garzetta*		+			+		
牛背鹭	*Bubulcus ibis*		+			+		
池鹭	*Ardeola bacchus*		+			+		
绿鹭	*Butorides striatus*		+			+		
夜鹭	*Nycticorax nycticorax*		+			+		
黑鳽	*Dupetor flavicollis*		+			+		
三、雁形目	ANSERIFORMES							
3. 鸭科	Anatidae							
鸿雁	*Anser cygnoides*				+		+	省
灰雁	*Anser anser*				+		+	省
赤膀鸭	*Anas strepera*			+			+	省
花脸鸭	*Anas formosa*				+		+	省
绿翅鸭	*Anas crecca*				+		+	省
绿头鸭	*Anas platyrhynchos*			+			+	省
斑嘴鸭	*Anas poecilorhyncha*				+		+	省
小天鹅	*Cygnus columbianus*				+		+	Ⅱ
鸳鸯	*Aix galericulata*			+			+	Ⅱ
四、隼形目	FALCONIFORMES							
4. 鹰科	Accipitridae							

鸟类名称	目、科、种	季节型				地理型		保护级别
		留鸟	夏候鸟	冬候鸟	旅鸟	东洋界	古北界	
黑鸢	*Milvus migrans*	+					+	Ⅱ
苍鹰	*Accipiter gentilis*				+		+	Ⅱ
白尾鹞	*Circus cyaneus*	+					+	Ⅱ
赤腹鹰	*Accipiter soloensis*		+			+		Ⅱ
日本松雀鹰	*Accipiter galaris*		+				+	Ⅱ
雀鹰	*Accipiter nisus*				+		+	Ⅱ
普通鵟	*Buteo buteo*			+			+	Ⅱ
鹰雕	*Spizaetus nipalensis*	+				+		Ⅱ
5. 隼科	Falconidae							
红隼	*Falco tinnunculus*			+			+	Ⅱ
燕隼	*Falco subbuteo*	+					+	Ⅱ
五、鸡形目	GALLIFORMES							
6. 雉科	Phasianidae							
灰胸竹鸡	*Bambusicola thoracica*	+				+		省
白鹇	*Lophura nycthemera*	+				+		Ⅱ
勺鸡	*Pucrasia macrolopha*	+				+		Ⅱ
雉鸡	*Phasianus colchicus*	+					+	省
白颈长尾雉	*Syrmaticus ellioti*	+				+		Ⅰ
六、鹤形目	GRUIFORMES							
7. 秧鸡科	Rallidae							
红脚苦恶鸟	*Amaurornis akool*	+				+		
白胸苦恶鸟	*Amaurornis phoenicurus*		+			+		
黑水鸡	*Gallinula chloropus*	+				+		
七、鸻形目	CHARADRIIFORMES							
8.雉鸻科	Jacanidae							
水雉	*Hydrophasianus chirurgus*			+		+		
9. 鸻科	Charadriidae							
凤头麦鸡	*Vanellus vanellus*				+		+	
灰头麦鸡	*Vanellus cinereus*				+		+	
长嘴剑鸻	*Charadrius placidus*				+		+	
金眶鸻	*Charadrius dubius*				+		+	
铁嘴沙鸻	*Charadrius leschenaultii*				+		+	
10. 鹬科	Scolopacidae							
丘鹬	*Scolopax rusticola*			+			+	

鸟类名称	目、科、种	季节型				地理型		保护级别
		留鸟	夏候鸟	冬候鸟	旅鸟	东洋界	古北界	
白腰草鹬	*Tringa ochropus*			+			+	
林鹬	*Tringa glareola*				+		+	
扇尾沙锥	*Gallinago gallinago*			+			+	
八、鸥形目	LARIFORMES							
11. 鸥科	Laridae							
白额燕鸥	*Sterna albifrons*				+		+	
九、鸽形目	COLUMBIFORMES							
12. 鸠鸽科	Columbidae							
山斑鸠	*Streptopelia orientalis*	+					+	
珠颈斑鸠	*Streptopelia chinensis*	+				+		
火斑鸠	*Streptopelia tranquebarica*	+				+		
十、鹃形目	CUCULIFORMES							
13. 杜鹃科	Cuculidae							
红翅凤头鹃	*Clamator coromandus*		+			+		省
四声杜鹃	*Cuculus micropterus*		+			+		省
大杜鹃	*Cuculus canorus*		+			+		省
鹰鹃	*Cuculus sparverioides*		+			+		省
中杜鹃	*Cuculus saturatus*		+			+		省
小杜鹃	*Cuculus poliocephalus*		+			+		省
小鸦鹃	*Centropus bengalensis*	+				+		Ⅱ
十一、鸮形目	STRIGIFORMES							
14. 草鸮科	Tytonidae							
草鸮	*Tyto capensis*	+				+		Ⅱ
15. 鸱鸮科	Stigidae							
领角鸮	*Otus bakkamoena*	+				+		Ⅱ
红角鸮	*Otus scops*	+				+		Ⅱ
领鸺鹠	*Glaucidium brodiei*	+				+		Ⅱ
斑头鸺鹠	*Glaucidium cuculoides*	+				+		Ⅱ
短耳鸮	*Asio flammeus*			+			+	Ⅱ
长耳鸮	*Asio otus*			+			+	Ⅱ
鹰鸮	*Ninox scutulata*		+			+		Ⅱ
褐林鸮	*Strix leptogrammica*	+				+		Ⅱ
十二、夜鹰目	CAPRIMULGIFORMES							
16. 夜鹰科	Caprimulgidae							

鸟类名称	目、科、种	季节型				地理型		保护级别
		留鸟	夏候鸟	冬候鸟	旅鸟	东洋界	古北界	
普通夜鹰	*Caprimulgus indicus*		+			+		省
十三、雨燕目	APODIFORMES							
17. 雨燕科	Apodidae							
白喉针尾雨燕	*Hirundapus caudacutus*		+			+		
白腰雨燕	*Apus pacificus*		+			+		
十四、佛法僧目	CORACIIFORMES							
18. 翠鸟科	Alcedinidae							
普通翠鸟	*Alcedo atthis*	+				+		
冠鱼狗	*Megaceryle lugubris*	+				+		
斑鱼狗	*Ceryle rudis*	+				+		
白胸翡翠	*Halcyon smyrnensis*	+				+		
蓝翡翠	*Halcyon pileata*		+			+		
19. 蜂虎科	Meropidae							
蓝喉蜂虎	*Merops viridis*		+			+		
20. 佛法僧科	Coraciidae							
三宝鸟	*Eurystomus orientalis*		+			+		
21. 戴胜科	Upupidae							
戴胜	*Upupa epops*	+					+	
十五、鴷形目	PICIFORMES							
22. 须鴷科	Capitonidae							
大拟啄木鸟	*Megalaima virens*	+				+		省
23. 啄木鸟科	Picidae							
蚁鴷	*Jynx torquilla*			+			+	省
斑姬啄木鸟	*Picumnus innominatus*	+				+		省
灰头绿啄木鸟	*Picus canus*	+				+		省
大斑啄木鸟	*Picoides major*	+				+		省
星头啄木鸟	*Picoides canicapillus*	+					+	省
棕腹啄木鸟	*Dendrocopos hyperythrus*	+				+		省
十六、雀形目	PASSERIFORMES							
24. 八色鸫科	Pittidae							
仙八色鸫	*Pitta nympha*		+			+		Ⅱ
25. 百灵科	Alaudidae							
云雀	*Alauda arvensis*			+			+	
小云雀	*Alauda gulgula*		+			+		

鸟类名称	目、科、种	季节型				地理型		保护级别
		留鸟	夏候鸟	冬候鸟	旅鸟	东洋界	古北界	
26. 燕科	Hirundinidae							
家燕	*Hirundo rustica*		+			+		省
金腰燕	*Hirundo daurica*		+			+		省
烟腹毛脚燕	*Delichon dasypus*		+			+		省
27. 鹡鸰科	Motacillidae							
山鹡鸰	*Dendronanthus indicus*		+				+	
黄鹡鸰	*Motacilla flava*				+		+	
白鹡鸰	*Motacilla alba*	+					+	
灰鹡鸰	*Motacilla cinerea*				+		+	
树鹨	*Anthus hodgsoni*			+			+	
28. 山椒鸟科	Campephagidae							
暗灰鹃鵙	*Coracina melaschistos*		+			+		
小灰山椒鸟	*Pericrocotus cantonensis*		+			+		
29. 鹎科	Pycnonotidae							
领雀嘴鹎	*Spizixos semitorques*	+				+		
黄臀鹎	*Pycnonotus xanthorrhous*	+				+		
白头鹎	*Pycnonotus sinensis*	+				+		
绿翅短脚鹎	*Hypsipetes mcclellandii*	+				+		
黑[短脚]鹎	*Hypsipetes leucocephalus*	+				+		
30. 太平鸟科	Bombycillidae							
太平鸟	*Bombycilla garrulus*				+		+	
31. 伯劳科	Laniidae							
虎纹伯劳	*Lanius tigrinus*		+				+	省
牛头伯劳	*Lanius bucephalus*			+			+	省
红尾伯劳	*Lanius cristatus*		+				+	省
棕背伯劳	*Lanius schach*	+				+		省
32. 黄鹂科	Oriolidae							
黑枕黄鹂	*Oriolus chinensis*		+			+		省
33. 卷尾科	Dicruridae							
灰卷尾	*Dicrurus leucophaeus*		+			+		
发冠卷尾	*Dicrurus hottentottus*		+			+		
黑卷尾	*Dicrurus macrocercus*		+			+		
34. 椋鸟科	Sturnidae							
灰椋鸟	*Sturnus cineraceus*				+		+	

鸟类名称	目、科、种	季节型				地理型		保护级别
		留鸟	夏候鸟	冬候鸟	旅鸟	东洋界	古北界	
北椋鸟	*Sturnus sturnia*				+		+	
丝光椋鸟	*Sturnus sericeus*	+				+		
八哥	*Acridotheres cristatellus*	+				+		
35. 鸦科	Corvidae							
松鸦	*Garrulus glandarius*	+					+	
灰喜鹊	*Cyanopica cyanus*	+					+	省
红嘴蓝鹊	*Urocissa erythrorhyncha*	+				+		省
灰树鹊	*Dendrocitta formosae*	+				+		
喜鹊	*Pica pica*	+					+	
秃鼻乌鸦	*Corvus frugilegus*	+					+	
达乌里寒鸦	*Corvus dauurius*			+			+	
大嘴乌鸦	*Corvus macrorhynchos*	+					+	
白颈鸦	*Corvus torquatus*	+				+		
36. 河乌科	Cinclidae							
褐河乌	*Cinclus pallasii*	+				+		
37. 鹟科	Muscicapidae							
37.1 鸫亚科	Turdinae							
红胁蓝尾鸲	*Tarsiger cyanurus*				+		+	
北红尾鸲	*Phoenicurus auroreus*				+		+	
鹊鸲	*Copsychus saularis*	+				+		
红尾水鸲	*Rhyacornis fuliginosus*	+				+		
小燕尾	*Enicurus scouleri*	+				+		
白冠燕尾	*Enicurus leschenaulti*	+				+		
黑喉石䳭	*Saxicola torquata*				+		+	
灰林䳭	*Saxicola ferrea*	+				+		
紫啸鸫	*Myiophoneus caeruleus*	+				+		
虎斑地鸫	*Zoothera dauma*		+				+	
蓝矶鸫	*Monticola solitarius*	+					+	
乌鸫	*Turdus merula*	+				+		
白腹鸫	*Turdus pallidus*			+			+	
斑鸫	*Turdus naumanni*			+			+	
灰背鸫	*Turdus hortulorum*			+			+	
37.2 鹟亚科	Muscicapinae							
白喉林鹟	*Rhinomyias brunneata*	+				+		

鸟类名称	目、科、种	季节型				地理型		保护级别
		留鸟	夏候鸟	冬候鸟	旅鸟	东洋界	古北界	
白眉[姬]鹟	*Ficedula zanthopygia*	+				+		
红喉[姬]鹟	*Ficedula parva*	+				+		
鸲[姬]鹟	*Ficedula mugimaki*				+		+	
白腹[姬]鹟	*Cyanoptila cyanomelana*				+		+	
乌鹟	*Muscicapa sibirica*				+		+	
北灰鹟	*Muscicapa dauurica*				+		+	
寿带	*Terpsiphone paradisi*		+			+		省
37.3 画鹛亚科	Timaliinae							
棕颈钩嘴鹛	*Pomatorhinus ruficollis*	+				+		
锈脸钩嘴鹛	*Pomatorhinus erythrogenys*	+				+		
红头穗鹛	*Stachyris ruficeps*	+				+		
小鳞胸鹪鹛	*Pnoepyga pusilla*	+				+		
黑脸噪鹛	*Garrulax perspicillatus*	+				+		
白颊噪鹛	*Garrulax sannio*	+				+		
灰翅噪鹛	*Garrulax cineraceus*	+				+		
黑领噪鹛	*Garrulax pectoralis*	+				+		
棕噪鹛	*Garrulax poecilorhynchus*	+				+		
画眉	*Garrulax canorus*	+				+		省
红嘴相思鸟	*Leiothrix lutea*	+				+		省
褐顶雀鹛	*Alcippe brunnea*	+				+		
灰眶雀鹛	*Alcippe morrisonia*	+				+		
棕头鸦雀	*Paradoxornis webbianus*	+				+		
灰头鸦雀	*Paradoxornis gularis*	+				+		
37.4莺亚科	Sylviinae							
棕扇尾莺	*Cisticola juncidis*		+			+		
金头扇尾莺	*Cisticola exilis*		+			+		
山鹪莺	*Prinia criniger*		+			+		
纯色鹪莺	*Prinia inornata*		+			+		
日本树莺	*Cettia diphone*	+				+		
强脚树莺	*Cettia fortipes*	+				+		
黄眉柳莺	*Phylloscopus inornatus*	+					+	
黄腰柳莺	*Phylloscopus proregulus*				+		+	
冠纹柳莺	*Phylloscopus reguloides*		+			+		
棕脸鹟莺	*Abroscopus albogularis*	+				+		

鸟类名称	目、科、种	季节型				地理型		保护级别
		留鸟	夏候鸟	冬候鸟	旅鸟	东洋界	古北界	
38. 绣眼鸟科	Zosteropidae							
暗绿绣眼鸟	*Zosterops japonicus*	+				+		省
39. 山雀科	Aegithalidae							
银喉[长尾]山雀	*Aegithalos caudatus*	+				+		
红头[长尾]山雀	*Aegithalos concinnus*	+				+		
大山雀	*Parus major*	+					+	
黄腹山雀	*Parus venustulus*	+				+		
煤山雀	*Parus ater*	+				+		
40. 鳾科	Sittidae							
普通鳾	*Sitta europaea*	+					+	
41. 文鸟科	Ploceidae							
[树]麻雀	*Passer montanus*	+					+	
山麻雀	*Passer rutilans*	+				+		
白腰文鸟	*Lonchura striata*	+				+		
斑文鸟	*Lonchura punctulata*	+				+		
42. 雀科	Fringillidae							
燕雀	*Fringilla montifringilla*			+			+	
金翅雀	*Carduelis sinica*	+					+	
黑尾蜡嘴雀	*Eophona migratoria*			+			+	
锡嘴雀	*Coccothraustes coccothraustes*			+			+	
凤头鹀	*Melophus lathami*	+					+	
蓝鹀	*Latoucheornis siemsseni*			+			+	
三道眉草鹀	*Emberiza cioides*	+					+	
白眉鹀	*Emberiza tristrami*				+		+	
栗耳鹀	*Emberiza fucata*			+			+	
小鹀	*Emberiza pusilla*			+			+	
黄眉鹀	*Emberiza chrysophrys*			+			+	
黄喉鹀	*Emberiza elegans*			+			+	
黄胸鹀	*Emberiza aureola*				+		+	
栗鹀	*Emberiza rutila*				+		+	
灰头鹀	*Emberiza spodocephala*			+			+	

注:保护级别栏中“Ⅰ”“Ⅱ”分别表示国家Ⅰ级和Ⅱ级重点保护鸟类,“省”为安徽省重点保护鸟类。

附录8　清凉峰保护区兽类名录

兽类名称	目、科、种	地理型		保护级别
		东洋种	古北种	
一、食虫目	INSECTIVORA			
1. 刺猬科	Erinaceidae			
北方刺猬	*Erinaceus amurensis*		+	
2. 鼩鼱科	Soricidae			
灰麝鼩	*Crocidura attenuata*	+		
3. 鼹鼠科	Talpidae			
小缺齿鼹	*Mogera latouchei*	+		
二、翼手目	CHIROPTERA			
4. 蝙蝠科	Vespertilionidae			
中华鼠耳蝠	*Myotis chinensis*	+		
斑蝠	*Scotomanes ornatus*	+		
东亚伏翼	*Pipistrellus abramus*	+		
亚澳长翼蝠	*Miniopterus australis*	+		
5. 菊头蝠科	Rhinolophidae			
大马蹄蝠	*Hipposideros armiger*	+		
三、鳞甲目	PHOLIDOTA			
6. 鲮鲤科	Manidae			
穿山甲	*Manis pentadactyla*	+		Ⅱ
四、兔形目	LAGOMORPHA			
7. 兔科	Leporidae			
华南兔	*Lepus sinensis*	+		
草兔	*Lepus capensis*		+	
五、啮齿目	RODENTIA			
8. 松鼠科	Sciuridae			
赤腹松鼠	*Callosciurus erythraeus*	+		
岩松鼠	*Sciurotamias davidianus*	+		
珀氏长吻松鼠	*Dremomys pernyi*	+		

兽类名称	目、科、种	地理型		保护级别
		东洋种	古北种	
红腿长吻松鼠	*Dremomys pyrrhomerus*	+		
倭花鼠	*Tamiops maritimus*	+		
9. 鼠科	Muridae			
白腹巨鼠	*Rattus edwardsi*	+		
黑线姬鼠	*Apodemus agrarius*		+	
褐家鼠	*Rattus norvegicus*		+	
社鼠	*Niviventer confucianus*	+		
针毛鼠	*Niviventer fulvescens*	+		
大足鼠	*Rattus nitidus*	+		
青毛鼠	*Berylmys bowersii*	+		
小家鼠	*Mus musculus*	+		
黄胸鼠	*Rattus flavipectus*	+		
10. 竹鼠科	Rhizomyidae			
中华竹鼠	*Rhizomys sinensis*	+		
11. 豪猪科	Hystricidae			
马来豪猪	*Hystrix brachyura*	+		
六、食肉目	CARNIVORA			
12. 熊科	Ursidae			
黑熊	*Selenarctos thibetanus*		+	Ⅱ
13. 犬科	Canidae			
豺	*Cuon alpinus*		+	Ⅱ
赤狐	*Vulpes vulpes*		+	省
貉	*Nyctereutes procyonoides*		+	省
狼	*Canis lupus*		+	
14. 鼬科	Mustelidae			
青鼬	*Martes flavigula*		+	
黄腹鼬	*Mustela kathiah*	+		
黄鼬	*Mustela sibirica*		+	省
鼬獾	*Melogale moschata*	+		省
狗獾	*Meles meles*		+	省
猪獾	*Arctonyx collaris*	+		省
水獭	*Lutra lutra*	+		
15. 灵猫科	Viverridae			
大灵猫	*Viverra zibetha*	+		Ⅱ

兽类名称	目、科、种	地理型		保护级别
		东洋种	古北种	
小灵猫	*Viverricula indica*	+		Ⅱ
花面狸	*Paguma larvata*	+		
食蟹獴	*Herpestes urva*	+		
16. 猫科	Felidae			
豹猫	*Felis bengalensis*	+		省
金猫	*Felis temmincki*	+		Ⅱ
云豹	*Neofelis nebulosa*	+		Ⅰ
金钱豹	*Panthera pardus*	+		Ⅰ
七、偶蹄目	ARTIODACTYLA			
17. 猪科	Suidae			
野猪	*Sus scrofa*		+	
18. 鹿科	Cervidae			
黄麂	*Muntiacus reevesi*	+		省
黑麂	*Muntiacus crinifrons*	+		Ⅰ
毛冠鹿	*Elaphodus cephalophus*	+		省
梅花鹿	*Cervus nippon*		+	Ⅰ
19. 牛科	Bovidae			
鬣羚	*Capricornis sumatraensis*	+		Ⅱ
斑羚	*Naemorhedus goral*	+		Ⅱ
八、灵长目	PRIMATES			
20. 猴科	Cercopithecidae			
猕猴	*Macaca mulatta*	+		Ⅱ
短尾猴	*Macaca thibetana*	+		Ⅱ

注:保护级别栏中“Ⅰ”“Ⅱ”分别表示国家Ⅰ级和Ⅱ级重点保护野生兽类,“省”为安徽省重点保护兽类。

附录9　清凉峰保护区昆虫名录

蜚蠊目　BLATTARIA

一、姬蠊科　Blattellidae
(一)姬蠊属　*Blattella*
1. 德国小蠊　*Blattella germanica* Linnaeus
二、蜚蠊科　Blattidae
(一)蜚蠊属　*Blatta*
2. 东方蜚蠊　*Blatta orientalis* Linnaeus
三、鳖蠊科　Corydiidae
(一)地鳖属　*Eupolyphaga*
3. 地鳖　*Eupolyphaga sinensis* Walker

鞘翅目　COLEOPTERA

一、蜉金龟科　Aphodiidae
(一)蜉金龟属　*Aphodius*
1. 雅蜉金龟　*Aphodius elegans* Allibert
二、卷象科　Attelabidae
(一)细颈象属　*Apoderus*
2. 栎细颈象　*Apoderus jekeli* (Roelofs)
(二)卷叶象属　*Byctiscus*
3. 梨卷叶象　*Byctiscus betulae* Linnaeus
(三)跳象属　*Rhynchaenus*
4. 枫杨跳象　*Rhynchaenus* sp.
5. 榆跳象　*R. alini* Linnaeus
三、长蠹科　Bostrychidae
(一)竹长蠹属　*Dinoderus*
6. 日本竹长蠹　*Dinoderus japonicus* Lesne
7. 竹长蠹　*D. minutus* Fabricius
四、吉丁虫科　Bupresidae
(一)金吉丁属　*Chrysochroa*
8. 橡树金吉丁　*Chrysochroa fulgidissima* Schonhem
(二)纹吉丁属　*Coraebus*
9. 艳纹吉丁　*Coraebus lepidulus* Obenberger
(三)黄斑吉丁属　*Ptosima*
10. 四黄斑吉丁　*Ptosima chinensis* Marseul
五、步甲科　Carabidae
(一)广肩步甲属　*Calosoma*
11. 中华广肩步甲　*Calosoma maderae* Fabricius
12. 中华金星步甲　*C. chinense* Kirby
(二)步甲属　*Carabus*
13. 拉步甲　*Carabus lafossei* Feisthamel
(三)青步甲属　*Chlaenius*
14. 淡足青步甲　*Chlaenius pallipes* Gebler
(四)蜗步甲属　*Cychrus*

15. 皱背步甲 *Cychrus convexus* Moralwity

(五)大青步甲属 *Macrochlaenites*

16. 大青步甲 *Macrochlaenites costiger* Chaudoir

(六)屁步甲属 *Pheropsophus*

17. 短鞘步甲 *Pheropsophus jessoensis* Morawitz

六、天牛科 Cerambycidae

(一)锦天牛属 *Acalolepta*

18. 双斑锦天牛 *Acalolepta sublusca* (Thomnson)

(二)棘翅天牛属 *Aethalodes*

19. 黑棘翅天牛 *Aethalodes verrucosus* Gahan

(三)多节天牛属 *Agapanthia*

20. 苜蓿多节天牛 *Agapanthia amurensis* Kraatz

21. 多毛多节天牛 *A. pilicornis* (Fabricius)

(四)星天牛属 *Anoplophora*

22. 星天牛 *Anoplophora chinensis* (Forster)

23. 光肩星天牛 *A. glabripennis* (Motschulsky)

24. 拟星天牛 *A. imitatrix* (White)

25. 黑星天牛 *A. leechi* (Gahan)

(五)瓜天牛属 *Apomecyna*

26. 南瓜天牛 *Apomecyna saltator* (Fabricius)

(六)柄天牛属 *Aphrodisium*

27. 栎旋柄天牛 *Aphrodisium sauteri* Matsushita

(七)粒肩天牛属 *Apriona*

28. 桑天牛 *Apriona germari* (Hope)

(八)颈天牛属 *Aromia*

29. 桃红颈天牛 *Aromia bungii* (Faldermann)

(九)梗天牛属 *Arhopalus*

30. 褐梗天牛 *Arhopalus rusticus* (Linnaeus)

31. 赤短梗天牛 *A. unicolor* (Gohan)

(十)亚天牛属 *Asias*

32. 红缘亚天牛 *Asias halodendri* (Pallas)

(十一)眼天牛属 *Bacchisa*

33. 黑跗眼天牛 *Bacchisa atritarsis* (Pic)

34. 梨眼天牛 *B. fortunei* (Thomson)

(十二)白条天牛属 *Batocera*

35. 云斑白条天牛 *Batocera horsfieldi* (Hope)

36. 橙斑白条天牛 *B. davidis* Deyrolle

(十三)缨象天牛属 *Cacia*

37. 簇角缨象天牛 *Cacia cretifera* Hope

(十四)扁胸天牛属 *Callidium*

38. 杉棕扁胸天牛 *Callidium villosulum* Fairmaire

(十五)蜡天牛属 *Ceresium*

39. 中华蜡天牛 *Ceresium sinicum* White

(十六)绿天牛属 *Chelidonium*

40. 桔光绿天牛 *Chelidonium argentatum* (Dalman)

(十七)绿虎天牛属 *Chlorophorus*

41. 竹绿虎天牛 *Chlorophorus annularis* (Fabricius)

42. 弧纹绿虎天牛 *C. miwai* Gressitt

43. 刺槐绿虎天牛 *C. diadema* (Motschulsky)

(十八)土天牛属 *Dorysthenes*

44. 曲牙土天牛 *Dorysthenes hydropicus* (Pascoe)

(十九)黑绒天牛属 Embrik—strandia

45. 二斑黑绒天牛 *Embrik—strandia bimaculata* (White)
(二十)红天牛属 *Erythrus*
46. 油茶红天牛 *Erythrus blairi* Gressitt
47. 红天牛 *E. championi* White
(二十一)并脊天牛属 *Glenea*
48. 榆并脊天牛 *Glenea relicta* Pascoe
(二十一)瘦天牛属 *Distenia*
49. 瘦天牛 *Distenia gracilis* (Blessig)
(二十二)粒翅天牛属 *Lamiomimus*
50. 双带粒翅天牛 *Lamiomimus gottschei* Kolbe
(二十三)花天牛属 *Leptura*
51. 异色花天牛 *Leptura thoracica* Creutzer
(二十四)筒天牛属 *Linda*
52. 黑角瘤筒天牛 *Linda atricornis* Pic
53. 瘤筒天牛 *L. femorata* (Chevrolat)
54. 顶斑瘤筒天牛 *L. fraterna* (*Chevrolat*)
(二十五)山天牛属 *Massicus*
55. 栗山天牛 *Massicus raddei* (Blessig)
(二十六)象天牛属 *Mesosa*
56. 四点象天牛 *Mesosa myops* (Dalman)
57. 黑点象天牛 *M. atrostigma* (Gressitt)
(二十七)薄翅天牛属 *Megopis*
58. 薄翅锯天牛 *Megopis sinica* (White)
(二十八)墨天牛属 *Monochamus*
59. 松褐天牛 *Monochamus alternarus* Hope
60. 缝翅墨天牛 *M. gravidus* Pascoe
(二十九)脊筒天牛属 *Nupserha*
61. 缘翅脊筒天牛 *Nupserha marginella* (Bates)
62. 黑翅脊筒天牛 *N. infantula* Ganglbauer
(三十)筒天牛属 *Oberea*
63. 台湾筒天牛 *Oberea formosana* Pic
(三十一)粉天牛属 *Olenecamptus*
64. 黑点粉天牛 *Olenecamptus clarus* Pascoe
(三十一)多带天牛属 *Polyzonus*
65. 多带天牛 *Polyzonus fasciatus* (Fabricius)
(三十二)长跗天牛属 *Prothema*
66. 长跗天牛 *Prothema signata* Pascoe
(三十三)双脊天牛属 *Paraglenea*
67. 苎麻双脊天牛 *Paraglenea fortunei* (Saunders)
(三十四)小筒天牛属 *Phytoecia*
68. 菊小筒天牛 *Phytoecia rufiventris* Gautier
(三十五)竿天牛属 *Pseudocalamobius*
69. 日本竿天牛 *Pseudocalamobius japonicus* (Bates)
(三十六)紫天牛属 *Purpuricenus*
70. 圆斑紫天牛 *Purpuricenus sideriger* Fairmaire
71. 帽斑紫天牛 *P. petasifer* Fairmaire
72. 竹红天牛 *P. temminckii* Guerin—Meneville
(三十七)杉天牛属 *Semanotus*
73. 粗鞘双条杉天牛 *Semanotus sinoauster* Gressitt
(三十八)瘦花天牛属 *Strangalia*
74. 栗瘦花天牛 *Strangalia attenuata* (Linnaeus)
75. 蚤瘦花天牛 *S. fortunei* Pascoe
76. 三斑瘦花天牛 *S. castaneonigra* (Gressitt)
(三十九)拟蜡天牛属 *Stenygrium*
77. 拟蜡天牛 *Stenygrium quadrinotatum* Bates

(四十)黄带楔天牛属 *Thermistis*

78. 黄带刺楔天牛 *Thermistis croceocincta* (Saunders)

(四十一)坚毛天牛属 *Thyestilla*

79. 麻坚毛天牛 *Thyestilla gebleri* (Faldermann)

(四十二)粗脊天牛属 *Trachylophus*

80. 四脊茶天牛 *Trachylophus sinensis* Gahan

(四十三)刺角天牛属 *Trirachys*

81. 刺角天牛 *Trirachys orientalis* Hope

(四十四)泥色天牛属 *Uraecha*

82. 樟泥色天牛 *Uraecha angusta* (Pascoe)

(四十五)肖墨天牛属 *Xenohammus*

83. 二斑肖墨天牛 *Xenohammus bimaculatus* Schwarzer

(四十六)脊虎天牛属 *Xylotrechus*

84. 桑脊虎天牛 *Xylotrechus chinensis* (Chevrolat)

(四十七)双条天牛属 *Xystrocera*

85. 合欢双条天牛 *Xystrocera globosa* (Olivier)

七、花金龟科 Cetoniidae

(一)星花金龟属 *Protaetia*

86. 白星花金龟 *Protaetia* (*Liocola*) *brevitarsis* (Lewis)

(二)青花金龟属 *Oxycetonia*

87. 小青花金龟 *Oxycetonia jucunda* Faldermann

八、叶甲科 Chrysomelidae

(一)殊角萤叶甲属 *Agetocera*

88. 钩殊角萤叶甲 *Agetocera deformicornis* Laboissiere

(二)跳甲属 *Altica*

89. 蓝跳甲 *Altica cyanea* (Weber)

(三)榆叶甲属 *Ambrostoma*

90. 榆夏叶甲 *Ambrostoma fortunei* Baly

91. 榆紫叶甲 *A. quadriimpressum* (Motschulsky)

(四)守瓜属 *Aulacophora*

92. 黄守瓜 *Aulacophora femoralis* (Motschulsky)

(五)叶甲属 *Chrysomela*

93. 白杨叶甲 *Chrysomela tremulae* Fabricius

(六)克萤甲属 *Cneorane*

94. 胡枝子克萤叶甲 *Cneorane violaceipennis* Allard

(七)窝额萤叶甲属 *Fleutiauxia*

95. 枣叶甲 *Fleutiauxia armata* (Baly)

(八)柱萤叶甲属 *Gallerucida*

96. 二纹柱萤叶甲 *Gallerucida bifasciata* Motschulsky

97. 丽柱萤叶甲 *G. gloriosa* (Baly)

(九)扁叶甲属 *Gastrolina*

98. 核桃扁叶甲指名亚种 *Gastrolina depressa depressa* Baly

(十)里叶甲属 *Linaeidea*

99. 金绿里叶甲 *Linaeidea aeneipennis* (Baly)

(十一)筒胸叶甲属 *Lypesthes*

100. 粉筒胸叶甲 *Lypesthes ater* (Motschulsky)

(十二)榕萤叶甲属 *Morphosphaera*

101. 日本榕萤叶甲 *Morphosphaera japonica* (Hornstedt)

(十三)九节跳甲属 *Nonarthra*

102. 蓝色九节跳甲 *Nonarthra cyaneum* Baly

(十四)瓢萤叶甲属 *Oides*

103. 十星瓢萤叶甲 *Oides decempunctatus*

(Billberg)
104. 八角叶甲　*O. leucomeluena* Weise
105. 黑跗瓢萤叶甲　*O. tarsatus* (Baly)
(十五)直缘跳甲属　*Ophrida*
106. 漆树直缘跳甲　*Ophrida scaphoides* (Baly)
(十六)圆叶甲属　*Plagiodera*
107. 柳圆叶甲　*Plagiodera versicolora* (Laicharting)
(十七)凹缘跳甲属　*Podontia*
108. 漆树叶甲　*Podontia lutea* (Olivier)
(十八)毛胸萤叶甲属　*Pyrrhalta*
109. 榆毛胸萤叶甲　*Pyrrhalta aenescens* (Fairmaire)
110. 黑肩毛胸萤叶甲　*P. maculicollis* (Mostchulsky)
九、虎甲科　Cicindelidae
(一)虎甲属　*Cicindela*
111. 中华虎甲　*Cicindela chinensis* De Geer
112. 多型虎甲红翅亚种　*C. hybrida nitida* Lichtenstein
113. 金斑虎甲　*C. aurulenta* Fabricius
114. 星斑虎甲　*C. kaleea* Bates
十、郭公甲科　Cleridae
(一)食蜂郭公属　*Trichodes*
115. 中华郭公甲　*Trichodes sinae* Chevrolat
十一、瓢虫科　Coccinellidae
(一)裸瓢虫属　*Calvia*
116. 十五星裸瓢虫　*Calvia quindecimguttata* (Fabricius)
(二)月唇瓢虫属　*Chilomenes*
117. 四斑月瓢虫　*Chilomenes quadriplagiata* (Swartz)
(三)盔唇瓢虫属　*Chilocorus*
118. 黑缘红瓢虫　*Chilocorus rubidus* Hope
(四)瓢虫属　*Coccinella*
119. 七星瓢虫　*Coccinella septempunctata* Linnaeus
(五)食植瓢虫属　*Epilachna*
120. 菱斑食植瓢虫　*Epilachna insignis* (Gorham)
121. 马铃薯瓢虫　*E. vigintioctomaculata* Motschulsky
(六)显盾瓢虫属　*Hyperaspis*
122. 中华显盾瓢虫　*Hyperaspis sinensis* (Crotch)
(七)盘瓢虫属　*Lemnia*
123. 双带盘瓢虫　*Lemnia biplagiata* (Swartz)
124. 十斑盘瓢虫　*L. bissellata* (Mulsant)
(八)异色瓢虫属　*Leis*
125. 异色瓢虫　*Leis axyridis* (Pallas)
126. 异色瓢虫十九斑变种　*L. axyridis var novemdecimpunctata* Faldermann
(九)龟纹瓢虫属　*Propylaea*
127. 龟纹瓢虫　*Propylaea japonica* (Thunberg)
(十)突肩瓢虫属　*Synonycha*
128. 大突肩瓢虫　*Synonycha grandis* (Thunberg)
(十一)策食瓢虫属　*Verania*
129. 稻红瓢虫　*Verania discolor* (Fabricius)
十二、象甲科　Curculionidae
(一)长足象属　*Alcidodes*
130. 乌桕长足象　*Alcidodes erro* (Pascoe)
131. 短胸长足象　*A. trifidus* (Pascoe)
(二)桑象属　*Baris*
132. 桑象　*Baris deplanata* Roelofs
(三)象甲属　*Curculio*
133. 榛实象　*Curculio dieckmanni* (Faust)

134. 油茶果象　*C. chinensis* Chevrolat
135. 栗实象　*C. davidi* Fairmaire
136. 麻栎象　*C. robustus* Roelofs
(四)瘤象属　*Dermatoxenus*
137. 淡灰瘤象　*Dermatoxenus caesicollis* (Gyllenhal)
(五)长毛象属　*Enaptorrhinus*
138. 中华长毛象　*Enaptorrhinus sinensis* Waterhouse
(六)蓝绿象属　*Hypomeces*
139. 蓝绿象　*Hypomeces squamosus* Fabricius
(七)雪片象属　*Niphades*
140. 多瘤雪片象　*Niphades verrucosus* (Voss)
(八)鸟喙象属　*Otidognathus*
141. 一字竹象　*Otidognathus davidis* Fairmaire
(九)灰象属　*Sympiezomias*
142. 大灰象甲　*Sympiezomias velatus* (Chevrolat)
十三、犀金龟科　Dynastidae
(一)叉犀金龟属　*Allomyrina*
143. 独角仙　*Allomyrina dichotoma*
十四、叩甲科　Elateridae
(一)细胸叩甲属　*Agriotes*
144. 细胸金针虫　*Agriotes fusicollis* Miwa
(二)沟叩甲属　*Pleonomus*
145. 沟金针虫　*Pleonomus canaliculatus* Faldermann
(三)猛叩甲属　*Tetrigus*
146. 莱氏猛叩甲　*Tetrigus lewisi* Candeze
十五、臂金龟科　Euchiridae
(一)彩臂金龟属　*Cheirotonus*
147. 阳彩臂金龟 *Cheirotonus jansoni* Jordan
十六、肖叶甲科　Eumolpidae
(一)皱鞘肖叶甲属　*Abirus*
148. 桑皱鞘叶甲　*Abirus fortunei* (Baly)
(二)扁角叶甲属　*Platycorynus*
149. 蓝扁角叶甲　*Platycorynus peregrinus* Herbst
十七、粪金龟科　Geotrupidae
(一)粪金龟属　*Geotrupes*
150. 粪金龟　*Geotrupes stercorarius* Linnaeus
十八、豉甲科　Gyrinidae
(一)豉甲属　*Gyrinus*
151. 日本豉甲　*Gyrinus japonicus* Sharp
十九、铁甲科　Hispidae
(一)梳龟甲属　*Aspidomorpha*
152. 圆顶梳龟甲　*Aspidomorpha difformis* (Motschulsky)
(二)锯龟甲属　*Basiprionota*
153. 二斑波缘龟甲　*Basiprionota bisignata* (Boheman)
(三)趾铁甲属　*Dactylispa*
154. 锯齿叉趾铁甲　*Dactylispa angulosa* (Solsky)
(四)腊龟甲属　*Laccoptera*
155. 甘薯腊龟甲　*Laccoptera quadrimaculata* (Thunberg)
(五)准铁甲属　*Rhadinosa*
156. 蓝黑准铁甲　*Rhadinosa nigrocyanea* (Motschulsky)
二十、萤科　Lampyridae
(一)熠萤属　*Luciola*
157. 黄萤　*Luciola terminalis* Olivier
二十一、红萤科　Lycidae
(一)吻红萤属　*Lycostomus*
158. 红萤　*Lycostomus modestus*

Kiesenwetter

二十二、粉蠹科　Lyctidae

(一)粉蠹属　*Lyctus*

159. 褐粉蠹　*Lyctus brunneus* (Stephens)

160. 米粉蠹　*L. linearis* (Goeze)

二十三、锹甲科　Lucanidae

(一)刀锹甲属　*Dorcus*

161. 扁锹形虫　*Dorcus titanus* (Boisduval)

二十四、鳃金龟科　Melolonthidae

(一)齿爪鳃金龟属　*Holotrichia*

162. 暗黑鳃金龟　*Holotrichia parallela* Motschulsky

163. 华北大黑鳃金龟　*H. oblita* (Faldermann)

164. 棕色鳃金龟　*H. titanis* Reitter

(二)绒鳃金龟属　*Maladera*

165. 黑绒鳃金龟　*Maladera orientalis* Motschulsky

(三)黄鳃金龟属　*Metabolus*

166. 小黄鳃金龟　*Metabolus flavescens* Brenske

(四)云斑鳃金龟属　*Polyphylla*

167. 大理石须云斑鳃金龟　*Polyphylla laticolis* Lewis

(五)绢鳃金龟属　*Serica*

168. 东方绢鳃金龟　*Serica orientalis* Motschulsky

二十五、芫菁科　Meloidae

(一)豆芫菁属　*Epicauta*

169. 中华豆芫菁 *Epicauta chinensis* Laporte

170. 锯角豆芫菁　*E. gorhami* Marseul

(二)绿芫菁属　*Lytta*

171. 绿芫菁　*Lytta caraganae* Pallas

(三)斑芫菁属　*Mylabris*

172. 大斑芫菁　*Mylabris phalerata* Pallas

二十六、丽金龟科　Rutelidae

(一)喙丽金龟属　*Adoretus*

173. 中华喙丽金龟　*Adoretus sinicus* Burmeister

174. 斑点喙丽金龟　*A. tenuimaculatus* Waterhouse

(二)异丽金龟属　*Anomala*

175. 铜绿丽金龟　*Anomala corpulenta* Motschulsky

176. 东方丽金龟　*A. orientalis* Waterhouse

177. 红脚绿丽金龟　*A. cupripes* Hope

(三)弧丽金龟属　*Popillia*

178. 棉花弧丽金龟 *Popillia mutans* Newman

179. 曲带弧丽金龟　*P. pustulata* Fairmaire

180. 中华弧丽金龟　*P. quadriguttata* (Fabricius)

十七、金龟科　Scarabaeidae

(一)洁蜣螂属　*Catharsius*

181. 神龙洁蜣螂　*Catharsius molossus* Linnaeus

(二)粪蜣螂属　*Copris*

182. 臭蜣螂　*Copris ochus* Motschulsky

(三)侧裸蜣螂属　*Gymnopleurus*

183. 翘侧裸蜣螂　*Gymnopleurus sinuatus* (Olivier)

二十八、小蠹科　Scolytidae

(一)切梢小蠹属　*Blastophagus*

184. 横坑切梢小蠹　*Blastophagus minor* Hartig

185. 纵坑切梢小蠹　*B. piniperda* (Linnaeus)

(二)肤小蠹属　*Phloeosinus*

186. 杉肤小蠹 *Phloeosinus sinensis* Schedle

革翅目 DERMAPTERA

一、球螋科 Forficulidae

(一)张球螋属 *Anechura*

1. 日本张球螋 *Anechura japonica* (Bormans)

二、蠼螋科 Labiduridae

(一)蠼螋属 *Labidura*

2. 蠼螋 *Labidura riparia* (Pallas)

双翅目 DIPTERA

一、花蝇科 Anthomyiidae

(一)花蝇属 *Anthomyia*

1. 横带花蝇 *Anthomyia illocata* Walker

(二)泉蝇属 *Pegomya*

2. 江苏泉蝇 *Pegomya kiangsuensis* Fan

3. 毛笋泉蝇 *P. phyllostachys* Fan

二、食虫虻科 Asilidae

(一)单羽食虫虻属 *Cophinopoda*

4. 中华单羽角食虫虻 *Cophinopoda chinensis* Fabricius

(二)阔头食虫虻属 *Damalis*

5. 天目阔头食虫虻 *Damalis andron* Walker

三、丽蝇科 Calliphoridae

(一)金蝇属 *Chrysomya*

5. 大头金蝇 *Chrysomya megacephala* (Fabricius)

(二)绿蝇属 *Lucilia*

7. 铜绿蝇 *Lucilia cuprina* (Wiedemann)

8. 中华绿蝇 *L.* (*Luciliella*) *sinensis* Aubertin

(三)粉腹丽蝇属 *Pollenomyia*

9. 中华粉腹丽蝇 *Pollenomyia sinensis* Seguy

四、瘿蚊科 Cecidomyiidae

(一)瘿蚊属 *Dasineura*

10. 枣叶瘿蚊 *Dasineura datifolia* Jiang

(二)突胸瘿蚊属 *Planetella*

11. 水竹突胸瘿蚊 *Planetella conesta* Jiang

(三)梢瘿蚊属 *Rhabdophaga*

12. 柳瘿蚊 *Rhabdophaga salicis* (Schrank)

五、蚊科 Culicidae

(一)伊蚊属 *Aedes*

13. 白纹伊蚊 *Aedes albopictus* (Skuse)

(二)库蚊属 *Culex*

14. 淡色库蚊 *Culex pipiens Pallens* Coquillett

六、厕蝇科 Fanniidae

(一)厕蝇属 *Fannia*

15. 瘤胫厕蝇 *Fannia scalaris* (Fabricius)

七、蝇科 Muscidae

(一)芒蝇属 *Atherigona*

16. 黑须芒蝇 *Atherigona atripalpis* Malloch

(二)裸池蝇属 *Gymnodia*

17. 升斑裸池蝇 *Brontaea ascendens* (Stein)

18. 花裸池蝇 B. *tonitrui* Wiedemann

(三)溜蝇属 *Lispe*

19. 东方溜蝇 *Lispe orientalis* Wiedemann

(四)妙蝇属 *Myospila*

20. 华中妙蝇　*Myospila meditabunda brunettiana* Enderlein

(五)莫蝇属　*Morellia*

21. 中华莫蝇　*Morellia sinensis* Ouchi

(六)家蝇属　*Musca*

22. 逐畜家蝇　*Musca conducens* Walker

23. 舍蝇　*M. domestica vicina* Macquart

(七)翠蝇属　*Neomyia*

24. 紫翠蝇　*Neomyia gavisa* (Walker)

25. 蓝翠蝇　*N. timorensis* (Robineau—Desvoidy)

26. 绿额翠蝇　*N. coeruleifrons* Macquart

八、鹬虻科　Rhagionidae

(一)鹬虻属　*Rhagio*

27. 南方鹬虻　*Rhagio meridionalis* Yang et Yang

九、麻蝇科　Sarcophagidae

(一)突额麻蝇属　*Metopia*

28. 白头突额麻蝇　*Metopia argyrocephala* (Meigen)

(二)亚麻蝇属　*Parasarcophaga*

29. 巧亚麻蝇　*Parasarcophaga* (*Liosarcophaga*) *idmais* (Seguy)

(三)球麻蝇属　*Phallosphaera*

30. 华南球麻蝇　*Phallosphaera* (*Yunnanomyia*) *gravelyi* (Senior—White)

(四)细麻蝇属　*Pierretia*

31. 台南细麻蝇　*Pierretia josephi* (Boettcher)

十、水虻科　Stratiomyidae

(一)寡水虻属　*Evaza*

32. 黑翅寡水虻　*Evaza nigripennis* Kertesz

(二)指突水虻属　*Ptecticus*

33. 南方指突水虻　*Ptecticus australis* Schiner

34. 黑色指突水虻　*P. tenebrifer* (Walker)

(三)水虻属　*Stratiomyia*

35. 日本水虻　*Stratiomyia japonica* Wulp

十一、蚜蝇科　Syrphidae

(一)食蚜蝇属　*Syrphus*

36. 大灰食蚜蝇　*Syrphus corollae* Fabricius

十二、虻科　Tabanidae

(一)虻属　*Tabanus*

37. 牛虻　*Tabanus amaenus* Walker

38. 浙江虻　*T. chekiangensis* Ouchi

39. 中华六带虻　*T. Chinensis* Ouchi

40. 中华虻　*T. mandarinus* Schiner

十三、寄蝇科　Tachinidae

(一)银寄蝇属　*Argyrophylax*

41. 黄胫银寄蝇　*Argyrophylax phoeda* (Townsend)

(二)盆地寄蝇属　*Bessa*

42. 选择盆地寄蝇　*Bessa parallela* Meigen

(三)饰腹寄蝇属　*Blepharipa*

43. 蚕饰腹寄蝇　*Blepharipa zebina* (Walker)

(四)狭颊寄蝇属　*Carcelia*

44. 隔离狭颊寄蝇　*Carcelia excisa* (Fallen)

45. 格纳狭颊寄蝇　*C. gnava* (Meigen)

46. 钩叶狭颊寄蝇　*C. hamata* Chao et Liang

47. 松毛虫狭颊寄蝇　*C. matsukarehae* Shima

48. 灰腹狭颊寄蝇　*C. rasa* (Macquart)

49. 苏门答腊狭颊寄蝇　*C. sumatrana* Townsend

(五)刺蛾寄蝇属　*Chaetexorista*

50. 健壮刺蛾寄蝇　*Chaetexorista*

eutachinoides (Baranov)
51. 苹绿刺蛾寄蝇　*C. klapperichi* Mesnil
52. 爪哇刺蛾寄蝇　*C. javana* Brau et Bergenstamm
(六)赘寄蝇属　*Drino*
53. 罗赘寄蝇　*Drino lota* Meigen
54. 软毛斑赘寄蝇　*D. unisetosa* Baranov
(七)追寄蝇属　*Exorista*
55. 日本追寄蝇　*Exorista japonica* (Townsend)
56. 古毒蛾追寄蝇　*E. larvarum* (Linnaeus)
(八)宽额寄蝇属　*Frontina*
57. 彩艳宽额寄蝇　*Frontina laeta* Meigen
(九)膝芒寄蝇属　*Gonia*
58. 中华膝芒寄蝇　*Gonia chinensis* Wiedemann
59. 黄毛膝芒寄蝇　*G. klapperichi* Mesnil
(十)筒寄蝇属　*Halydaia*
60. 银颜筒寄蝇　*Halydaia luteicornis* (Walker)
(十一)苔寄蝇属　*Hyleorus*
61. 矮饰苔寄蝇　*Hyleorus elatus* (Meigen)
(十二)密克寄蝇属　*Mikia*
62. 日本密克寄蝇　*Mikia japonica* Baranov
(十三)毛瓣寄蝇属　*Nemoraea*
63. 札幌毛瓣寄蝇　*Nemoraea sapporensis* Kocha
(十四)截尾寄蝇属　*Nemorilla*
64. 横带截尾寄蝇　*Nemorilla floralis* (Fallen)
65. 双斑截尾寄蝇　*N. maculosa* Meigen
(十五)栉寄蝇属　*Pales*
66. 炭黑栉寄蝇　*Pales carbonate* Mesnil
67. 蓝黑栉寄蝇　*P. pavida* (Meigen)
(十六)长须寄蝇属　*Peleteria*
68. 粘虫长须寄蝇　*Peleteria varia* (Fabricius)
(十七)等鬃寄蝇属　*Peribaea*
69. 长芒等鬃寄蝇　*Peribaea fissicornis* (Strobl)
(十八)梳寄蝇属　*Pexopsis*
70. 库氏梳寄蝇　*Pexopsis clauseni* (Aldrich)
(十九)蜉寄蝇属　*Phorocera*
71. 锥肛蜉寄蝇　*Phorocera grandis* Rondani
(二十)扁寄蝇属　*Platmyia*
72. 立毛扁寄蝇　*Platmyia hortulana* Meigen
(二十一)前寄蝇属　*Prosopea*
73. 染黑前寄蝇　*Prosopea nigricans* Egger
(二十二)赛寄蝇属　*Pseudoperichaeta*
74. 稻苞虫赛寄蝇　*Pseudoperichaeta nigrolineata* (Walker)
(二十三)茸毛寄蝇属　*Servillia*
75. 火红茸毛寄蝇　*Servillia ardens* Zimin
(二十四)皮寄蝇属　*Sisyropa*
76. 突飞皮寄蝇　*Sisyropa prominens* (Walker)
(二十五)寄蝇属　*Tachina*
77. 怒寄蝇　*Tachina nupta* Rondani
78. 什塔寄蝇　*T. stackelbergi* Zimin
(二十六)鞘寄蝇属　*Thecocarcelia*
79. 稻苞虫鞘寄蝇　*Thecocarcelia parnarae* Chao
(二十七)鬃寄蝇属　*Vibrissina*
80. 软鬓寄蝇　*Vibrissina debilitata* Pandelle
81. 长角鬓寄蝇　*V. turrita* Meigen

(二十八)温寄蝇属 *Winthemia*

82. 变色温寄蝇 *Winthemia neowinthemioides* Townsend

83. 灿烂温寄蝇 *W. venusta* Meigen

半翅目 HEMIPTERA

一、蝉科 Cicadidae

(一)蚱蝉属 *Cryptotympana*

1. 黑蚱蝉 *Cryptotympana atrata* Fabricius

2. 红脉蚱蝉 *C. pustulata* (Fabricius)

(二)寒蝉属 *Meimuna*

3. 蒙古寒蝉 *Meimuna mongolica* (Distant)

(三)红蝉属 *Huechys*

4. 红蝉 *Huechys sanguinea* (De Geer)

(四)蟪蛄属 *Platypleura*

5. 蟪蛄 *Platypleura kaempferi* (Fabricius)

(五)长瓣蝉属 *Platylomia*

6. 竹蝉 *Platylomia pieli* Kato

二、角蝉科 Membracidae

(一)矛角蝉属 *Leptobelus*

7. 曲矛角蝉 *Leptobelus decurvatus* Funkhouser

(二)脊角蝉属 *Machaerotypus*

8. 二带红脊角蝉 *Machaerotypus rubronigris* Funkhouser

(三)锯角蝉属 *Pantaleon*

9. 背峰锯角蝉 *Pantaleon dorsalis* (Matsumura)

三、叶蝉科 Cicadellidae

(一)凹大叶蝉属 *Bothrogonia*

10. 华凹大叶蝉 *Bothrogonia sinica* Yang et Li

11. 黑尾大叶蝉 *B. ferruginea* Fabricius

(二)大叶蝉属 *Cicadella*

12. 大青叶蝉 *Cicadella viridis* Linnaeus

(三)角顶叶蝉属 *Deltocephalus*

13. 电光叶蝉 *Deltocephalus dorsalis* Motschulsky

(四)斑叶蝉属 *Erythroneura*

14. 白翅叶蝉 *Erythroneura subrufa* (Motschulsky)

15. 苦楝斑叶蝉 *E. melia* Kuoh

(五)黑尾叶蝉属 *Nephotettix*

16. 黑尾叶蝉 *Nephotettix* cincticeps Uhler

四、蜡蝉科 Fulgoridae

(一)斑衣蜡蝉属 *Lycorma*

17. 斑衣蜡蝉 *Lycorma delicatula* White

五、象蜡蝉科 Dictyopharidae

(一)象蜡蝉属 *Dictyophara*

18. 伯瑞象蜡蝉 *Dictyophara patruelis* (Stal)

(二)丽象蜡蝉属 *Orthopagus*

19. 丽象蜡蝉 *Orthopagus splendens* (Germar)

六、沫蝉科 Cercopidae

(一)丽沫蝉属 *Cosmoscarta*

20. 斑带丽沫蝉 *Cosmoscarta bispecularis* White

七、蛾蜡蝉科 Flatidae

(一)碧蛾蜡蝉属 *Geisha*

21. 碧蛾蜡蝉 *Geisha distinctissima* Walker

八、广翅蜡蝉科 Ricaniidae

(一)宽广蜡蝉属 *Pochazia*

22. 眼斑广翅蜡蝉 *Pochazia discreta*

Melichar
(二)广翅蜡蝉属 *Ricania*
23. 钩纹广翅蜡蝉 *Ricania simulans* Walker
24. 鼎点广翅蜡蝉 *R. trinitatis* Chou et Lu
九、粉虱科 Aleyrodidae
(一)摺粉虱属 *Aleurotrachelus*
25. 油茶黑胶粉虱 *Aleurotrachelus camelliae* Kuwana
十、飞虱科 Delphacidae
(一)灰粉虱属 *Laodelphax*
26. 灰飞虱 *Laodelphax striatellus* Fallen
(二)褐飞虱属 *Nilaparvata*
27. 褐飞虱 *Nilaparvata lugens* (Stal)
(三)长飞虱属 *Saccharosydne*
28. 长绿飞虱 *Saccharosydne procerus* (Matsumura)
(四)白背粉虱属 *Sogatella*
29. 白背飞虱 *Sogatella furcifera* (Horvath)
十一、木虱科 Psyllidae
(一)异脉木虱属 *Anomoneura*
30. 桑异脉木虱 *Anomoneura mori* Schwarz
(二)厚毛木虱属 *Caenohomotoma*
31. 绣线菊毛木虱 *Caenohomotoma spiraea* Yang et Li
(三)裂木虱属 *Carsidara*
32. 梧桐裂木虱 *Carsidara limbata* (Enderklein)
(四)缨个木虱属 *Petalolyma*
33. 浙江缨个木虱 *Petalolyma zhejiangana* Yang et Li
(五)个木虱属 *Trioza*
34. 樟叶个木虱 *Trioza camphorae* Sasaki
十二、蚜科 Aphididae
(一)蚜属 *Aphis*
35. 绣线菊蚜 *Aphis citricola* Van der Goot
36. 棉蚜 *A. gossypii* Glover
37. 槐蚜 *A. medicaginis* koch
38. 洋槐蚜 *A. robiniae Macchiati*
(二)雕蚜属 *Glyphina*
39. 山核桃雕蚜 *Glyphina* sp.
(三)桃粉蚜属 *Hyalopterus*
40. 桃粉蚜 *Hyalopterus arundimis* Fabricius
(四)刻蚜属 *Kurisakia*
41. 山核桃刻蚜 *Kurisakia sinocaryae* Zhang
(五)长管蚜属 *Macrosiphum*
42. 月季长管蚜 *Macrosiphum rosivorum* Zhang
(六)瘤蚜属 *Myzus*
43. 山樱桃黑瘤蚜 *Myzus prunisuctus* Zhang
(七)瘤蚜属 *Pineus*
44. 油松球蚜 *Pineus laevis* (Maskell)
(八)缢管蚜属 *Rhopalosiphum*
45. 玉米蚜 *Rhopalosiphum maidis* (Fitch)
(九)二叉蚜属 *Schizaphis*
46. 麦二叉蚜 *Schizaphis graminum* (Rondani)
(十)四脉棉蚜属 *Tetraneura*
47. 榔榆四脉棉蚜 *Tetraneura akinire* Sasaki
48. 榉吸吮四脉绵蚜 *T. zelkovisucta* Zhang
(十一)橘蚜属 *Toxoptera*
49. 橘蚜 *Toxoptera aurantii* (Boyer)
(十二)锥尾蚜属 *Tuberocephalus*

50. 桃瘤头蚜　*Tuberocephalus momonis* (Matsumura)

十三、大蚜科　Lachnidae

(一)松柏大蚜属　*Cinara*

51. 马尾松大蚜　*Cinara formosana* (Takahashi)

52. 柏大蚜　*C. tujafilina* (Del Guercio)

(二)大蚜属　*Lachnus*

53. 栗大蚜　*Lachnus tropicalis* Vander Goot

(三)瘤大蚜属　*Tuberolachnus*

54. 柳瘤大蚜　*Tuberolachnus salignus* Gmelin

55. 枇杷大瘤大蚜　*T. macrotuberculatus* Yang, Qiao et Zhang

十四、毛蚜科　Chaitophoridae

(一)多态毛蚜属　*Periphyllus*

56. 三角枫多态毛蚜　*Periphyllus acerihabitans* Zhang

十五、绵蚜科　Eriosomatidae

(一)圆角倍蚜属　*Nurudea*

57. 红倍花蚜　*Nurudea rosea* (Matsmura)

58. 圆角倍蚜　*N. sinica* Tsai et Tang

59. 倍花蚜　*N. shiraii* (Matsmura)

(二)子蚜属　*Schlechtendalia*

60. 五倍子蚜　*Schlechtendalia chinensis* Bell

61. 倍蛋蚜　*S. peitan* (Tsai et Tang)

十六、蚧科　Coccidae

(一)蜡蚧属　*Ceroplastes*

62. 日本蜡蚧　*Ceroplastes japonicus* Green

63. 角蜡蚧　*C. ceriferus* (Anderson)

64. 红蜡蚧　*C. rubens* Maskell

(二)白蜡蚧属　*Ericerus*

65. 白蜡蚧　*Ericerus pela* Chavannes

(三)卷毛毡蜡蚧属　*Metaceronema*

66. 日本卷毛毡蜡蚧　*Metaceronema japonica* Maskell

(四)木坚蚧属　*Parthenolecanium*

67. 扁平球坚蚧　*Parthenolecanium corni* Bouche

十七、绵蚧科　Monophlebidae

(一)草履蚧属　*Drosicha*

68. 草履蚧　*Drosicha corpulenta* (Kuwana)

(二)吹绵蚧属　*Icerya*

69. 吹绵蚧　*Icerya purchasi* Maskell

十八、珠蚧科　Margarodidae

(一)松梢蚧属　*Sonsaucoccus*

70. 中华松梢蚧　*Sonsaucoccus sinensis* (Chen)

十九、绒蚧科　Eriococcidae

(一)绒蚧属　*Eriococcus*

71. 柿绒蚧　*Eriococcus kaki* Kuwana

72. 紫薇绒蚧　*E. legerstroemiae* Kuwana

73. 皱绒蚧　*E. rugosu* Wang

74. 丝球绒蚧　*E. Nematosphaerus* Hu et xie

二十、链蚧科　Asterolecaniidae

(一)链蚧属　*Asterolecanium*

75. 栗链蚧　*Asterolecanium castaneae* Russell

(二)竹链蚧属　*Bambusaspis*

76. 半球竹链蚧　*Bambusaspis hemisphaerica* (Kuwana)

二十一、盾蚧科　Diaspididae

(一)白轮蚧属　*Aulacaspis*

77. 月季白轮蚧　*Aulacaspis rosarum* Borchsenius

78. 檫树白轮蚧　*A. sassafris* Chen

(二)枝圆盾蚧属 *Diaspidiotus*

79. 梨圆盾蚧

Diaspidiotus perniciosus Comstock

(三)矩瘤蛎蚧属 *Eucornuaspis*

80. 兰矩瘤蛎蚧 *Eucornuaspis machili* Maskell

(四)线盾蚧属 *Kuwanaspis*

81. 贺氏线盾蚧 *Kuwanaspis howardi* (Cooley)

(五)白盾蚧属 *Pseudaulacaspis*

82. 桑白盾蚧 *Pseudaulacaspis pentagona* (Targioni—Tozzetti)

(六)矢尖蚧属 *Unaspis*

83. 卫矛矢尖蚧 *Unaspis euonymi* (Comstock)

二十二、粉蚧科 Pseudococcidae

(一)巢粉蚧属 *Nesticoccus*

84. 竹巢粉蚧 *Nesticoccus sinensis* Tang

二十三、红蚧科 Kermesidae

(一)红蚧属 *Kermes*

85. 栗红蚧 *Kermes nawae* Kuwana

二十四、花蝽科 Anthocoridae

(一)小花蝽属 *Orius*

86. 南方小花蝽 *Orius similes* Zheng

二十五、蝽科 Pentatomidae

(一)枝蝽属 *Aeschrocoris*

87. 枝蝽 *Aeschrocoris ceylonicus* Distant

(二)蠋蝽属 *Arma*

88. 蠋蝽 *Arma chinensis* Fallou

(三)兜蝽属 *Aspongopus*

89. 九香虫 *Aspongopus chinensis* Dallas

(四)驼蝽属 *Brachycerocoris*

90. 驼蝽 *Brachycerocoris camelus* Costa

(五)辉蝽属 *Carbula*

91. 红角辉蝽 *Carbula crassiventris* (Dallas)

(六)皱蝽属 *Cyclopelta*

92. 小皱蝽 *Cyclopelta parva* Distant

(七)黑蝽属 *Erthesina*

93. 麻皮蝽 *Erthesina fullo* (Thunberg)

(八)硕蝽属 *Eurostus*

94. 硕蝽 *Eurostus validus* Dallas

(九)条蝽属 *Graphosoma*

95. 赤条蝽 *Graphosoma rubrolineata* (Westwood)

(十)茶翅蝽属 *Halyomorpha*

96. 茶翅蝽 *Halyomorpha halys* (Stal)

(十一)全蝽属 *Homalogonia*

97. 全蝽 *Homalogonia obtuse* (Walker)

(十二)瓜蝽属 *Megymenum*

98. 短角瓜蝽 *Megymenum brevicornis* (Fabricius)

99. 细角瓜蝽 *M. gracilicorne* Dallas

(十三)曼蝽属 *Menida*

100. 宽曼蝽 *Menida lata* Yang

101. 紫蓝曼蝽 *M. violacea* Motshulsky

(十四)绿蝽属 *Nezara*

102. 稻绿蝽 *Nezara viridula* (Linnaeus)

(十五)碧蝽属 *Palomena*

103. 碧蝽 *Palomena angulosa* Motschulsky

(十六)卷蝽属 *Paterculus*

104. 卷蝽 *Paterculus elatus* (Yang)

(十七)益蝽属 *Picromerus*

105. 益蝽 *Picromerus lewisi* Scott

(十八)珀蝽属 *Plautia*

106. 珀蝽 *Plautia crossota* (Dallas)

(十九)点蝽属 *Tolumnia*

107. 点蝽 *Tolumnia latipes* (Dallas)

二十六、盾蝽科 Scutelleridae

(一)扁盾蝽属　*Eurygaster*

108. 扁盾蝽　*Eurygaster testudinarius* (Geoffroy)

(二)半球盾蝽属　*Hyperoncus*

109. 半球盾蝽　*Hyperoncus lateritius* Westwood

二十七、土蝽科　Cydnidae

(一)地土蝽属　*Geotomus*

110. 侏地土蝽　*Geotomus pygmaeus* (Fabricius)

二十八、荔蝽科　Tessaratomidae

(一)荔蝽属　*Tessaratoma*

111. 荔蝽　*Tessaratoma papillosa* Drury

二十九、龟蝽科　Plataspidae

(一)圆龟蝽属　*Coptosoma*

112. 小黑圆龟蝽　*Coptosoma nigrellum* Hsiao et Jen

113. 多变圆龟蝽　*C. variegata* (Herrich et Schaeffer)

(二)豆龟蝽属　*Megacopta*

114. 筛豆龟蝽　*Megacopta cribraria* (Fabricius)

115. 和豆龟蝽　*M. horvathi* (Montandon)

三十、红蝽科　Pyrrhocoridae

(一)朱蝽属　*Parastrachia*

116. 日本朱蝽　*Parastrachia japonensis* (Scott)

(二)大红蝽属　*Macroceroea*

117. 大红蝽　*Macroceroea grandis* (Gray)

(三)直红蝽属　*Pyrrhopeplus*

118. 直红蝽　*Pyrrhopeplus carduelis* (Stal)

三十一、缘蝽科　Coreidae

(一)瘤缘蝽属　*Acanthocoris*

119. 瘤缘蝽　*Acanthocoris scaber* (Linnaeus)

(二)安缘蝽属　*Anoplocnemis*

120. 斑背安缘蝽　*Anoplocnemis binotata* (Distant)

121. 红背安缘蝽　*A. phasiana* (Fabricius)

(三)棘缘蝽属　*Cletus*

122. 稻棘缘蝽　*Cletus punctiger* Dallas

(四)奇缘蝽属　*Derepteryx*

123. 褐奇缘蝽　*Derepteryx fuliginosa* (Uhler)

124. 月肩奇缘蝽　*D. lunata* (Distant)

(五)同缘蝽属　*Homoeocerus*

125. 广腹同缘蝽　*Homoeocerus dilatatus* Horvath

126. 纹须同缘蝽　*H. striicornis* Scott

127. 瓦同缘蝽　*H. walkerianus* Lethierry et Severin

(六)竹缘蝽属　*Notobitus*

128. 山竹缘蝽　*Notobitus montanus* Hsiao

(七)蜂缘蝽属　*Riptortus*

129. 点蜂缘蝽　*Riptortus pedestris* (Fabricius)

三十二、跷蝽科　Berytidae

(一)肋跷蝽属　*Yemma*

130. 锤肋跷蝽　*Yemma signatus* (Hsiao)

三十三、长蝽科　Lygaeidae

(一)突眼长蝽属　*Chauliops*

131. 豆突眼长蝽　*Chauliops fallax* Scott

(二)束长蝽属　*Malcus*

132. 中国束长蝽　*Malcus sinicus* Stys

(三)后刺长蝽属　*Pirkimerus*

133. 竹后刺长蝽　*Pirkimerus japonicus* (Hidaka)

(四)扁长蝽属　*Sinorsillus*

134. 杉木扁长蝽　*Sinorsillus piliferus* Usinger

三十四、网蝽科 Tingidae

(一)脊网蝽属 *Galeatus*

135. 菊贝脊网蜡 *Galeatus spinifrons* (Fallen)

(二)冠网蝽属 *Stephanitis*

136. 梨冠网蝽 *Stephanitis nashi* Esaki et Takeya

137. 杜鹃冠网蝽 *S. pyriodes* (Scott)

(三)裸菊网蝽属 *Tingis*

138. 窄翅裸菊网蝽 *Tingis comosa* (Takeya)

139. 广翅裸菊网蝽 *T. lasiocera* Matsumura

140. 硕裸菊网蝽 *T. veteris* Drake

(四)角肩网蝽属 *Uhlerites*

141. 褐角肩网蝽 *Uhlerites debilis* (Uhler)

三十五、猎蝽科 Reduviidae

(一)荆猎蝽属 *Acanthaspis*

142. 淡带荆猎蝽 *Acanthaspis cincticrus* Stal

(二)土猎蝽属 *Coranus*

143. 黑尾土猎蝽 *Coranus spiniscutis* Reuter

(三)红猎蝽属 *Cydnocoris*

144. 艳红猎蝽 *Cydnocoris russatus* Stal

(四)光猎蝽属 *Ectrychotes*

145. 黑光猎蝽 *Ectrychotes andreae* (Thunberg)

(五)赤猎蝽属 *Haematoloecha*

146. 异赤猎蝽 *Haematoloecha aberrens* Hsiao

147. 二色赤猎蝽 *H. nigrorufa* (Stal)

(六)真猎蝽属 *Harpactor*

148. 云斑真猎蝽 *Harpactor incertus* (Distant)

(七)钳猎蝽属 *Labidocoris*

149. 亮钳猎蝽 *Labidocoris pectoralis* (Stal)

(八)蚊猎蝽属 *Myiophanes*

150. 大蚊猎蝽 *Myiophanes tipulina* Reuter

(九)健猎蝽属 *Neozirta*

151. 环足健猎蝽 *Neozirta eidmanni* Taueber

(十)绒猎蝽属 *Opistoplatys*

152. 褐锥绒猎蝽 *Opistoplatys mustela* Miller

153. 宽额锥绒猎蝽 *O. seculusus* Miller

(十一)普猎蝽属 *Oncocephalus*

154. 粗股普猎蝽 *Oncocephalus impudicus* Reuter

(十二)盗猎蝽属 *Pirates*

155. 黄纹盗猎蝽 *Pirates atromaculatus* Stal

(十三)胸猎蝽属 *Pygolampis*

156. 污刺胸猎蝽 *Pygolampis foeda* Stal

(十四)胸猎蝽属 *Reduvius*

157. 桔红背猎蝽 *Reduvius tenebrosus* Walker

(十五)梭猎蝽属 *Sastrapada*

158. 敏梭猎蝽 *Sastrapada oxyptera* Bergroth

(十六)刺猎蝽属 *Scipinia*

159. 轮刺猎蝽 *Scipinia horrida* Stal

(十七)黄足猎蝽属 *Sirthenea*

160. 黄足猎蝽 *Sirthenea flavipes* Stal

(十八)猛猎蝽属 *Sphedanolestes*

161. 红缘猛猎蝽 *Sphedanolestes gularis* Hsiao

162. 环斑猛猎蝽 *S. impressicollis* Stal

164. 斑缘猛猎蝽 *S. subtilis* (Jakovlev)
三十六、姬蝽科 Nabidae
(一)姬蝽属 *Nabis*
165. 华姬蝽 *Nabis sinoferus* Hsiao
166. 小翅姬蝽 *N. apicalis* Matsumura
167. 窄姬蝽 *N. capsiformis* Germar
(二)高姬蝽属 *Gorpis*
168 山高姬蝽 *Gorpis* (*Oronabis*) *brevilineatus* (Scott)
(三)花姬蝽属 *Prostemma*
169. 角带花姬蝽 *Prostemma hilgendorffi* Stein
三十七、负蝽科 Belostomatidae
(一)负子蝽属 *Sphaerodema*
170. 负子蝽 *Sphaerodema rustica* (Fabricius)
三十八、划蝽科 Corixidae
(一)划蝽属 *Sigara*
171. 横纹划蝽 *Sigara substriata* (Uhler)
三十九、仰蝽科 Notonectidae
(一)仰蝽属 *Enithares*
172. 华仰蝽 *Enithares sinica* stal
四十、异蝽科 Urostylidae
(一)异蝽属 *Urostylis*
173. 淡娇异蝽 *Urostylis yangi* Maa

膜翅目 HYMENPTERA

一、蜜蜂科 Apidae
(一)条蜂属 *Anthophora*
1. 华山条蜂 *Anthophora huashanense* Wu
(二)蜜蜂属 *Apis*
2. 中华蜜蜂 *Apis cerana* Fabricius
3. 意大利蜂 *A. mellifera* Linnaeus
(三)四条蜂属 *Tetralonia*
4. 中国四条蜂 *Tetralonia chinensis* Smith
二、茧蜂科 Braconidae
(一)脊茧蜂属 *Aleiodes*
5. 祝氏脊茧蜂 *Aleiodes chui* He et Chen
6. 折半脊茧蜂 *A. ruficornis* Herrich—Sch ffer
7. 螟蛉脊茧蜂 *A. narangae* (Rohwer)
(二)内茧蜂属 *Rogas*
8. 松毛虫内茧蜂 *Rogas dendrolimi* (Matsumura)
(三)刺足茧蜂属 *Zombrus*
9. 两色刺足茧蜂 *Zombrus bicolor* (Enderlein)
三、青蜂科 Chrysididae
(一)青蜂属 *Chrysis*
10. 上海青蜂 *Chrysis shanghaiensis* Smith
四、瘿蜂科 Cynipidae
(一)栗瘿蜂属 *Dryocosmus*
11. 栗瘿蜂 *Dryocosmus kuriphilus* Yasumatus
五、蜾蠃科 Eumenidae
(一)喙蜾蠃属 *Rhynchium*
12. 黄喙蜾蠃 *Rhynchium quinquecinctum* (Fabricius)
六、广肩小蜂科 Eurytomidae
(一)种子广肩小蜂属 *Bruchophagus*
13. 刺槐种子小蜂 *Bruchophagus philorobiniae* Liao
(二)广肩小蜂属 *Eurytoma*
14. 黄连木种子小蜂 *Eurytoma plotnikovi* Nikolskaya

七、姬蜂科　Ichneumonidae

(一)方盾姬蜂属　*Acerataspis*

15. 中华方盾姬蜂　*Acerataspis sinensis* Michener

(二)顶姬蜂属　*Acropimpla*

16. 瞑虫顶姬蜂　*Acropimpla persimilis* (Ashmead)

(三)巢姬蜂属　*Acroricnus*

17. 游走巢姬蜂指名亚种　*Acroricnus ambulator ambulator* Smith

(四)凹眼姬蜂属　*Casinaria*

18. 具柄凹眼姬蜂指名亚种　*Casinaria pedunculata pedunculata* (Szepligeti)

(五)黑瘤蜂属　*Coccygomimus*

19. 舞毒蛾黑瘤姬蜂　*Coccygomimus disparis* (Viereck)

(六)绿蜂属　*Chlorocryptus*

20. 朝鲜紫姬蜂　*Chlorocryptus coreanus* (Szepligeti)

21. 刺蛾紫姬蜂　*C. purpuratus* Smith

(七)细颚姬蜂属　*Enicospilus*

22. 茶毛虫细颚姬蜂　*Enicospilus pseudoconspersae* (Sonan)

(八)细柄姬蜂属　*Leptobatopsis*

23. 稻切叶螟细柄姬蜂　*Leptobatopsis indica* (Cameron)

(九)盾脸姬蜂属　*Metopius*

24. 桑夜蛾盾脸姬蜂　*Metopius (Ceratopius) dissectorius* (Panzer)

(十)黑点瘤姬蜂属　*Xanthopimpla*

25. 广黑点瘤姬蜂　*Xanthopimpla punctata* (Fabricius)

八、扁叶蜂科　Pamphiliidae

(一)腮扁叶蜂属　*Cephalcia*

26. 天目腮扁叶蜂　*Cephalcia tienmua* Maa

九、金小蜂科　Pteromalidae

(一)黑青金小蜂属　*Dibrachys*

27. 黑青金小蜂　*Dibrachys cavus* Walker

十、土蜂科　Scoliidae

(一)土蜂属　*Scolia*

28. 大斑土蜂　*Scolia clypeata* Sickman

十一、泥蜂科　Sphecidae

(一)沙泥蜂属　*Ammophila*

29. 红腰泥蜂　*Ammophila aemulans* Kohl

(二)壁泥蜂属　*Sceliphron*

30. 黄柄壁泥蜂　*Sceliphron madraspatanum* (Fabricius)

十二、叶蜂科　Tenthredinidae

(一)松叶蜂属　*Diprion*

31. 六万松叶蜂　*Diprion liuwanensis* Huang et Xiao

(二)麦叶蜂属　*Dolerus*

32. 小麦叶蜂　*Dolerus tritici* Chu

(三)实叶蜂属　*Hoplocampa*

33. 梨实蜂　*Hoplocampa pyricola* Rohwer

(四)中脉叶蜂属　*Mesoneura*

34. 樟叶蜂　*Mesoneura rufonota* Rohwer

(五)新松叶蜂属　*Nesodiprion*

35. 松黄叶蜂　*Neodiprion sertifer* Geoffroy

十三、长尾小蜂科　Torymidae

(一)大痣小蜂属　*Megastigmus*

36. 柳杉大痣小蜂　*Megastigmus cryptomeriae* Yano et Kog

37. 大痣小蜂　*Megasigmus sp.*

等翅目 ISOPTERA

一、鼻白蚁科 Rhinotermitidae

(一)乳白蚁属 *Coptotermes*

1. 家白蚁 *Coptotermes formosanus* Shiraki

(二)散白蚁属 *Reticulitermes*

2. 黄胸散白蚁 *Reticulitermes flaviceps* Oshima

3. 圆唇散白蚁 *R. labralis* Hsia et Fan

4. 黑胸散白蚁 *R. chinensis* Snyder

二、白蚁科 Termitidae

(一)钝颚白蚁属 *Ahmaditermes*

5. 凹额钝颚白蚁 *Ahmaditermes foveafrons* Gao et He

6. 天目钝颚白蚁 *A. tianmuensis* Gao et He

(二)歪白蚁属 *Capritermes*

7. 歪白蚁 *Capritermes nitobei* (Shiraki)

(三)大白蚁属 *Macrotermes*

8. 黄翅大白蚁 *Macrotermes barneyi* Light

(四)奇象白蚁属 *Mironasutitermes*

9. 异齿奇象白蚁 *Mironasutitermes heterodon* Gao et He

10. 天目奇象白蚁 *M. tianmuensis* Gao et He

(五)象白蚁属 *Nasutitermes*

11. 小象白蚁 *Nasutitermes parvonasutus* (Shiraki)

(六)土白蚁属 *Odontotermes*

12. 黑翅土白蚁 *Odontotermes formosanus* (Shiraki)

(七)华扭白蚁属 *Sinocapritermes*

13. 中国华扭白蚁 *Sinocapritermes sinicus* Li et Xiao

鳞翅目 LEPIDOPTERA

一、珍蝶科 Acraeidae

(一)珍蝶属 *Acraea*

1. 苎麻珍蝶 *Acraea issoria* Hubner

二、虎蛾科 Agaristidae

(一)龟虎蛾属 *Chelonomorpha*

2. 日龟虎蛾 *Chelonomorpha japona* Motschulsky

(二)彩虎蛾属 *Episteme*

3. 选彩虎蛾 *Episteme lectrix* (Linnaeus)

(三)修虎蛾属 *Seudyra*

4. 艳修虎蛾 *Seudyra venusta* Leech

三、环蝶科 Amathusiidae

(一)串珠环蝶属 *Faunis*

5. 灰翅串珠环蝶 *Faunis aerope* (Leech)

(二)箭环蝶属 *Stichophthalma*

6. 箭环蝶 *Stichophthalma howqua* (Westwood)

四、灯蛾科 Arctiidae

(一)缘灯蛾属 *Amsacta*

7. 红缘灯蛾 *Amsacta lactinea* (Cramer)

(二)花布灯蛾属 *Camptoloma*

8. 花布灯蛾 *Camptoloma interiorata* Walker

(三)灰灯蛾属 *Creatonotos*

9. 八点灰灯蛾 *Creatonotos transiens* (Walker)

10. 黑条灰灯蛾　*C. gangis* (Linnaeus)
(四)新丽灯蛾属　*Euleechia*
11. 新丽灯蛾　*Euleechia bieti* (Oberthur)
(五)蝶灯蛾属　*Nyctemera*
12. 粉蝶灯蛾　*Nyctemera adversata* (Schaller)
(六)污灯蛾属　*Spilarctia*
13. 淡黄污灯蛾　*Spilarctia jankowskii* (Oberthur)
14. 尘污灯蛾　*S. oblique* (Walker)
15. 红腹白灯蛾　*S. subcarnea* (Walker)
16. 显脉污灯蛾　*S. bisecta* (Leech)
(七)雪灯蛾属　*Spilosoma*
17. 星白雪灯蛾　*Spilosoma menthastri* (Esper)
18. 白雪灯蛾　*S. niveus* (Menetries)
五、蚕蛾科　Bombycidae
(一)桑蟥属　*Rondotia*
19. 桑蟥　*Rondotia menciana* Moore
(二)野蚕蛾属　*Theophila*
20. 野蚕蛾　*Theophila mandarina* Moore
六、蛀果蛾科　Carposinidae
(一)蛀果蛾属　*Carposina*
21. 桃蛀果蛾　*Carposina niponensis* Walsingham
七、尖翅蛾科　Cosmopterygidae
(一)尖蛾属　*Parametriotes*
22. 茶梢尖蛾　*Parametriotes theae* Kuznetzov
八、木蠹蛾科　Cossidae
(一)线角木蠹蛾属　*Holcocerus*
23. 小木蠹蛾　*Holcocerus insularis* Staudinger
24. 日本线角木蠹蛾　*H. japonicus* Gaede
25. 榆木蠹蛾　*H. vicarius* Walker
(二)斑蠹蛾属　*Xyleutes*
26. 白背斑蠹蛾　*Xyleutes leuconotus* Walker
(三)豹蠹蛾属　*Zeuzera*
27. 木麻黄豹蠹蛾　*Zeuzera multistrigata* Moore
28. 六星黑点豹蠹蛾　*Z. leuconotum* Butler
29. 豹纹木蠹蛾　*Z. pyrina* Staudinger et Rebel
九、鹿蛾科　Ctenuchidae
(一)修虎蛾属　*Amata*
30. 牧鹿蛾　*Amata pascus* (Leech)
十、斑蝶科　Danaidae
(一)斑蝶属　*Danaus*
31. 金斑蝶　*Danaus chrysippus* (Linnaeus)
32. 虎斑蝶　*D. genutia* (Cramer)
十一、钩蛾科　Drepanidae
(一)距钩蛾属　*Agnidra*
33. 栎距钩蛾　*Agnidra scabiosa fixseni* (Bryk)
(二)豆斑钩蛾属　*Auzata*
34. 中国豆斑钩蛾　*Auzata chinensis* Leech
(三)圆钩蛾属　*Cyclidia*
35. 洋麻圆钩蛾　*Cyclidia substigmaria* (Hubner)
(四)线钩蛾属　*Nordstroemia*
36. 双带钩蛾　*Nordstroemia japonica* (Moore)
十二、凤蛾科　Epicopeiidae
(一)凤蛾属　*Epicopeia*
37. 浅翅凤蛾　*Epicopeia hainesi sinicaria* Leech
十三、尺蛾科　Geometridae
(一)金星尺蛾属　*Abraxas*

38. 醋栗金星尺蛾 *Abraxas grossudariata* Linnaeus
39. 丝棉木金星尺蛾 *A. suspecta* Warren
(二)星尺蛾属 *Arichanna*
40. 梫星尺蛾 *Arichanna jaguararia* Guenee
(三)造桥虫属 *Ascotis*
41. 大造桥虫 *Ascotis selenaria* Schiffermuller et Denis
(四)娴尺蛾属 *Auaxa*
42. 娴尺蛾 *Auaxa cesadaria* Walker
(五)油茶尺蛾属 *Biston*
43. 油茶尺蛾 *Biston marginata* Shiraki
(六)油桐尺蛾属 *Buzura*
44. 油桐尺蛾 *Buzura suppressaria* Guenee
(八)四眼绿尺蛾属 *Chlorodontopera*
45. 中国四眼绿尺蛾 *Chlorodontopera mandarinata* (Leech)
(九)绿尺蛾属 *Comibaena*
46. 栎绿尺蛾 *Comibaena delicator* Warren
47. 肾纹绿尺蛾 *C. procumbaria* (Pryer)
(十)木橑尺蛾属 *Culcula*
48. 木橑尺蛾 *Culcula panterinaria* Bremer et Grey
(十一)灰尺蛾属 *Deileptenia*
49. 枞灰尺娥 *Deileptenia ribeata* (Clerck)
(十二)尖尾尺蛾属 *Gelasma*
50. 尖尾尺蛾 *Gelasma illiturata* (Walker)
(十三)青尺蛾属 *Geometra*
51. 直脉青尺蛾 *Geometra valida* Felder et Rogenhofer
(十四)锈腰青尺蛾属 *Hemithea*
52. 红颜锈腰青尺蛾 *Hemithea aestivaria* (Hubner)
(十五)莓尺蛾属 *Mesoleuca*
53. 草莓尺蛾 *Mesoleuca albicillata* Linnaeus
(十六)茶贡尺蛾属 *Odontopera*
54. 茶贡尺蛾 *Odontopera bilinearia coryphodes* (Wehrli)
(十七)四星尺蛾属 *Ophthalmitis*
55. 核桃四星尺蛾 *Ophthalmitis albosignaria* Oberthur
56. 蓖麻四星尺蛾 *O. irrorataria* (Bremer et Grey)
(十八)尾尺蛾属 *Ourapteryx*
57. 点尾尺蛾 *Ourapteryx nigrociliaris* Leech
58. 波尾尺蛾 *O. persica* Menetries
(十九)柿星尺蛾属 *Percnia*
59. 拟柿星尺蛾 *Percnia albinigrata* Warren
60. 柿星尺峨 *P. giraffata* Guenee
(二十)烟尺蛾属 *Phthonosema*
61. 槭烟尺蛾 *Phthonosema invenustaria* Leech
(二十一)桑尺蛾属 *Phthonandria*
62. 桑尺蠖 *Phthonandria atrilineata* (Butler)
(二十二)槐尺蛾属 *Semiothisa*
63. 槐尺蛾 *Semiothisa cinerearia* (Bremer et Grey)
(二十三)枣尺蛾属 *Sucra*
64. 枣尺蛾 *Sucra jujuba* Chu
(二十四)镰翅绿尺蛾属 *Tanaorhinus*
65. 镰翅绿尺蛾 *Tanaorhinus reciprocata confuciaria* (Walker)
(二十五)翠尺蛾属 *Thalassodes*

66. 樟翠尺蛾 *Thalassodes quadraia* Guenee

(二十六)虎尺蛾属 *Xanthabraxas*

67. 中国虎尺蛾 *Xanthabraxas hemionata* Guenee

十四、细蛾科 Gracilariidae

(一)丽细蛾属 *Caloptilia*

68. 檫角丽细蛾 *Caloptilia sassafrasicola* Liu et Yuan

69. 茶细蛾 *C. theivora* Walsingham

(二)潜叶蛾属 *Caloptilia*

70. 金纹小潜细蛾 *Phyllonorycter ringoniella* (Matsumura)

十五、举肢蛾科 Heliodinidae

(一)举肢蛾属 *Stathmopoda*

71. 柿举肢蛾 *Stathmopoda masinissa* Meyrick

十六、蝙蝠蛾科 Hepialidae

(一)蝙蛾属 *Phassus*

72. 疖蝙蛾 *Phassus nodus* Chu et Wang

73. 一点蝙蛾 *P. signifer sinensis* Moore

十七、弄蝶科 Hesperiidae

(一)黄斑弄蝶属 *Ampittia*

74. 小黄斑弄蝶 *Ampittia dioscorides* (Fabricius)

75. 钩形黄斑弄蝶 *A. virgata* Leech

(二)腌翅弄蝶属 *Astictopterus*

76. 腌翅弄蝶 *Astictopterus jama* (Felder et Felder)

(三)刺胫弄蝶属 *Baoris*

77. 刺胫弄蝶 *Baoris farri* (Moore)

(四)伞弄蝶属 *Bibasis*

78. 绿伞弄蝶 *Bibasis striata* (Hewitson)

(五)星弄蝶属 *Celaenorrhinus*

79. 斑星弄蝶 *Celaenorrhinus maculosus* (Felder et Felder)

(六)绿弄蝶属 *Choaspes*

80. 绿弄蝶 *Choaspes benjaminii* (Guerin—Meneville)

(七)绿弄蝶属 *Ctenoptilum*

81. 梳翅弄蝶 *Ctenoptilum vasava* Moore

(八)黑弄蝶属 *Daimio*

82. 黑弄蝶 *Daimio tethys* (Menetries)

(九)珠弄蝶属 *Erynnis*

83. 深山珠弄蝶 *Erynnis montanus* (Bremer)

(十)旖弄蝶属 *Isoteinon*

84. 旖弄蝶 *Isoteinon lamprospilus* Felder et Felder

(十一)讴弄蝶属 *Onryza*

85. 讴弄蝶 *Onryza maga* (Leech)

(十二)赭弄蝶属 *Ochlodes*

86. 小赭弄蝶 *Ochlodes venata* (Bremer et Grey)

(十三)稻弄蝶属 *Parnara*

87. 直纹稻弄蝶 *Parnara guttata* Bremer et Grey

(十四)谷弄蝶属 *Pelopidas*

88. 南亚谷弄蝶 *Pelopidas agna* (Moore)

89. 中华谷弄蝶 *P. sinensis* (Mabille)

(十五)黄室弄蝶属 *Potanthus*

90. 黄弄蝶 *Potanthus flavum* (Murray)

(十六)襟弄蝶属 *Pseudocoladenia*

91. 黄襟弄蝶 *Pseudocoladenia dan* (Fabricius)

(十七)花弄蝶属 *Pyrgus*

92. 花弄蝶 *Pyrgus maculates* (Bremer et Grey)

(十八)飒弄蝶属 *Satarupa*

93. 飒弄蝶 *Satarupa gopala* Moore

(十九)陀弄蝶属 *Thoressa*

94. 花裙陀弄蝶 *Thoressa submacula* (Leech)

(二十)豹弄蝶属 *Thymelicus*

95. 黑豹弄蝶 *Thymelicus sylvaticus* (Bremer)

96. 豹弄蝶 *T. leoninus* (Butler)

(二十一)姜弄蝶属 *Udaspes*

97. 姜弄蝶 *Udaspes folus* (Cramer)

十八、枯叶蛾科 Lasiocampidae

(一)杂毛虫属 *Cyclophragma*

98. 波纹杂毛虫 *Cyclophragma undans* (Walker)

(二)松毛虫属 *Dendrolimus*

99. 思茅松毛虫 *Dendrolimus kikuchii* Matsumura

100. 马尾松毛虫 *D. punctatus* (Walker)

(三)褐枯叶蛾属 *Gastropacha*

101. 杨枯叶蛾 *Gastropacha populifolia* Esper

(四)云毛虫属 *Hoenimnema*

102. 柳杉云毛虫 *Hoenimnema roesleri* Lajonquiere

(五)大枯叶蛾属 *Lebeda*

103. 油茶枯叶蛾 *Lebeda nobilis* Walker

(六)天幕毛虫属 *Malacosoma*

104. 棕色天幕毛虫 *Malacosoma dentata* Mell

(七)苹枯叶蛾属 *Odonestis*

105. 苹枯叶蛾 *Odonestis pruni* Linnaeus

(八)栎枯叶蛾属 *Paralebeda*

106. 松栎枯叶蛾 *Paralebeda plagifera* Walker

(九)毛虫属 *Philudoria*

107. 竹黄毛虫 *Philudoria laeta* Walker

(十)黄枯叶蛾属 *Trabala*

108. 栗黄枯叶蛾 *Trabala vishnou* Lefebure

十九、喙蝶科 Libytheidae

(一)喙蝶属 *Libythea*

109. 朴喙蝶 *Libythea celtis* Godart

二十、刺蛾科 Limacodidae

(一)绿刺蛾属 *Latoia*

110. 两色绿刺蛾 *Latoia bicolor* (Walker)

111. 褐边绿刺蛾 *L. consocia* Walker

112. 丽绿刺蛾 *L. lepida* (Cramer)

113. 双齿绿刺蛾 *L. hilarata* (Staudinger)

114. 中国绿刺蛾 *L. sinica* Moore

(二)黄刺蛾属 *Monema*

115. 黄刺蛾 *Monema flavescens* (Walker)

(三)褐刺蛾属 *Setora*

116. 桑褐刺蛾 *Setora postornata* (Hampson)

(四)扁刺蛾属 *Thosea*

117. 扁刺蛾 *Thosea sinensis* (Walker)

二十一、苔蛾科 Lithosiidae

(一)艳苔蛾属 *Asura*

118. 条纹艳苔蛾 *Asura strigipennis* (HerrichSchaffer)

(二)雪苔蛾属 *Cyana*

119. 优雪苔蛾 *Cyana hamata* (Walker)

(三)苔蛾属 *Lithosia*

120. 四点苔蛾 *Lithosia quadra* (Linnaeus)

(四)美苔蛾属 *Miltochrista*

121. 黑缘美苔蛾 *Miltochrista delineata* (Walker)

二十二、灰蝶科 Lycaenidae

(一)梳灰属 *Ahlbergia*

122. 尼采梳灰蝶 *Ahlbergia nicevillei*

(Leech)
(二)丫灰蝶属 *Amblopala*
123. 丫灰蝶 *Amblopala avidiena* (Hewitson)
(三)琉璃灰蝶属 *Celastrina*
124. 琉璃灰蝶 *Celastrina argiolus* (Linnaeus)
(四)金灰蝶属 *Chrysozephyrus*
125. 闪光金灰蝶 *Chrysozephyrus scintillans* (Leech)
(五)银灰蝶属 *Curetis*
126. 尖翅银灰蝶 *Curetis acuta* Moore
(六)棕灰蝶属 *Euchrysops*
127. 棕灰蝶 *Euchrysops cnejus* (Fabricius)
(七)蓝灰蝶属 *Everes*
128. 蓝灰蝶 *Everes argiades* (Pallas)
129. 长尾蓝灰蝶 *E. lacturnus* (Godart)
(八)彩灰蝶属 *Heliophorus*
130. 摩来彩灰蝶 *Heliophorus moorei* (Hewitson)
(九)亮灰蝶属 *Lampides*
131. 亮灰蝶 *Lampides boeticus* (Linnaeus)
(十)红灰蝶属 *Lycaena*
132. 红灰蝶 *Lycaena phlaeas* (Linnaeus)
(十一)丸灰蝶属 *Pithecops*
133. 蓝丸灰蝶 *Pithecops fulgens* Doherty
(十二)酢浆灰蝶属 *Pseudozizeeria*
134. 酢浆灰蝶 *Pseudozizeeria maha* (Kollar)
(十三)燕灰蝶属 *Rapala*
135. 蓝燕灰蝶 *Rapala caerulea* (Bremer et Grey)
136. 霓纱燕灰蝶 *R. nissa* (Kollar)
137. 彩燕灰蝶 *R. selira* (Moore)
138. 绯烂燕灰蝶 *R. pheretima* (Hewitson)
(十四)生灰蝶属 *Sinthusa*
139. 生灰蝶 *Sinthusa chandrana* (Moore)
(十五)洒灰蝶属 *Satyrium*
140. 大洒灰蝶 *Satyrium grande* (Felder et Felder)
(十六)蚜灰蝶属 *Taraka*
141. 蚜灰蝶 *Taraka hamada* (Druce)
(十七)妩灰蝶属 *Udara*
142. 珍贵妩灰蝶 *Udara dilecta* (Moore)
(十八)赭灰蝶属 *Ussuriana*
143. 赭灰蝶 *Ussuriana michaelis* (Oberthur)
(十九)华灰蝶属 *Wagimo*
144. 华灰蝶 *Wagimo sulgeri* (Oberthur)
二十三、毒蛾科 Lymantriidae
(一)茸毒蛾属 *Dasychira*
145. 松茸毒蛾 *Dasychira axutha* (Collenette)
(二)黄毒蛾属 *Euproctis*
146. 乌桕黄毒蛾 *Euproctis bipunctapex* (Hampson)
147. 茶黄毒蛾 *E. pseudoconspersa* Strand
(三)毒蛾属 *Lymantria*
148. 条毒蛾 *Lymantria dissoluta* Swinhoe
149. 模毒蛾 *L. monacha* Linnaeus
(四)柏毒蛾属 *Parocneria*
150. 侧柏毒蛾 *Parocneria furva* (Leech)
(五)竹毒蛾属 *Pantana*
151. 华竹毒娥 *Pantana sinica* Moore
152. 刚竹毒娥 *P. phyllostachysae* Chao
(六)点足毒蛾属 *Redoa*
153. 鹅点足毒娥 *Redoa anser* Collenette

二十四、夜蛾科　Noctuidae

(一)隐金夜蛾属　*Abrostola*

154. 隐金夜蛾　*Abrostola triplasia* (Linnaeus)

(二)剑纹夜蛾属　*Acronicta*

155. 白斑剑纹夜蛾　*Acronicta catocaloida* Graeser

156. 桃剑纹夜蛾　*A. incretata* Hampson

157. 桑剑纹夜蛾　*A. major* Bremer

158. 梨剑纹夜蛾　*A. rumicis* (Linnaeus)

(三)枯叶夜蛾属　*Adris*

159. 枯叶夜蛾　*Adris tyrannus* Guenee

(四)地夜蛾属　*Agrotis*

160. 小地老虎　*Agrotis ypsilon* (Rottemberg)

(五)杂夜蛾属　*Amphipyra*

161. 紫黑扁身夜蛾　*Amphipyra corvina* Motschulsky

162. 大红裙扁身夜蛾　*A. monolitha* Guenee

(六)葫芦夜蛾属　*Anadevidia*

163. 葫芦夜蛾　*Anadevidia peponis* (Fabricius)

(七)桥夜蛾属　*Anomis*

164. 桥夜蛾　*Anomis mesogona* (Walker)

(八)钮夜蛾属　*Anua*

165. 青安钮夜蛾　*Anua tirhaca* Cramer

(九)银纹夜蛾属　*Argyrogramma*

166. 银纹夜蛾　*Argyrogramma agnata* (Staudinger)

(十)苔癣夜蛾属　*Bryophila*

167. 苔癣夜蛾　*Bryophila granitalis* Butler

(十一)壶夜蛾属　*Calyptra*

168. 壶夜蛾　*Calyptra capucina* Esper

(十二)三角夜蛾属　*Chalciope*

169. 中带三角夜蛾　*Chalciope geometrica* (Fabricius)

(十三)日月夜蛾属　*Chasmina*

170. 日月明夜蛾　*Chasmina biplaga* Walker

171. 丹日明夜蛾　*C. sigillata* (Menetries)

(十四)白夜蛾属　*Chasminodes*

172. 白夜蛾　*Chasminodes albonitens* (Bremer)

173. 黑痣白夜蛾　*C. nigrostigma* Yang

(十五)客来夜蛾属　*Chrysorithrum*

174. 客来夜蛾　*Chrysorithrum amata* (Bremer)

(十六)孔夜蛾属　*Corgatha*

175. 柑橘孔夜蛾　*Corgatha dictaria* Walker

(十七)苎麻夜蛾属　*Cocytodes*

176. 苎麻夜蛾　*Cocytodes coerulea* Guenee

(十八)两色夜蛾属　*Dichromia*

177. 黑黄两色夜蛾　*Dichromia amica* Butler

(十九)弧夜蛾属　*Diachrysia*

178. 中金弧夜蛾　*Diachrysia intermixta* Warren

179. 金翅弧夜蛾　*D. orichalcea* (Fabricius)

(二十)井夜蛾属　*Dysmilichia*

180. 井夜蛾　*Dysmilichia gemella* (Leech)

(二十一)钻夜蛾属　*Earias*

181. 鼎点钻夜蛾　*Earias cupreoviridis* Walker

182. 粉缘钻夜蛾　*E. pudicana* Staudinger

183. 一点钻夜蛾　*E. pudicana pupillana* Staudinger

(二十二)皮夜蛾属 *Eligma*
184. 旋皮夜蛾 *Eligma narcissus* (Cramer)
(二十三)线夜蛾属 *Elydna*
185. 线夜蛾 *Elydna lineosa* (Moore)
(二十四)变色属 *Enmonodia*
186. 变色夜蛾 *Enmonodia vespertilio* (Fabricius)
(二十五)猎夜蛾属 *Eublemma*
187. 二红猎夜蛾 *Eublemma dimidialis* (Fabricius)
(二十六)锦夜蛾属 *Euplexia*
188. 白斑锦夜蛾 *Euplexia albovittata* Moore
189. 十日锦夜蛾 *E. gemmifera* Walker
(二十七)尾夜蛾属 *Eutelia*
190. 漆尾夜蛾 *Eutelia geyeri* (Felder et Rogenhofer)
(二十八)切根夜蛾属 *Euxoa*
191. 黄地老虎 *Euxoa segetum* Schiffermuller
(二十九)砌石夜蛾属 *Gabala*
192. 银斑砌石夜蛾 *Gabala argentata* Butler
(三十)癞皮夜蛾属 *Gadirtha*
193. 癞皮夜蛾 *Gadirtha inexacta* Walker
(三十一)实夜蛾属 *Heliothis*
194. 烟草夜蛾 *Heliothis assulta* Guenee
(三十二)粉翠夜蛾属 *Hylophilodes*
195. 东方粉翠夜蛾 *Hylophilodes orientalis* (Hampson)
196. 太平粉翠夜蛾 *H. pacifica* Mell
(三十三)鹰夜蛾属 *Hypocala*
197. 柿梢鹰夜蛾 *Hypocala moorei* Butler
(三十四)肖毛翅夜蛾属 *Lagoptera*
198. 橘肖毛翅夜蛾 *Lagoptera dotata* (Fabricius)
199. 肖毛翅夜蛾 *L. juno* (Dalman)
(三十五)模粘夜蛾属 *Leucania*
200. 模粘夜蛾 *Leucania pallens* Linnaeus
(三十六)银锭夜蛾属 *Macdunnoughia*
201. 银锭夜蛾 *Macdunnoughia crassisigna* Warren
(三十七)胫夜蛾属 *Melicleptria*
202. 宽胫夜蛾 *Melicleptria scutosa* (Schiffermuller)
(三十八)毛胫夜蛾属 *Mocis*
203. 奚毛胫夜蛾 *Mocis ancilla* (Warren)
(三十九)缤夜蛾属 *Moma*
204. 缤夜蛾 *Moma alpium* (Osbeck)
(四十)秘夜蛾属 *Mythimna*
205. 光腹夜蛾 *Mythimna turca* (Linnaeus)
(四十一)禾夜蛾属 *Oligia*
206. 笋秀禾夜蛾 *Oligia apameoidis* Draudt
207. 竹笋夜蛾 *O. vulgaris* (Butler)
(四十二)叶夜蛾属 *Ophideres*
208. 落叶夜蛾 *Ophideres fullonica* Linnaeus
(四十三)嘴壶夜蛾属 *Oraesia*
209. 嘴壶夜蛾 *Oraesia emarginata* (Fabricius)
210. 鸟嘴壶夜蛾 *O. excavata* Butler
(四十四)巾夜蛾属 *Parallelia*
211. 玫瑰巾夜蛾 *Parallelia arctotaenia* Guenee
212. 赘巾夜蛾 *P. gravata* Guenee
213. 污巾夜蛾 *P. curvata* (Leech)
214. 石榴巾夜蛾 *P. stuposa* (Fabricius)
(四十五)灰夜蛾属 *Polia*

215. 红棕灰夜蛾 *Polia illoba* (Butler)
(四十六)斜纹夜蛾属 *Prodenia*
216. 斜纹夜蛾 *Prodenia litura* (Fabricius)
(四十七)斑翅夜蛾属 *Serrodes*
217. 铃斑翅夜蛾 *Serrodes campana* Guenee
(四十八)袭夜蛾属 *Sidemia*
218. 淡剑袭夜蛾 *Sidemia depravata* (Butler)
(四十九)豹夜蛾属 *Sinna*
219. 核桃豹夜蛾 *Sinna extrema* (Walker)
(五十)旋目夜蛾属 *Speiredonia*
220. 旋目夜蛾 *Speiredonia retorta* (Linnaeus)
221. 晦旋目夜蛾 *S. martha* Butler
(五十一)灰翅夜蛾属 *Spodoptera*
222. 灰翅夜蛾 *Spodoptera mauritia* (Boisduval)
(五十二)粉夜蛾属 *Trichoplusia*
223. 粉斑夜蛾 *Trichoplusia ni* (Hubner)
(五十三)后夜蛾属 *Trisuloides*
224. 暗后夜蛾 *Trisuloides caliginea* (Butler)
225. 明后夜蛾 *T. nitida* Butler
(五十四)木冬夜蛾属 *Xylena*
226. 丽木冬夜蛾 *Xylena formosa* (Butler)
(五十五)镰须夜蛾属 *Zanclognatha*
227. 杉镰须夜蛾 *Zanclognatha griselda* (Butler)
二十五、舟蛾科 Notodontidae
(一)篦舟蛾属 *Besaia*
228. 竹篦舟蛾 *Besaia goddrica* (Schaus)
(二)二尾舟蛾属 *Cerura*
229. 杨二尾舟蛾 *Cerura menciana* Moore
(三)扇舟蛾属 *Clostera*
230. 杨扇舟蛾 *Clostera anachoreta* (Fabricius)
(四)蕊舟蛾属 *Dudusa*
231. 黑蕊舟蛾 *Dudusa sphingiformis* Moore
(五)星舟蛾属 *Euhampsonia*
232. 黄二星舟蛾 *Euhampsonia cristata* (Butler)
(六)镂舟蛾属 *Loudonta*
233. 竹镂舟蛾 *Loudonta dispar* (kiriakoff)
(七)箩舟蛾属 *Norraca*
234. 竹箩舟蛾 *Norraca retrofusca* De Joannis
(八)蚕舟蛾属 *Phalerodonta*
235. 栎蚕舟蛾 *Phalerodonta albibasis* (Chiang)
(九)掌舟蛾属 *Phalera*
236. 栎掌舟蛾 *Phalera assimilis* (Bremer et Grey)
237. 苹掌舟蛾 *P. flavescens* (Bremer et Grey)
(十)羽舟蛾属 *Pterostoma*
238. 国槐羽舟蛾 *Pterostoma sinicum* Moore
(十一)胯舟蛾属 *Quadricalcarifera*
239. 青胯白舟蛾 *Quadricalcarifera cyanea* (Leech)
二十六、蛱蝶科 Nymphalidae
(二)闪蛱蝶属 *Apatura*
240. 紫闪蛱蝶 *Apatura iris* Linnaeus
241. 柳紫闪蛱蝶 *A. ilia* (Deniset Schif-fermuller)
(三)蜘蛱蝶属 *Araschnia*
242. 曲纹蜘蛱蝶 *Araschnia doris* Leech

243. 断纹蜘蛱蝶　*A. dohertyi* Moore
244. 布网蜘蛱蝶　*A. burejana* (Bremer)
245. 直纹蜘蛱蝶　*A. prorsoides* (Blanchard)
(四)老豹蛱蝶属　*Argyronome*
246. 老豹蛱蝶　*Argyronome laodice* Pall
(五)豹蛱蝶属　*Argynnis*
247. 绿豹蛱蝶　*Argynnis paphia* (Linnaeus)
(六)斐豹蛱蝶属　*Argyreus*
248. 斐豹蛱蝶　*Argyreus hyperbius* (Linnaeus)
(七)带蛱蝶属　*Athyma*
249. 虬眉带蛱蝶　*Athyma opalina* (Kollar)
250. 玉杵带蛱蝶　*A. jina* Moore
(八)螯蛱蝶属　*Charaxes*
251. 白带螯蛱蝶　*Charaxes bernardus* (Fabricius)
(九)铠蛱蝶属　*Chitoria*
252. 武铠蛱蝶　*Chitoria ulupi* (Doherty)
(十)福蛱蝶属　*Fabriciana*
253. 灿福蛱蝶　*Fabriciana adippe* Denis et Schiffermuller
(十一)青豹蛱蝶属　*Damora*
254. 青豹蛱蝶　*Damora sagana* (Doubleday)
(十二)白蛱蝶属　*Helcyra*
255. 银白蛱蝶　*Helcyra subalba* (Poujade)
(十三)脉蛱蝶属　*Hestina*
256. 黑脉蛱蝶　*Hestina assimlis* (Linnaeus)
(十四)眼蛱蝶属　*Junonia*
257. 美眼蛱蝶　*Junonia almana* (Linnaeus)
258. 翠蓝眼蛱蝶　*J. orithya* (Linnaeus)
(十五)枯叶蛱蝶属　*Kallima*
259. 枯叶蛱蝶　*Kallima inachus* Doubleday
(十六)琉璃蛱蝶属　*Kaniska*
260. 琉璃蛱蝶　*Kaniska canace* (Linnaeus)
(十七)线蛱蝶属　*Limenitis*
261. 线蛱蝶　*Limenitis helmanni duplicata* Staudinger
262. 扬眉线蛱蝶　*L. helmanni* Lederer
263. 残锷线蛱蝶　*L. sulpitia* (Cramer)
(十八)迷蛱蝶属　*Mimathyma*
264. 迷蛱蝶　*Mimathyma chevana* (Moore)
(十九)云豹蛱蝶属　*Nephargynnis*
265. 云豹蛱蝶　*Nephargynnis anadyomene* (Felder et Felder)
(二十)环蛱蝶属　*Neptis*
266. 重环蛱蝶　*Neptis alwina* (Bremer et Grey)
267. 黄重环蛱蝶　*N. cydippe* Leech
268. 小环蛱蝶　*N. sappho* (Pallas)
269. 中环蛱蝶　*N. hylas* (Linnaeus)
270. 啡环蛱蝶　*N. philyra* Menetries
271. 黄环蛱蝶　*N. themis* Leech
272. 链环蛱蝶　*N. pryeri* Bulter
(二十一)尾蛱蝶属　*Polyura*
273. 二尾蛱蝶　*Polyura narcaea* (Hewitson)
(二十二)钩蛱蝶属　*Polygonia*
274. 白钩蛱蝶　*Polygonia c—album* (Linnaeus)
275. 黄钩蛱蝶　*P. c—aureum* (Linnaeus)
(二十三)帅蛱蝶属　*Sephisa*
276. 黄帅蛱蝶　*Sephisa princeps* (Fixsen)
(二十四)瑟蛱蝶属　*Seokia*
277. 锦瑟蛱蝶　*Seokia pratti* (Leech)

(二十五)猫蛱蝶属 *Timelaea*

278. 猫蛱蝶 *Timelaea maculata*(Bremer et Gray)

(二十六)小红蛱蝶属 *Vanessa*

279. 大红蛱蝶 *Vanessa indica*(Herbst)

280. 小红蛱蝶 *V. cardui*(Linnaeus)

二十七、织蛾科 Oecophoridae

(一)卡织蛾属 *Casmara*

281. 油茶织蛾 *Casmara patrona* Meyrick

二十八、凤蝶科 Papilionidae

(一)宽尾凤蝶属 *Agehana*

282. 宽尾凤蝶 *Agehana elwesi* Leech

(二)麝凤蝶属 *Byasa*

283. 麝凤蝶 *Byasa alcinous*(Klug)

284. 长尾麝凤蝶 *B. impediens*(Rothschild)

285. 灰绒麝凤蝶 *B. Mencius*(Felder et Felder)

(三)青凤蝶属 *Graphium*

286. 宽带青凤蝶 *Graphium cloanthus*(Westwood)

287. 青凤蝶 *G. sarpedon*(Linnaeus)

288. 黎氏青凤蝶 *G. leechi*(Rothschild)

(四)虎凤蝶属 *Luehdorfia*

289. 中华虎凤蝶 *Luehdorfia chinensis*(Leech)

(五)珠凤蝶属 *Pachliopta*

290. 红珠凤蝶 *Pachliopta aristolochiae*(Fabricius)

(六)凤蝶属 *Papilio*

291. 柑桔凤蝶 *Papilio xuthus* Linnaeus

292. 蓝凤蝶 *P. protenor* Cramer

293. 美姝凤蝶 *P. macilentus* Janson

294. 碧凤蝶 *P. bianor* Cramer

295. 金凤蝶 *P. machaon* Linnaeus

296. 玉带凤蝶 *P. polytes* Linnaeus

297. 达摩凤蝶 *P. demoleus* Linnaeus

298. 玉斑凤蝶 *P. helenus* Linnaeus

299. 绿带翠凤蝶 *P. maackii* Menetries

(七)剑凤蝶属 *Pazala*

300. 金斑剑凤蝶 *Pazala alebion*(Gray)

(八)丝带凤蝶属 *Sericinus*

301. 丝带凤蝶 *Sericinus montelus* Gray

(九)裳凤蝶属 *Troides*

302. 裳凤蝶 *Troides helena*(Linnaeus)

303. 金裳凤蝶 *T. aeacus*(Felder et Felder)

二十九、绢蝶科 Parnassiidae

(一)绢蝶属 *Parnassius*

304. 冰清绢蝶 *Parnassius glacialis* Bulter

305. 白绢蝶 *P. stubbendorfii* Menetries

三十、粉蝶科 Pieridae

(一)襟粉蝶属 *Anthocharis*

306. 黄尖襟粉蝶 *Anthocharis scolymus* Bulter

(二)绢粉蝶属 *Aporia*

307. 暗色绢粉蝶 *Aporia bieti* Oberthur

308. 绢粉蝶 *A. crataegi*(Linnaeus)

309. 大翅绢粉蝶 *A. largeteaui*(Oberthur)

(三)豆粉蝶属 *Colias*

310. 斑缘豆粉蝶 *Colias erate*(Esper)

(四)豆粉蝶属 *Eurema*

311. 檗黄粉蝶 *Eurema blanda*(Boisduval)

312. 宽边黄粉蝶 *E. hecabe*(Linnaeus)

(五)玕黄粉蝶属 *Gandaca*

313. 玕黄粉蝶 *Gandaca harina*(Horsfield)

(六)钩粉蝶属 *Gonepteryx*

314. 尖钩粉蝶 *Gonepteryx mahaguru* Gistel
315. 圆翅钩粉蝶 *G. amintha* Blanchard
316. 钩粉蝶 *G. rhamni* Linnaeus
(七)菜粉蝶属 *Pieris*
317. 黑脉粉蝶 *Pieris melete* Menetries
318. 东方菜粉蝶 *P. canidia* (Sparrman)
319. 菜粉蝶 *P. rapae* (Linnaeus)
三十一、蓑蛾科 Psychidae
(一)窠蓑蛾属 *Clania*
320. 茶袋蛾 *Clania minuscula* Butler
321. 大袋蛾 *C. variegata* Snellen
(二)棕蓑蛾属 *Mahasena*
322. 褐袋蛾 *Mahasena colona* Sonan
三十二、螟蛾科 Pyralidae
(一)织叶野螟属 *Algedonia*
323. 竹织叶野螟 *Algedonia coclesalis* Walker
(二)缀叶野螟属 *Botyodes*
324. 黄翅缀叶野螟 *Botyodes diniasalis* Walker
(三)镰翅野螟属 *Circobotys*
325. 金黄镰翅野螟 *Circobotys aurealis* (Leech)
(四)绒野螟属 *Crocidophora*
326. 竹绒野螟 *Crocidophora evenoralis* (Walker)
(五)淡黄野螟属 *Demobotys*
327. 竹淡黄野螟 *Demobotys pervulgalis* (Hampson)
328. 竹云纹野螟 *D. pervulgalis* (Hampson)
(六)蛀野螟属 *Dichocrocis*
329. 三条蛀野螟 *Dichocrocis chlorophanta* Butler
330. 桃蛀螟 *D. punctiferalis* Guenee
(七)梢斑属 *Dioryctria*
331. 微红梢斑螟 *Dioryctria rubella* Hampson
(八)岐角螟属 *Endotricha*
332. 纹岐角螟 *Endotricha icelusalis* Walker
(九)荚斑螟属 *Etiella*
333. 豆荚螟 *Etiella zinckenella* (Treitschke)
(十)双叉端环野螟属 *Eumorphobotys*
334. 黄翅双叉端环野螟 *Eumorphobotys eumorphalis* (Caradja)
335. 赭翅双叉端环野螟 *E. obscuralis* (Caradja)
(十一)缀叶丛螟属 *Locastra*
336. 缀叶丛螟 *Locastra muscosalis* Walker
(十二)缀叶丛螟属 *Macalla*
337. 麻楝锄须丛螟 *Macalla marginata* Butler
(十三)牧螟属 *Nomophila*
338. 麦牧野螟 *Nomophila noctuella* Schiffermuller et Denis
(十四)蠹野螟属 *Omphisa*
339. 楸蠹野螟 *Omphisa plagialis* Wileman
(十五)秆野螟属 *Ostrinia*
340. 玉米螟 *Ostrinia nubilalis* (Hubner)
(十六)条螟属 *Proceras*
341. 高粱条螟 *Proceras venosatus* (Walker)
(十七)卷叶野螟属 *Sylepta*
342. 棉卷叶野螟 *Sylepta derogata* Fabricius

343. 葡萄卷叶野螟 *S. luctuosalis* (Guenee)
三十三、蚬蝶科　Riodinidae
(一)褐蚬蝶属　*Abisara*
344. 白带褐蚬蝶 *Abisara fylloides* (Moore)
345. 白点褐蚬蝶　*A. burnii* (de Niceville)
三十四、眼蝶科　Satyridae
(一)多眼蝶属　*Kirinia*
346. 多眼蝶　*Kirinia epaminondes* (Staudinger)
(二)黛眼蝶属　*Lethe*
347. 黛眼蝶　*Lethe dura* (Marshall)
348. 棕褐黛眼蝶　*L. christophi* (Leech)
349. 曲纹黛眼蝶　*L. chandica* Moore
350. 连纹黛眼蝶　*L. syrcis* (Hewitson)
351. 直带黛眼蝶　*L. lanaris* Bulter
352. 重瞳黛眼蝶　*L. trimacula* Leech
353. 八目黛眼蝶　*L. oculatissima* (Poujade)
354. 圆翅黛眼蝶　*L. butleri* Leech
355. 蛇神黛眼蝶　*L. satyrina* Bulter
(三)丽眼蝶属　*Mandarinia*
356. 蓝斑丽眼蝶　*Mandarinia regalis* (Leech)
(四)暮眼蝶属　*Melanitis*
357. 暮眼蝶　*Melanitis leda* (Linnaeus)
(五)白眼蝶属　*Melanargia*
358. 黑纱白眼蝶　*Melanargia lugens* Honrath
(六)蛇眼蝶属　*Minois*
359. 蛇眼蝶　*Minois dryas* (Scopoli)
(七)眉眼蝶属　*Mycalesis*
360. 小眉眼蝶　*Mycalesis mineus* (Linnaeus)
361. 稻眉眼蝶　*M. gotama* Moore
362. 拟稻眉眼蝶　*M. francisca* (Stoll)
363. 密纱眉眼蝶　*M. misenus* de Niceville
364. 褐眉眼蝶　*M. unica* (Leech)
(八)荫眼蝶属　*Neope*
365. 田园荫眼蝶 *Neope agrestis* (Oberthur)
366. 布莱荫眼蝶　*N. bremeri* (Felder)
367. 蒙链荫眼蝶 *N. muirheadii* (Oberthur)
368. 丝链荫眼蝶　*N. yama* (Moore)
369. 链眼蝶　*N. bremeri* Felder
(九)古眼蝶属　*Palaeonympha*
370. 古眼蝶　*Palaeonympha opalina* Butler (Hewitson)
(十)白斑眼蝶属　*Penthema*
371. 白斑眼蝶　*Penthema adelma* (Felder)
(十一)矍眼蝶属　*Ypthima*
372. 东亚矍眼蝶　*Ypthima motschulskyi* (Bremer et Grey)
373. 矍眼蝶　*Y. balda* (Fabricius)
374. 中华矍眼蝶　*Y. chinensis* Leech
375. 完壁矍眼蝶　*Y. perfecta* Leech
376. 卓矍眼蝶　*Y. zodia* Bulter
三十五、大蚕蛾科　Saturniidae
(一)大蚕蛾属　*Actias*
377. 绿尾大蚕蛾　*Actias selene ningpoana* Felder
378. 黄尾大蚕蛾　*A. heterogyna* Mell
(二)茶蚕蛾属　*Andraca*
379. 茶蚕　*Andraca bipunctata* Walker
(三)柞蚕属　*Antheraea*
380. 柞蚕　*Antheraea pernyi* Guerin—Meneville
(四)后目蚕蛾属　*Dictyoploca*
381. 银杏大蚕蛾　*Dictyoploca japonica* Moore
(五)樟蚕蛾属　*Eriogyna*
382. 樟蚕　*Eriogyna pyretorum*

(Westwood)
(六)豹大蚕蛾属 *Leopa*
383. 黄豹大蚕蛾 *Leopa katinka* Westwood
(七)樗蚕蛾属 *Philosamia*
384. 樗蚕 *Philosamia cynthia* Walker et Felder
385. 角斑樗蚕 *P. cynthia watsoni* Oberthur
三十六、透翅蛾科 Sesiidae
(一)透翅蛾属 *Paranthrene*
386. 葡萄透翅蛾 *Paranthrene regalis* Butler
387. 白杨透翅蛾 *P. tabaniformis* Rottenberg
三十七、天蛾科 Sphingidae
(一)鬼脸天蛾属 *Acherontia*
388. 芝麻鬼脸天蛾 *Acherontia styx* Westwood
(二)缺角天蛾属 *Acosmeryx*
389. 缺角天蛾 *Acosmeryx castanea* Rothschild et Jordan
(三)葡萄天蛾属 *Ampelophaga*
390. 葡萄天蛾 *Ampelophaga rubiginosa rubiginosa* Bremer et Grey
(四)豆天蛾属 *Clanis*
391. 南方豆天蛾 *Clanis bilineata bilineata* (Walker)
392. 豆天蛾 *C. bilineata tsingtauica* Mell
(五)白薯天蛾属 *Herse*
393. 白薯天蛾 *Herse convolvuli* (Linnaeus)
(六)六点天蛾属 *Marumba*
394. 椴六点天蛾 *Marumba dyras* (Walker)
395. 桃六点天蛾 *M. gaschkewitschii gaschkewitschii* (Bremer et Grey)
396. 梨六点天蛾 *M. gaschkewitschii complacens* Walker
397. 栗六点天蛾 *M. sperchius* Menetries
(七)鹰翅天蛾属 *Oxyambulyx*
398. 鹰翅天蛾 *Oxyambulyx ochracea* (Butler)
399. 核桃鹰翅天蛾 *O. schauffelbergeri* (Bremer et Grey)
(八)月天蛾属 *Parum*
400. 构月天蛾 *Parum colligata* (Walker)
(九)红天蛾属 *Pergesa*
401. 红天蛾 *Pergesa elpenor lewisi* (Butler)
(十)盾天蛾属 *Phyllosphingia*
402. 盾天蛾 *Phyllosphingia dissimilis dissimilis* (Bremer)
403. 紫光盾天蛾 *P. dissimilis sinensis* Jordan
(十一)霜天蛾属 *Psilogramma*
404. 霜天蛾 *Psilogramma menephron* (Cramer)
(十二)目天蛾属 *Smerinthus*
405. 蓝目天蛾 *Smerinthus planus planus* Walker
(十三)斜纹天蛾属 *Theretra*
406. 斜纹天蛾 *Theretra clotho clotho* (Drury)
407. 雀纹天娥 *T. japonica* (Orza)
408. 芋双线天蛾 *T. oldenlandiae* (Fabricius)
三十八、网蛾科 Thyrididae
(一)拱肩网蛾属 *Camptochilus*
409. 金盏拱肩网蛾 *Camptochilus sinuosus* Warren
三十九、卷蛾科 Tortricidae
(一)镰翅小卷蛾属 *Ancylis*
410. 枣镰翅小卷蛾 *Ancylis sativa* Liu
(二)黑小卷蛾属 *Cydia*

411. 栗黑小卷蛾　*Cydia glandicolana* (Danil)

(三)杉小卷蛾属　*Polychrosis*

412. 杉梢小卷蛾　*Polychrosis cunninghamiacola* Liu et Pai

(四)褐卷蛾属　*Pandemis*

413. 苹褐卷蛾　*Pandemis heparana* (Deniset Schiffermuller)

(五)实小卷蛾属　*Retinia*

414. 松实小卷蛾　*Retinia cristata* Walsingham

(六)梢小卷蛾属　*Rhyacionia*

415. 松梢小卷蛾　*Rhyacionia pinicolana* (Doubleday)

(七)白小卷蛾属　*Spilonota*

416. 苹白小卷蛾　*Spilonota ocellana* (Schiffermuller et Denis)

四十、巢蛾科　Yponomeutidae

(一)小白巢蛾属　*Thecobathra*

417. 青冈栎小白巢蛾　*Thecobathra anas* (Stringer)

418. 枫香小白巢蛾　*T. lambda* (Moriuti)

(二)巢蛾属　*Yponomeuta*

419. 卫矛巢蛾　*Yponomeuta polystinellus* Felder

四十一、斑蛾科　Zygaenidae

(一)竹斑蛾属　*Artona*

420. 竹斑蛾　*Artona funeralis* Butler

(二)曲斑蛾属　*Campylotes*

421. 马尾松旭锦斑蛾　*Campylotes desgodinsi* Oberthur

(三)茶斑蛾属　*Eterusia*

422. 茶柄脉锦斑蛾　*Eterusia aedea* Linnaeus

(四)星斑蛾属　*Illiberis*

423. 梨星斑蛾　*Illiberis pruni* Dyar

(五)带锦斑蛾属　*Pidorus*

424. 野茶带锦斑蛾 *Pidorus glaucopis* Drury

螳螂目　MANTODEA

一、螳螂科　Mantidae

(一)广腹螳属　*Hierodula*

1. 广腹螳螂　*Hierodula patellifera* Serville

(二)屏顶螳属　*Kishinouyeum*

2. 中华屏顶螳　*Kishinouyeum sinensae* Ouchi

(三)污斑螳属　*Statilia*

3. 棕污斑螳　*Statilia maculata* Thunberg

4. 绿污斑螳　*S. nemoralis* (Saussure)

(四)大刀螳属　*Tenodera*

5. 中华大刀螳　*Tenodera sinensis* (Saussure)

广翅目　MEGALOPTERA

一、齿蛉科　Corydalidae

(一)巨齿蛉属　*Acanthacorydalis*

1. 东方巨齿蛉　*Acanthacorydalis orientalis* (Maclachlan)

(二)星齿蛉属　*Protohermes*

2. 花边星齿蛉　*Protohermes costalis* (Walker)

脉翅目 NEUOPTERA

一、褐蛉科 Hemerobiidae

(一)脉线蛉属 *Neuronema*

1. 天目脉线蛉 *Neuronema tienmushana* Yang

二、草蛉科 Chrysopidae

(一)草蛉属 *Chrysopa*

2. 中华草蛉 *Chrysopa sinica* Tjeder

3. 牯岭草蛉 *C. kulingensis* Navas

4. 大草蛉 *C. septempunctata* Wesmael

蜻蜓目 ODONATA

一、色蟌科 Agriidae

(一)色蟌属 *Agrion*

1. 黑色蟌 *Agrion atratum* Selys

二、大蜓科 Cordulegasteridae

(一)圆臀大蜓属 *Anotogaster*

2. 双斑圆臀大蜓 *Anotogaster kuchenbeiseri* Foerster

(二)裂唇蜓属 *Chlorogomphus*

3. 斑翼勾蜓 *Chlorogomphus suzukii* Oguma

三、春蜓科 Gomphidae

(一)台春蜓属 *Davidius*

4. 连纹台春蜓 *Davidius fruhstorferi junior* Navas

(二)春蜓属 *Gomphus*

5. 春蜓 *Gomphus abdominalis* Mclachlan

6. 小春蜓 *G. postocularis* Selys

(三)曦春蜓属 *Heliogomphus*

7. 尖板曦春蜓 *Heliogomphus retroflexus* (Ris)

(四)印叶春蜓属 *Indictinogomphus*

8. 黑印叶春蜓 *Indictinogomphus rapax* (Rambur)

(五)钩尾春蜓属 *Onychogomphus*

9. 光钩尾春蜓 *Onychogomphus ardens* Needham

10. 环钩尾春蜓 *O. ringens* Needham

11. 华钩尾春蜓 *O. sinicus* Chao

(六)华春蜓属 *Sinogomphus*

12. 黄侧华春蜓 *Sinogomphus peleus* (Lieftinck)

四、蜻科 Libellulidae

(一)红蜻属 *Crocothemis*

13. 红蜻 *Crocothemis servilia* Drury

14. 猩红蜻 *C. erythraea* Brulle

(二)弓蜻属 *Macromia*

15. 圆弓蜻 *Macromia amphigena* Selys

(三)灰蜻属 *Orthetrum*

16. 白尾灰蜻 *Orthetrum albistylum* Selys

17. 蓝辛灰蜻 *O. albistylum speciosum* Uhler

18. 齿背灰蜻 *O. devium* Needham

19. 褐肩灰蜻 *O. internum* Maclachlan

20. 赤褐灰蜻 *O. neglectum* Rambur

21. 异色灰蜻 *O. melania* Selys

(四)黄蜻属 *Pantala*

22. 黄蜻 *Pantala flavescens* Fabricius

(五)丽翅蜻属 *Rhyothemis*

23. 黑丽翅蜻 *Rhyothemis fuliginosa* Selys

(六)赤蜻属 *Sympetrum*

24. 黎氏赤蜻 *Sympetrum risi* Bartenef

(七)斜痣蜻属 *Tramea*

25. 中华斜痣蜻 *Tramea chinensis* de Geer

直翅目 ORTHOPTERA

一、剑角蝗科 Acrididae

(一)剑角蝗属 *Acrida*

1. 中华蚱蜢 *Acrida chinensis* (Westwood)

(二)腹露蝗属 *Fruhstorferiola*

2. 绿腿腹露蝗 *Fruhstorferiola viridifemorata* (Caudell)

(三)佛蝗属 *Phlaeoba*

3. 短翅佛蝗 *Phlaeoba angustidorsis* Bolivar

(四)疣蝗属 *Trilophidia*

4. 疣蝗 *Trilophidia annulata* (Thunberg)

(五)外斑腿蝗属 *Xenocatantops*

5. 短角外斑腿蝗 *Xenocatantops brachycerus* (Willemse)

二、网翅蝗科 Arcypteridae

(一)竹蝗属 *Ceracris*

6. 黄脊竹蝗 *Ceracris kiangsu* Tsai

7. 青脊竹蝗 *C. nigricornis* Walker

(二)雷篦蝗属 *Rammeacris*

8. 黄脊雷篦蝗 *Rammeacris kiangsu* (Tsai)

三、斑腿蝗科 Catantopidae

(一)星翅蝗属 *Calliptamus*

9. 短星翅蝗 *Calliptamus abbreviatus* Ikonnikov

(二)斑腿蝗属 *Catantops*

10. 红褐斑腿蝗 *Catantops pinguis* (Stal)

(三)棉蝗属 *Chondracris*

11. 棉蝗 *Chondracris rosea* (De Geer)

(四)蔗蝗属 *Hieroglyphus*

12. 斑角蔗蝗 *Hieroglyphus annulicornis* (Shiraki)

(五)稻蝗属 *Oxya*

13. 山稻蝗 *Oxya agavisa* Tsai

14. 中华稻蝗 *O. chinensis* (Thunberg)

15. 小稻蝗 *O. intricata* (Stal)

(六)黄脊蝗属 *Patanga*

16. 日本黄脊蝗 *Patanga japonica* (Bolivar)

四、草螽科 Conocephalidae

(一)草螽属 *Conocephalus*

17. 中华草螽 *Conocephalus chinensis* (Redtenbacher)

18. 长瓣草螽 *C. gladiatus* (Redtenbacher)

19. 悦鸣草螽 *C. melas* De Haan

(二)似织螽属 *Hexacentrus*

20. 日本似织螽 *Hexacentrus japonicus* Karny

(三)钩额螽属 *Ruspolia*

21. 黑胫钩额螽 *Ruspolia lineosa* (Walker)

五、短角蝗科 Eumastacidae

(一)华蜢属 *China*

22. 灰华蜢 *China mantispoides* Walker

六、蟋蟀科 Gryllidae

(一)双针蟋属 *Dianemobius*

23. 斑腿双针蟀 *Dianemobius fascipes* (Walker)

24. 斑翅灰针蟀 *D. taprobanensis*

(Walker)
(二)哑蟋属　*Goniogryllus*
25. 刻点哑蟋　*Goniogryllus punctatus* Chopard
(三)蟋蟀属　*Gryllus*
26. 油葫芦　*Gryllus testaceus* Walker
(四)斜蛉蟋属　*Metioche*
27. 黄足斜蛉蟋　*Metioche flavipes* (Saussure)
(五)树蟋属　*Oecanthus*
28. 长瓣树蟋　*Oecanthus longicauda* Matsumura
(六)大蟋属　*Tarbinskiellus*
29. 花生大蟋　*Tarbinskiellus portentosus* (Lichtenstein)
七、蝼蛄科　Gryllotalpidae
(一)蝼蛄属　*Gryllotalpa*
30. 东方蝼蛄　*Gryllotalpa orientalis* Burmeister
31. 非洲蝼蛄　*G. africana* Palisot et Beauvois
八、蛩螽科　Meconematidae
(一)优剑螽属　*Xiphidiopsis*
32. 犀尾优剑螽　*Xiphidiopsis capricercus* (Tinkham)
33. 中华优剑螽　*X. sinensis* (Tinkham)
九、纺织娘科　Mecopodidae
(一)纺织娘属　*Mecopoda*
34. 中国纺织娘　*Mecopoda elongata* (Linnaeus)
十、露螽科　Phaneropteridae
(一)条螽属　*Ducetia*
35. 日本条露螽　*Ducetia japonica* (Thunberg)
36. 中华条露螽　*D. chinensis* (Brunner)
(二)半掩耳螽属　*Hemielimaea*
37. 中华半掩耳露螽　*Hemielimaea chinensis* Brunner
(三)桑螽属　*Kuwayamaea*
38. 中华桑露螽　*Kuwayamaea chinensis* (Brunner)
(四)奇螽属　*Mirollia*
39. 台湾奇露螽　*Mirollia formosana* Shiraki
(五)露螽属　*Phaneroptera*
40. 镰尾露螽　*Phaneroptera falcata* (Poda)
(六)华绿螽属　*Sinochlora*
41. 江苏华绿露螽　*Sinochlora kiangsuensis* Tinkham
42. 中国华绿露螽　*S. sinensis* Tinkham
十一、拟叶螽科　Pseudophyllidae
(一)翡螽属　*Phyllomimus*
43. 中华翡螽　*Phyllomimus sinicus* Beier
十二、锥头蝗科　Pyrgomorphidae
(一)负蝗属　*Atractomorpha*
44. 短额负蝗　*Atractomorpha sinensis* Bolivar
十三、蚱科　Tetrigidae
(一)长背蚱属　*Paratettix*
45. 长背蚱　*Paratettix indicus* Bolivar
(二)蚱属　*Tetrix*
46. 日本蚱　*Tetrix japonica* Bolivar
十四、螽蟖科　Tettigoniidae
(一)寰螽属　*Atlanticus*
47. 江苏寰螽　*Atlanticus kiangsu* Ramme
(二)并脉螽属　*Sympaestria*
48. 台湾拟骚蟖　*Sympaestria truncatolobata* Brunner
(三)螽蟖属　*Tettigonia*
49. 中华螽蟖　*Tettigonia chinensis* Willemse

蛇蛉目 RAPHIDIOPTERA

一、盲蛇蛉科 Inocelliidae

(一)盲蛇蛉属 *Inocellia*

1. 盲蛇蛉 *Inocellia crassicornis* Schummel

缨翅目 THSANOPTERA

一、蓟马科 Thripidae

(一)蓟马属 *Thrips*

1. 黄胸蓟马 *Thrips hawaiiensis* Morgan

毛翅目 TRICHOPTERA

一、角石蛾科 Stenopsychidae

(一)角石蛾属 *Stenopsyche*

1. 天目山角石蛾 *Stenopsyche tienmushanensis* Hwang

二、纹石蛾科 Hydropsychidae

(一)纹石蛾属 *Hydropsyche*

2. 裂茎侧枝纹石蛾 *Hydropsyche* (*Ceratopsyche*) *simulata* Mosely

三、长角石蛾科 Leptoceridae

(一)突长角石蛾属 *Ceraclea*

3. 杨氏溪带石蛾 *Ceraclea* (*Athripsodina*) *yangi* Mosely

附录10 清凉峰保护区大型真菌名录

中名	学名	生活方式	常见病害	寄主
霜霉目 PERONOSPORALES				
一、腐霉科 Pythiaceae				
1.瓜果腐霉菌	*Pythium aphanidermatum*(Eds.)Fitzp.	寄生	幼苗立枯病	针阔叶树
2.腐霉菌	*P.debaryanum* Hesse	寄生	幼苗立枯病	针阔叶树
外子囊菌目 TAPHRINALES				
二、外子囊菌科 Taphrinaceae				
1.栎外囊菌	*Taphrina caerulescens*(Mont.)Tul.	寄生	栎树缩叶病	阔叶树
2.畸形外囊菌	*T.deformans*(Berk.)Tul.	寄生	杨树肿序病	阔叶树
3.榆外囊菌	*T.ulmi*(Fuckel.)Johans.	寄生	榆树缩叶病	阔叶树
白粉菌目 ERYSIPHALES				
三、白粉菌科 Erysiphaceae				
1.槲球针壳	*Phyllactinia roboris*(Gachet.)Blum.	寄生	栎白粉病	阔叶树
2.蔷薇单丝壳白粉菌	*Sphaerotheca pannosa*(Wallr.)Lev.	寄生	蔷薇白粉病	阔叶树
小煤炱目 MELIOLALES				
四、小煤炱科 Meliolaceae				
1.箬竹小煤炱	*Meliola phyllostachydis* Yamam.	寄生	箬竹煤污病	竹类
2.山茶小煤炱	*M.camelliae*(Catt.)Sacc.	寄生	油茶煤污病	阔叶树
球壳菌目 SPHAERIALES				
五、麦角菌科 Clavicipitaceae				
1.竹瘤座菌	*Balansia take*(Miyake.)Hara.	寄生	竹丛枝病	竹类
六、疔座霉科 Polystigmataceae				
1.围小丛壳菌	*Glomerella cingulata*(Stonem.)Spauld. et schrenk.	寄生	杉木炭疽病	针叶树
2.竹中华黑痣菌	*Phyllachora sinesis* Sacc.	寄生	竹叶疹病	竹类
七、间座壳科 Diaporthaceae				
1.小原日规壳菌	*Gnomonia oharana* Nish et Mats	寄生	榆树炭疽病	阔叶树
八、肉座菌科 Hypocreaceae				
1.竹黄	*Shiraia bambusicola* P.Henn.	寄生	赤糰子病	竹类
座囊菌目 DOTHIDEALES				

中名	学名	生活方式	常见病害	寄主
九、煤炱科 Capnodiaceae				
1.柳煤炱菌	*Capnohium salicinum* Mont.	寄生	柳树煤病	阔叶树
十、座囊菌科 Dothideaceae				
1.杨梅球腔菌	*Mycosphaerella myricac* Saw.	寄生	杨梅褐斑病	阔叶树
半球腔菌目 HEMISPHAERIALES				
十一、裂盾菌科 Schizothyriaceae				
1.环纹裂盾菌	*Schizothyrium annuliforme* Syd. et Butl.	寄生	槭树叶痣病	阔叶树
盘菌目 PEZIZALES				
十二、马鞍菌科 Helvellaceae				
18.棱柄白马鞍菌	*Helvella crispa* Scop.: Fr.	木生		木质基物上
19.马鞍菌	*H. elastica* Bull ex St. Amans	木生		木质基物上
十三、羊肚菌科 Morchellaceae				
20.羊肚菌	*Morchella esculenta*（L.）Pers.	木生		木质基物上
21.圆锥羊肚菌	*M. conica* Fr.	木生		木质基物上
十四、盘菌科 Pezizaceae				
22.泡质盘菌	*Peziza vesiculosa* Bull. ex Fr.	木生		木质基物上
星裂盘菌目 PHACIDIALES				
十五、斑痣盘菌科 Rhytismataceae				
23.杉叶散斑壳菌	*Lophodermium uncinatum* Darker.	寄生	杉木叶枯病	针叶树
24.松针散斑壳菌	*L. plnastri*(Schred.)Chev.	寄生	松落针病	针叶树
25.槭斑痣盘菌	*Rhytisma acerinum*(Pers.)Fr.	寄生	槭树漆斑病	阔叶树
26.槭小斑痣盘菌	*R.punctatum*(Pers)Fr.	寄生	槭树漆斑病	阔叶树
27.杜鹃斑痣盘菌	*R.rhododendri* Fr.	寄生	杜鹃黑痣病	阔叶树
锈菌目 UREDINALES				
十六、鞘锈菌科 Colesporiaceae				
28.花椒鞘锈菌	*Colesporium zanthoxyli* Diet.	寄生	花椒锈病	阔叶树
29.松栎柱锈菌	*Cronaritium quercuum*(Berk.) Miyabe.	寄生	松瘤锈病针	阔叶树
十七、栅锈菌科 Melampsoraceae				
30.马格栅锈菌	*Melampsora magnusiana* Wagn.	寄生	毛白杨锈病	阔叶树
31.杨栅锈菌	*M. rostrupii* Wagn.	寄生	毛白杨锈病	阔叶树
32.枣层锈菌	*Phakopsora zizyphi—vulgaris*(P.Henn) Dietel.	寄生	枣锈病	阔叶树
33.香椿花孢锈菌	*Myssopsora cedrelae*(Hori)Tranzsch.	寄生	香椿锈病	阔叶树
十八、柄锈菌科 Pucciniaceae				
34.梨胶锈菌	*Gymnosporangium haraeanum* Syd.	寄生	梨桧锈病针	阔叶树
35.蔷薇多胞锈菌	*Phragmidium rosae—multiflorae* Diet.	寄生	蔷薇锈病	阔叶树

中名	学名	生活方式	常见病害	寄主
36.竹毡锈菌	*Stereostratum corticioides*(Berk.et Br.)Magn.	寄生	竹秆锈病	刚竹
十九、半知锈菌类 Uredinales Imperfecti				
37.园痂夏孢锈菌	*Uredo tholospora* Cummis.	寄生	毛白杨锈病	阔叶树
黑粉菌目 USTILAGINALES				
二十、黑粉菌科 Ustilaginaceae				
38.麦散黑粉	*Ustilago nuda*(Jens)Rostr.	寄生	黑粉病	禾本科植物
银耳目 TREMELTALES				
二十一、银耳科 Tremellaceae				
39.银耳	*Tremella fusiformis* Berk.	木生	木材腐朽病	阔叶树
40.茶银耳	*T. foliacea* Pers. ex Fr.	木生	木材腐朽病	阔叶树
41.橙黄银耳	*T. lutescens* Fr.	木生	木材腐朽病	阔叶树
木耳目 AURICULARIALES				
二十二、木耳科 Auriculariaceae				
42.木耳	*Auricularia auricula* (L.ex Hook.) Underw.	木生	木材腐朽病	阔叶树
43.毡盖木耳	*A. mesenterica*(Dicks.)Pers.	木材腐朽病		阔叶树
44.毛木耳	*A. polyticha*(Mont.)Sacc.	木材腐朽病		阔叶树
隔担子菌目 SEPTOBASIDIALES				
二十三、隔担子菌科 Septobasidiaceae				
45.膏药菌	*Septobasidium bogoriense* Pat.	寄生	核桃膏药病	阔叶树
外担子菌目 EXOBASIDIALES				
二十四、外担子菌科 Exobasidiaceae				
46.细丽外担子菌	*Exobasidium gracile*(Shirai)Syd.	寄生	油茶饼病	阔叶树
47.乌饭树外担子菌	*E.vaccinii* Woron.	寄生	乌饭树病	阔叶树
花耳目 DACRYMYCETALES				
二十五、花耳科 Dacrymycetaceae				
48.桂花耳	*Dacrypinax spathularia*(Schw.)Martin.	木生	木材腐朽病	阔叶树
非褶菌目 APHYLLOPHORALES				
二十六、灵芝菌科 Ganodermataceae				
49.银扁蕈	*Elfvingia applanata*(Pers. Ex Gray.)Karst.	木生	立木腐朽病	阔叶树
50.灵芝	*Ganoderma Lucidum*(Leyss. ex Gray.) Bres.	木生	木材腐朽病	阔叶树
51.层叠树舌	*G. lobat* (Pers. ex Gray)Bres	木生	木材腐朽病	阔叶树
52.硬皮树舌	*G. tornotum*(Pers. ex Gray)Bres	木生	立木腐朽病	阔叶树
53.树舌灵芝	*G. applanatum* (Pers. Ex Wallr.) Pat.	木生	立木腐朽病	阔叶树
54.紫芝	*G. sinense* Zhao, Xu et Zhang.	木生	立木腐朽病	阔叶树
二十七、多孔菌科 Polyporaeeae				

中名	学名	生活方式	常见病害	寄主
55.黑管菌	*Bjerkandera adusta*(Willd.ex Fr.)Karst.	木生	林木腐朽病	阔叶树
56.云芝	*Coriolus versicolor* (L.ex Fr.)Quél.	木生	立木腐朽病	阔叶树
57.漏斗棱孔菌	*Favolus arcularius* (Batsch ex Fr.) Ames.	木生	立木腐朽病	阔叶树
58.宽鳞大孔菌	*F. squamosus*(Batsch ex Fr.) Ames.	木生	立木腐朽病	阔叶树
59.木蹄层孔菌	*Fomes fomentarius* (L.ex Fr.)Kickx.	木生	立木腐朽病	阔叶树
60.松生拟层孔菌	*Fomitopsis pinicola* (Sw.: Fr.) Karst.	木生	立木腐朽病	阔叶树
61.褐扇	*Gloeophyllum subferrugineum*(Berk) Bond. et Sing.	木生	立木腐朽病	阔叶树
62.彩孔菌	*HaPaloPilus nidulans*(Fr.)Karst.	木生	木材腐朽病	阔叶树
63.囊孔菌	*Hirschioporus pargamensus* (Fr.) Bond. Et Sing.	木生	立木腐朽病	阔叶树
64.硫磺绚孔菌	*Laetiporus sulphureus* (Bull.ex Fr.) Bond.et Sing.	木生	立木腐朽病	阔叶树
65.茯苓	*Poria cocos*(Fr.)Wolf.	木生	立木腐朽病	松树
66.平伏褐层孔菌	*Pyropolyporus mcgrgri* (Bers.) Teng.	木生	立木腐朽病	阔叶树
67.肉色栓菌	*Trametes dickinsii*(Berk.)	木生	立木腐朽病	阔叶树
68.小栓菌	*T. malicola* Berk.et Curt.	木生	立木腐朽病	阔叶树
二十八、裂褶菌科 Schizophyllaceae				
69.裂褶菌	*Schizophyllum commune* Fr.	木生	立木腐朽病	阔叶树
二十九、珊瑚菌科 Clavariaceae				
70.红顶枝瑚菌	*Ramaria botrytoides* (PK.) Corner	木生	立木腐朽病	阔叶树
71.紫枝瑚菌	*R. mairei* Donk.	木生	立木腐朽病	阔叶树
72.米黄枝瑚菌	*R. obtusissima* (PK.) corner	木生	立木腐朽病	阔叶树
73.密枝瑚菌	*R. stricta* (Fr.) Ouél.	木生	立木腐朽病	阔叶树
三十、耳匙菌科 Auriscalpiaceae				
74.耳匙菌	*Auriscalpiaum vulgare* Gray.	生于针叶树球果上		
三十一、革菌科 Thelephoraceae				
75.掌状革菌	*Thelephora palmata*(Scop)Fr.	土生	幼树窒息病	
76.连座革菌	*T. vialis* Schw.	木生	立木腐朽病	阔叶树
三十二、刺革菌科 Hymenochaetaceae				
77.簇毛木层孔菌	*Phellinus torulosus* (Pers.) Bourd. Et Galz.	木生	立木腐朽病	阔叶树
三十三、牛排菌科 Fistulinaceae				
78.牛排菌	*Fistulina hepatica*(Sehaeff.)Fr.	木生	立木腐朽病	阔叶树
三十四、鸡油菌科 Cantharellaceae				
79.鸡油菌	*Cantharellus cibarius* Fr.	木生	立木腐朽病	阔叶树
80.小鸡油菌	*C. minor* Fr.	木生	立木腐朽病	阔叶树
81.喇叭菌	*Craterellus. cornucopioides*(L.ex) Fr.	木生	立木腐朽病	阔叶树

中名	学名	生活方式	常见病害	寄主
82.白喇叭菌	*C. subalbidus* Smith et Morse	木生	立木腐朽病	阔叶树
三十五、猴头菌科 Hericiaceae				
83.猴头菌	*Hericium erinaceus* (Bull.) Pres.	木生	根朽病	阔叶树
三十六、韧革菌科 Stereaceae				
84.毛韧革菌	*Stereum hirsutum* (Will.) Fr.	木生	木腐朽病	针叶树
伞菌目 AGARICALES				
三十七、蜡伞科 Hygrophoraceae				
85.蜡伞	*Hygrophorus ceraceus* (Wulf.) Fr.	木生	立木腐朽病	阔叶树
86.变黑蜡伞	*Hygrophorus conicus* (Scop.)Fr.	木生	根朽病	阔叶树
三十八、口蘑科 Tricholomataceae				
87.密环菌	*Armillaria mellea*(Vahl.)Fr.	木生	根朽病	阔叶树
88.假密环菌	*Clitocybe tabescens*(Scop.ex Fr)Sing.	木生	根朽病	阔叶树
89.赭环菌	*C. sinopica* (Fr.) Gill.	木生	立木腐朽病	阔叶树
90.金针菇	*Flammulina velutipes* (Fr.) Singer.	木生	立木腐朽病	阔叶树
91.红蜡蘑	*Laccaria laccata*(Fr.ex Scop.)Berk.et Br.	木生	木材腐朽病	阔叶树
92.香菇	*Lentinus edodes*(Berk.)Sing.	木生	木材腐朽病	阔叶树
93.虎皮香菇	*L. tigrinus*(Berk)Sing.	木生	木材腐朽病	阔叶树
94.大斗菇	*L.javanicus* Lev.	木生	木材腐朽病	阔叶树
95.洁丽香菇	*L. lepideus* (Fr.)	木生	立木腐朽病	阔叶树
96.干小皮	*Marasmius siccus*(Schw.)Fr.	木生	木材腐朽病	阔叶树
97.叶生皮伞	*M. epiphyllu* (Schw.)Fr.	木生	木材腐朽病	阔叶树
98.硬柄小皮伞	*M. oreades* (Bolt.: Fr.) Fr.	木生	立木腐朽病	阔叶树
99.长根菇	*Oudemansiella radicata* (Relh.: Fr.) Singer.	木生	立木腐朽病	阔叶树
100.紫盖口蘑	*Tricholoma ionides* (Bull.: Fr.) Ouél.	木生	立木腐朽病	阔叶树
三十九、毒伞菌科 Amanitaceae				
101.黄盖伞	*Amanita jumguillea* Ouél.	木生	立木腐朽病	阔叶树
102.白托柄菇	*A. nivalis* Grev.	木生	立木腐朽病	阔叶树
103.橙盖鹅膏	*A. caesarea* (Scop.ex Fr)Pers.ex Schw.	木生	木材腐朽病	阔叶树
104.红托鹅膏	*A. rubrovolvata* (Scop.ex Fr)Pers.ex Schw.	木生	木材腐朽病	阔叶树
105.灰托柄菇	*A. vaginata* Grev.	木生	木材腐朽病	阔叶树
106.毒伞	*A. phalloides*(Vaill.ex Fr.)Secr.	木生	木材腐朽病	阔叶树
107.白毒伞	*A. verna*(Lamb.ex Fr.) Pers.ex Vitt.	木生	木材腐朽病	阔叶树
108.灰毒伞	*A. vaginata*(Bull.ex Fr.)Vitt.	木生	木材腐朽病	阔叶树
四十、环柄菇科 Lepiotaceae				
109.大环柄菇	*Macrolepiota procera* (Scop.ex Fr.) Sing.	木生	立木腐朽病	阔叶树

中名	学名	生活方式	常见病害	寄主
四十一、侧耳科 Pleuteaceae				
110.紫孢侧耳	*Pleurotus cornucopiae* (Paull.: Pers.) Roll.	木生	立木腐朽病	阔叶树
111.糙皮侧耳	*P.ostreatus*(Jacq. ex Fr.)Quel.	木生	木材腐朽病	阔叶树
112.美味侧耳	*P. sapidus* (Sch.) Sacc.	木生	立木腐朽病	阔叶树
四十二、伞菌科 Agaricaceae				
113.野蘑菇	*Agaricus arvensis* Schaeff.ex Fr.	木生	木材腐朽病	阔叶树
114.双孢蘑菇	*A. bisporus* (Lange) Singer.	木生	立木腐朽病	阔叶树
115.双环林地菇	*A. placomyces* Peck.	木生	立木腐朽病	阔叶树
116.林地菇	*A. silvticus* Sch.ex Fr.	木生	立木腐朽病	阔叶树
四十三、鬼伞菌科 Coprinaceae				
117.网纹斑褶菌	*Panaeolus retirugis* (Fr.)Gill.	木生	木材腐朽病	阔叶树
四十四、粪伞菌科 Bolbitiaceae（1种,种名不详）				
四十五、球盖菇科 Strophariaceae				
118.多脂鳞伞	*Pholiota adiposa*(Fr.) Quel.	木生	木材腐朽病	阔叶树
四十六、锈伞菌科 Cortinariaceae（1种,种名不详）				
四十七、靴耳科 Crepidotaceae				
119.软靴耳	*Crepidotus mollis*(Schaeff.ex Fr.)Gray.	木生	木材腐朽病	阔叶树
四十八、赤褶菌科 Rhodophyllaceae（1种,种名不详）				
四十九、网褶菌科 Paxillaceae（3种,种名不详）		木生	木材腐朽病	针叶树
五十、牛肝菌科 Boletaceae				
120.美味牛肝菌	*Boletus edulis* Bull.ex Fr.	木生	木材腐朽病	阔叶树
121.网柄牛肝菌	*B. ornatipe*(Lenz)	木生	木材腐朽病	阔叶树
122.网纹牛肝菌	*B. reticulates*(Lenz)	木生	木材腐朽病	阔叶树
123.网孢牛肝菌	*Boletellus retisporus*(Lenz)	木生	木材腐朽病	阔叶树
124.点柄乳牛肚菌	*Suillus granulatus* (Fr.) Kuntze.	木生	木材腐朽病	阔叶树
五十一、松塔牛肝菌科 Strobilomyceataceae				
125.绒柄松塔牛肝菌	*Strobilomyces floccopus*(Vahl.ex Fr.)Karst.	木生	木材腐朽病	阔叶树
五十二、红菇科 Russulaceae				
126.松乳菇	*Lactarius deliciosus* (L.) Fr.	木生	立木腐朽病	阔叶树
127.多汁乳菇	*L. volemus*(Fr.) Gray.	木生	立木腐朽病	阔叶树
128.暗褐乳菇	*L. fuliginosus* (Fr.) Fr.	木生	立木腐朽病	阔叶树
129.草质红菇	*Russula alutacea* (Pers.) Fr.	木生	立木腐朽病	阔叶树
130.正红菇	*R. vinosa* (Pers.) Fr.	木生	立木腐朽病	阔叶树
131.变绿红菇	*R. virescens* (Pers.) Fr.	木生	立木腐朽病	阔叶树
132.壳状红菇	*R. crustlsa* Peak.	木生	立木腐朽病	阔叶树

中名	学名	生活方式	常见病害	寄主
133.美味红菇	*R. delica* Fr.	木生	立木腐朽病	阔叶树
134.臭黄菇	*R. foetens* Pers.ex Fr.	木生	木材腐朽病	阔叶树
135.黄红菇	*R. lutea* Pers.ex Fr.	木生	立木腐朽病	阔叶树
136.密褶黑菇	*R. densifolia*(Secr.)Gill.	木生	立木腐朽病	阔叶树
137.稀褶黑菇	*R. nigricans*(Pers.ex Fr.)Fr.	木生	立木腐朽病	阔叶树
鬼笔目 PHALLALES				
五十三、笼头菌科 Clathraceae（种名不详）				
五十四、鬼笔科 Phallaceae				
138.短裙竹荪	*Dictyophora duplicata*(Bosc.)Fisch.	土生		腐殖质层
139.长裙竹荪	*D. indusiata* (Vent.ex Pers.) Desv.	土生		腐殖质层
140.蛇头菌	*Mutinus caninus*(Huds.ex Pers.)Fr.	土生		腐殖质层
二十、马勃目 LYCOPERDALES				
五十五、马勃科 Lycoperdaceae				
141.头状马勃	*Calvatia craniiformis* (Schw.) Fr.	土生		腐殖质层
142.紫马勃	*C. cyathiformis* (Bosc) Morg.	土生		腐殖质层
143.小柄灰包	*Lycoperdon pedicellatum* Peck.	土生		腐殖质层
144.梨形灰包	*L. pyriforme* Sch.: Pers.	土生		腐殖质层
硬皮马勃目 SCLERODERMATALES				
五十六、豆马勃科 Pisolithaceae				
145.彩色豆马勃	*Pisolithus tinctorus*(Pers.)Coke et Couch	土生		腐殖质层
五十七、硬皮马勃科 Sclerodermataceae				
146.多根硬皮马勃	*Scleroderma polyrhizum* Rers.	土生		腐殖质层
黑盘孢目 MELANCONIALES				
五十八、黑盘孢科 Melanconiaceae				
147.椭圆黑盘孢	*Melancinium oblongum* Berk.	寄生	山核桃干腐病	阔叶树
148.胶胞炭疽病	*Colletorichum gloeosporioides* Penz.	寄生	山茱萸炭疽病	阔叶树

附录11　清凉峰保护区药用植物名录

中　名	学　名	药用部分	中药名
	菌 类		
一、马勃科 Lacoperdaceae			
1.脱皮马勃	*Lasiosphaera fenzlii*	子实体	马勃
二、多孔菌科 Polyporaceae			
2.茯苓	*Poria cocos*	菌核	茯苓
3.赤芝	*Ganoderma lucidum*	全株	灵芝草
	地衣类		
三、松萝科 Usneaceae			
4.环裂松萝	*Usnea diffracta*	丝状体	松萝
	苔藓类		
四、蛇苔科 ConocePhalaceae			
5.大蛇苔	*Conocephalum conicum*	全株	蛇地钱
五、真藓科 Bryaceae			
6.大叶藓	*Rhodobryum roseum*	全草	回心草
	蕨 类		
六、石杉科 Huperziaceae			
7.蛇石杉	*Huperzia serrata*	全草	蛇石杉
8.万年松	*Lycopodium pulcherrimum*	全草	万年松
七、石松科 Lycopodiaceae			
9.石松	*Lycopodium japonicum*	带根全草	伸筋草
10.垂穗石松	*Palhinhaea cernum*	带根全草	伸筋草
八、卷柏科 Selaginellaceae			
11.江南卷柏	*Selaginella moellendorfii*	全草	地柏枝
12.卷柏	*Selaginella tamariscina*	全草	卷柏
13.垫状卷柏	*Selaginella pulvinata*	全草	卷柏
14.翠云草	*Selaginella uncinata*	全草	翠羽草
九、阴地蕨科 Botrychiaceae			
15.阴地蕨	*Scepteridium ternatum*	带根全草	阴地蕨

中 名	学 名	药用部分	中药名
十、紫萁科 Osmundaceae			
16.紫萁	*Osmunda japonica*	根茎	贯众
十一、鳞毛蕨科 Dryopteridaceae			
17.贯众	*Cyrtomium fortunei*	根茎	昏鸡头
18.粗茎鳞毛蕨	*Dryopteris crassirhizoma*	根茎	贯众
十二、海金沙科 Lygodiaceae			
19.海金沙	*Lygodium japonicum*	孢子、全株	海金沙
十三、鳞始蕨科 Lindsaeaceae			
20.乌蕨	*Stenoloma chusanum*	根状茎	大叶金花草
十四、凤尾蕨科 Pteridaceae			
21.凤尾草	*Pteris multifida*	根、全草	凤尾草
十五、水龙骨科 Polypodiaceae			
22.抱石莲	*Lepidogrammitis drymoglossoides*	全草	鱼鳖
23.江南星蕨	*Microsorium fortunei*	全草	旋鸡尾
24.水龙骨	*Polypodiodes nipponica*	根茎	水龙骨
25.石韦	*Pyrrosia lingua*	叶	石韦
26.毡毛石韦	*Pyrrosia drakeana*	叶	石韦
27.石蕨	*Saxiglossum angustissimum*	全株	苍条鱼鳖
裸子植物			
十六、银杏科 Ginkgoaceae			
27.银杏	*Ginkgo biloba*	种子、叶片	白果
十七、三尖杉科 Cephalotaxaceae			
29.粗榧	*Cephalotaxus sinensis*	种子	土香榧
30.三尖杉	*Cephalotaxus fortunei*	种子	土香榧
十八、红豆杉科 Taxaceae			
31.红豆杉	*Taxus chinensis*	种子	红豆子
32.香榧	*Torreya grandis*	种子	榧子
十九、松科 Pinaceae			
33.金钱松	*Pseudolarix kaempferi*	树皮、根皮	土荆皮
34.马尾松	*Pinus massoniana*	花粉	松花粉
二十、柏科 Cupressaceae			
35.侧柏	*Platycladus orientalis*	嫩枝与叶	侧柏叶
36.柏木	*Cupressus funebris*	球果、根、茎叶	
37.圆柏	*Sabina chinensis*	枝叶	
38.刺柏	*Juniperus formosana*	根	
二十一、杉科 Taxodiaceae			

中名	学名	药用部分	中药名
39.杉木	*Cunninghamia lanceolata*	树皮、树枝、叶子	杉木
被子植物			
双子叶植物			
二十二、木兰科 Magnoliaceae			
40.木莲	*Manglietia fordiana*	果实、树皮	木莲果
41.凹叶厚朴	*Magnolia officnalis* subsp *biloba*	树皮、根皮	厚朴
42.辛夷	*Magnolia liliflora*	花蕾	辛夷
43.玉兰	*Magnolia denudata*	花蕾	辛夷
44.鹅掌秋	*Liriodendron chinense*	树皮	凹朴皮
二十三、樟科 Lauraceae			
45.樟树	*Cinnamomum camphora*	叶、树皮、种子	樟树叶
46.天竺桂	*Cinnamomum japonicum*	树皮	桂皮
47.乌药	*Lindera aggregata*	根	乌药
48.山橿	*Lindera reflexa*	根皮	
49.山胡椒	*Lindera glauca*	根、枝、叶	
50.山鸡椒	*Litsea cubeba*	果实	荜澄茄
51.天目木姜子	*Litsea auriculata*	根、叶、果实	天目木姜子
52.红楠	*Machilus thunbergii*	树皮	
53.紫楠	*Phoebe sheareri*	根、枝、叶	
54.檫木	*Sassafras tzumu*	根皮	
二十四、毛茛科 Ranunculaceae			
55.芍药	*Paeonia lactiflora*	根	白芍药
56.草芍药	*Paeonia obovata* var. *willmottiae*	根	赤芍药
57.牡丹	*Paeonia suffruticosa*	根皮	牡丹皮
58.毛茛	*Ranunculus japonicus*	全草、根	毛茛
59. 天葵	*Semiaquilegia adoxoides*	块根	天葵子
60.华东唐松草	*Thalictrum fortunei*	全草	唐松草
61.黄山乌头	*Aconitum carmichaeli* var.*hwangshanicum*	块根	草乌头
62.威灵仙	*Clematis chinensis*	根	威灵仙
63.大叶铁线莲	*Clematis heracleifolia*	根、茎	铁线莲
64.山木通	*Clematis finetiana*	茎、叶	
65.短萼黄连	*Coptis chinensis* var. *brevisepala*	根茎	黄连
二十五、小檗科 Berberidaceae			
66.安徽小檗	*Berberis anhweiensis*	叶、根	昆明鸡脚黄连
67.蚝猪刺(豪猪刺)	*Berberis julianae*	根、茎	
68.庐山小檗	*Berberis virgetorum*	根茎	

中 名	学 名	药用部分	中药名
69.八角莲	*Dysosma versipellis*	根茎	八角莲
70.箭叶淫羊藿	*Epimedium sagittatum*	叶、根	淫羊霍
71.牡丹草	*Leontice robusta*	根茎	红毛七
72.阔叶十大功劳	*Mahonia bealei*	叶	十大功劳
73.南天竹	*Nandina domestica*	果实	南天竹子
二十六、木通科 Lardizabalaceae			
74.木通	*Akebia quinata*	果实	八月札
75.三叶木通	*Akebia trifoliata*	果实	八月札
76.鹰爪枫	*Holboellia coriacea*	茎皮	
二十七、大血藤科 Sargentodoxaceae			
77.大血藤	*Sargentodoxa cuneata*	茎	大血藤
二十八、防已科 Menispermaceae			
78.木防已	*Cocculus orbiculatus*	根	防已
79.蝙蝠葛	*Menispermum dauricum*	根和茎	
80.汉防已	*Sinomenium acutum*	藤茎	青风藤
81.粉防已	*Stephania tetrandra*	根	防已
82.金线吊乌龟	*Stephania cepharantha*	块根	白药子
83.千金藤	*Stephania japonica*	块根	白药子
二十九、马兜铃科 Aristolochiaceae			
84.杜衡	*Asarum forbesii*	根、全草	杜衡
85.马兜铃	*Aristolochia debilis*	根、果、茎、叶	马兜铃
三十、三白草科 Saururaceae			
86.蕺菜	*Houttuynia cordata*	全草	鱼腥草
三十一、金粟兰科 Chloranthaceae			
87.及已	*Chloranthus serratus*	根	及已
三十二、罂粟科 Papaveraceae			
88.博落迴	*Macleaya cordata*	带根全草	博落迴
三十三、十字花科 Cruciferae			
89.荠菜	*Capsella bursa-pastoris*	带根全草	荠菜
90.弯曲碎米芥	*Cardamine flexuosa*	全草	碎米芥
91.无瓣蔊菜	*Rorippa dubia*	全草、花	蔊菜
三十四、堇菜科 Violaceae			
92.蔓茎堇(匍伏堇)	*Viola diffusa*	根、全草	地白草
93.长萼堇菜	*Viola inconspicua*	根、全草	铧头草
94.紫花地丁	*Viola yedoensis*	根、全草	地丁
95.犁头草(心叶堇菜)	*Viola cordifolia*	根、全草	犁头草

中　名	学　名	药用部分	中药名
三十五、远志科 Polygalaceae			
96.远志	*Polygala tenuifolia*	根	远志
97.瓜子金	*Polygala japonica*	根、全草	瓜子金
三十六、景天科 Crassulaceae			
98.景天(八宝)	*Hylotelephium erythrostictum*	全草	景天
99.珠芽景天	*Sedum bulbiferum*	全草	小箭草
100.凹叶景天	*Sedum emarginatum*	全草	马牙半支
101.景天三七(费菜)	*Sedum aizoon*	全草	景天三七
102.垂盆草	*Sedum sarmentosum*	全草	石指甲
三十七、虎耳草科 Saxifragaceae			
103.落新妇	*Astilbe chinensis*	根状茎、茎和叶	
104.大叶金腰	*Chrysosplenium macrophyllum*	全草	虎皮草
105.白耳菜	*Parnassia foliosa*	全草	白侧草
106.虎耳草	*Saxifraga stolonifera*	全草	虎耳草
三十八、石竹科 Caryophyllaceae			
107.蚤缀	*Arenaria serpyllifolia*	全草	小元心菜
108.瞿麦	*Dianthus superbus*	全草	瞿麦
109.孩儿参(太子参)	*Pseudostellaria heterophylla*	块根	太子参
110.漆姑草	*Sagina japonica*	全草	漆姑草
111.野蚊子草	*Silene fortunei*	带根全草	脱力草
三十九、马齿苋科 Portulacaceae			
112.马齿苋	*Portulaca oleracea*	全草	马齿苋
四十、蓼科 Polygonaceae			
113.金线草	*Antenoron filiforme*	全草	金钱草
114.萹蓄	*Polygonum aviculare*	全草	萹蓄
115.拳参	*Polygonum bistorta*	根茎	拳参
116.虎杖	*Polygonum cuspidatum*	根茎	虎杖
117.水蓼	*Polygonum hydropiper*	全草	水蓼
118.何首乌	*Polygonum multiflorum*	块根、藤	何首乌
119.扛板归	*Polygonum perfoliatum*	全草	扛板归
120.支柱蓼	*Polygonum suffultum*	根茎	红三七
121.酸模	*Rumex acetosa*	根	酸模
四十一、商陆科 Phytolaccaceae			
122.商陆	*Phytolacca acinosa*	根	商陆
四十二、苋科 Amaranthaceae			
123.牛膝	*Achyranthes bidentata*	根、根茎	土牛膝

中　名	学　名	药用部分	中药名
124.刺苋	*Amaranthus spinosus*	全草	刺苋菜
125.青葙	*Celosia argentea*	叶、根、种子	青葙
126.鸡冠花	*Celosia cristata*	花序	鸡冠花
四十三、酢浆草科 Oxalidaceae			
127.山酢浆草	*Oxalis griffithii*	全草、根	三块瓦
128.酢浆草	*Oxalis corniculata*	全草	酢浆草
四十四、凤仙花科 Balsaminaceae			
129.凤仙	*Impatiens balsamina*	全草、花、种子	凤仙
四十五、柳叶菜科 Onagraceae			
130.卵叶丁香蓼	*Ludwigia ovalis*	全草	水丁香
四十六、柽柳科 Tamaricaceae			
131.柽柳	*Tamarix chinensis*	嫩枝、叶	西河柳
四十七、葫芦科 Cucurbitaceae			
132.丝瓜	*Luffa cylindrica*	果实	丝瓜
133.栝楼	*Trichosanthes kirilowii*	果皮、种子	
134.王瓜	*Trichosanthes cucumeroides*	果皮、种子	
四十八、猕猴桃科 Actinidiaceae			
135.猕猴桃	*Actinidia chinensis*	果实	猕猴桃
136.葛枣猕猴桃	*Actinidia polygama*	有虫瘿的果实	
四十九、藤黄科 Guttiferae			
137.小连翅	*Hypericum erectum*	全草	小连翅
138.黄海棠	*Hypericum ascyron*	全草	红旱莲
139.地耳草	*Hypericum japonicum*	全草	地耳草
140.元宝草	*Hypericum sampsonii*	全草	元宝草
五十、锦葵科 Malvaceae			
141. 木槿	*Hibiscus syriacus*	花、叶、根、果实、皮	木槿花
五十一、大戟科 Euphorbiaceae			
142.铁苋菜	*Acalypha australis*	全草	铁苋菜
143.油桐	*Vernicia fordii*	种子、叶、根	油桐子
144.泽漆	*Euphorbia helioscopia*	全草	泽漆
145.算盘子	*Glochidion puberum*	果实、叶、根	算盘子
146.叶下珠	*Phyllanthus urinaria*	全草、根	珍珠草
147.青灰叶下珠	*Phyllanthus glaucus*	根	
148.白乳木	*Sapium japonicum*	根皮、叶	
五十二、蔷薇科 Rosaceae			
149.龙牙草	*Agrimonia pilosa*	全草、根	仙鹤草

中　名	学　名	药用部分	中药名
150.贴梗海棠(皱皮木瓜)	*Chaenomeles speciosa*	果实	木瓜
151.木瓜	*Chaenomeles sinensis*	果实	木瓜
152.野山楂	*Crataegus cuneata*	果实	山楂
153.平枝栒子	*Cotoneastar horizontalis*	根、全株	
154.蛇莓	*Duchesnea indica*	果实、全草	蛇莓
155.枇杷	*Eriobotrya japonica*	叶	
156.棣棠	*Kerria japonica*	花	
157.湖北海棠	*Malus hupehensis*	果	
158.毛叶石楠	*Photinia villosa*	果、根	
159.石楠	*Photinia serrulata*	叶	石楠叶
160.翻白草	*Potentilla discolor*	带根全株	翻百草
161.三叶委陵菜	*Potentilla freyniana*	全草	三叶委陵菜
162.蛇含委陵菜	*Potentilla kleiniana*	全草	蛇含
163.杏	*Prunus armeniaca*	种仁、叶	杏仁
164.郁李	*Cerasus japonica*	种仁、叶	郁李仁
165.梅	*Prunus mume*	果实、花	乌梅
166.桃	*Amygdalus persica*	胶、根、桃仁、枝叶	
167.李	*Prunus salicina*	根、叶、花、胶及核仁	
168.山樱花	*Cerasus serrulata*	核仁	
169.豆梨	*Pyrus calleryana* var. *lanceolata*	根、叶、果	
170.石斑木	*Raphiolepis indica*	根	
171.多花蔷薇	*Rosa multiflora*	花、果、根	
172.月季	*Rosa chinensis*	花、根、叶	月季花
173.小果蔷薇	*Rosa cymosa*	根、叶、果	小金樱
174.金樱子	*Rosa laevigata*	果、根、叶、花	金樱子
175.掌叶覆盆子	*Rubus chingii*	果、根、叶	覆盆子
176.盾叶莓	*Rubus peltatus*	果实	盾叶莓
177.高粱泡	*Rubus lambertianus*	根、叶	高粱泡
178.茅莓	*Rubus paruifolius*	全草、根	薅田藨
179.山莓	*Rubus corchorifolius*	根	
180.插田泡	*Rubus coreanus*	果	
181.蓬藥	*Rubus hirsutus*	全株、根	
182.白叶莓	*Rubus innominatus*	根	
183.太平莓	*Rubus pacificus*	全株	
184.空心泡	*Rubus rosaefolius*	根、叶	
185.三花悬钩子	*Rubus trianthus*	全株	

中 名	学 名	药用部分	中药名
186.地榆	*Sanguisorba officinalis*	根	地榆
187.毛山樱花	*Cerasus serrulata* var. *pubescens*	果实	山樱桃
188.野珠兰	*Stephanandra chinensis*	根	
五十三、金缕梅科 Hamamelidaceae			
189.蜡瓣花	*Corylopsis sinensis*	根皮、叶	
190.金缕梅	*Hamamelis mollis*	根	
191.枫香	*Liquidambar formosana*	果实	路路通
192.檵木	*Loropetalum chinense*	叶花	
五十四、杜仲科 Eucommiaceae			
193.杜仲	*Eucommia ulmoides*	树皮、叶	杜仲
五十五、黄杨科 Buxaceae			
194.黄杨	*Buxus sinica*	叶、根	黄杨
五十六、壳斗科 Fagaceae			
195.麻栎	*Quercus acutissima*	果实	橡实
196.白栎	*Quercus fabri*	带虫瘿的总苞	白栎苞
五十七、桑科 Moraceae			
197.小构树	*Broussonetia kazinoki*	根、叶	
198.构树	*Broussonetia papyrifera*	果、叶及乳汁	
199.柘树	*Cudrania tricuspidata*	芽、皮、叶、果	柘木
200.葎草	*Humulus scandens*	全草	葎草
201.桑	*Morus alba*	枝、果、叶、根、皮	桑枝
五十八、荨麻科 Urticaceae			
202.苎麻	*Boehmeria nivea*	叶、根	苧麻
203.糯米团	*Gonostegia hirta*	全草	糯米藤
五十九、卫矛科 Celastraceae			
204.卫矛	*Euonymus alatus*	翅状附属物	鬼箭羽
205.丝棉木	*Euonymus bungeanus*	树胶、根	
206.肉花卫矛	*Euonymus carnosus*	树皮	
207.扶芳藤	*Euonynius fortunei*	茎	
六十、桑寄生科 Loranthaceae			
208.槲寄生	*Viscum coloratum*	树叶	桑寄生
六十一、芸香科 Rutaceae			
209.臭辣树	*Euodia fargesii*	果实	臭辣树
210.黄檗	*Phellodendron amurense*	树皮	黄柏
211.枸桔	*Poncirus trifoliata*	果	
212.竹叶椒	*Zanthoxylum armatum*	果实、根叶	竹叶椒

中　名	学　名	药用部分	中药名
213.野花椒	*Zanthoxylum simulans*	果实、叶、根	花椒
214.朵花椒	*Zanthoxylum molle*	果、叶、根	朵椒
六十二、苦木科 Simaroubaceae			
215.臭椿	*Ailanthus altissima*	树皮、种子、叶	椿白皮
216.苦木	*Picrasma quassioides*	根皮	
六十三、楝科 Meliaceae			
217.香椿	*Toona sinensis*	种子、叶、树皮	椿白皮
六十四、省沽油科 Staphyleaceae			
218.野鸦椿	*Euscaphis japonica*	种子、花、根	野鸦椿
六十五、漆树科 Anacardiaceae			
219.盐肤木	*Rhus chinensis*	种子、叶、根	盐肤子
220.野漆	*Toxicodendron succedaneum*		
六十六、胡桃科 Juglandaceae			
221.华东野胡桃	*Juglans cathayensis* var. *formosana*	果皮	核桃果
222.化香树	*Platycarya strobilacea*	叶、果	化香树叶
六十七、山茱萸科 Cornaceae			
223.山茱萸	*Cornus officinalis*	果皮	山茱萸
六十八、八角枫科 Alangiaceae			
224.八角枫	*Alangium chinense*	花、叶	八角枫
六十九、五加科 Araliaceae			
222.五加	*Acanthopanax gracilistylus*	树皮	五加皮
226.楤木	*Aralia chinensis*	根、茎皮	楤木
227.棘茎楤木	*Aralia echinocaulis*	根、茎皮	红楤木
228.树参	*Dendropanax dentiger*	根、枝叶	枫荷梨
229.中华常春藤	*Hedera nepalensis* var. *sinensis*	全株	常春藤
230.刺楸	*Kalopanax septemlobus*	根皮、枝	
231.大叶三七	*Panax japonicus*	根	竹节人参
七十、伞形科 Umbelliferae			
232.天胡荽	*Hydrocotyle sibthorpioides*	全草	天胡荽
233.藁本	*Ligusticum sinense*	根	
234.白花前胡	*Peucedanum praeruptorum*	根	前胡
235.小窃衣	*Torilis japonica*	果实	窃衣
236.重齿当归	*Angelica biserrata*	根	独活
七十一、鹿蹄草科 Pyrolaceae			
237.鹿蹄草	*Pyrola calliantha*	全草	鹿晗草
七十二、杜鹃花科 Ericaceae			

中 名	学 名	药用部分	中药名
238.羊踯躅	*Rhododendron molle*	花、根	闹羊花
239.杜鹃(映山红)	*Rhododendron simsii*	花、根	杜鹃花
七十三、越桔科 Vacciniaceae			
240.乌饭树	*Vaccinium bracteatum*	果实、根、叶	南烛子
七十四、紫金牛科 Myrsinaceae			
241.紫金牛	*Ardisia japonica*	全株	矮地菜
七十五、醉鱼草科 Buddlejaceae			
242.醉鱼草	*Buddleja lindleyana*	根、全株	醉鱼草
七十六、木犀科 Oleaceae			
243.白蜡树	*Fraxinus chinensis*	树皮、叶花	白蜡树皮
244.金钟花	*Forsythia viridissima*	果实	
七十七、夹竹桃科 Apocynaceae			
245.毛药藤	*Cleghornia henryi*	根	
246.络石	*Trachelospermum jasminoides*	茎藤	络石藤
七十八、萝藦科 Asclepiadaceae			
247.合掌消	*Cynanchum amplexicaule*	根	合掌消
248.青洋参	*Cynanchum otophyllum*	根	青洋参
七十九、茜草科 Rubiaceae			
249.猪殃殃	*Galium aparine* var. *tenerum*	全草	猪殃殃
250.四叶葎	*Galium bungei*	全草	四叶葎
250.栀子	*Gardenia jasminoides*	果实	黄栀
252.鸡矢藤	*Paederia scandens*	全草、根	鸡矢藤
253.茜草	*Rubia cordifolia*	根	茜草
254.六月雪	*Serissa japonica*	全株、根	六月雪
八十、忍冬科 Caprifoliaceae			
255.金银花	*Lonicera japonica*	花、藤	金银花
256.陆英(接骨草)	*Sambucus chinensis*	根、茎、叶	陆英
257.接骨木	*Sambucus williamsii*	茎枝	
八十一、败酱科 Valerianaceae			
258.白花败酱	*Patrinia villosa*	全草	败酱草
八十二、川续断科 Dipsacaceae			
259.日本续断	*Dipsacus japonicus*	根	续断
八十三、菊科 Compositae			
260.杏香兔耳风	*Ainsliaea frangrans*	全草	杏香兔耳风
261.兔耳伞	*Syneilesis aconitifolia*	全草、根	兔耳草
262.牛蒡	*Arctium lappa*	种子、根	牛蒡

中　名	学　名	药用部分	中药名
263.牡蒿	*Artemisia japonica*	全草	牡蒿
264.野艾	*Artemisia lavandulaefolia*	叶	艾叶
265.白术	*Atractylodes macrocephala*	根	生晒术
266.东风菜	*Doellingeria scaber*	全草、根	东风菜
267.天名精	*Carpesium abrotanoides*	果实、全草	天名精
268.刺儿菜	*Cirsium setosum*	全草	小蓟
269.野菊	*Dendranthema indicum*	全草、花	野菊花
270.大蓟	*Cirsium japonicum*	全草	大蓟
271.鳢肠	*Eclipta prostrata*	全草	墨旱莲
272.一年蓬	*Erigeron annuus*	全草、根	一年蓬
273.小飞蓬(小蓬草)	*Conyza canadensis*	全草	小飞蓬
274.鼠曲草	*Gnaphalium affine*	全术、根	鼠曲草
275.三七草	*Gynura japonica*	全草、根	菊三七
276.泥胡菜	*Hemistepta lyrata*	全草	泥胡菜
277.马兰	*Kalimeris indica*	全草、根	马兰
278.云木香	*Saussurea costus*	根	云木香(栽培)
279.狗舌草	*Senecio kirilowii*	全草	狗舌草
280.千里光	*Senecio scandens*	全草	千里光
281.蒲儿根	*Senecio oldhamianus*	果实、全草	肥猪苗
282.一枝黄花	*Solidago decurrens*	全草	一枝黄花
283.蒲公英	*Taraxacum mongolicum*	全草	蒲公英
284.款冬花	*Tussilago farfara*	花	款冬花
285.苍耳	*Xanthium sibiricum*	果实、全草	苍耳
八十四、龙胆科 Gentianaceae			
286.龙胆	*Gentiana scabra*	根	龙胆草
287.华南龙胆	*Gentiana lourierii*	全草	华南龙胆
288.双蝴蝶	*Tripterospermum chinense*	全草	肺形草
八十五、报春花科 Primulaceae			
289.过路黄	*Lysimachia christinae*	全草	大金钱草
290.珍珠菜	*Lysimachia clethroides*	全草	珍珠菜
八十六、车前科 Plantaginaceae			
291.车前	*Plantago asiatica*	全草、种子	
八十七、桔梗科 Campanulaceae			
292.沙参	*Adenophora stricta*	根	南沙参
293.轮叶沙参	*Adenophora tetraphylla*	根	南沙参
294.羊乳	*Codonopsis lanceolata*	根	羊乳

中 名	学 名	药用部分	中药名
295.党参	*Codonopsis pilosula*	根	党参(栽培)
296.桔梗	*Platycodon grandiflorus*	根	桔梗
八十八、茄科 Solanaceae			
297.枸杞	*Lycium chinense*	根皮、果	地骨皮
98.苦蘵	*Physalis angulata*	果、全草、根	
299.白英	*Solanum lyratum*	全草	白英
300.龙葵	*Solanum nigrum*	全草	龙葵
八十九、旋花科 Convolvulaceae			
301.牵牛	*Pharbitis nil*	果实	黑丑(栽培)
九十、玄参科 Scrophulariaceae			
302.弹刀子菜	*Mazus stachydifolius*	全草	弹刀子菜
303.白花泡桐	*Paulownia fortunei*	根、果	泡桐
304.阴行草	*Siphonostegia chinensis*	全草	阴行草
305.水苦荬	*Veronica undulata*	全草	水苦荬
306.婆婆纳	*Veronica didyma*	全草	婆婆纳
307.阿拉伯婆婆纳	*Veronica persica*	全草	肾子草
九十一、列当科 Orobanchaceae			
308.野菰	*Aeginetia indica*	全草	野菰
九十二、马鞭草科 Verbenaceae			
309.珍珠枫	*Callicarpa bodinieri*	茎、叶、根、种子	
310.华紫珠	*Callicarpa cathayana*	根	
311.大青	*Clerodendrum cyrtophyllum*	根、叶	
312.豆腐柴	*Premna microphylla*	根、叶	腐婢
313.马鞭草	*Verbena officinalis*	全草	马鞭草
314.牡荆	*Vitex negundo* var. *cannabifolia*	茎、种子、根	
九十三、唇形科 Labiatae			
315.金疮小草	*Ajuga decumbens*	全草	白毛夏枯草
316.细风轮菜	*Clinopodium gracile*	全草	瘦风轮
317.活血丹(连钱草)	*Glechoma longituba*	全草	金钱草
318.益母草	*Leonurus artemisia*	全草	益母草
319.野紫苏	*Perilla frutescens*	种子、叶、梗	黑苏子
320.夏枯草	*Prunella vulgaris*	花	夏枯草
321.丹参	*Salvia miltiorrhiza*	根	丹参
322.荔枝草	*Salvia plebeia*	全草	荔枝草
323.水苏	*Stachys japonica*	全草	水苏
九十四、苦苣苔科 Gesneriaceae			

中 名	学 名	药用部分	中药名
324.苦苣苔	*Conandron ramondioides*	全草	
九十五、五味子科 Schisandraceae			
325.南五味子	*Kadsura longepedunculata*	果、根	
326.二色五味子	*Schisandra bicolor*	果	
327.棱枝五味子	*Schisandra henryi*	枝	
388.华中五味子	*Schisandra sphenanthera*	果	
九十六、虎耳草科 Saxifragaceae			
329.冠盖绣球	*Hydrangea anomala*	叶	
330.圆锥绣球	*Hydrangea paniculata*	根	
331.冠盖藤	*Pileostegia viburnoides*	根、叶	
332.钻地风	*Schizophragma integrifolium*	根藤	
333.矩形叶鼠刺	*Itea chinensis* var. *oblonga*	根	
九十七、山矾科 Symplocaceae			
334.山矾	*Symplocos sumuntia*	根、叶、花	
九十八、旌节花科 Stachyuraceae			
335.旌节花	*Stachyurus chinensis*	茎髓	
九十九、交让木科 Daphniphyllaceae			
336.交让木	*Daphniphyllum macropodum*	叶和种子	
一〇〇、榆科 Ulmaceae			
337.大果榆	*Ulmus macrocarpa*	种子	
一〇一、瑞香科 Thymelaeaceae			
338.荛花	*Wikstroemia canescens*	花	
一〇二、梧桐科 Sterculiaceae			
339.梧桐	*Firmiana simplex*	叶、花、根、种子	
一〇三、山茶科 Theaceae			
340.茶	*Camellia sinensis*	叶、根	
一〇四、清风藤科 Sabiaceae			
341.清风藤	*Sabia japonica*	茎	
一〇五、小檗科 Berberidaceae			
342.南天竹	*Nandina domestica*	根、叶果	
一〇六、豆科 Leguminosae			
343.合萌(田皂角)	*Aeschynomene indica*	全草	合萌
344.合欢	*Albizia julibrissin*	树皮	合欢皮
345.山合欢	*Albizia kalkora*	树皮	合欢皮
346.云实	*Caesalpinia decapetala*	茎、根、果	
347.锦鸡儿	*Caragana sinica*	根、花	锦鸡儿

中 名	学 名	药用部分	中药名
348.皂荚	*Gleditsia sinensis*	果实、叶、根、枝刺	皂角刺
349.肥皂荚	*Gymnocladus chinensis*	荚果	
350.马棘	*Indigofera pseudotinctoria*	全草、根	马棘
351.华东木蓝	*Indigofera fortunei*	根	土豆根
352.宁波木蓝	*Indigofera decora* var. *cooperi*	根、植株	
353.宜昌木蓝	*Indigofera decora* var. *ichangensis*	根	
354.鸡眼草	*Kummerowia striata*	全草	鸡眼黎
355.绿叶胡枝子	*Lespedeza buergeri*	根、叶	
356.铁马鞭	*Lespedeza pilosa*	全株	
357.毛叶胡枝子	*Lespedeza tomentosa*	根	
358.香花崖豆藤	*Millettia dielsiana*	根	
359.葛藤	*Pueraria lobata*	花、根	葛花、葛根
360.苦参	*Sophora flavescens*	根	苦参
361.紫藤	*Wisteria sinensis*	茎、叶	紫藤
一〇七、鼠李科 Rhamnaceae			
362.多花勾儿茶	*Berchemia floribunba*	根	
363.南枳椇	*Hovenia acerba*	种子、叶、根	枳椇子
364.铜钱树	*Paliurus hemsleyanus*	叶、果	
365.马甲子	*Paliurus ramosissimus*	叶、枝、刺花果	
366.长叶冻绿	*Rhamnus crenata*	根皮	黎辣根
367.圆叶鼠李	*Rhamnus globosa*	果实	
368.无刺枣	*Ziziphus jujuba* var. *inermis*	果实	大枣(栽培)
一〇八、胡颓子科 Elaeagnaceae			
369.木半夏	*Elaeagnus multiflora*	果实、根	木半夏
370.胡颓子	*Elaeagnus pungens*	果实、叶根	胡颓子
一〇九、葡萄科 Vitaceae			
371.蛇葡萄	*Ampelopsis sinica*	茎叶、根	蛇葡萄
372.白蔹	*Ampelopsis japonica*	全草、块根	
373.乌蔹莓	*Cayratia japonica*	全草、根	乌蔹莓
374.爬山虎	*Parthenocissus tricuspidata*	根、茎	地锦
375.刺葡萄	*Vitis davidii*	根	野葡萄
376.小叶葛藟	*Vitis flexuosa* var. *parvifolia*	根、茎、果实	
单子叶植物			
一一〇、鸢尾科 Iridaceae			
377.射干	*Belamcanda chinensis*	根状茎	射干
378.蝴蝶花	*Iris japonica*	根状茎	

中 名	学 名	药用部分	中药名
379.鸢尾	*Iris tectorum*	根状茎	鸢尾
380.马蔺	*Iris lactea* var. *chinensis*	花、种子根	马蔺
一一一、薯蓣科 Dioscoreaceae			
381.粉背薯蓣	*Dioscorea collettii* var. *hypoglauca*	根	粉萆薢
382.穿龙薯蓣	*Dioscorea nipponica*	根	穿山龙
一一二、棕榈科 Palmae			
383.棕榈	*Trachycarpus fortunei*	果实	棕榈子
一一三、鸭跖草科 Commelinaceae			
384.鸭跖草	*Commelina communis*	全草	鸭跖草
一一四、百合科 Liliaceae			
385.肺筋草(粉条儿草)	*Aletris spicata*	根、全草	肺 草
386.薤白(小根蒜)	*Allium macrostemon*	鳞茎	韭白
387.天门冬	*Asparagus cochinchinensis*	块根	天门冬
388.羊齿天门冬	*Asparagus filicinus*	块根	羊齿天门冬
389.萱草	*Hemerocallis fulva*	全草	萱草
390.紫萼	*Hosta ventricosa*	全草	紫萼
391.百合	*Lilium brownii* var. *viridulum*	鳞茎	百合
392.土麦冬	*Liriope spicata*	块根	大麦冬
393.七叶一枝花	*Paris polyphylla* var. *chinensis*	块根	七叶一枝花
394.黄精	*Polygonatum sibiricum*	根状茎	黄精
395.万年青	*Rohdea japonica*	根状茎全草	万年青
396.鹿药	*Smilacina japonica*	根状茎	鹿药
397.菝葜	*Smilax china*	根状茎、叶	菝葜
398.土茯苓	*Smilax glabra*	根状茎	土茯苓
399.华东菝葜	*Smilax sieboldii*	地下部分	菝葜
400.延龄草	*Trilium tschonoskii*	全草	延龄草
401.牯岭藜芦	*Veratrum schindleri*	根	藜芦
一一五、天南星科 Araceae			
402.石菖蒲	*Acorus tatarinowii*	根	石菖蒲
403.东北天南星	*Arisaema amurense*	根状茎	天南星
404.天南星	*Arisaema heterophyllum*	根状茎	天南星
405.一把伞南星	*Arisaema erubescens*	根状茎	天南星
406.滴水珠	*Pinellia cordata*	块茎	滴水珠
一一六、香蒲科 Typhaceae			
407.水烛	*Typha angustifolia*	花粉	蒲黄
一一七、兰科 Orchidaceae			

中　名	学　名	药用部分	中药名
408.细葶无柱兰	*Amitostigma gracile*	全草、根茎	独叶一枝枪
409.白芨	*Bletilla striata*	块茎	白芨
410.斑叶兰	*Goodyera schlechtendaliana*	全草	斑叶兰
411.长唇羊耳蒜	*Liparis pauliana*	全草	见血清
412.细茎石斛	*Dendrobium moniliforme*	茎	枫斗
一一八、灯心草科 Juncaceae			
413.灯心草(龙须草)	*Juncus effusus*	全草	灯心草
一一九、莎草科 Cyperaceae			
414.香附子	*Cyperus rotundus*	块根	香附子
一二〇、禾本科 Gramineae			
415.雀麦	*Bromus japonicus*	全草	雀麦
416.薏苡	*Coix lacryma -jobi*	果实	薏苡仁
417.白茅	*Imperata cylindrica* var. *major*	根	白茅根
418.淡竹叶	*Lophatherum gracile*	全草	淡竹叶
419.芦苇	*Phragmites australis*	根	芦根
420.淡竹	*Phyllostachys glauca*	带虫笋干	虫笋
421.狗尾草	*Setaria viridis*	全草	狗尾草
一二一、石蒜科 Amaryllidaceae			
422.石蒜	*Lycoris radiata*	鳞茎	石蒜
一二二、百部科 Stemonaceae			
423.百部	*Stemona japonica*	块根	百部
424.金刚大	*Croomia japonica*	根状茎	金刚大

附图　成果图

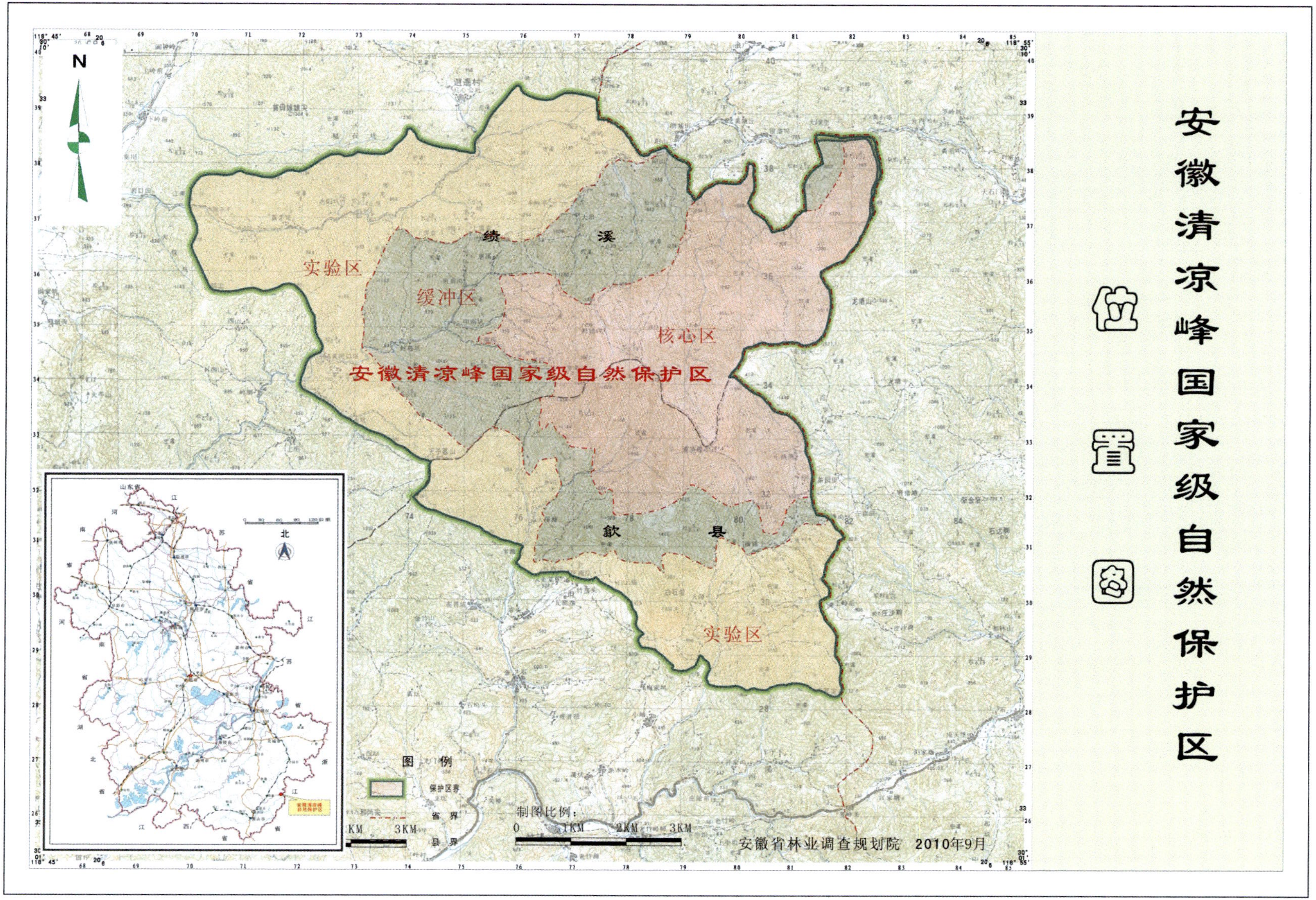

附图1　安徽清凉峰国家级自然保护区位置图

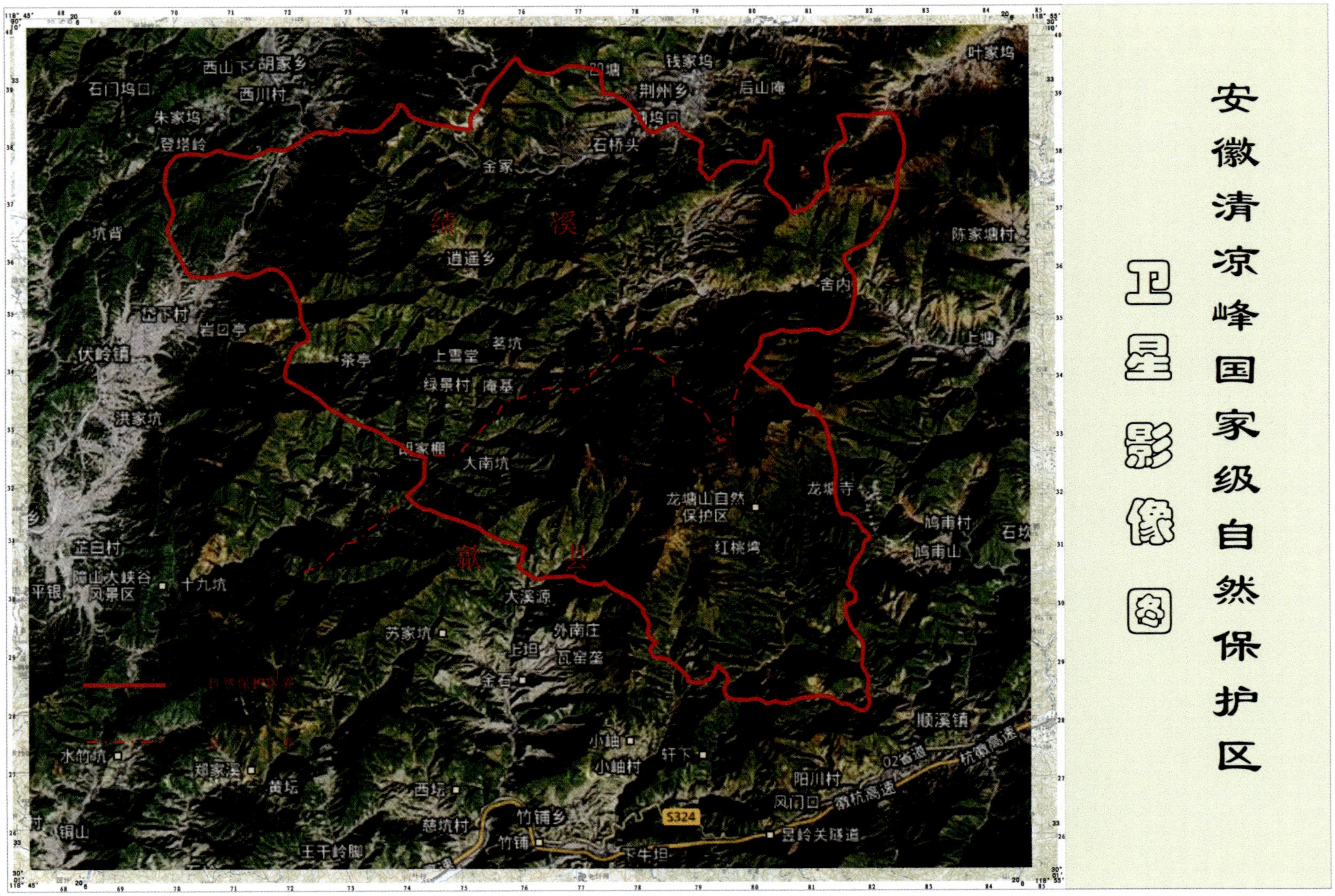

附图2　安徽清凉峰国家级自然保护区卫星影像图

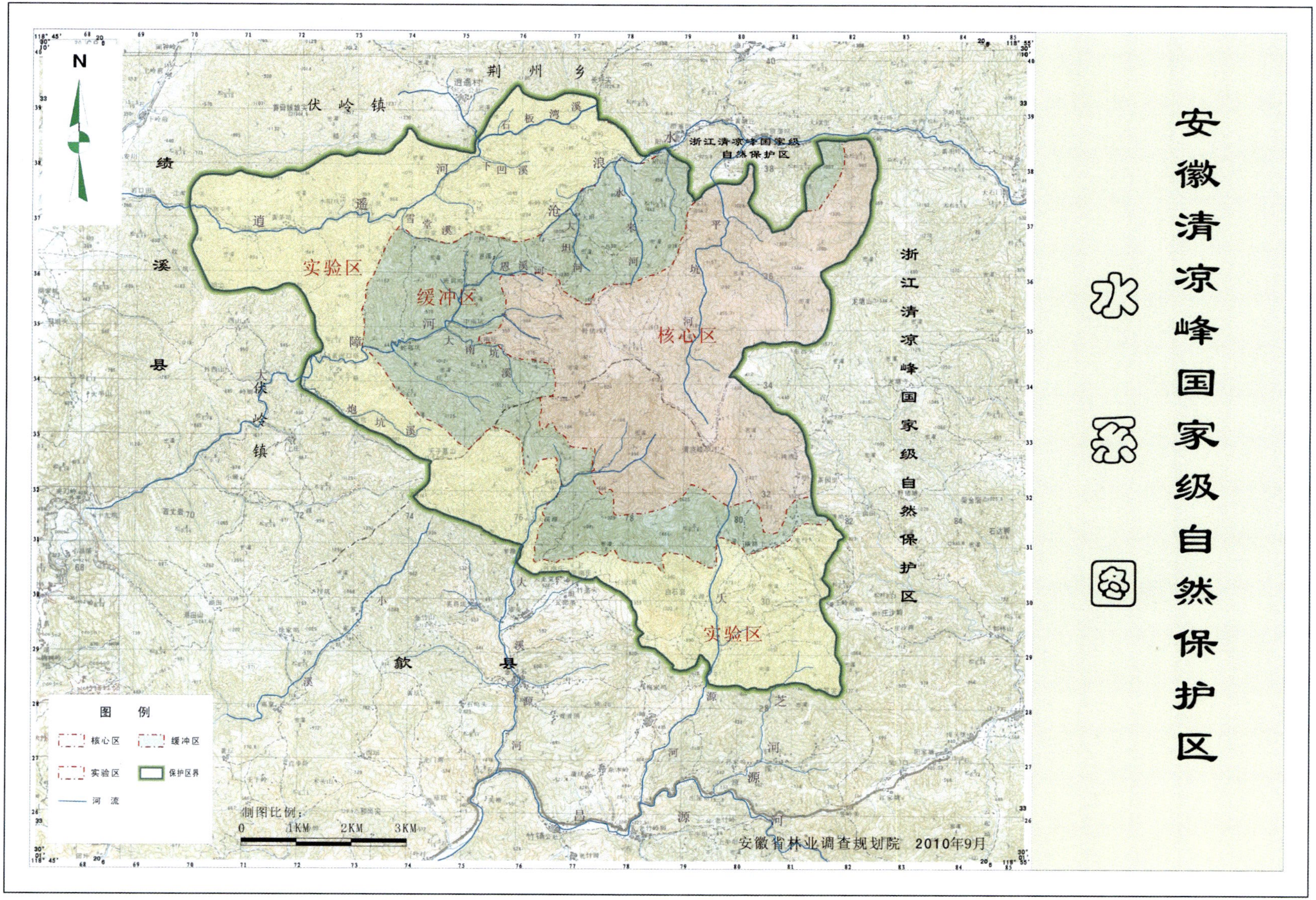

附图3 安徽清凉峰国家级自然保护区水系图

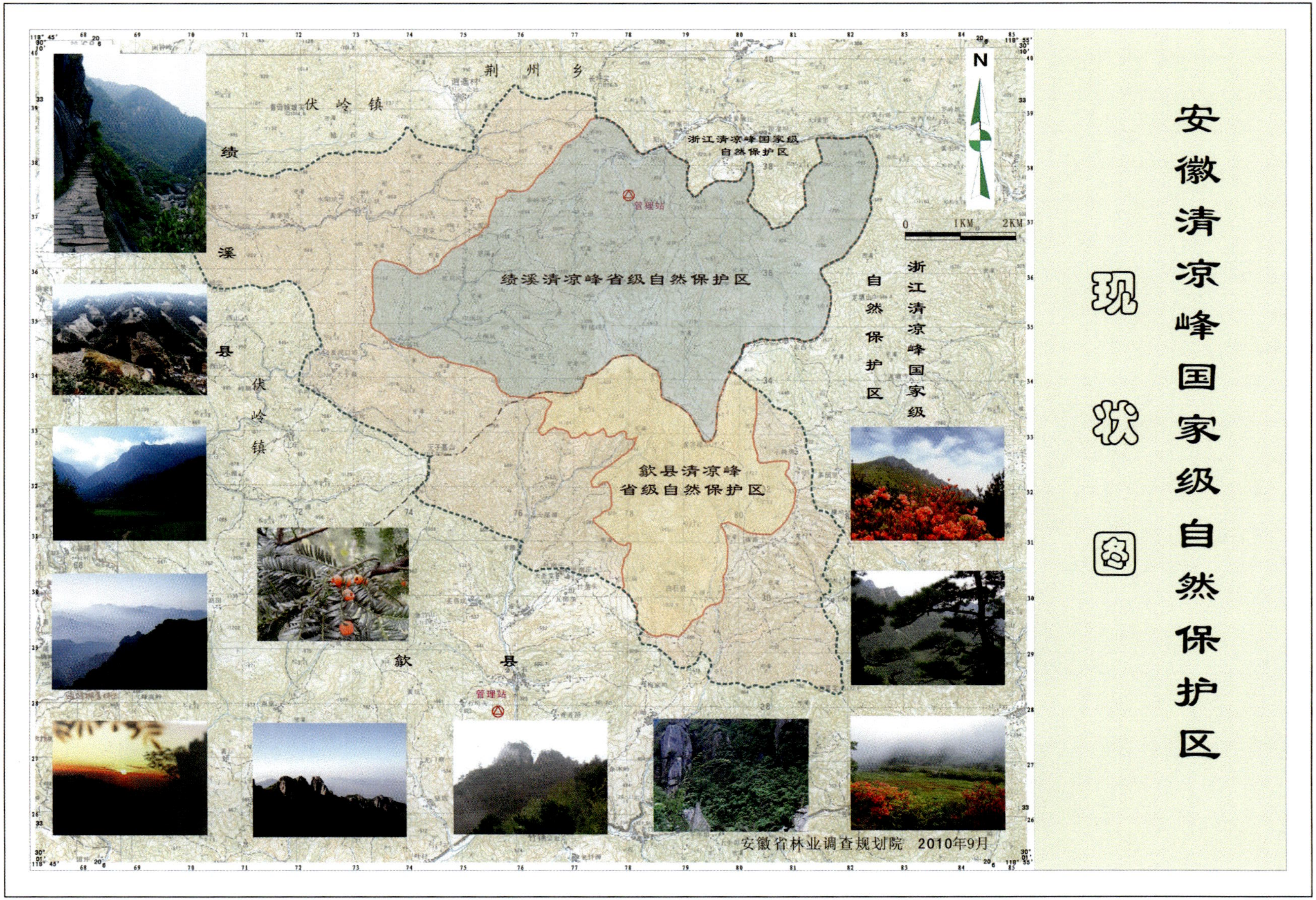

附图4 安徽清凉峰国家级自然保护区现状图

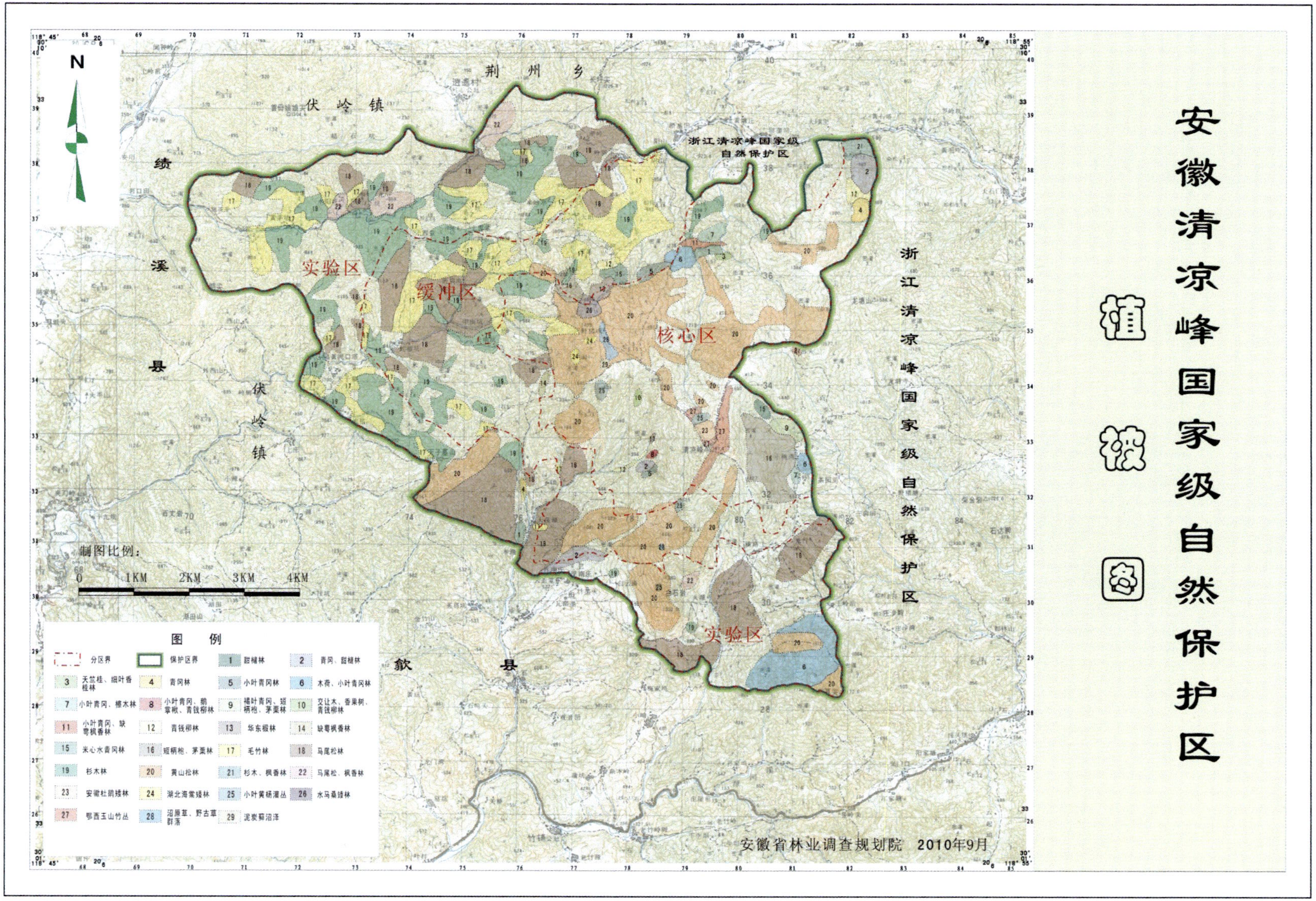

附图5 安徽清凉峰国家级自然保护区植被图

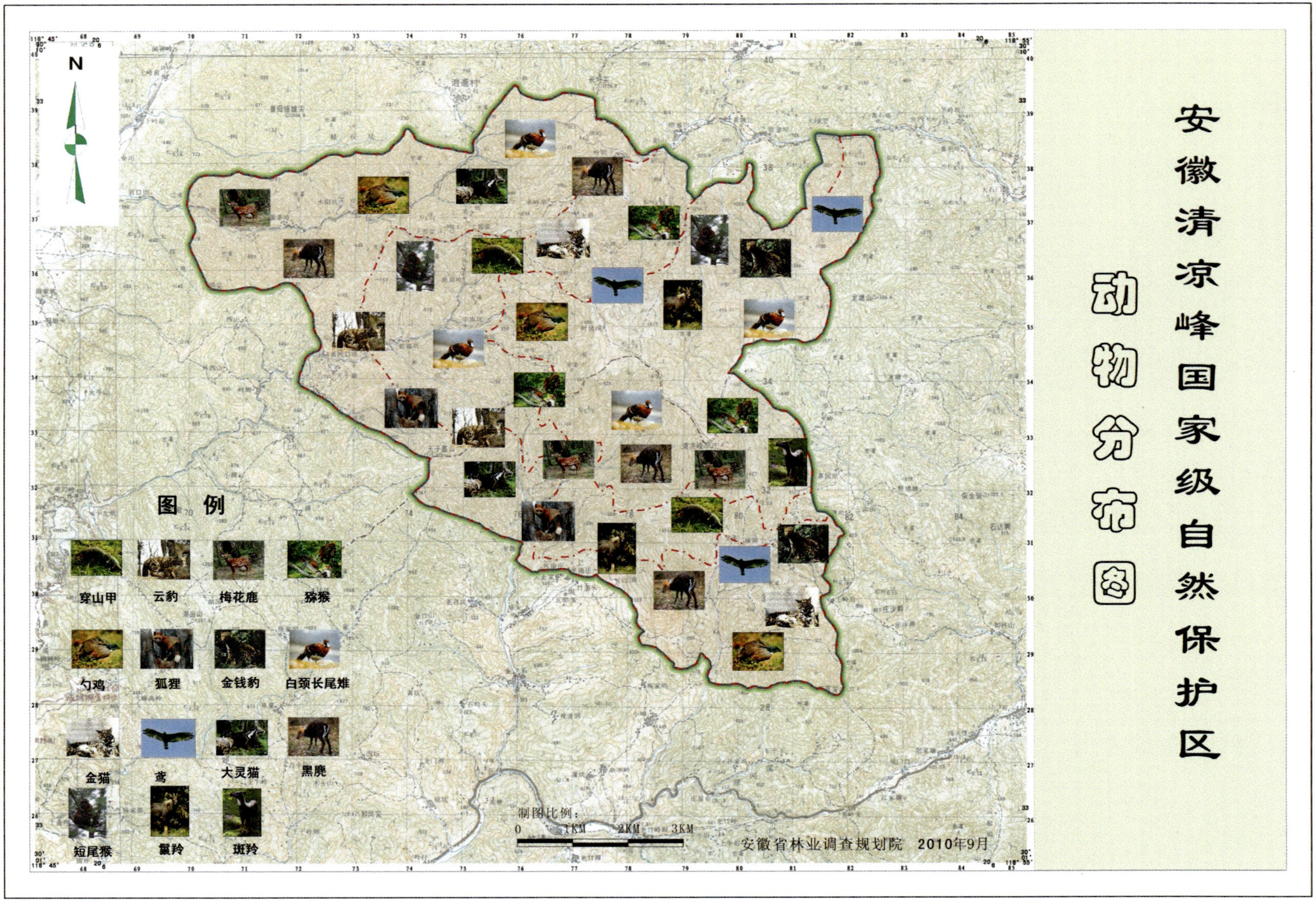

附图6 安徽清凉峰国家级自然保护区动物分布图